Veröffentlichungen
der Vereinigung der Deutschen Staatsrechtslehrer
Heft 19

Verträge zwischen Gliedstaaten im Bundesstaat

Schranken nichthoheitlicher Verwaltung

Berichte
von

Hans Schneider und Wilfried Schaumann
Walter Mallmann und Karl Zeidler

und
Aussprache zu den Berichten
in den Verhandlungen der Tagung der deutschen Staatsrechtslehrer
zu Köln vom 12. bis 15. Oktober 1960

Berlin 1961
Walter de Gruyter & Co.
vormals G. J. Göschen'sche Verlagshandlung — J. Guttentag Verlagsbuchhandlung
Georg Reimer — Karl J. Trübner — Veit & Comp.

Unveränderter photomechanischer Nachdruck 1973

ISBN 3 11 006003 5

Printed in the Netherlands

Inhalt

Erster Beratungsgegenstand:

Verträge zwischen Gliedstaaten im Bundesstaat

1. Bericht von Professor Dr. Hans Schneider, Heidelberg*)

Man kann nicht zweimal durch denselben Fluß gehen. An diesen Satz Heraklits muß ich denken, wenn mir zum zweiten Male die Ehre zuteil wird, auf einer Tagung der StRL-Vereinigung zu referieren. Die Aufgabe, die mir gestellt wird, betrifft überdies einen Gegenstand, den ich vor einigen Jahren in einem Aufsatz behandelt habe. So sehr ich mich darüber freue, daß der Vorstand mein früheres Thema[1]) aufgegriffen hat, so erleichtert meine Vorarbeit die neue Flußüberquerung nicht, schon deswegen nicht, weil ich natürlich unterstellen muß, daß meine früheren Darlegungen in diesem Kreise bekannt sind. Wiederholt man sich, so ist's langweilig. Widersprech ich mir selbst, so gelt ich für wankelmütig. Doch über Irrtum zur Wahrheit reisen, erweist erst den Weisen.

I. Vertragliche Abmachungen zwischen den Gliedstaaten eines Gesamtstaates finden sich in vielen föderalistisch aufgebauten Gemeinwesen[2]). In der Schweizer Eidgenossenschaft gibt es zahlreiche interkantonale Vereinbarungen, vor allem die Konkordate, über die uns das zweite Referat unterrichten wird. Die Österreichische Verfassung eröffnet den Ländern ausdrücklich die Befugnis, untereinander Vereinbarungen „über Angelegenheiten ihres selbständigen Wirkungsbereichs" zu treffen[3]).

In den USA ist seit langem die Befugnis der Einzelstaaten, miteinander Verträge über Angelegenheiten der öffentlichen Verwaltung zu schließen, unbestritten anerkannt[4]). Diese inter-

---

*) Der nachfolgende Abdruck enthält auch die Teile des sonst unverändert wiedergegebenen Berichtes, die im Hinblick auf die gebotene Zeitbeschränkung nicht mündlich vorgetragen werden konnten. Diese Stellen sind im Text in eckige Klammern [ ] gesetzt worden.

1) „Staatsverträge und Verwaltungsabkommen zwischen deutschen Bundesländern" in DÖV 1957 S. 644 f.

2) In Kanada gibt es keine vergleichbaren Verträge zwischen den Provinzen oder der Provinzen mit dem Bund.

3) Art. 107 Österr. Verf. Vgl. dazu Adamovich-Spanner, Hb. des österr. VerfR. (5. Aufl. 1957) S. 160/161.

4) Vgl. F. Frankfurter und J. M. Landis: The Compact Clause of the Constitution, Yale Law Journal Vol. 34 p. 730—54;

state compacts, die der Zustimmung des Kongresses unterworfen sind — einem Erfordernis, dem übrigens nicht immer genügt werden soll — haben in den letzten Jahrzehnten an Zahl und Bedeutung zugenommen. [Anfangs nur geschlossen zur Regelung von Grenzfragen im engen Sinne, später auch zur Abgrenzung der Gerichts- und Verwaltungssprengel benutzt, dienen sie heute auch der gemeinschaftlichen Errichtung von interstate administrative agencies. Sie betreffen u. a. Schiffahrts- und Fischerei-Angelegenheiten, die gemeinsame Ausnutzung von Wasserkräften und Bodenschätzen (Petroleum, Erdgas), die Zusammenarbeit bei der Zivilverteidigung und bei Atom-Katastrophen. Ein kundiger Berichterstatter bemerkt dazu[5]), Optimisten erblickten in den Regionalabkommen die Ansatzpunkte zu einer künftigen Rationalisierung der traditionellen Staateneinteilung.]

Ich lasse die ausländischen Verhältnisse beiseite und beschränke mich auf die Lage in Deutschland.

II. In der deutschen Verfassungsgeschichte bilden Verträge zwischen Gliedstaaten eine bekannte Erscheinung. Das ist nach der historischen Entwicklung unseres nationalen Gemeinwesens leicht verständlich. Die Befugnis zum Abschluß von Verträgen der Gliedstaaten untereinander gilt als eine föderalistische Selbstverständlichkeit, die in den gesamtstaatlichen Verfassungsurkunden nicht erwähnt, sondern stillschweigend vorausgesetzt wird. Der Entwurf einer Reichsverfassung von 1849 (§ 9) verlangte lediglich, daß „alle Verträge nicht rein privatrechtlichen Inhalts, welche eine deutsche Regierung mit einer anderen deutschen oder nichtdeutschen abschließt“, der Reichsgewalt „zur Kenntnisnahme und, insofern das Reichsinteresse dabei beteiligt ist, zur Bestätigung vorzulegen“ sind. Die Reichsverfassung von 1871 enthielt eine entsprechende Klausel nicht. Doch bot die Reichsaufsicht die Möglichkeit, Auskunft von den Ländern über die von ihnen abgeschlossenen Staatsverträge zu erhalten.

Die Zahl der nach geschehener Reichsgründung und ohne Reichsbeteiligung abgeschlossenen innerdeutschen Staatsverträge ist verhältnismäßig gering gewesen[6]). Die meisten

F. L. Zimmermann und M. L. Wendell: The Interstate Compact since 1925 (Chicago 1951); E. Lloyd: Compacts, Treaties and Court Decrees (Wyoming 1957).

[5]) Löwenstein: VerfR und VerfPraxis in den Ver. St. (1959) S. 93.

[6]) Ficker, Vertragl. Beziehungen zwischen Gesamtstaat u. Einzelstaat im Dt. Reich, H. 38 der Abh. aus dem Staats- u. VerwR (1926), verzeichnet in seiner Liste „Verträge deutscher Staaten untereinander“ (S. 206 f.) für die Zeit nach der Reichsgründung fast

Conventionen deutscher Staaten untereinander gehören zur Reichsbildung oder zu deren unmittelbaren Vollzug (Militärwesen, Post, Eisenbahn, Zollwesen). Als Erscheinungen der Reichsgründungsphase dürfen wir sie hier außer Betracht lassen. Gliedstaatliche Vereinbarungen — außerhalb dieses Bereiches — betrafen das Armenwesen, die Verwaltung von Kanälen und die polizeiliche Zusammenarbeit. [Während auch die Regelung zwischenstaatlicher Fürsorgefälle zu den ältesten Materien gehört, die zum Gegenstand von gliedstaatlichen Abmachungen geworden sind, bestand ein Bedürfnis zum Abschluß von Doppelbesteuerungsabkommen zwischen den deutschen Gliedstaaten nicht, weil in Bezug auf die direkten, der Landesgesetzgebung unterliegenden Steuern eine denkbare Doppelbesteuerung durch besondere reichsrechtliche Vorschriften ausgeschlossen war[7]). Im Jahre 1909 wurde eine „Vereinbarung der Bundesregierungen" getroffen über die gegenseitige Anerkennung der Reifezeugnisse. Dies und die Einrichtung einer Reichsschulkommission zeigen, daß bereits damals ein Bedürfnis nach einheitlicher bzw. harmonisierender Gestaltung des deutschen Bildungswesens bestand.]

Während der Jahre der Ersten Republik, die doch gerade nicht aus Staatsverträgen hervorgegangen ist, sind demgegenüber Abkommen zwischen deutschen Ländern in größerer Zahl und für mannigfache Verwaltungsbereiche geschlossen worden[8]). Sie betrafen die wechselseitige Anerkennung von Schul- und Hochschul-Prüfungen, von Zeugnissen über erfolgreiche Absolvierung von Berufsausbildungen, die Schaffung von Gerichts- und Verwaltungsgemeinschaften bzw. die Übernahme von einzelnen Verwaltungsaufgaben und gerichtlichen Zuständigkeiten durch ein anderes Land. [Vor allem hat Preußen mit seinen Nachbarländern zahlreiche Abkommen getroffen (über Fragen der Polizei, des Jagd- und Fischereiwesens, der Straßenverwaltung und der Landesplanung, sowie über gemeinschaftliche Ver-

---

nur Reich-Länder-Verträge. Auch in der gesamten Literatur finden sich nur gelegentlich einige wenige Bemerkungen über die Verträge zwischen deutschen Ländern untereinander, während die Verträge zwischen Ländern und dem Reich, sowie zwischen deutschen Ländern und außerdeutschen Staaten wiederholt wissenschaftlich untersucht worden sind, zuletzt von J. Kölble: Verwaltungsabkommen zwischen Bund und Ländern, DÖV 1960 S. 650 f.

7) Bundesgesetze vom 13. 5. 1870 (BGBl. S. 119), später auf das Reichsgebiet ausgedehnt.

8) Vgl. die „Übersicht über die zwischen Reich und Ländern sowie unter den Ländern bestehenden Verwaltungsgemeinschaften und sonstigen Gemeinschaftsvereinbarungen" in dem Band „Verfassungsausschuß der Länderkonferenz, Beratungsunterlagen 1928", herausgeg. v. RMdJ (Berlin 1929) S. 70—80.

waltungseinrichtungen wie gemeinsame Ärztekammern, Apothekerkammern, Handelskammern, Strafanstalten usw.). Auf Grund von Staatsverträgen waren preußische Oberlandesgerichte für Anhalt, Lippe, Schaumburg-Lippe sowie für thüringische und oldenburgische Gebietsteile zuständig und umgekehrt das thüringische OLG Jena für preußische Teile in Thüringen und das württembergische OLG in Stuttgart für das preußische Hohenzollern. Die drei Hansestädte Hamburg, Bremen und Lübeck hatten durch Staatsvertrag ein gemeinsames OLG eingerichtet.

Innerdeutsche Grenz-Korrekturen sind mehrfach durch Länderverträge herbeigeführt worden. Am bedeutsamsten ist der Gemeinschaftsvertrag der thüringischen Kleinstaaten über die Vereinigung zu einem neuen Land Thüringen gewesen.]

Die Notwendigkeit zum Abschluß solcher Abkommen der deutschen Gliedstaaten ergab sich damals besonders aus ihrer historisch bedingten territorialen Gemengelage. Im Jahre 1928 bestanden noch rund 200 Enklaven bzw. Exklaven in anderen Ländern mit nahezu 2 Millionen Einwohnern[9]).

Neben die Staatsverträge traten in den Jahren der Weimarer Republik mehr und mehr Verwaltungsvereinbarungen der Landesregierungen untereinander und mit den obersten Reichsbehörden. Die Reichsbürokratie hat zahlreiche solcher Absprachen mit den Länderverwaltungen herbeigeführt und sich an ihnen beteiligt, so daß ein sachverständiger Zeuge dieser Entwicklung im Jahre 1932 davon sprach, hier bahne sich im Vereinbarungswege eine Art selbständiges Verordnungsrecht der Ländergesamtheit an[10]). [Es ist wichtig, dabei zu beachten, daß damals die Reichsministerien am Zustandekommen der Absprachen wenn nicht führend, so doch patronisierend teilnahmen, obschon die Ergebnisse in Form von „Vereinbarungen der Länder" im Reichsministerialblatt veröffentlicht wurden.]

III. Wenn ich mich jetzt dem zwischengliedstaatlichen Vertragsrecht in der Bundesrepublik zuwende, so sollten wir zuerst einen Blick auf den gegenwärtigen Bestand und die Formen solcher öffentlich-rechtlichen „Konkordate" werfen. Sonst läuft man Gefahr, sich ins Theoretisieren zu verlieren. Nun ist es schwierig, sich eine Übersicht zu verschaffen über die vielfältigen hoheitlichen Verflechtungen und Abgrenzungen der Bundesländer untereinander, die auf Übereinkommen in verschiedenen Formen beruhen. Die Verträge, Absprachen und gemeinsamen Beschlüsse von Ländern sind nur zum Teil veröffent-

---

[9]) Angaben nach O. Bühler, Hb. d. dt. StR. II (1930) S. 688.

[10]) Medicus im Jahrb. d. öff. R., Bd. 20 (1932) S. 112 mit Angaben über die unter Reichsbeteiligung getroffenen Vereinbarungen.

licht, und soweit sie publiziert worden sind, ist dies oft in schwer erreichbaren Amtsblättern der einzelnen Landesverwaltungen geschehen. Der von der Bundesregierung eingesetzte Sachverständigen-Ausschuß zur Neugliederung des Bundesgebietes (sog. Luther-Ausschuß) hat sich von den Länderregierungen eine Liste der öffentlich-rechtlichen Verflechtungen der Länder untereinander beschafft[11]). Unter Benutzung dieses älteren, bis zum Jahre 1953 reichenden Materials habe ich eine eigene Übersicht zusammengestellt, die Ihnen vorliegt[12]). Sie vermittelt ein anschauliches Bild von der Fülle der bestehenden vertraglichen Beziehungen.

Bei der Zusammenstellung mußten aus Gründen der Vollständigkeit auch Abkommen zwischen Bund und Ländern einbezogen werden. Denn wenn mehrere Länder ein Abkommen mit den Organen des Gesamtstaates treffen, so pflegt ein solcher Akt auch Rechtsbeziehungen der beteiligten Länder in ihrem Verhältnis untereinander zu begründen. Deutlich erkennbar wird dies, wenn der Bund einem zwischen mehreren Ländern bestehenden Abkommen nachträglich beigetreten ist. Ein Beispiel dafür bietet das Königsteiner Staatsabkommen[13]). Der spätere Beitritt des Bundes hebt die zwischen den Ländern bereits bestehenden Verpflichtungen gewiß nicht auf. Aber auch in Fällen ursprünglicher Bundesbeteiligung ergeben sich nicht bloß vertragliche Rechte und Pflichten der beteiligten Länder im Verhältnis zum Bund. Selbst wenn ein Abkommen ausdrücklich abgeschlossen wird zwischen der Bundesregierung einerseits und den Landesregierungen von Baden-Württemberg, Bayern usw. andererseits, stehen sich nicht nur Bundesregierung und Gesamtheit der Landesregierungen als Partner gegenüber, vielmehr entstehen möglicherweise auch im Verhältnis der einzelnen Länder untereinander Rechtsbeziehungen.

Diese Lage macht es m. E. notwendig, manche Bund-Länder-Abkommen (sofern daran mehrere Länder beteiligt sind) hier zu berücksichtigen.

In der Zusammenstellung konnten nicht erfaßt werden die zahlreichen Beschlüsse der „Ständigen Konferenz der Kultusminister der Länder der Bundesrepublik", weil sie nur zu einem kleinen Teil veröffentlicht werden (vgl. dazu die Vor-

---

[11]) Die Neugliederung des Bundesgebietes. Herausgegeben vom BMdJ (1955) S. 167 f.

[12]) Als Anlage in ergänzter und verbesserter Fassung abgedruckt. Bei diesen Zusammenstellungen hat mir Herr stud. jur. Walter Schmidt gewissenhaft und umsichtig geholfen.

[13]) Dazu den materialreichen Aufsatz von Kurt Pfuhl: Das Königsteiner Staatsabkommen. Der öffentliche Haushalt (Archiv für Finanzkontrolle) Jahrgang 5 (1958) S. 200 f.

bemerkung zu dem Verzeichnis). Dabei sind gerade diese Beschlüsse für unseren Themenkreis besonders bemerkenswert. Denn sie betreffen oft nicht Verwaltungsfragen, die ihrem örtlichen Bezug nach über die Landesgrenzen hinausweisen, sondern solche, die im eigenen Herrschaftsbereich eines jeden Landes zu beantworten sind. Anders ausgedrückt: die Beschlüsse betreffen sozusagen nicht den Außenverkehr, sondern den Innenbetrieb der Länder. Auf die Bedeutung dieser Erscheinung werde ich noch zurückkommen.

Wie Sie sehen, konzentriert sich der Bestand an Abkommen auf verschiedene Sachgebiete:

[(I) auf gerichtliche Zuständigkeiten und gerichtliche Verwaltung,
(II) sowie Strafvollzugswesen,
(III) auf polizeiliche insbes. wasserpolizeiliche Zuständigkeiten,
(IV) auf finanzielle Ausgleichs- und Verteilungsleistungen geringen Ranges,
(V) auf territoriale Abgrenzungen in der Forst-, Jagd- und Fischereiverwaltung,
(VI) auf einige wichtige Punkte aus dem Bereich des Vermessungswesens, der Raumordnung und des Bauwesens (Amtliche Landkarten, Zusammenarbeit bei der Raumordnung, Zulassung neuer Baustoffe und Bauarten),
(VII) auf einige Angelegenheiten der Verkehrsverwaltung,
(VIII) auf das Flüchtlingswesen sowie auf einige untergeordnete Dinge, die unter „Sozialwesen" mehr schlecht als recht zusammengefaßt wurden,
(IX) sodann auf eine Reihe von Abkommen über wissenschaftliche Forschungsstätten und sonstige Ausbildungseinrichtungen,
(X) auf Schulfragen,
(XI) auf das Prüfungswesen usw.,
(XII) schließlich auf Rundfunk und Fernsehen — ein aktuelles Manöverfeld der Staatsrechtslehrer.]

Wenn ich von den Rundfunk-Verträgen absehe, weil es sich dabei — wie Herr Krüger sagen würde — um Beiträge zum „Machtregal" handelt, so fällt der relativ hohe Bestand an Abkommen aus dem kulturellen Bereich auf. Dieser Eindruck wird noch deutlicher, wenn man die Beschlüsse der Konferenz der Kultusminister in Betracht zieht.

Nach dem Jahresbericht der Kultusminister-Konferenz für die Zeit vom 1. 10. 1958 bis 30. 9. 1959[14]) sind allein während dieser Periode Beschlüsse gefaßt worden über:

[14]) Jahresbericht vom 24. 9. 1959 (nicht veröffentlicht).

Aufnahme von Bewerbern in Ingenieurschulen, die vor dem Eintritt ihren Grundwehrdienst ableisten
vom 28. 2. 1959
Richtlinien für das Verfahren beim Übergang von Lehrern von einem Land der Bundesrepublik in ein anderes
vom 15. 4. 1959
Rahmenvorschriften für die Zulassung zum Hochschulstudium ohne Reifezeugnis
vom 22. 4. 1959
Grundsätze für die direkte Förderung der Studenten an Pädagogischen und Berufspädagogischen Hochschulen, Akademien und Instituten, sowie an staatlichen Kunst- und Musikhochschulen
vom 6./7. 2. 1959
Grundsätze für die direkte Förderung der Studierenden an Staatlichen Ingenieurschulen
vom 6./7. 2. 1959
Teilnahme von Lehrern an Tagungen
vom 23./24. 4. 1959
Rahmenvereinbarung über die Errichtung von Berufsaufbauschulen (Aufbaulehrgänge) im berufsbildenden Schulwesen
vom 24./25. 9. 1959
Rahmenprüfungsordnung für die Staatliche Privatmusiklehrerprüfung
vom 7. 10. 1958
Abkommen über die Genehmigung zur Führung akademischer Grade ausländischer Hochschulen
vom 23. 10. 1958

Nebenbei bemerkt: die Zahl der Vereinbarungen für den Bereich der staatlichen Hochschulverwaltung wäre wahrscheinlich noch größer, würden nicht die Hochschulbehörden noch immer von dem nachgelassenen Erfahrungsschatz reichsministerieller Erlasse zehren können. Die während des Krieges herausgegebene Sammlung „Die deutsche Hochschulverwaltung[15])" wird nach meinen Beobachtungen in der Praxis noch immer gern zu Rate gezogen.

Zu den generellen Vereinbarungen kommen noch Einzelfall-Beschlüsse der Kultusminister-Konferenz, auf die ich der juristischen Kuriosität halber hinweise: nämlich gemeinschaftliche Ermächtigungen an deutsche Schulen im Ausland, einmalig eine Reifeprüfung abzuhalten, und zwar nach einer von den Kultusministern vereinbarten Prüfungsordnung[16]). Das sind transnationale Verwaltungsakte der Länderverwaltungen, sozusagen das Gegenstück zu den „überregionalen Verwaltungsakten" der

---

[15]) 2 Bde. (1942/43) herausgegeben von Kasper, Huber, Kaebsch und Senger.

[16]) Bsp.: „Ermächtigung der Dt. Schule in Tokyo-Omori zur einmaligen Abhaltung einer Reifeprüfung im Frühjahr 1960" Beschl. v. 3. 2. 1960, veröffentlicht im ABl. des KultusMin. Baden-Württemberg 1960 S. 433. Ähnlich für eine Schule in Bogota, Beschl. v. 23. 3. 1960, veröffentlicht aaO. S. 255.

Bundeszentralbehörden. Die Fragen, die solche zur gesamten Hand erlassenen Verwaltungsakte aufwerfen (Zuständigkeit des Bundes? Rechtswirkung? Verwaltungsgerichtlicher Schutz?), mögen hier auf sich beruhen bleiben.

Der Überblick zeigt, daß sich ein weitläufiges Vertragsrecht in und neben den Bereich des gesetzlich fixierten Staats- und Verwaltungsrechts schiebt.

IV. Ich wende mich jetzt der juristischen Systematisierung der Formen zwischengliedstaatlicher „Verkommnisse" — um einen Ausdruck des schweizerischen Rechts zu gebrauchen — zu und unterscheide: Staatsverträge, Verwaltungsabkommen und gemeinsame Verwaltungsbeschlüsse.

[Die beiden ersten Gruppen sind uns geläufige Namen. Nachdem das Grundgesetz neben den internationalen Verträgen die internationalen Verwaltungsabkommen ausdrücklich erwähnt hat (Art. 59 Abs. 2) und es damit die in der völkerrechtlichen Praxis entwickelten Formen als gegeben anerkennt und zum Ausgangspunkt einer verfassungsrechtlich differenzierten Behandlung macht, und nachdem die innerdeutsche Praxis in erheblichem Ausmaß mit förmlichen Verwaltungsabkommen arbeitet, wird man einer rechtlichen Unterscheidung zwischen gliedstaatlichen Staatsverträgen und Länderverwaltungsabkommen nicht ausweichen können[17])].

Der Unterschied zwischen Staatsverträgen und Verwaltungsabkommen richtet sich selbstverständlich nicht nach der Überschrift, welche die Vertragspartner für ihre Abmachung wählen. [Vielfach werden Staatsverträge als „Abkommen" bezeichnet (Düsseldorfer Schulabkommen, Länderabkommen über die Koordinierung des ersten Fernsehprogramms).] Auch das Verfahren, dessen man sich beim Abschluß von Staatsverträgen und von Verwaltungsabkommen bedient, ist für die eigentliche Frage nach dem Unterschied beider Vertragstypen nicht wesentlich. Denn die Verschiedenheit des Verfahrens ist nicht die Voraussetzung, sondern die Konsequenz einer Unterscheidung in Bezug auf die Natur der Vereinbarung.

Als dritten Typ vertragsähnlicher Abmachungen unterscheide ich neben den Staatsverträgen und den Verwaltungsabkommen die vereinbarten Beschlüsse der Ressortminister-Konferenzen. Zu dieser Dreiteilung im einzelnen:

1. Staatsverträge sind Vereinbarungen öffentlichrechtlichen Inhalts, die ein Land mit einem anderen Bundesland, in seltenen Fällen auch mit dem Gesamtstaatsverband oder mit auswärtigen Staaten schließt. Den letzten Fall (Staatsvertrag

---

[17]) Die von mir in DÖV 1957 S. 646 (unter II) versuchten Unterscheidungen sind durch die folgenden Ausführungen überholt.

mit auswärtigen Staaten) lasse ich als eine völkerrechtliche Figur hier außer Betracht. Staatsverträge binden ein Land als geschlossene Herrschafts-Einheit, d. h. in jeder Richtung seiner Landesgewalt (Legislative, Exekutive, Justiz). Wenn ein Land kraft der ihm durch das Grundgesetz (Art. 30) überlassenen Herrschaftsbefugnisse besondere Bindungen gegenüber einem anderen Bundesland eingeht und diese Bindungen sich potentiell auf die Gesamtfülle landesherrschaftlicher Funktionen beziehen, so liegt ein Staatsvertrag vor. Weil in einem solchen Falle alle landesherrschaftlichen Bereiche von der vertraglichen Bindung ergriffen werden, ist die Mitwirkung der Volksvertretung des Landes am Zustandekommen eines Staatsvertrages erforderlich.

[Der Weg eines Staatsvertrages muß regelmäßig beschritten werden, wenn Vereinbarungen getätigt werden sollen, welche die Rechtsstellung der Landeseinwohner berühren. Denn eine solche vertragliche Abrede setzt sinnvollerweise voraus, daß die Kontrahenten sich nicht bloß in verwaltungsmäßiger, sondern auch in gesetzgeberischer Hinsicht binden. Andererseits kann man nicht sagen, daß Staatsverträge lediglich solche Dinge regeln könnten, die innerhalb eines Landes nur im Wege des Gesetzes festgelegt zu werden vermögen. Es kommt gerade bei den Länderabkommen vor, daß durch Staatsvertrag etwas vereinbart wird, was innerstaatlich ohne Inanspruchnahme der Gesetzgebungsbefugnis geordnet werden könnte. Ja, es ist denkbar, daß Staatsverträge der Länder ihrem Inhalt nach einer Umsetzung in allgemein verbindliches Recht überhaupt nicht fähig sind. In einem solchen Fall gilt das Abkommen deswegen als „Staatsvertrag“, weil jedes Land als geschlossene Herrschaftseinheit und in der Gesamtheit seiner Herrschaftsbefugnisse verpflichtet wird.]

2. Verwaltungsabkommen sind Vereinbarungen öffentlich-rechtlichen Inhalts, welche die Bundesländer miteinander treffen, wobei nicht die Gesamtheit ihrer Herrschaftsfunktionen potentiell davon ergriffen werden soll, sondern nur der Bereich ihrer Verwaltung. Verwaltungsabkommen berechtigen und verpflichten auch die beteiligten Länder, aber nicht in jeder Hinsicht, sondern lediglich soweit die Zuständigkeit der Landesexekutive reicht. Nur in bezug auf den Herrschaftszweig „Verwaltung“ entstehen vertragliche Bindungen der Länder untereinander.

Der Gegenstand von Verwaltungsabkommen ist der gleiche, der durch Verwaltungsvorschriften geregelt werden könnte. Was nicht im Wege von Verwaltungsvorschriften bestimmt werden könnte (wie z. B. die Einrichtung eines Gerichts, dessen örtliche und sachliche Zuständigkeit), kann auch nicht Gegenstand eines Verwaltungsabkommens werden. Das bedeutet vor allem, daß die Rechte Dritter durch solche Abkommen nicht berührt werden dürfen. Eine Ausnahme von diesem Grundsatz kann dann Platz greifen, wenn die Landesexekutive bereits beim Abschluß eines Verwaltungsabkommens über eine gesetzliche Ermächtigung zum Erlaß von Rechtsverordnungen verfügt und mit Hilfe dieser Ermächtigung das Vereinbarte innerstaatlich in allgemein verbindliche Rechtssätze umsetzen kann. In einem solchen Fall hat der Vertragspartner aber keinen Anspruch darauf, daß die gesetzgeberische Ermächtigung bestehen bleibt, weil jedes an einem Verwaltungsabkommen beteiligte Land nur berechtigt und verpflichtet wird, soweit der Machtbereich der Exekutive jeweils reicht. Der Landesgesetzgeber kann sich über ein Verwaltungsabkommen hinwegsetzen, ohne daß darin eine Verletzung der durch das Verwaltungsabkommen übernommenen Pflichten des Landes liegen würde.

Der Abschluß von Verwaltungsabkommen beruht auf der Organisations- und Verwaltungshoheit. Wer Verwaltungsvorschriften erlassen kann, darf auch für seinen Bereich Abkommen über den Inhalt seiner Verwaltungsvorschriften treffen.

3. Als dritten Typ von Absprachen über den Landesrahmen hinaus nenne ich die gemeinsamen Beschlüsse der Ressortminister-Konferenzen. Es sind regelmäßig einstimmig gefaßte Beschlüsse, die meistens als vereinbarte Beschlüsse oder Vereinbarungen bezeichnet werden, wobei das Wort „vereinbart" noch etwas von dem Sinn widerspiegelt, den die ältere Lehre einer Vereinbarung im Unterschied zum Vertrag beigelegt hat. Sie verstand den Vertrag als ein Ergebnis sich kreuzender, wechselseitiger Erklärungen (Antrag und Annahme), also als einen Dialog — während die Vereinbarung gleichgerichtete gemeinsame Erklärungen zusammengefaßt, gleichsam einen Chorgesang bildet. Es liegt mir fern, diese von der Zivilistik abgelehnte und im öffentlichen Recht längst vergessene Unterscheidung wieder zu beleben. Ich meine nur, daß bei den „vereinbarten" Beschlüssen noch etwas von dem mitschwingt, was das schärfere Sprachempfinden früherer Generationen erkannte: die gemeinsame Willensrichtung aller Beteiligten.

Die Innenminister, die Finanzminister, die Justizminister, die Verkehrsminister usw. und nicht zuletzt die Kultusminister der Länder pflegen sich auf Ressortminister-Konferenzen über gemeinsam interessierende Fragen ihrer Verwaltungen zu beraten. Dabei werden auch Muster-Entwürfe zu Landesgesetzen vorbereitet, so z. B. auf der letzten Innenminister-Konferenz Entwürfe für Gesetze über das Sammlungswesen und das Meldewesen. Neben den Ressortministern pflegen sich auch die Ministerpräsidenten der Bundesländer periodisch zu treffen, um gemeinsame Angelegenheiten zu beraten. Merkwürdigerweise hat sich der Bundesrat nicht als Kristallisationspunkt für solche Konferenzen erwiesen.

Die Form und Arbeitsweise dieser ministeriellen Arbeitsgemeinschaften ist unterschiedlich[18]). Am meisten verfestigt haben sich die Verhältnisse bei der Kultusminister-Konferenz, über die ich deswegen einige Angaben machen möchte.

Die Kultusminister-Konferenz (genau: „Ständige Konferenz der Kultusminister der Länder in der Bundesrepublik Deutschland") hat sich nach ihrer Geschäftsordnung folgende Aufgabe gesetzt: sie „behandelt Angelegenheiten der Kulturpolitik von überregionaler Bedeutung mit dem Ziel einer gemeinsamen Meinungs- und Willensbildung und der Vertretung gemeinsamer Anliegen"[19]).

Zu diesem Zweck beraten und beschließen die Kultusminister (bzw. Senatoren) der Länder und von West-Berlin in Plenarsitzungen, wobei jedes Land eine Stimme führt. Vertreter von Bundesministerien werden für einschlägige Beratungspunkte hinzugezogen. Für Beschlüsse der Kultusminister-Konferenz ist Einstimmigkeit der „Länder" erforderlich.

Neben dem Plenum besitzt die Kultusminister-Konferenz vier Ausschüsse: den Schulausschuß, den Kunstausschuß, den Hochschulausschuß und den Ausschuß für das Auslandsschulwesen. In diesen Gremien entscheidet die einfache Mehrheit, wobei jedes Land eine Stimme führt. Einstimmig beschlossene Empfehlungen gelten ohne weiteres als Beschlüsse der Kultusminister-Konferenz, wenn nicht ein Land oder das Präsidium Erörterung im Plenum beantragen. Auf diese vereinfachte Weise ist z. B. die 3-Jahres-Sperrfrist für Berufungen von Hochschullehrern vereinbart worden.

Alle Beschlüsse, die nach Landesrecht der Zustimmung anderer Landesorgane als der Kultusminister bedürfen (z. B. solche Beschlüsse, die andere Ressorts berühren, insbes. die Landesfinanzminister, oder solche Beschlüsse, die wegen ihrer grundsätzlichen Bedeutung dem Landeskabinett oder dem Ministerpräsidenten zu unterbreiten sind), werden erst wirksam, wenn diesem Erfordernis in jedem der beteiligten Länder ge-

---

18) Besonderheiten ergeben sich notwendigerweise schon daraus, daß die ministeriellen Geschäftsbereiche von Land zu Land verschieden abgegrenzt sind. So wird die „Arbeitsgemeinschaft der Landesflüchtlingsverwaltungen" von den Ministerien beschickt, in deren Geschäftsbereich Flüchtlingsangelegenheiten federführend bearbeitet werden. Das ist in Baden-Württemberg jetzt das Innenministerium.

19) Vorspruch zu der am 19. 11. 1955 beschlossenen GeschäftsO. (nicht veröffentlicht).

nügt ist. Da sich im Einzelfall schwer feststellen läßt, ob diese Bedingung erfüllt worden ist, bleibt das rechtliche Schicksal der Beschlüsse häufig im Dunkeln. Dazu kommt noch als weiteres Moment der Unsicherheit die mangelhafte Publizität der Beschlüsse selbst. Über die Veröffentlichung aller Konferenzbeschlüsse entscheidet nämlich das Präsidium (Präsident und zwei Vizepräsidenten) selbstherrlich. Immerhin gelangt wenigstens ein Teil der Beschlüsse zur nachrichtlichen Bekanntgabe in das Gemeinsame Ministerialblatt (des Bundes). Dort liest man dann — wie es heißt — „Beschlüsse und Vereinbarungen, auf die sich die Kultusminister ... geeinigt haben“[20]).

Die rechtliche Wirksamkeit und Reichweite der Beschlüsse mag zweifelhaft sein, weil sie inhaltlich oft sehr elastisch abgefaßt sind und als „Rahmenordnung“, als „Richtlinien“, als „Rahmenplan“, oder als „Grundsätze“ deklariert werden. Das deutet auf einen mehr empfehlenden als befehlenden Charakter hin. Gleichwohl werden — wie mir von Kundigen versichert worden ist — diese Empfehlungen im allgemeinen von den Verwaltungen der Länder respektiert und durch Einzel- oder Runderlasse durchgeführt. Da sich diese Umsetzung in Landesverwaltungsvorschriften dem Blick des Außenstehenden weitgehend entzieht, wird die koordinierende Bedeutung der Konferenz-Beschlüsse von der Öffentlichkeit unterschätzt.

Die vereinbarten Beschlüsse schaffen harmonisierte Verwaltungsanordnungen der Länder. Das rechtfertigt es, die gemeinsamen Beschlüsse der Ressort-Minister-Konferenzen der Länder als dritte Form zwischengliedstaatlicher Abmachungen anzuerkennen.

V. Nach diesem Versuch, die verschiedenen zwischengliedstaatlichen Abreden voneinander abzugrenzen und drei unterscheidbare Kategorien zu bilden, wende ich mich der Frage zu, wie dieses Vertrags- und Vereinbarungswesen in das System unseres Staats- und Verfassungsrechts einzuordnen ist.

1. In juristisch-dogmatischer Hinsicht ist diese Erscheinung nicht beunruhigend. Die dem öffentlich-rechtlichen Vertrag v e r w a l t u n g s rechtlichen Typs anhaftende Problematik — wie der Staat über hoheitliche Verhältnisse mit den ihm Unter-

---

[20]) Die zur Publikation freigegebenen Beschlüsse werden im Gem. MBl. mit folgendem Hinweis abgedruckt: „Nachstehend werden Beschlüsse und Vereinbarungen bekanntgegeben, auf die sich die Kultusminister der Länder der Bundesrepublik Deutschland geeinigt haben.

Die Veröffentlichung macht die Texte nicht zu unmittelbar geltendem Recht. Erst durch die Entscheidung der zuständigen Länderorgane und durch die landesübliche Bekanntgabe werden sie für die einzelnen Ländern verbindlich.“

worfenen paktieren könne, ohne seine hoheitliche Überlegenheit aufzugeben — tritt bei den zwischengliedstaatlichen Verträgen nicht auf. Bei den Länder-Abkommen wird immer zwischen gleichgestellten Herrschaften paktiert, und gerade durch den Abschluß eines Staatsvertrages wird der hoheitliche Charakter des Geschäftes nicht in Frage gestellt, sondern unterstrichen.

[Daß Gliedstaaten sich untereinander „vertragen", bedeutet keine juristische Anomalität, sondern entspricht der Natur eines föderalistischen Gemeinwesens. Die im deutschen Staatsrecht anerkannte Pflicht zu bundes- und länderfreundlichem Verhalten schließt die Verpflichtung eines jeden Landes ein, im Verhältnis zu jedem anderen Land alles zu unterlassen, was das gedeihliche Mit- und Nebeneinanderwirken der Glieder im Rahmen des Gesamtstaates stören könnte, und alles zu tun, um ein gedeihliches Zusammenwirken aller Teile zu fördern. In dieser Hinsicht bedeutet der Abschluß von Staatsverträgen und Verwaltungsabkommen vom Bundesstaatsrecht aus ein geradezu gebotenes Mittel zur Regelung des gliedstaatlichen Zusammenlebens.]

2. Die zwischengliedstaatlichen Verträge und Vereinbarungen gehören in den Bereich des deutschen Staatsrechts. Die Gliedstaaten innerhalb eines Gesamtstaates stehen in einem staatsrechtlichen, nicht in einem völkerrechtlichen Verhältnis zueinander. Völkerrechtliche Regeln über das Zustandekommen, die Auslegung und die Erfüllung von Verträgen finden auf zwischenstaatliche Abkommen keine Anwendung. Das Gegenteil zu behaupten, gehört allerdings zu den überlieferten Legenden des deutschen Staatsrechts. Der Irrtum wird leider auch durch ein obiter dictum des Bundesverfassungsgerichts genährt, das in dessen allererstem Urteil steht (E 1, 51) und das zu dem Leitsatz überkomprimiert worden ist: „Regeln des Völkerrechts können innerhalb des Bundesstaates nur im Verhältnis von Land zu Land und im Bereich ihrer rechtlichen Gleichordnung angewendet werden"[21]. In Wahrheit trifft es nicht zu, daß

---

[21]) Leitsatz 17 zum ersten Südweststaat-Urteil des BVerfG (E 1, 16). Der Leitsatz gibt die entsprechende Stelle aus den Urteilsgründen nicht zutreffend wieder. Im Urteil heißt es nämlich (S. 51):

„Es bedarf in diesem Zusammenhang auch nicht der Entscheidung, welche Bedeutung der Vorschrift des Art. 25 zukommt, daß die Regeln des Völkerrechts Bestandteil des Bundesrechts mit Vorrang vor den Gesetzen sind. Jedenfalls könnte ein das Verhältnis von Staaten zu einander regelnder Völkerrechtssatz innerhalb des Bundesstaates nur im Verhältnis von Land zu Land und im Bereich ihrer rechtlichen Gleichordnung angewendet werden (vgl. Entscheidung des RStGH v. 18. Juni 1927, 7/25, Lammers-Simons I S. 185 ff. u. ö.), nicht dagegen auf das Überordnungsverhältnis von Bund und

deutsche Gerichte jemals völkerrechtliche Grundsätze auf das Verhältnis deutscher Gliedstaaten zueinander angewandt hätten. Das hat weder das Bundesverfassungsgericht noch der oft in diesem Zusammenhang zitierte Staatsgerichtshof für das Deutsche Reich getan[22]). Prüft man nämlich die angeblichen Belegstellen, so ergibt sich, daß der Staatsgerichtshof völkerrechtliche Grundsätze nur in Betracht gezogen hat, um zu ermitteln, ob es einen entsprechenden Satz des gemeinen deutschen Staatsrechts gebe. Das geschieht in der Form eines Schlusses vom Größeren aufs Kleinere: wenn schon nach Völkerrecht im Verhältnis von souveränen Staaten zueinander das und das gilt, um wieviel mehr muß dergleichen dann zwischen den Gliedern eines Gesamtstaates gelten. Das Völkerrecht wird also nur als ein Hilfsmittel herangezogen, um einen ungeschriebenen Satz des innerdeutschen Staatsrechts zu ermitteln. Das ist eine zulässige Argumentation, aber sie dürfte durchaus entbehrlich sein, weil der anerkannte Grundsatz der Bund- und Länderfreundlichkeit und das bundesstaatliche Gebot zu wechselseitiger Rücksichtnahme viel mehr hergeben als die Regeln des Völkerrechts.

Auf Länder-Abkommen ist daher nur deutsches Recht anzuwenden, und zwar in erster Linie das gesamte geschriebene und ungeschriebene Bundesrecht, notfalls die ungeschriebenen Regeln des gemeinen deutschen Staatsrechts[23]).

3. Die zwischengliedstaatlichen Abmachungen schaffen ein öffentlich-rechtliches Verhältnis zwischen den beteiligten Ländern. Im Verhältnis zu jedermann gewinnen die Absprachen nur dann Verbindlichkeit, wenn die Länder sie in Landesrecht umsetzen, wozu ein Gesetzgebungsakt notwendig ist. Auf diese Weise entsteht paralleles Landesrecht.

Auch wenn sämtliche Länder einen Vertrag miteinander geschlossen und durch Landesgesetz sanktioniert haben, bildet sich kein Bundesrecht, sondern bundeseinheitliches Landesrecht. Es besitzt keinen höheren Rang als normale Landesgesetze.

Land; dieses Verhältnis wird durch die bundesstaatliche Rechtsordnung bestimmt. Bei der Neugliederung — sowohl nach Art. 29 wie nach Art. 118 GG — handelt es sich aber nicht nur um das gegenseitige Verhältnis der beteiligten Länder untereinander, sondern zugleich auch um das Verhältnis zwischen Bund und Ländern. Das Bundesrecht, insbesondere das Grundgesetz hat diese Rechtsbeziehungen wie dargelegt, geregelt. Für die Anwendung völkerrechtlicher Normen, die durch Art. 25 GG Bundesrecht geworden sind, ist damit kein Raum mehr".

[22]) Dazu näheres in meinem Aufsatz in DÖV 1957 S. 648/49.

[23]) Mit Recht hat das BVerfG in dem Lippeschen Streit mit Nordrhein-Westfalen auf einen Satz „des gemeindeutschen Verfassungsrechts" zurückgegriffen (E 4, 276).

Entgegenstehendes altes Landesrecht ist durch die Transformation beseitigt, d. h. genauer: für die Dauer der Gültigkeit des Staatsvertrages (und damit auch des Transformationsaktes) außer Anwendung gesetzt.

Wenn künftig ein dem Länderstaatsvertrag widersprechendes Landesgesetz oder ein anderer Akt der Landesgewalt ergeht, so liegt darin eine Vertragswidrigkeit. Sie führt jedoch nicht zur Nichtigkeit des vertragswidrigen Landesgesetzes. Insofern ergibt sich eine Parallele zum internationalen Recht. Wie es dort völkervertragswidriges Staatsrecht geben kann, so hier staatsvertragswidriges Landesrecht. An dieser Meinung möchte ich festhalten, auch wenn ich davon ausgehe, daß die Gliedstaaten innerhalb des Gesamtstaates in einer viel engeren und qualitativ anderen Beziehung miteinander stehen als die im Völkerrechtsverkehr kontrahierenden Staaten. Gewiß besteht für Bund und Länder die „Pflicht zur Wahrung und Herstellung der grundgesetzlichen Ordnung in allen Teilen und Ebenen des Gesamtstaates" (BVerfGE 8, 138). Es herrscht Kraft ungeschriebenen Bundesrechts das Gebot wechselseitiger Rücksichtnahme. Aber diese bundesstaatlichen Rechtsprinzipien werden durch ein vertragswidriges Verhalten eines Landes gegenüber dem Partnerland nicht ohne weiteres verletzt. Denn bindet sich ein Land durch Staatsvertrag im Verhältnis zu anderen Gliedländern, so übernimmt es damit in der Regel erhöhte, besondere Pflichten, die über das allgemeine Gebot zu länderfreundlicher Rücksichtnahme hinausgehen. Widerstreitet ein späteres Landesgesetz oder ein sonstiger Herrschaftsakt dem Staatsvertrag, so liegt darin nicht — oder doch jedenfalls nicht per se — ein Verstoß gegen das allgemeine Rücksichtnahmegebot, sondern eben nur ein Verstoß gegen die zusätzliche, erhöhte, freiwillig übernommene Zusage des Landes.

[In der Praxis wird sich die Frage selten in dieser Form stellen. Denn der Gesetzgeber wird immer davon ausgehen, daß der einschlägige Staatsvertrag schon vor Erlaß des abweichenden Landesgesetzes erloschen, angefochten oder gekündigt sei, daß er durch Änderung der Verhältnisse umgestaltet sei, oder daß der Inhalt des Staatsvertrages mit dem Inhalt des späteren Landesgesetzes zu vereinbaren sei. In der Tat wird sich vielfach ein möglicher Widerspruch durch vertragskonforme, harmonisierende Auslegung späteren Landesrechts auflösen lassen. Man würde etwa prüfen, ob das auf einem Staatsvertrag beruhende Landesrecht als spezial-gesetzliche Regelung anzusehen ist, die von einem späteren generellen Landesgesetz unberührt bleibt.]

[4. Excurs: Die erwähnte Problematik erinnert an die entsprechende Frage nach der staatsrechtlichen Gültigkeit eines völkerrechtsvertragswidrigen Gesetzes.

Unter der Weimarer RVerf. hat Anschütz angenommen, der Satz „pacta sunt servanda“ sei als eine allgemein anerkannte Regel des Völkerrechts durch Art. 4 WRV zum bindenden Bestandteil des deutschen Reichsrechts erhoben, mithin für die deutschen Länder unverbrüchlich[24]). Deswegen seien Ländergesetze nichtig, die entgegen gültigen Staatsverträgen erlassen würden. Entsprechendes müßte danach im Hinblick auf Art. 25 GG heute gelten, eine Folgerung, die in der Tat neuerdings gezogen worden ist[25]). Dazu ist zu bemerken:

a) „Pacta sunt servanda“ ist eine Aussage, kein Rechtssatz, erst recht keine Urnorm (Anzilotti) oder Grundnorm (Kelsen). Denn der Satz ist — wie H. Heller schreibt[26]) — „zwar allen rechtmäßigen Verträgen immanent, kann aus ihnen auch mit logischer Geltung abstrahiert werden, Rechtsgeltung erlangt er aber erst durch und mit einem gültigen Vertragsschluß“. Wir ergänzen: der Satz gilt solange und soweit, wie der Vertrag als gültig anzusehen ist. Der Satz p.s.s. hat also keine selbständige Bedeutung. Die Bindung an den Vertrag beruht nicht auf jenem Satz, sondern auf dem konkreten Consens.

Nach Dahm[27]) enthält der Satz p.s.s. keine Tautologie, sondern begründet, warum „der übereinstimmende Wille von heute den möglicherweise veränderten Willen von morgen zu binden vermöge“, was doch logisch keine Selbstverständlichkeit sei. Daß der übereinstimmende Wille von heute gegenüber dem abweichenden Willen (eines Contrahenten) von morgen vorgeht, halte ich indessen durchaus für eine Selbstverständlichkeit, weil der frühere übereinstimmende Wille beider Partner schwerer wiegt als der spätere Wille einer Seite. Eine spätere Willensübereinstimmung aller Beteiligten hebt ebenso selbstverständlich ihren früheren Vertrag auf. Zur Begründung bedarf es des Satzes p.s.s. nicht. Das zeigt sich auch, wenn man der Frage nachgeht, warum jemand bei einseitigen Rechtsgeschäften an seine Willenserklärung gebunden ist. Man ist rechtlich gebunden, weil man es so wollte und weil nach unserer allgemeinen Überzeugung der Mensch sich durch seinen Willen binden darf. Wenn p.s.s. eine echte allgemeine Regel des Völkerrechts und damit echter Rechtssatz des deutschen Rechts wäre, so müßte jedweder Verstoß gegen einen internationalen

---

[24]) Hb. Dt. StR. I (1930) S. 299; Komm. z. WRV (14. Aufl. 1932) S. 63/64.

[25]) Nachweis bei Mosler: Das Völkerrecht in der Praxis der dt. Gerichte H. 32/33 der Schriftenreihe der Jur. Studiengesellschaft Karlsruhe, 1957, S. 39.

[26]) Die Souveränität (1927) S. 133.

[27]) Völkerrecht Bd. I (1958) S. 20.

Vertrag zugleich einen Bruch des allgemeinen Völkerrechts darstellen. Vertraglich übernommene Pflicht und allgemeine Völkerrechtspflicht fielen immer in eins zusammen, das Besondere ginge stets im Allgemeinen auf.

b) Praktische Bedeutung besitzt die Gegenmeinung deswegen nicht, weil in einem Konfliktsfalle immer umstritten zu sein pflegt, ob ein gültiger Vertrag besteht und welche Berechtigungen und Verpflichtungen er enthält. Dafür gibt der Satz p.s.s. garnichts her[28]). Über die Gültigkeit eines völkerrechtlichen Vertrages und seinen Inhalt kann aber auch das Bundesverfassungsgericht nicht das letzte Wort sprechen. Umgekehrt kann kein internationales Gericht die Frage verbindlich beantworten, ob ein vertragswidriges nationales Gesetz innerstaatlich nichtig ist oder nicht. Das bleibt eine Frage, die das Staatsrecht zu beantworten hat[29]), wobei der Renvoi auf allgemeine Regeln des Völkerrechts (Art. 25 GG) — wie erwähnt — versagt.]

Soviel zur rechtlichen Einordnung der Länderabkommen in den Rahmen des deutschen Staatsrechts.

VI. Was ist nun von dem Vertragswesen verfassungspolitisch zu halten?

In verfassungspolitischer Sicht müßte die zu beobachtende Zunahme von Länder-Absprachen als Zeichen wachsender Verträglichkeit der Glieder begrüßt werden. Dieser erste Eindruck wird einem zweifelhaft, wenn man bedenkt, daß die erhöhte Übung zum Abschluß zwischengliedstaatlicher Abkommen mit einer Periode gesteigerter Gesetzgebungstätigkeit des Bundesstaates zusammenfällt. Zu berücksichtigen ist ferner, daß die territoriale Streu- und Gemengelage der deutschen Gliedstaaten, die früher zu vielen Abkommen über die Verwaltung und Gerichtsbarkeit in den Exclaven-Bereichen genötigt hat, heute nicht mehr besteht.

Handelt es sich vielleicht bei der erhöhten Vereinbarungsfreudigkeit der Länder um ein Anzeichen dafür, daß die föderalistische Verteilung staatlicher Herrschaftsgewalt, wie sie im Grundgesetz vorgesehen ist, den Bedürfnissen der Gegenwart nicht genügt?

Um einer Antwort auf diese Frage näher zu kommen, empfiehlt es sich, die konkreten Ziele der vielfachen Länder-Abmachungen ins Auge zu fassen. Die Prüfung ergibt, daß im wesentlichen drei Absichten verfolgt werden.

---

[28]) Vgl. C. Schmitt, VerfL. S. 70. Berber, Völkerrecht Bd. I (1960) führt die bindende Kraft der Verträge auf den Gewohnheitsrechtssatz p. s. s. zurück (S. 62), räumt aber später (S. 449) ein, es zeige sich, „wie wenig inhaltsreich, ja wie tautologisch der so oft angerufene Satz" sei.

[29]) So zutreffend Mosler aaO. S. 41.

1. Eine Gruppe von zwischengliedstaatlichen Verträgen entspringt und dient dem praktischen Bedürfnis, die räumlichen Herrschaftsbereiche der Länder in Bezug auf einzelne Verwaltungsaufgaben voneinander abzugrenzen. Es erweist sich beispielsweite als zweckmäßig, die Wasserpolizei, die Bergaufsicht, eine öffentlich-rechtliche Versicherung über die Landesgrenzen hinaus amtieren zu lassen.

2. Eine zweite Gruppe von Abmachungen dient der Schaffung von gemeinsamen Verwaltungseinrichtungen, von staatlichen Einrichtungen, die zu unterhalten das Leistungsvermögen eines Landes übersteigen würde oder die innerhalb eines Landes nicht ausgelastet wären.

Diese beiden Zielsetzungen (Ziffer 1 und 2) sind — vom Standpunkt des Föderalismus gesehen — durchaus legitime Gründe, die zu einem vertraglichen Zusammenwirken der Gliedstaaten berechtigen. Wenn freilich ein Übermaß an verwaltungsmäßigen Verflechtungen und Gemeinschaftseinrichtungen mehrerer Länder zu beobachten wäre, so würde dies als ein Anzeichen dafür zu gelten haben, daß einzelne Gliedstaaten keine genügende Kraft besitzen, um die ihnen obliegenden Aufgaben selbständig zu erfüllen. In diesem Sinne hat deswegen der Luther-Ausschuß die Verträge zwischen deutschen Bundesländern in Betracht gezogen und die Frage geprüft, ob aus vorhandenen vertraglichen Verflechtungen Rückschlüsse zu ziehen sind auf die Notwendigkeit einer territorialen Neugliederung des Bundesgebietes.

3. Eine dritte Gruppe von Vereinbarungen zwischen deutschen Bundesländern beruht auf dem Wunsch, verwaltungsmäßige und rechtliche Gefälle von Land zu Land abzubauen oder von vornherein nicht entstehen zu lassen. Es geht dabei nicht nur um die Sicherung der Gleichmäßigkeit beim Verwaltungsvollzug von Bundesrecht, sondern neuerdings auch um eine Harmonisierung von landesgesetzlichen Materien (z. B. das Meldewesen, wofür der Bundesgesetzgeber nur die Rahmenkompetenz besitzt, für das Sammlungswesen, für die kommunale Organisation bei staatlicher Auftragsverwaltung, und vor allem für das Schul- und Prüfungswesen). Die sonst so oft auf Selbständigkeit bedachten Länder stellen sich damit in den Dienst von Synchronisierungsbestrebungen, die sich durch die gute Absicht, die Freizügigkeit innerhalb des ganzen Bundesgebietes zu sichern, nur sehr entfernt rechtfertigen lassen. Es mag sein, daß die Länder an einer Selbstkoordinierung interessiert sind, weil sie im Sinne bundesstaatlicher Subsidiarität eine von B u n d e s wegen betriebene Gleichschaltung vermeiden wollen,

ein Gedanke, den Herr Köttgen früher geäußert hat[30]). Ich kenne freilich — von aktuellen Rundfunkverträgen abgesehen — keinen Fall, in dem die Länder auch nur versucht hätten, durch Verträge ein Bedürfnis nach bundesgesetzlicher Regelung (Art. 72 Abs. 2 GG!) abzuwenden. Und warum wehren sich die Länder gegen eine mögliche Bundes-Initiative gerade in der Weise, daß sie selbst preisgeben, was sie verteidigen müßten? Eine Divergenz von Land zu Land auf dem Gebiet gliedstaatlicher Gesetzgebung und Verwaltung ist doch im Rahmen einer föderalistischen Verfassung durchaus angemessen, ja, sie wird geradezu vorausgesetzt.

Aber das allgemeine Bewußtsein hat sich in dieser Hinsicht längst gewandelt. Daß innerhalb der Bundesrepublik die verwaltungsmäßige Behandlung und Lösung typischer Fälle von dem regionalen Bezug, in dem sie auftreten, abhängig sein soll, wird in weiten Kreisen als willkürlich und deswegen ungerecht empfunden. Der durchschnittliche Bundesbürger, der sich entweder überall oder nirgendwo zu Hause fühlt, ist gegenüber landesrechtlichen Unterschiedlichkeiten empfindsam geworden. Er hält den Ort seines Aufenthalts und seiner Tätigkeit für einen Umstand, der vielleicht klimatisch und transportkostenmäßig, aber jedenfalls nicht rechtlich relevant sein dürfte.

Bismarck empfand „die belebende Reibung der 25 deutschen Zentren aneinander" als Vorzug. Die Gegenwart findet mehr Freude an geschmeidigem Gleichlauf der elf Teile. Rasche Querverbindungen, fugenloser Kunstbelag, genormte Fertigprodukte und rationalisierte — demnächst noch: automatisierte — Verfahrensabläufe sind dem durchschnittlichen Bundesbürger auch im Bereich der öffentlichen Verwaltung ein Bedürfnis. Das drängt auch die Eigenverwaltung der Länder zu vereinbarter Harmonisierung, um nicht zu sagen Nivellierung. Diese Entwicklung vollzieht sich interessanterweise auch auf Gebieten, die einer von Bundes wegen steuerbaren oder doch durch Finanzhilfen mittelbar beeinflußbaren Koordinierung nicht zugänglich sind, so daß die Selbstkoordinierung der Länder nicht gerechtfertigt wird durch das Bestreben, einer Synchronisierung von oben her zuvorzukommen.

Unser verehrter Kollege, Herr Maunz, Bayerischer Staatsminister für Kultus und Unterricht, hat vor wenigen Tagen in seiner Eigenschaft als Präsident der Kultusminister-Konferenz die Öffentlichkeit davon unterrichtet[31]), daß ein Rahmenabkommen über den Unterricht in der Oberstufe der Gymnasien abgeschlossen worden sei und sofort in Kraft trete. Er hat mit

[30]) Köttgen im Jahrb. d. öff. R. N. F. Bd. 3 (1954) S. 143.

[31]) FAZ vom 1. 10. 1960. Das Abkommen ist im GMBl. S. 452 veröffentlicht worden.

Genugtuung hinzugefügt, das bedeute eine entscheidende Wende in der Kulturpolitik. Ich stimme ihm durchaus zu, frage mich aber: Was wird auf diesem Wege horizontaler Selbstkoordinierung übrig bleiben von dem Schulwesen, das unser Bundesverfassungsgericht als „das Kernstück der Eigenstaatlichkeit der Länder" bezeichnet hat (E 6, 347)?

Ich erinnere mich dabei an eine treffende Bemerkung von Jacob Burckhardt: „Die heutigen Menschen" — er meint seine Zeitgenossen im Jahre 1870 — „haben allmählich in großen gesellschaftlichen Schichten schon unbewußt der Nationalität entsagt und hassen eigentlich Diversität. Sie opfern, wenn es sein muß, alle ihre speziellen Literaturen und Kulturen gegen ‚durchgehende Nachtzüge' auf".

Es ist klar, daß sich die deutschen Länder dem Trend zur Parallelisierung und Harmonisierung — den Ausdruck „Vereinheitlichung" möchte ich vermeiden — nicht entziehen können. Es ist aber ebenso klar, daß die zur Erreichung dieses Anliegens zwischen ihnen getroffenen Koordinierungs-Vereinbarungen über die traditionellen Vorstellungen von föderalistischem Eigenleben der Gliedstaaten hinausgehen.

VII. Diese verfassungspolitischen Betrachtungen führen uns zu der Frage, welche Bereiche nach geltendem Staatsrecht einer ländervertraglichen Regelung versperrt sind.

1. Verträge zwischen deutschen Bundesländern können nur geschlossen werden über Gegenstände, die der Herrschaftsbefugnis der Gliedstaaten unterliegen.

Es gilt auch für das deutche Bundesstaatsrecht der Satz, den die Österreichische Verfassungsurkunde (Art. 107) ausspricht: „Vereinbarungen der Länder untereinander können nur über Angelegenheiten ihres selbständigen Wirkungsbereiches getroffen werden ...". Hiernach sind versperrt alle Bereiche, die auf eine gesetzliche Regelung von Materien ausgehen, für die dem Bund die ausschließliche Kompetenz zukommt. Dabei ist allerdings die Einschränkung zu machen, daß auch dieser Bereich einer staatsvertraglichen Regelung mit dem Ziele, allgemein verbindliches Recht zu schaffen, offen steht, wenn und soweit Länder in einem Bundesgesetz ausdrücklich zur Rechtsetzung ermächtigt worden sind (vgl. Art. 71 GG). Ein Beispiel hierfür findet sich im Patent-Gesetz[32]).

Zu den in gleicher Weise versperrten Bereichen gehören außerdem diejenigen Materien, für die dem Bund die konkurrierende Gesetzgebungszuständigkeit zukommt, wenn und soweit der Bund davon bereits in abschließender Weise Ge-

[32]) § 51 Abs. 2 PatentG. Dazu die entsprechenden Staatsverträge in der nachstehenden Übersicht.

brauch gemacht hat. Auch in Bundesgesetzen, die auf einer konkurrierenden Gesetzgebungszuständigkeit beruhen, finden sich gelegentlich ausdrückliche Hinweise auf mögliche Länderverträge. [So läßt es die neue Verwaltungsgerichtsordnung zu (§ 3 Abs. 2), daß mehrere Länder die Errichtung eines gemeinsamen Oberverwaltungsgerichts oder die Ausdehnung von Gerichtsbezirken über die Landesgrenzen hinaus vereinbaren. Eine ähnliche Bestimmung für die Einrichtung von Kartellsenaten bei den Oberlandesgerichten „durch Staatsverträge zwischen Ländern" enthält § 93 Abs. 2 des Gesetzes gegen Wettbewerbsbeschränkungen vom 27. Juli 1957 (BGBl. I S. 1081).]

2. Insoweit Länderverträge nicht auf die Schaffung allgemein verbindlichen Rechts gerichtet sind, sondern Verwaltungsinstitutionen und Verwaltungsverfahren zum Gegenstand haben, erweitert sich der zulässige Bereich für Vereinbarungen, weil die Länder regelmäßig auch Bundesgesetze als eigene Angelegenheit ausführen[33]. [Selbst im Bereich der Bundesauftragsverwaltung dürften die Länder ausführende Verwaltungsvereinbarungen treffen.] Es hat den Anschein, daß bundesweite allgemeine Verwaltungsvorschriften sich oft leichter vereinbaren als anordnen lassen. Freiwillig gesteht die Landesbürokratie mehr zu als sie anordnungsmäßig hinzunehmen hätte. Das Recht der Bundesregierung, mit Zustimmung des Bundesrates allgemeine Verwaltungsvorschriften zu erlassen (Art. 84 Abs. 2, Art. 85 Abs. 2 GG), kann freilich durch vereinbarte Verwaltungsvorschriften nicht geschmälert werden. [Es versteht sich, daß die von Bundes wegen erlassenen Verwaltungsvorschriften nicht nur denen eines Landes, sondern auch den von der Ländergesamtheit vereinbarten vorgehen.]

3. Veränderungen im Gebietsbestand der Bundesländer können, auch wenn es sich um kleine Grenzkorrekturen handelt, nicht durch einen Vertrag zwischen den beteiligten Ländern vorgenommen werden. Die Bestimmung der Ländergrenzen ist dem Bund vorbehalten (Art. 29 GG). [Allerdings könnte das in Art. 29 Abs. 7 GG vorgesehene Bundesgesetz über das Verfahren für Änderungen des Gebietsbestandes der Länder die Möglichkeit zum Abschluß von grenzkorrigierenden Länderverträgen eröffnen, wobei freilich eine Bestätigung solcher Verträge

---

[33]) Gelegentlich setzen Bundesgesetze eine Ländervereinbarung voraus. So räumt § 3 Abs. 2 des Gesetzes über die Errichtung eines Bundeskriminalamtes vom 8. 3. 1951 (BGBl. I S. 165) den Ländern die Möglichkeit ein, für mehrere Länder ein gemeinsames Landeskriminalamt zu unterhalten. Ebenso § 1 Abs. 2 S. 2 des Gesetzes über die Errichtung der Verwaltungsbehörden der Kriegsopfer-Versorgung vom 12. 3. 1951 (BGBl. I S. 169): „Mehrere Länder können ein gemeinsames Landesversorgungsamt errichten."

durch Bundesorgane vorbehalten bleiben sollte, weil die Gliederung des Bundesgebiets ein Interesse des staatlichen Gesamtverbandes berührt.]

4. Allgemein wird man noch sagen dürfen, daß das Grundgesetz, indem es die Länder als einzigen Typ gliedstaatlicher Gewalt anerkennt und bestimmten Strukturerfordernissen und Verantwortlichkeiten unterwirft (Art. 28 und 30), einer vertraglichen Selbstpreisgabe landesherrschaftlicher Befugnisse Schranken setzt. So wäre es wohl unzulässig, wenn etwa ein kleines Land die Wahrnehmung aller polizeilichen Aufgaben der Exekutive eines benachbarten Bundeslandes durch Staatsvertrag überantworten wollte. Das ist selbstverständlich nur ein theoretisches Beispiel.

Praktisch werden könnte ein anderer Fall, den Herr Köttgen — der einzige Erforscher dieses Bereiches — mit seinem Röntgen-Blick in Betracht gezogen hat[34]): die Einrichtung und Unterhaltung von Gemeinschaftseinrichtungen deutscher Länder derart, daß ein Träger öffentlich-rechtlicher Befugnisse geschaffen wird, der sich über seine Eltern erhebt, sich von ihnen löst und keinem staatlichen Elternhaus mehr zugeordnet ist (Norddeutscher Rundfunk). Herr Köttgen hat mit Recht die Frage aufgeworfen, ob solche „freischwebenden Verwaltungseinrichtungen", die sich wie eine diffuse Wolkenschicht zwischen Bundes- und Landesorganisation einschieben (auch der „Wissenschaftsrat" operiert in diesem Raum), mit der bundesstaatlichen Struktur — wie sie das Grundgesetz voraussetzt — zu vereinbaren sind.

5. Schließlich versteht es sich, daß Verträge zwischen den Gliedstaaten, gleich welcher Art und Form diese Absprachen sein mögen, niemals gegen den ungeschriebenen Grundsatz der Bundestreue und gegen das Gebot der Rücksichtnahme auf die anderen Glieder verstoßen dürfen. Aus der Natur des Bundesstaates ergibt sich die gemeinsame Pflicht von Bund und Ländern zur Rücksichtnahme und Unterstützung aller Teile. In diesem Sinne gilt für alle Bundesstaaten, sofern sie diesen Namen verdienen, der Satz der Schweizerischen Bundesverfassung (Art. 7): „Verkommnisse" dürfen nicht „etwas dem Bunde oder den Rechten anderer Kantone Zuwiderlaufendes enthalten".

Das Gebot länder- und bundesfreundlichen Verhaltens schließt ebenso Sonderbündnisse und Verträge politischen Inhalts zwischen den Ländern aus. Selbstverständlich können sich etwa die der SPD oder die der CDU angehörenden Ministerpräsidenten über ein gemeinsames Vorgehen politisch verständigen und

[34]) Köttgen im Jahrb. d. öff. R. N. F. Band 3 S. 145.

koordinieren. Ich verweise nur auf die wechselnden Gruppierungen in dem Streit um den Rundfunkbetrieb. Das sind persönliche Arrangements, aber nicht Verträge, die zu einer Verpflichtung der Gliedstaaten führen. Soviel über die Grenzen der „Vertragsfreiheit“ in diesem Bereich.

VIII. Über das Verfahren beim Abschluß von gliedstaatlichen Verträgen kann ich mich kurz fassen:

[1. Für den Abschluß von Staatsverträgen treffen die meisten Länderverfassungen nähere Bestimmungen. Nur die Verfassung des Landes Berlin und die sonst so weitschweifige Bremer Verfassung erwähnen die Staatsverträge nicht. In den einschlägigen Verfassungsbestimmungen der anderen Länder zeigen sich bei grundsätzlicher Ähnlichkeit einige Verschiedenheiten. Regelmäßig ist der Regierungs-Chef zum Abschluß von Staatsverträgen befugt[35]), in Nordrhein-Westfalen die Landesregierung[36]), in Hamburg und Bremen das Senatskollegium[37]). In Baden-Württemberg und Schleswig-Holstein bedürfen die Ministerpräsidenten der (vor- oder nachherigen) Zustimmung des Regierungskollegiums[38]). In Baden-Württemberg, Bayern, Hessen, Nordrhein-Westfalen, Rheinland-Pfalz und im Saarland bedürfen alle Staatsverträge der Zustimmung des Landtags[39]), wobei nur in Bayern eine vorherige Zustimmung verlangt wird. In Niedersachsen[40]) beschränkt sich die Notwendigkeit parlamentarischer Zustimmung auf solche Verträge, die sich auf Gegenstände der Gesetzgebung beziehen, in Schleswig-Holstein[41]) darüber hinaus auf solche Verträge, die zu ihrer Durchführung eines Gesetzes bedürfen, in Hamburg[42]) noch weitergehend auch auf solche Verträge, die Aufwendungen erfordern, für die Haushaltsmittel nicht vorgesehen sind. Angesichts dieser Gesetzeslage kann man mit dem Bundesverfassungsgericht (E 4, 276) sagen: „Es ist ein Satz des gemeindeutschen Verfassungsrechts, daß die Regierung (eines Landes) zum Abschluß von Verträgen, die sich auf Gegenstände der Gesetzgebung beziehen, der Zustimmung des Parlaments bedarf.“

35) BadWürtt. Verf. Art. 50 S. 1; BayVerf. Art. 72 Abs. 2; Hess. Verf. Art. 103 Abs. 1 S. 1; Nds. Verf. Art. 26 Abs. 1; RhPf. Verf. Art. 101 S. 1; Saarl. Verf. Art. 97 S. 1; Schl.-H. Verf. Art. 25 Abs. 1.

36) NRW Verf. Art. 57 S. 1.

37) Hamb. Verf. Art. 43 S. 1; Brem. Verf. Art. 118 Abs. 1 S. 2.

38) BadWürtt. Verf. Art. 50 S. 2; Schl.-H. Verf. Art. 25 Abs. 2 S. 1.

39) BadWürtt. Verf. Art. 50 S. 2; BayVerf. Art. 72 Abs. 2; Hess. Verf. Art. 103 Abs. 2; NRW Verf. Art. 66 S. 2; RhPf. Verf. Art. 101 S. 2; Saarl. Verf. Art. 97 S. 2.

40) Nds. Verf. Art. 26 Abs. 2.

41) Schl.-H. Verf. Art. 25 Abs. 2 S. 2.

42) Hamb. Verf. Art. 43 S. 3.

In allen diesen Fällen genügt ein einfacher Zustimmungsbeschluß des Landesparlaments. Wird der Beschluß in der Form eines Gesetzes gefaßt, so bewirkt dies neben der parlamentarischen Zustimmung zum Vertragsschluß auch die Umsetzung der vertraglichen Abreden in Landesrecht. Notwendig ist ein solcher Transformationsbeschluß nur, wenn der Inhalt des Staatsvertrages überhaupt normativen Charakter erhalten kann und nach dem Willen der Vertragschließenden erhalten soll. Ein nicht in Gesetzesform erfolgter Zustimmungsbeschluß des Landtags ersetzt niemals den Gesetzesbefehl, d. h. die Anordnung der allgemeinen Verbindlichkeit (ita ius esto).

Auch bei innerdeutschen Staatsverträgen findet eine Ratifikation statt. Sie ist — mit Ausnahme von Hamburg[43]) — überall Sache des Regierungschefs. Er gibt also dem Vertragspartner gegenüber die förmliche Erklärung ab, daß das Land die bereits früher unterzeichneten Vereinbarungen beachten und erfüllen werde. Der Austausch von Ratifikationsurkunden oder deren Hinterlegung an vereinbarter Stelle hat sich eingebürgert. Für die Außengeltung von Staatsverträgen der Länder ist die Veröffentlichung des Textes und die Bekanntgabe, daß die Ratifikation stattgefunden habe, an sich nicht erforderlich. Die Publikation in der Form, wie sie für Landesgesetze vorgeschrieben ist, muß jedoch stattfinden, wenn der Inhalt des Staatsvertrages innerhalb des Landes verbindliche Kraft erhalten soll. In diesem Falle sollte (nicht muß) auch das spätere (von der Ratifikation abhängige) Inkrafttreten in dem Landesgesetzblatt (nicht bloß in einem Ministerialamtsblatt) bekannt gemacht werden.]

Fehlt es bei Staatsverträgen zwischen deutschen Ländern an der nach Landesverfassungsrecht erforderlichen Zustimmung eines Landesparlaments, so bedeutet dieser Mangel — wenn der Vertrag trotzdem ratifiziert worden ist — nicht nur im Innenverhältnis eine Verfassungsverletzung, sondern wirkt auch (anders als bei völkerrechtlichen Verträgen) nach außen, d. h. im Verhältnis zu dem gliedstaatlichen Vertragspartner. Während man im internationalen Recht die Mängel und Zweifelsfragen des inneren Verfassungsrechts eines Partners außer Betracht lassen darf, ja muß, weil man sonst die Wirksamkeit völkerrechtlicher Verträge mit den unübersehbaren verfassungsrechtlichen Zweifelsfragen sämtlicher Partnerstaaten bepacken würde, ist eine Außerachtlassung verfassungsrechtlicher Mängel bei den Gliedern eines Gesamtstaates nicht vertretbar. Daß Staatsverträge, die ein Land in bezug auf seine Legislative ver-

---

[43]) In Hamburg ist die Ratifikation dem Senat vorbehalten (Hamb. Verf. Art. 43 S. 2).

pflichten oder seinen Haushalt berühren, der parlamentarischen Zustimmung bedürfen, ist — wie erwähnt — auch eine Regel des gemeindeutschen Verfassungsrechts. Diesen Grundsatz müssen alle Länder respektieren. Aber darüber hinaus werden die Länder die besonderen Erfordernisse, die das Verfassungsrecht ihrer gliedstaatlichen Partner an den Abschluß von Staatsverträgen stellt, beachten müssen. Es wäre mit dem Gedanken der Bundestreue und Länderverbundenheit nicht zu vereinbaren, wenn ein Land einem anderen Lande gegenüber geltend machte, die verfassungsrechtlichen Mängel auf der anderen Seite seien im Außenverhältnis ohne Bedeutung. Die Verbundenheit der deutschen Länder untereinander und ihre Verpflichtung auf gemeinsame, im Grundgesetz näher festgelegte politische Ordnungsprinzipien und Werte verbieten es, landesverfassungsrechtliche Mängel außerhalb des betreffenden Landes zu ignorieren. [Vielmehr gebietet es die Pflicht zur wechselseitigen Rücksichtnahme, daß ein Land die verfassungsrechtlichen Fehler, die dem anderen deutschen Gliedstaat unterlaufen sind, gegen sich gelten lassen muß. Für den Bund läßt sich diese Verpflichtung ohne weiteres aus Art. 28 Abs. 3 GG herleiten.]

2. [Für den Abschluß von Verwaltungsabkommen bestehen keine Vorschriften. Die Praxis pflegt sich der Schriftform zu bedienen. Regelmäßig werden Verwaltungsabkommen von den Regierungs-Chefs oder den Ministern unterzeichnet. Während bei Abkommen mit Bundesbeteiligung der Bundeskanzler „für die Bundesregierung“ (nicht: für die Bundesrepublik) zu unterzeichnen pflegt, wählen die Landesminister den Zusatz „für das Land“. Doch schwankt der Sprachgebrauch, sogar innerhalb ein und desselben Abkommens[44]).

---

[44]) Ein Beispiel für mangelhafte juristische Präzision bietet das Verwaltungsabkommen über die Errichtung des Wissenschaftsrats (vom 5. 9. 1957 BAnz. Nr. 200 vom 17. 10. 1957, nachrichtlich im GMBl. S. 553). Nach der Überschrift, die das Abkommen trägt, ist es „zwischen Bund und Ländern“ geschlossen worden, also zwischen dem Gesamtstaat und seinen Gliedern. In dem einleitenden Vertragstext heißt es jedoch: „Die Bundesregierung und die Regierungen der Länder der Bundesrepublik haben folgendes vereinbart: Artikel 1. Die Vertragschließenden errichten gemeinsam einen Wissenschaftsrat“. Danach wären also die Regierungen selbst und als solche Vertragsparteien. Am Schluß hat Herr Adenauer „für die Bundesregierung“ unterzeichnet, die Ministerpräsidenten bzw. Minister zeichneten jeweils „für das Land ...“.

Entsprechende Unklarheit herrscht bei dem „Verwaltungsabkommen über den Ausbau der Ingenieurschulen durch die Länder und die Förderung wissenschaftlicher Einrichtungen durch den Bund“. vom 5. 9. 1957 (verkündet im BAnz. Nr. 200 vom 17. 10. 1957, nachrichtlich im GMBl. S. 554).

Zum Abschluß von Verwaltungsabkommen sind grundsätzlich die Chefs der obersten Landesbehörden legitimiert, weil sie es sind, denen für den Bereich des Landes die verantwortliche Leitung ihres Ressorts obliegt. Indem die Landesverfassung oder ein Landesgesetz (hilfsweise: die Geschäftsordnung der Landesregierung) einem Minister einen Geschäftsbereich zuweist, ermächtigt dies den Minister, das Land insoweit zu vertreten. Einer besonderen Bevollmächtigung bedarf es nur, wenn der Minister über seine allgemeine Ressortkompetenz hinaus für das Land tätig werden soll. Wenn der Abschluß von Verwaltungsabkommen die Richtlinien der Landespolitik betrifft oder wenn ein anderes Fachressort berührt wird, so muß der Ministerpräsident bzw. das Landeskabinett eingeschaltet werden.

Eine Publikation der Verwaltungsabkommen in den allgemeinen Verkündungsblättern ist nicht erforderlich, aber gebräuchlich und sicherlich wünschenswert. Von Rechts wegen genügt die Bekanntgabe an den Personenkreis, der dienstlich mit der Handhabung des Verwaltungsabkommens zu tun hat.]

3. Während in Österreich alle Vereinbarungen der Länder untereinander der Bundesregierung unverzüglich zur Kenntnis zu bringen sind, während in der Schweiz die interkantonalen Verträge der Bundesbehörde zur Einsicht vorgelegt werden müssen und während in den Vereinigten Staaten sogar der Kongreß die gliedstaatlichen Verträge genehmigen soll, ist nach deutschem Staatsrecht eine Beteiligung des Bundes nicht vorgeschrieben. Die Bundesregierung wird aber berechtigt sein, Auskunft über Länderverträge einzuholen, schon deswegen, damit sie ihre Aufsichtspflicht (Art. 84 Abs. 3, Art. 85 Abs. 4 GG) wahrnehmen kann. Auch wenn die Verträge sich auf den eigenen Wirkungskreis der Länder beziehen, so müßte doch einem Ersuchen um Auskunft entsprochen werden, denn der Bund muß sich selbst davon überzeugen können, ob etwa die Ausführung von Bundesrecht berührt wird.

Eine bundesbehördliche Genehmigung von bestimmten Länderabkommen könnte durch Bundesgesetz vorbehalten werden in solchen Fällen, in denen ein Bundesgesetz die Regelung einzelner Verwaltungsfragen einem Länderabkommen überläßt. [Derartiges begegnet uns etwa im Fürsorgerecht, weil die (Reichs-)Verordnung über die Fürsorgepflicht vom Jahre 1924 es teils den Ländern, teils den Landesfürsorgeverbänden überläßt, organisatorische und materiellrechtliche Angelegenheiten von sich aus zu regeln, insbesondere Grundsätze für die Zusammenarbeit aufzustellen. Dank dieser Ermächtigungen haben übrigens die deutschen Fürsorgeverbände sich seit langem durch verschiedene Abkommen von den Vorschriften der Fürsorgepflichtverordnung und den Reichsgrundsätzen von 1931 über Voraussetzungen, Art und Maß der öffentlichen Fürsorge weitgehend entfernt. Man kann geradezu von einem abschrekkenden Musterbeispiel für eine Verdrängung des Gesetzesrechts durch Vertragsrecht reden, denn durch Vereinbarungen ist in diesem Bereich der Gesetzeswortlaut in ganz erheblichem Umfange abgeändert und ergänzt worden, wobei ich durchaus anerkenne, daß die im Vereinbarungswege herbeigeführten Änderungen eine schnellere, glattere und einfachere Abwicklung der überregionalen Fürsorgefälle zum Nutzen der Bedürftigen bewirkt haben. Diese rechtsstaatlich schlimmen Abwege verdienten es, einmal gründlich von Öffentlichrechtlern inspiziert zu werden.]

IX. Gestatten Sie mir zum Schluß noch einige kurze Bemerkungen über den Rechtsweg bei Vertragsstreitigkeiten.

Über die Gültigkeit, über die Auslegung und die Durchführung von öffentlich-rechtlichen Abkommen zwischen den Ländern kann Streit unter den Vertragschließenden entstehen, übrigens auch mit Dritten, wie die gegenwärtige Klage Hamburgs gegen den Bund zeigt, wo es um die Gültigkeit eines zwischen Hamburg, Schleswig-Holstein und Niedersachsen abgeschlossenen Staatsvertrages über den Norddeutschen Rundfunk geht. Zur Entscheidung der aus Länderabkommen resultierenden Rechtsstreitigkeiten sind das Bundesverwaltungsgericht und das Bundesverfassungsgericht berufen.

1. Die Zuständigkeit des Bundesverfassungsgerichts ergibt sich, wenn nicht schon einer der Fälle des Art. 93 Abs. 1 Ziff. 1—3 GG gegeben sein sollte, jedenfalls aus Ziffer 4. Danach entscheidet das Bundesverfassungsgericht „in anderen öffentlich-rechtlichen Streitigkeiten zwischen ... verschiedenen Ländern". Dabei schließt der Ausdruck „andere öffentlich-rechtliche Streitigkeiten" sowohl verfassungsrechtliche wie verwaltungsrechtliche Streitigkeiten ein[45]).

Die Zuständigkeit des Bundesverfassungsgerichts ist dabei nur subsidiär vorgesehen („soweit nicht ein anderer Rechtsweg gegeben ist"). Einen anderen Rechtsweg, nämlich den zum Bundesverwaltungsgericht, eröffnet § 50 Abs. 1 Ziff. 1 VerwGO, insoweit es sich um „öffentlich-rechtliche Streitigkeiten nichtverfassungsrechtlicher Art" zwischen Bund und Ländern oder zwischen verschiedenen Ländern handelt. Dem Bundesverfassungsgericht verbleiben demnach nur die verfassungsrechtlichen Streitigkeiten, die aus Länderabkommen erwachsen, während die nichtverfassungsrechtlichen Streitigkeiten öffentlich-rechtlicher Art vor dem Bundesverwaltungsgericht auszutragen sind.

[45]) Genaueres dazu in meinem Aufsatz in DÖV 1957 S. 650.

[Die Abgrenzung zwischen dem, was eine Streitigkeit verfassungsrechtlicher, und dem, was eine solche nichtverfassungsrechtlicher Art ist, kann schwierig sein. Ich lasse diese Abgrenzungsfrage hier auf sich beruhen und verweise auf meine früheren Bemerkungen dazu[46]). Praktisch wird sich von Fall zu Fall eine Lösung finden lassen, denn hält das Bundesverwaltungsgericht eine Streitigkeit für eine solche verfassungsrechtlicher Art, so ist die Sache dem Bundesverfassungsgericht zur Entscheidung vorzulegen (§ 50 Abs. 3 VerwGO).]

2. Während die Zuständigkeit des Bundesverfassungsgerichts in Bezug auf verfassungsrechtliche Streitigkeiten zwischen den Ländern nach Art. 93 Abs. 1 Ziff. 4 GG bisher durch Bundesgesetze, die einen anderen Rechtsweg eröffnet hätten, nicht ausgeschlossen worden ist, dürfte die erwähnte Zuständigkeit des Bundesverwaltungsgerichts auch durch Landesgesetze beschränkbar sein. Denn nach § 40 Abs. 1 S. 2 VerwGO können öffentlichrechtliche Streitigkeiten auf dem Gebiete des Landesrechts durch Landesgesetz einem anderen Gericht zugewiesen werden. Die landesgesetzlich sanktionierten Staatsverträge zwischen den Ländern würde ich im Sinne dieser Bestimmung als zum Bereich des Landesrechts gehörig gelten lassen. Immerhin kann dies zweifelhaft sein.

Dieser Fall hat nicht nur theoretische Bedeutung. So sieht § 23 des Staatsvertrages über den Norddeutschen Rundfunk vor, daß über Streitigkeiten zwischen den Vertragsländern (Hamburg, Niedersachsen und Schleswig-Holstein) das Oberverwaltungsgericht Lüneburg entscheidet.

Ebenso wäre es denkbar — wenn auch unerwünscht —, daß durch landesgesetzlich sanktionierten Staatsvertrag ein öffentlich-rechtliches Schiedsgericht für Streitigkeiten aus einem Länderabkommen eingerichtet wird. [Über öffentlich-rechtliche Schiedsgerichte enthält die Verwaltungsgerichtsordnung zwar nichts. Sie setzt aber solche Schiedsgerichte offenbar als zulässig voraus, indem sie nämlich Schiedssprüche öffentlich-rechtlicher Schiedsgerichte unter gewissen Voraussetzungen als Vollstreckungstitel anerkennt (§ 168 Abs. Ziff. 5). Als öffentlichrechtliche Schiedsgerichte, die durch Landesgesetz für verwaltungsrechtliche Streitigkeiten auf dem Gebiet des Landesrechts vorgesehen werden könnten, darf man aber nur solche Gremien gelten lassen, die die Qualität eines Gerichtes besitzen. Deswegen würde ich es für ungenügend erachten, wenn die Errichtung des Schiedsgerichts im Staatsvertrag und in den ihn transformierenden Landesgesetzen nur mit einer allgemeinen Wen-

---

46) DÖV. 1957 S. 650.

dung erwähnt wird und die Zusammensetzung des Schiedsgerichts und das einzuhaltende Verfahren dem Präsidenten eines anderen Gerichts überlassen bleibt[47]).]

3. In der deutschen Rechtsprechung sind Prozesse über Länder-Abkommen selten gewesen. Die neuen Verwaltungsgerichte haben sich wohl noch nicht mit solchen Fällen zu befassen gehabt. Das Bundesverfassungsgericht hatte bisher nur einmal dazu Gelegenheit[48]). Es ging um den Inhalt und die Wirksamkeit einer „Punktation" über die Modalitäten der Aufnahme des Landes Lippe in das Land Nordrhein-Westfalen. Das Gericht hat der im Jahre 1947 zwischen dem Lippischen Landespräsidenten und dem Ministerpräsidenten von Nordrhein-Westfalen vereinbarten Punktation die Qualität eines Staatsvertrages abgesprochen; die naheliegende Frage, ob es sich vielleicht um ein Verwaltungsabkommen handelte, ist in den Entscheidungsgründen nicht erörtert worden.

Ich stehe damit am Ende meines Berichtes.

Während Bund-Länder-Verträge eine Reihe von grundsätzlichen Verfassungsfragen aufwerfen, bilden die Abkommen der Gliedstaaten untereinander eine vergleichsweise harmlose Erscheinung. Die Verträglichkeit der Glieder dient dem innerstaatlichen Frieden. Pakt und Pax gehören zusammen. Das blühende Vereinbarungswesen bedeutet freilich vielfach den Verzicht auf landeseigene Gestaltungsformen öffentlicher Verwaltung. Darin liegt das Eingeständnis, daß die Möglichkeiten eigenverantwortlicher und eigenständiger Landesverwaltung beschränkt sind. Vor allem ist den gliedstaatlichen Abmachungen — wenn sie auf Koordinierung, nicht auf Abgrenzungsfragen gerichtet sind — eine Antinomie eigen: einerseits beruhen sie auf der gliedstaatlichen Freiheit, sich in der Landessphäre mit anderen Gliedländern zu verabreden; andererseits schränkt die wachsende Zahl vertraglicher Bindungen die Selbständigkeit landeseigenwilliger Herrschaft ein, und zwar weit über den Rahmen hinaus, den das allgemeine Gebot zu gegenseitiger Rücksichtnahme den Ländern zieht. Dagegen hat noch niemand Front gemacht. Das wirft ein bezeichnendes Schlaglicht

---

47) Wie dies in dem Staatsvertrag über die Liquidation des Norddeutschen Rundfunks geschehen ist (§ 27), wobei die Länder — wenn sie sich über die Zusammensetzung des Schiedsgerichts nicht einigen können — den Präsidenten des Bundesverwaltungsgerichts um die Berufung der Richter bitten wollen.

48) BVerfGE 3, 267 (zur einstw. Anordnung) und 4, 250 (zur Hauptsache).

auf die Situation des Föderalismus in der Bundesrepublik. Hieß es früher, daß die Hegemonie Preußens dem deutschen Föderalismus den Stempel aufdrückte, so zeigt sich heute, daß der paktierende Föderalismus der Gegenwart überhaupt der kräftigen Farben und Farbigkeit entbehrt.

So bleibt uns am Schluß die Frage: Bahnt sich hier durch die Gliedländer selbst eine Entwicklung an, auf die der Satz paßt:

„Immer strebe zum Ganzen, und kannst du selber kein Ganzes werden, als dienendes Glied schließ an ein Ganzes dich an"?

Leitsätze des Berichterstatters über: Verträge zwischen Gliedstaaten im Bundesstaat

1. *Vertragliche Beziehungen öffentlich-rechtlicher Natur zwischen den Gliedstaaten eines Gesamtstaates finden sich in vielen föderalistisch aufgebauten Gemeinwesen (Schweiz, Österreich, USA); auch in der deutschen Verfassungsgeschichte bilden sie eine vertraute Erscheinung.*

2. *In der Bundesrepublik Deutschland schiebt sich ein weitläufiges Länder-Vertragsrecht in und neben den Bereich des gesetzlich fixierten Staats- und Verwaltungsrechts:*
   a) Staatsverträge (sie binden ein Bundesland in der Gesamtheit seiner herrschaftlichen Funktionen),
   b) Verwaltungsabkommen (sie binden ein Bundesland nur für den Bereich seiner Executive) und
   c) Beschlüsse der Konferenzen der Landesressortminister (sie führen zu parallelisierten Verwaltungsanordnungen der Länder).

3. *Länderabkommen sind prinzipiell ein zulässiges, ja gebotenes Mittel zur Ordnung gliedstaatlichen Zusammenlebens.*
   a) Zwischengliedstaatliche Verträge und Vereinbarungen gehören in den Bereich des Staatsrechts, nicht des Völkerrechts. Auf Länderabkommen ist immer nur deutsches Recht anzuwenden. (Bundesrecht, hilfsweise ungeschriebene Regel des gemeinen deutschen Staatsrechts.)
   b) Auch wenn sämtliche Bundesländer einen Vertrag miteinander geschlossen und durch Landesgesetze sanktioniert haben, bildet sich kein Bundesrecht, sondern bundeseinheitliches Landesrecht. Es besitzt keinen höheren Rang als normale Landesgesetze.
   c) Ein staatsvertragswidriges Landesgesetz ist nicht nichtig (Parallele zum Völkerrecht). In einem vertragswidrigen Landesakt liegt nicht schon per se ein Verstoß gegen das bundesstaatliche Prinzip länderfreundlichen Verhaltens.

4. *Die Vereinbarungsfreudigkeit der Bundesländer wirft die Frage auf, ob darin ein Anzeichen dafür zu erblicken ist, daß die föderalistische Verteilung staatlicher Herrschaftsgewalt den Bedürfnissen der Gegenwart nicht entspricht.*
   a) Vom Stand des Föderalismus aus gesehen, ist es ein legitimes Anliegen der Länder, durch Verträge ihren

räumlichen Herrschaftsbereich in Bezug auf einzelne Verwaltungsaufgaben voneinander abzugrenzen.

b) Auch die Schaffung von gemeinsamen staatlichen Einrichtungen für mehrere Länder (gemeinsamen Gerichten, gemeinsamen Verwaltungsbehörden) gehört zu den legitimen Gegenständen zwischengliedstaatlicher Abmachungen. Ein Übermaß an verwaltungsmäßigen Verflechtungen und Gemeinschaftseinrichtungen erlaubt Rückschlüsse auf die Notwendigkeit einer territorialen Neugliederung des Bundesgebietes.

c) Die zunehmende Tendenz, durch Vereinbarungen zwischen deutschen Bundesländern Rechtsetzung und Verwaltung zu parallelisieren (horizontale Selbstkoordinierung), geht über die traditionellen Vorstellungen vom Eigenleben der Gliedstaaten hinaus. Diese Erscheinung wird auch nicht mehr durch das Subsidiaritätsgebot gedeckt.

5. *Bundesstaatsrechtliche Grenzen für Länderverträge:*

   a) Abkommen über Gegenstände, die nicht der Herrschaftsbefugnis der Gliedländer unterliegen, sind unzulässig. Dazu gehören auch Änderungen des Gebietsbestandes.

   b) Eine vertragliche Selbstpreisgabe wesentlicher Teile der Landesgewalt zugunsten eines anderen Landes oder zugunsten einer supra-gliedstaatlichen Verwaltung wäre unzulässig.

   c) Das Gebot der Bundestreue und die Pflicht zur Rücksichtnahme auf die anderen Länder schließen politische Sonderbündnisse zwischen den Ländern aus.

6. *Über den Abschluß von Staatsverträgen treffen die meisten Länderverfassungen nähere Bestimmungen. Es kann als ein Satz des gemein deutschen Verfassungsrechts gelten, daß die Regierung eines Landes zum Abschluß von Verträgen, die sich auf Gegenstände der Gesetzgebung beziehen, der Zustimmung des Parlaments bedarf. Fehlt es daran, so bedeutet dieser Mangel nicht nur eine interne Verletzung des Landesverfassungsrechts, sondern wirkt auch nach außen im Verhältnis zum Vertragspartner (Abweichung vom Völkerrecht).*

7. *Für den Abschluß von Verwaltungsabkommen haben sich in der Praxis einige Regeln herausgebildet, aber nicht zu Rechtsvorschriften verdichtet.*

8. *Länder-Verträge bedürfen keiner Bestätigung durch Bundesorgane. Doch könnte eine bundesbehördliche Genehmigung bestimmter Länderabkommen durch Bundesgesetz*

für solche Fälle vorbehalten werden, in denen ein Bundesgesetz die Regelung einzelner Verwaltungsfragen einem Länderabkommen überläßt.

9. *Rechtsstreitigkeiten zwischen Ländern über die Gültigkeit und den Inhalt von Staatsverträgen und Verwaltungsabkommen entscheidet das Bundesverwaltungsgericht, soweit es sich um öffentlich-rechtliche Streitigkeiten „nichtverfassungsrechtlicher Art" handelt (vgl. § 50 Abs. 1 Ziff. 1 VerwGO), im übrigen das Bundesverfassungsgericht (Art. 93 Abs. 1 Ziff. 4 GG).*
a) Die Zuständigkeit des Bundesverwaltungsgerichts könnte gemäß § 40 Abs. 1 S. 2 VerwGO durch landesgesetzlich sanktionierten Staatsvertrag einem anderen Gericht zugewiesen werden.
b) Durch landesgesetzlich sanktionierten Staatsvertrag könnte die Zuständigkeit des Bundesverwaltungsgerichts auch durch öffentlich-rechtliche Schiedsgerichte verdrängt werden, wobei freilich die Schiedsinstanz die volle Qualität eines Gerichtes besitzen muß.

Verzeichnis
der in der Zeit von 1949 bis zum 31. 12. 1960
zwischen den deutschen Bundesländern abgeschlossenen
Staatsverträge und Verwaltungsabkommen

Anlage zum Referat von Professor Dr. Hans Schneider
vor der Vereinigung der Deutschen Staatsrechtslehrer
am 13. Oktober 1960 in Köln.

Vorbemerkung

Die Zusammenstellung führt die Staatsverträge und Verwaltungsabkommen zwischen deutschen Bundesländern unter Angabe der amtlichen Fundstellen auf. Daneben wurden in die Übersicht auch Abkommen aufgenommen, die nicht amtlich veröffentlicht sind. Sie enthält Hinweise auf zu den Abkommen erlassene Durchführungsbestimmungen der Länder. Soweit Abkommen aufgehoben worden sind oder als überholt zu gelten haben, ist dies jeweils vermerkt.

Die Übersicht bezieht auch Abkommen zwischen mehreren Ländern und dem Bund ein, die zugleich Abkommen der beteiligten Länder untereinander darstellen.

Die Beschlüsse der Kultusministerkonferenz der Trizone und der Ständigen Konferenz der Kultusminister der Bundesrepublik Deutschland wurden in die Übersicht nicht aufgenommen. Hinsichtlich der bis heute ergangenen etwa 500 Beschlüsse besteht auch bei den Ländern keine volle Klarheit darüber, inwieweit sie rechtlich als Verwaltungsabkommen zu qualifizieren sind oder lediglich Empfehlungen darstellen. Das Bayerische Staatsministerium für Unterricht und Kultus hat bereits mit Schreiben vom 14. 10. 1957 angeregt, die Kultusministerkonferenz möge bei den von ihr einstimmig verabschiedeten Beschlüssen jeweils ausdrücklich feststellen, wann es sich um unverbindlich empfehlende Richtlinien handelt und wann um Verwaltungsabkommen, zu deren Durchführung sich die Kultusminister gegenseitig bindend verpflichten. Eine solche ausdrückliche Feststellung ist aber in der Regel nicht erfolgt.

Die Beschlüsse der Kultusministerkonferenz sind in den Ministerialblättern der Länder und (seit 1954) im Gemeinsamen Ministerialblatt der Bundesregierung nur teilweise veröffentlicht worden. Eine Übersicht über die gefaßten Beschlüsse läßt sich gegenwärtig nicht gewinnen. Die Kultusministerkonferenz bereitet seit längerem die Herausgabe einer Sammlung ihrer Beschlüsse vor, deren Vorarbeiten jedoch noch nicht abgeschlossen sind.

Der Entwurf des nachstehenden Verzeichnisses ist von allen Ländern auf die Richtigkeit und Vollständigkeit der Angaben hin überprüft worden. Dafür sage ich den Landesregierungen Dank.

Die Abkommen sind nach folgenden sachlichen Gesichtspunkten zusammengestellt:

I.	Gerichtswesen, Justizverwaltung	(Nr. 1— 67)
II.	Strafvollzug, Strafvollstreckung	(Nr. 68— 92)
III.	Polizei, Wasserschutzpolizei	(Nr. 93—109)
IV.	Finanzwesen	(Nr. 110—135)
V.	Landwirtschaft, Ernährung, Jagdwesen	(Nr. 136—158)
VI.	Vermessungswesen, Bodenrecht, Bauwesen	(Nr. 159—179)
VII.	Verkehr, Wasser	(Nr. 180—200)
VIII.	Sozialwesen, Flüchtlingswesen, Arbeit	(Nr. 201—227)
IX.	Wissenschaftliche Forschungseinrichtungen, Ausbildungsstätten	(Nr. 228—240)
X.	Schulabkommen	(Nr. 241—264)
XI.	Prüfungsämter, Prüfungsausschüsse	(Nr. 265—277)
XII.	Rundfunk, Fernsehen, Film	(Nr. 278—292)
XIII.	Verschiedene Materien	(Nr. 293—324)

Innerhalb jeder Sachabteilung werden die Abkommen nach der Zeit ihres Abschlusses aufgeführt.

Heidelberg
Juristisches Seminar

Hans Schneider

I. Gerichtswesen, Justizverwaltung

1. Vereinnahmung von Vermögensstrafen und Verfahrenskosten:

Vereinbarung zwischen den Justizverwaltungen der Länder der brit., amerik. u. franz. Bes.Zone v. 19. 1. 1949. Nicht veröffentlicht. Bezugnahme in Allg. Verfg. des JM NRW v. 1. 2. 1949 (JMBl. NRW, S. 33); Bek. des Bayer. JM v. 6. 3. 1953 (Bayer. JMBl., S. 76); RdErl. des Hess. JM v. 29. 3. 1949 (Hess. JMBl., S. 49). Berlin ist der Vereinbarung am 3. 12. 1952 beigetreten, vgl. JMBl. NRW 1953, S. 97. Die Vereinbarung ist inzwischen gegenstandslos geworden, vgl. unten Nr. 36. In Bayern ist die Regelung sachlich ersetzt durch § 11 Abs. 3 Satz 2 u. 3 StBeitrAO (BayBSVJu. IV, S. 125).

2. Errichtung eines gemeinsamen OVG in Lüneburg:

Vereinbarung zwischen Niedersachsen und Schleswig-Holstein v. 7./25. 7. 1949.

Nicht veröffentlicht. Vgl. aber Schl-H. VO über die Errichtung der Verwaltungsgerichte v. 22. 6. 1949 (Schl-H. GVBl., S. 153). Neufassung des Abkommens v. 8./15. 11. 1955, vgl. unten Nr. 35.

3. Zuständigkeit in Patentstreitsachen:

Staatsvertrag zwischen Bremen, Hamburg und Schleswig-Holstein v. 1. 10. 1949.

Hierzu Schl.-H. G. v. 25. 10. 1949 (Schl-H. GVBl., S. 221); in Bremen Bek. v. 24. 1. 1950 (Brem. Gbl., S. 17).

4. Freizügigkeit von Gerichtskostenmarken:

Vereinbarung zwischen den Justizverwaltungen der Länder der brit., am. und franz. Zone.

Bekanntgemacht durch AV des Präs. des Zentraljustizamtes für die Britische Zone v. 22. 9. 1949 (ZJBl., S. 194); Bek. des Württ-Bad. JM v. 26. 9. 1949 (WürttBad. JMABl., S. 66). Bezugnahme in AV des Präs. des ZJA BrZ v. 22. 9. 1949 (JMBl. NRW, S. 232); Bek. des Bayer. JM v. 31. 5. 1957 (BayBSVJu. V, S. 323); AV des Schl-H. JM v. 29. 12. 1952 (SchlHA 1953, S. 24); RdErl. des Hess. JM v. 29. 11. 1949 (Hess. JMBl., S. 149); AV des Nds. JM v. 20. 10. 1949 (Nds.Rpfl., S. 187); Bek. des RhPf. JM v. 29. 9. 1948 (RhPf. JBl. S. 61). Beitritt Berlins am 23. 10. 1950, vgl. AV des JM NRW v. 8. 12. 1950 (JMBl. NRW 1951, S. 2); AV des Schl-H. JM v. 22. 1. 1951 (SchlHA, S. 20); AV des Nds. JM v. 10. 11. 1950 (Nds. Rpfl., S. 186); Bek. des RhPf. JM v. 8. 1. 1951 (RhPf JBl., S. 2). Beitritt des Saarlands vgl. Bek. des Bayer. JM v. 16. 7. 1959 (Bayer. JMBl., S. 143); RdErl. des Hess. JM v. 2. 6. 1959 (Hess. JMBl., S. 43).

Die Vereinbarung ersetzt ein Abkommen zwischen den Ländern der brit. Bes.Zone aus dem Jahre 1947, vgl. AV des Präs. des ZJA BrZ v. 28. 11. 1947 (ZJBl., S. 114). Sie wurde im Jahre 1952 ergänzt, vgl. AV des BadWürtt. JM v. 12. 11. 1952 (ABl. Die Justiz, S. 73); Bek. des Bayer. JM v. 29. 11. 1952 (Bayer. JMBl. 1953, S. 2); RdErl. des Hess. JM v. 5. 11. 1952 (Hess. JMBl., S. 114); AV des Nds. JM v. 17. 12. 1952 (Nds. Rpfl. 1953, S. 3); AV des NRW JM v. 28. 11. 1952 (JMBl. NRW 1953, S. 1); Bek. des RhPf. JM v. 15. 11. 1952 (RhPf. JBl., S. 118); AV des Schl-H. JM v. 29. 12. 1952 (SchlHA 1953, S. 24).

5. Ersatz der baren Auslagen der Gerichtsvollzieher in Armensachen nach § 24 der Gebührenordnung für Gerichtsvollzieher:

Vereinbarung zwischen den Justizministern aller Länder v. 15. 7. 1950.

Veröffentlicht durch Bek. des Bayer. JM v. 18. 11. 1950 (Bayer. JMBl., S. 161 = BayBSVJu. V, S. 337); Bek. des Schl-H. JM v. 4. 10. 1950 (SchlHA, S. 285). Bezugnahme in Allg. Verfg. des JM NRW v. 2. 10. 1950 (JMBl. NRW, S. 227). Die Vereinbarung ersetzt ein Abkommen zwischen den Ländern der brit. Bes.Zone aus dem Jahre 1949 (vgl. JMBl. NRW 1949, S. 233).

Gegenstandslos durch die Vereinbarung über den Ausgleich von Kosten v. 4. 10. 1958 (vgl. unten Nr. 52).

6. Anweisung von Armenanwaltsgebühren bei Verweisung eines Rechtsstreits an das Gericht eines andern Landes oder an ein Gericht von Groß-Berlin:

Vereinbarung zwischen den Justizministern aller Länder v. 15. 7. 1950.

Veröffentlicht durch Bek. des Bayer. JM v. 12. 11. 1950 (Bayer. JMBl., S. 161); Bek. des Schl-H. JM v. 4. 10 1950 (SchlHA, S. 286). Bezugnahme in AV des JM NRW v. 30. 9. 1950 (JMBl. NRW, S. 226).

Überholt durch die Vereinbarung über den Ausgleich von Kosten v. 4. 10. 1958 (vgl. unten Nr. 52).

7. Kostenansatz im Falle der Verweisung des Rechtsstreits an das Gericht eines anderen Landes oder an ein Gericht in Groß-Berlin:

Vereinbarung zwischen den Justizministern aller Länder v. 15. 7. 1950.

Veröffentlicht durch Bek. des Bayer. JM v. 18. 11. 1950 (Bayer. JMBl., S. 161 = BayBSVJu. V, S. 131); Bek. des Schl.-H. JM v. 4. 10. 1950 (SchlHA, S. 286). Bezugnahme in AV des JM NRW v. 30. 9. 1950 (JMBl. NRW, S. 226).

Überholt durch die Vereinbarung über den Augleich von Kosten v. 4. 10. 1958 (vgl. unten Nr. 52).

8. Errichtung einer gemeinsamen Patentstreitkammer bei dem Landgericht Frankfurt/Main:

Staatsvertrag zwischen Hessen und Rheinland-Pfalz v. 23. 6./4. 8. 1950.

Zustimmungsgesetze hierzu: in Hessen G. v. 11. 11. 1950 (Hess. GVBl., S. 250); in RhPf. G. v. 29. 11. 1950 (RhPf. GVBl., S. 316).

9. Zuweisung von Patentstreitsachen an das Landgericht Mannheim:

Staatsvertrag zwischen Baden, Württemberg-Baden und Württemberg-Hohenzollern v. 6. 2./6./9. 3. 1951.

Zustimmungsgesetze hierzu: in Baden G. v. 28. 2. 1951 (Bad. GVBl., S. 56); in WürttBad. G. v. 19. 2. 1951 (WürttBad. Reg.Bl., S. 19); in WürttHhz. G. v. 13. 3. 1951 (WürttHhz. Reg.Bl., S. 31).

10. Kosten der Vollstreckungsbeamten bei Aufträgen von Justizbehörden eines anderen Landes und des Bundesgerichtshofes:

Vereinbarung zwischen den Justizministern aller Länder v. 5. 4. 1951.

Veröffentlicht durch Bek. des Bayer. JM v. 18. 6. 1951 (Bayer. JMBl., S. 106 = BayBSVJu. V, S. 338); Bek. des Schl-H. JM v. 28. 4. 1951 (SchlHA, S. 77); Bek. des RhPf. JM v. 12. 6. 1951 (RhPf. JBl.

S. 55). Bezugnahme in AV des JM NRW v. 23. 5. 1951 (JMBl. NRW, S. 133).

Überholt durch § 8 des G. über Kosten der Gerichtsvollzieher v. 26. 7. 1957 (BGBl. I, S. 887) und die Vereinbarung über den Ausgleich von Kosten v. 4. 10. 1958 (vgl. unten Nr. 52).

11. Gebühren bei Eintragung in das Handelsregister:

Vereinbarung zwischen den Justizministern aller Länder v. 3. 4. 1951.

Veröffentlicht durch Bek. des Schl-H. JM v. 28. 4. 1951 (SchlHA, S. 77); Bek. des RhPf. JM v. 2. 5. 1951 (RhPf. JBl. S. 47). Bezugnahme in Bek. des Bayer. JM v. 19. 9. 1951 (Bayer. JMBl., S. 166 = BayBSVJu. V, S. 351); AV des NRW JM v. 20. 8. 1951 (JMBl. NRW S. 200). Überholt durch § 5 Abs. 7 der Kostenverfügung v. 7. 9. 1957 (vgl. unten Nr. 42).

12. Anerkennung ausländischer Entscheidungen in Ehesachen gemäß § 24 der 4. Durchführungsverordnung zum Ehegesetz, hier: Zuständigkeit, Wirkungen des Entscheides:

Beschluß der Justizministerkonferenz v. 3./4. 5. 1951. Nicht veröffentlicht.

13. Einheitliche Gestaltung der Gerichtskostenmarken:

Vereinbarung zwischen den Ländern der Bundesrepublik mit Berlin v. 4. 10. 1951.

Hierzu RdErl. des Hess. JM v. 20. 12. 1951 (Hess. JMBl. 1952, S. 2); Bek. des Bayer. JM v. 31. 5. 1957 (BayBSVJu. V, S. 323). Auch das Saarland ist der Vereinbarung beigetreten, vgl. Bek. des Bayer. JM v. 16. 7. 1957 (Bayer. JMBl., S. 143).

14. Gerichtskosten in Nachlaßsachen:

Vereinbarung zwischen den Justizministern aller Länder v. 4. 10. 1951.

Nicht veröffentlicht. Bezugnahme in AV des JM NRW v. 11. 1. 1952 (JMBl. NRW, S. 20); AV des Schl-H. JM v. 26.2. 1952 (SchlHA, S. 60). Überholt durch §§ 103 Abs. 3 und 107 Abs. 1 KostenO i.d.F. der Anlage zum Bundesgesetz v. 26. 7. 1957 (BGBl. I, S. 861) i. Verb. mit § 5 Abs. 5 der Kostenverfügung v. 7. 9. 1957 (vgl. unten Nr. 42).

15. Bewilligung von Reiseentschädigungen an mittellose Parteien und Beschuldigte, sowie Vorschußzahlungen an Zeugen und Sachverständige:

Vereinbarung zwischen den Justizministern aller Länder sowie dem BMJ v. 4. 10. 1951.

Nicht veröffentlicht. Bezugnahme Bek. des Bayer. JM v. 8. 8. 1951 (Bayer. JMBl., S. 205); AV des Schl-H. JM v. 30. 7. 1952 (SchlHA, S. 149); AV des NRW JM v. 27. 6. 1952 (JMBl. NRW, S. 151).

Die Vereinbarung wurde geändert durch weitere Vereinbarungen der Justizminister, vgl. Bek. des Bayer. JM v. 23. 5. 1957 (Bayer. JMBl., S. 336 = BayBSVJu. V, S. 320) und v. 11. 12. 1958 (Bayer. JMBl., S. 193); AV des Schl-H. JM v. 27. 8. 1957 (SchlHA, S. 261) und v. 10. 10. 1958 (SchlHA, S. 310); AV des NRW JM v. 18. 7. 1957 (NRW JMBl. S. 171).

Sie ist überholt durch eine Vereinbarung über denselben Gegenstand v. 12. 9. 1958 (vgl unten Nr. 50) sowie durch die Vereinbarung über den Ausgleich von Kosten v. 4. 10. 1958 (unten Nr. 52).

16. Zuständigkeit im Rechtshilfeverkehr mit dem Ausland in Strafsachen (Zuständigkeitsvereinbarung):

Vereinbarung zwischen den Regierungen der Länder und der Bundesregierung v. 20. 2. 1952.

Bekanntgemacht im BAnz. Nr. 78 v. 23. 4. 1952. Beitritt des Saarlandes mit Wirkung zum 1. 1. 1957, vgl. Bek. des BMJ. v. 22. 3. 1957 (BAnz. Nr. 65 v. 3. 4. 1957). Vgl. ferner die auf Grund der Zuständigkeitsvereinbarung ergangene Bek. des BMJ über die Erweiterung der Zuständigkeit der Landesregierungen im Rechtshilfeverkehr mit dem Ausland in Strafsachen v. 4. 11. 1954 (BAnz. Nr. 215 v. 6. 11. 1954).

Die Vereinbarung ist ergänzt durch das Abkommen v. 10. 10. 1955 (vgl. unten Nr. 34) und durch die Vereinbarung v. 28. 1. 1959 (vgl. unten Nr. 54).

17. Die Errichtung einer gemeinsamen Kammer für Zoll- und Verbrauchsteuersachen beim Finanzgericht Hamburg:

Staatsvertrag zwischen Hamburg und Niedersachsen v. 16. 3./3. 4. 1952.

Hierzu Nds. Zustimmungsgesetz v. 16. 5. 1952 (Nds. GVBl., S. 29 = Nds. GVBl. Sb. I, S. 454). Kein Hamburger Gesetz.

18. Erlaß bundeseinheitlicher Bestimmungen über die Aufbewahrungsfristen für Akten, Register und Urkunden bei den Justizbehörden:

Vereinbarung zwischen den Landesjustizverwaltungen sowie dem BMJ v. 15./16. 5. 1952.

Hierzu RdErl. des Hess. JM v. 25. 11. 1952 (Hess. JMBl., S. 120); AV des RhPf. JM v. 27. 11. 1953 (RhPf. JBl. S. 71). Zu späteren Änderungen vgl. RdErl. des Hess. JM v. 13. 8. 1958 (Hess. JMBl., S. 84) und v. 17. 11. 1958 (Hess. JMBl., S. 107).

19. Erlaß bundeseinheitlicher Bestimmungen für die Verwaltung des Schriftguts in Justizverwaltungsangelegenheiten (Generalaktenverfügung):

Vereinbarung zwischen den Landesjustizverwaltungen sowie dem BMJ v. 4. 12. 1952.

Für Bayern veröffentlicht durch Bek. des JM v. 25. 3. 1953 (Bayer. JMBl., S. 103 = BayBSVJu. V, S. 58); für RhPf. in Kraft gesetzt durch Verfg. v. 11. 4. 1953 (1450 — I. 6/53 — nicht veröffentlicht) und geändert durch Bek. des JM v. 1. 9. 1956 (RhPf. JBl. S. 45).

20. Führung des Schiffsregisters und Schiffbauregisters:

Staatsvertrag zwischen Baden-Württemberg und Hessen v. 27. 2./4. 3. 1953.

Hierzu Hess. G. v. 10. 7. 1953 (Hess. GVBl., S. 125); Bad-Württ. G. v. 27. 3. 1953 (Bad-Württ. GBl., S. 24).

21. Führung des Binnenschiffsregisters und des Schiffbauregisters:

Staatsvertrag zwischen Nordrhein-Westfalen und Hessen v. 20. 2./11. 3. 1953.

In Hess. Zustimmungsgesetz v. 10. 7. 1953 (Hess. GVBl., S. 125); in NRW amtl. Veröff. des Vertragstextes ohne Publikationsformel (GVBl. NRW 1953, S. 319).

22. Erlaß einheitlicher Richtlinien für das Strafverfahren:

Vereinbarung zwischen den Justizverwaltungen der Länder.

Nicht veröffentlicht. Vgl. aber AV des JM NRW v. 1. 8. 1953 über das Inkrafttreten der Richtlinien (JMBl. NRW, S. 181); Bek. des Bayer. JM v. 6. 10. 1953 (BayStAnz. 1953 Nr. 43 = BayBSVJu. IV, S. 3); RdErl. des Hess. JM v. 9. 9. 1953 (Hess. JMBl., S. 69); AV des RhPf. JM v. 1. 8. 1953 (RhPf. JBl. S. 67).

Vgl. hierzu Vereinbarungen über die Änderung der Richtlinien für das Strafverfahren aus den Jahren 1954, 1955 und 1956 und die diesbezüglichen AV'en des JM NRW v. 1. 8. 1954 (JMBl. NRW, S. 196), v. 7. 1. 1955 (JMBl. NRW, S. 25) und v. 1. 2. 1956 (JMBl. NRW, S. 50); desgl. Bek. des Bayer. JM v. 1. 12. 1957 (Bayer. JMBl., S. 512) und v. 1. 12. 1959 (Bayer. JMBl., S. 206); RdErl. des Hess. JM v. 1. 8. 1954 (Hess. JMBl., S. 58), v. 29. 12. 1954 (Hess. JMBl. 1955, S. 7), v. 1. 2. 1956 (Hess. JMBl., S. 20), v. 1. 12. 1957 (Hess. JMBl., S. 103) und v. 1. 12. 1959 (Hess. JMBl., S. 93); AV des NRW JM v. 1. 12. 1957 (JMBl. NRW S. 277) und v. 1. 12. 1959 (JMBl. NRW S. 275).

23. Zuweisung von Schiffahrtssachen an das Amtsgericht Minden:

Abkommen zwischen Hessen und Nordrhein-Westfalen v. 15. 3./10. 4. 1954.

Hierzu Hess. G. v. 1. 6. 1954 (Hess. GVBl., S. 97); in NRW Zustimmungsbeschluß der Landesregierung v. 16. 2. 1954 (GVBl. NRW, S. 264).

24. Gliederung der Schiffahrtsgerichtsbezirke im Rheinstromgebiet:

Abkommen zwischen Baden-Württemberg, Hessen, Rheinland-Pfalz und Nordrhein-Westfalen v. 8. 2./9. 3., 5./22. 4. 1954.

Hierzu BadWürtt. G. v. 28. 6. 1954 (BadWürtt. GBl., S. 95); Hess. G. v. 1. 6. 1954 (Hess. GVBl., S. 97); in NRW Zustimmungsbeschluß der Landesregierung v. 6. 2. 1954 (GVBl. NRW, S. 263); ferner RhPf. G. v. 24. 6. 1954 (RhPf. GVBl., S. 83).

25. Austausch von Entscheidungen grundsätzlicher Bedeutung nach dem Gesetz über die innerdeutsche Rechts- und Amtshilfe in Strafsachen:

Beschluß der Justizministerkonferenz v. 13./14. 5. 1954. Nicht veröffentlicht.

26. Errichtung einer gemeinsamen Kammer für Zoll- und Verbrauchsteuersachen beim Finanzgericht Hamburg:

Staatsvertrag zwischen Hamburg und Schleswig-Holstein v. 19. 7. 1954.

In Schl.-H. Zustimmungsgesetz v. 11. 8. 1954 (Schl.-H. GVBl., S. 137) sowie Bekanntmachung über den Zeitpunkt des Inkrafttretens v. 23. 5. 1954 (Schl-H. GVBl., S. 155). Kein Hamburger Gesetz, aber Bek. des Senats über den Zeitpunkt des Inkrafttretens v. 20. 9. 1954 mit gleichzeitiger Veröffentlichung des Vertragstextes (Hamb. AAnz. 1954, S. 835; BStBl. 1954 II, S. 165).

27. Erlaß der Anordnung über die gerichtliche Erziehungskartei:

Vereinbarung zwischen den Justizverwaltungen der Länder sowie dem BMJ v. 9. 12. 1954.

Veröffentlicht durch AV des BadWürtt. JM v. 15. 2. 1955 (ABl. Die Justiz, S. 74); AV des RhPf. JM v. 15. 2. 1955 (RhPf. JBl. S. 13). Bezugnahme AV des BMJ v. 15. 2. 1955 (BAnz. Nr. 37 v. 23. 2. 1955); AV des NRW JM v. 15. 2. 1955 (JMBl. NRW, S. 49); Bek. des Bayer. JM v. 15. 2. 1955 (Bayer. JMBl., S. 26); RdErl. des Hess. JM v. 9. 2. 1955 (Hess. JMBl., S. 11); AV des Bln. Sen. f. Justiz v. 15. 2. 1955 (Bln. ABl., S. 202, 266).

Die Anordnung wurde auf Grund einer späteren Vereinbarung geändert, vgl. RdErl. des Hess. JM v. 16. 6. 1958 (Hess. JMBl., S. 63); AV des Bln. Sen. f. Justiz v. 16. 6. 1958 (Bln. ABl., S. 739); AV des NRW JM v. 16. 6. 1957 (JMBl. NRW S. 157).

28. Austausch von Richtern bei den Oberlandesgerichten:

Vereinbarung zwischen Bremen und Hamburg. Der Austausch ruht seit längerer Zeit.

29. Erstattung von Auslagen bei Inanspruchnahme der Amtshilfe einer Justizbehörde eines anderen Landes:

Vereinbarung zwischen den Justizverwaltungen der Länder v. 9. 12. 1954.
Veröffentlicht durch Bek. des Bayer. JM v. 14. 12. 1954 (Bayer. JMBl. 1955, S. 12 = BayBSVJu. V, S. 139); Bek. des Schl-H. JM v. 21. 12. 1954 (SchlHA 1955, S. 17). Bezugnahme Allg. Verfg. des JM NRW v. 15. 1. 1955 (JMBl. NRW, S. 74).
Gegenstandslos durch die Vereinbarung über den Ausgleich von Kosten v. 4. 10. 1958 (vgl. unten Nr. 52).

30. Erlaß von Richtlinien zum Jugendgerichtsgesetz:

Vereinbarung zwischen den Justizverwaltungen der Länder v. 9. 12. 1954.
Nicht veröffentlicht. Bezugnahme in AV des JM NRW v. 15. 2. 1955 (JMBl. NRW, S. 49); AV des JM BadWürtt. v. 15. 2. 1955 (BadWürtt. ABl. Die Justiz, S. 74); Bek. des Bayer. JM v. 15. 2. 1955 (BayJMBl., S. 26 = BayBSVJu. IV, S. 82); RdErl. des Hess. JM v. 22. 2. 1955 (Hess. JMBl., S. 17); AV des Bln. Sen. f. Justiz v. 15. 2. 1955 (Bln. ABl., S. 426); AV des RhPf. JM v. 15. 2. 1955 (RhPf. JBl. S. 17).

31. Erlaß einer bundeseinheitlichen Geschäftsanweisung für Gerichtsvollzieher:

Vereinbarung zwischen den Justizverwaltungen der Länder v. 10./11. 11. 1953.
Nicht veröffentlicht. Vgl. aber BayBSVJu. II, S. 143; AV des Bln. Sen. f. Justiz v. 7. 12. 1954 (Bln. ABl., S. 1505) und zur Berichtigung AV v. 7. 7. 1960 (Bln. ABl., S. 771); AV des RhPf. JM v. 27. 11. 1954 (RhPf. JBl. S. 69).
Die Geschäftsanweisung wurde geändert auf Grund einer Vereinbarung zwischen den Justizverwaltungen der Länder v. 14. 12. 1957, vgl. Bek. des Bayer. JM v. 28. 1. 1958 (Bayer. JMBl., S. 24); AV des Bln. Sen. f. Justiz v. 27. 1. 1958 (Bln. ABl., S. 161). Ferner spätere Änderungen, vgl. für Bln. AV'en des Sen. f. Justiz v. 27. 6. 1958 (Bln. ABl., S. 793), v. 20. 11. 1958 (Bln. ABl., S. 1488); AV des RhPf. JM v. 15. 1. 1958 (RhPf. JBl. S. 13).

32. Ausdehnung des Bezirks der Kammer für Angelegenheiten der Knappschaftsversicherung einschließlich der Unfallversicherung für den Bergbau bei dem Sozialgericht Hannover auf das Gebiet des Landes Bremen:

Staatsvertrag zwischen Niedersachsen und Bremen v. 25./30. 4. 1955.
Dazu Brem. G. v. 13. 9. 1955 (Brem. GBl., S. 116) und Nds. G. v. 24. 9. 1955 (Nds. GVBl., S. 248 = Nds. GVBl. Sb. I, S. 451); Bekanntmachung über das Inkrafttreten des Staatsvertrags in Bremen v. 8. 11. 1955 (Brem. GBl., S. 125) und in Nds. v. 31. 10. 1955 (Nds. GVBl., S. 258).

33. Ausdehnung des Bezirks des Senats für Angelegenheiten der Knappschaftsversicherung einschließlich der Unfallversicherung für den Bergbau bei dem Landessozialgericht Celle auf die Gebiete der Länder Bremen und Hessen:

Staatsvertrag zwischen Niedersachsen, Bremen und Hessen v. 25./30. 4., 15. 6. 1955.

Dazu Brem. G. v. 13. 9. 1955 (Brem. GBl., S. 117); Hess. G. v. 23. 7. 1955 (Hess. GVBl., S. 41); Nds. G. v. 24. 9. 1955 (Nds. GVBl., S. 247 = Nds. GVBl. Sb. I, S. 451).

Bekanntmachungen über den Zeitpunkt des Inkrafttretens in Nds. v. 31. 10. 1955 (Nds. GVBl., S. 258); in Bremen v. 8. 11. 1955 (Brem. GBl., S. 152); in Hess. v. 15. 11. 1955 (Hess. GVBl., S. 61).

34. Erweiterung der Zuständigkeit der Länder im Rechtshilfeverkehr mit der Republik Österreich in Zollsachen:

Vereinbarung zwischen der Bundesregierung und den Landesregierungen v. 21. 9./5./6./18./26./28. 10./11. 12. 1954, 19. 8./10. 10. 1955.

Veröffentlicht durch Bek. des BMJ v. 12. 11. 1955 (BAnz. Nr. 229 v. 26. 11. 1955).

35. Gemeinschaftliches OVG und gemeinschaftlicher Dienststrafhof für die Länder Niedersachsen und Schleswig-Holstein:

Staatsvertrag zwischen Niedersachsen und Schleswig-Holstein v. 8./15. 11. 1955.

Dazu Nds. G. v. 16. 3. 1956 (Nds. GVBl., S. 15 = Nds. GVBl. Sb. I, S. 449); Schl-H. G. v. 2. 1. 1956 (Schl-H. GVBl., S. 1); Nds. Bek. über den erfolgten Austausch der Ratifikationsurkunden v. 17. 4. 1956 (Nds. GVBl., S. 26).

Neufassung des Staatsvertrags v. 7./25. 7. 1949 (vgl. oben Nr. 2).

36. Neufassung der Anordnung über die Einforderung und Beitreibung von Vermögensstrafen und Verfahrenskosten:

Vereinbarung zwischen den Justizverwaltungen der Länder. Nicht veröffentlicht. Bezugnahme in AV des JM NRW v. 15. 2. 1956 (JMBl. NRW, S. 51); Bek. des Bayer. JM v. 15. 2. 1956 (Bayer. JMBl., S. 67 = BayBSVJu. IV, S. 105); AV des Schl-H. JM v. 15. 2. 1956 (SchlHA, S. 75); RdErl. Hess. JM v. 28. 2. 1956 (Hess. JMBl., S. 27); AV des RhPf. JM v. 15. 2. 1956 (vgl. RhPf. JBl. S. 15) mit Abweichungen von der bundeseinheitlichen Fassung; die Sonderbestimmungen für RhPf. wurden aufgehoben durch AV des RhPf. JM v. 14. 6. 1960 (RhPf. JBl. S. 62).

Hierdurch wurde die Vereinbarung v. 19. 1. 1949 (vgl. oben Nr. 1) gegenstandslos.

Die Strafbeitreibungsordnungen sind später bundeseinheitlich geändert worden, vgl. AV des BadWürtt. JM v. 30. 9. 1957 (ABl. Die Justiz, S. 181); Bek. des Bayer. JM v. 30. 9. 1957 (Bayer. JMBl., S. 492); Bek. des Schl.-H. JM v. 25. 9. 1957 (SchlHA, S. 262); AV des RhPf. JM v. 7. 9. 1957 (RhPf. JBl. S. 94); AV des NRW JM v. 27. 9. 1957 (JMBl. NRW S. 241, 266); abweichend von der bundeseinheitlichen Fassung AV des JM NRW v. 28. 3. 1960 (JMBl. NRW S. 87).

37. Erlaß einer gemeinsamen Rechtshilfeordnung für Zivilsachen (ZRHO):

Vereinbarung zwischen den Justizverwaltungen der Länder sowie dem BMJ v. 19. 10. 1956.

Nicht veröffentlicht, vgl. aber Bayer. JMBl. 1956, S. 191 = BayBSVJu. II, S. 73); AV des Bln. Sen. f. Justiz v. 8. 2. 1957 (Bln ABl., S. 165); AV des RhPf. JM v. 22. 2. 1957 (RhPf. JBl. S. 9).

Die Rechtshilfeordnungen sind auf Grund weiterer Vereinbarungen geändert worden, vgl. Bek. des Bayer. JM v. 10. 1. 1958 (Bayer. JMBl., S. 42), v. 10. 12. 1958 (Bayer. JMBl. 1959, S. 2) und v. 10. 8. 1960 (Bayer. JMBl., S. 109); Bek. des Bln. Sen. f. Justiz v. 3. 1. 1958 (Bln. ABl., S. 19), v. 8. 12. 1958 (Bln. ABl., S. 1613) und v. 18. 7. 1960 (Bln. ABl., S. 812).

38 Feststellung von Alkohol im Blut bei strafbaren Handlungen:

Vereinbarung der Justizverwaltungen der Länder v. 18./20. 10. 1956.

Nicht veröffentlicht. Bezugnahme Bek. des Bayer. JM v. 8. 4. 1957 (Bayer. JMBl., S. 82 = BayBSVJu. IV, S. 75); Bek. des Bln. Sen. f. Gesundheitswesen v. 16. 7. 1958 (Bln. ABl., S. 915).

Geändert durch eine spätere Vereinbarung, vgl. AV des Bln. Sen. f. Gesundheitswesen v. 10. 10. 1960 (Bln. ABl., S. 1225).

39 Erlaß bundeseinheitlicher Verwaltungsvorschriften über die Aussetzung von Belohnungen für die Mitwirkung von Privatpersonen bei der Aufklärung strafbarer Handlungen:

Vereinbarung der Justizverwaltungen der Länder sowie dem BMJ v. 1956.

Nicht veröffentlicht. Bezugnahme Gem. Bek. des Bayer. JM und IM v. 30. 11. 1956 (Bayer. JMBl., S. 364 = BayBSVJu. IV, S. 71).

40. Abwicklung der Spruchgerichtsbarkeit:

Verwaltungsabkommen zwischen Hamburg, Niedersachsen, Nordrhein-Westfalen und Schleswig-Holstein v. 12./22. 12. 1956, 9./20. 1. 1957.

Veröffentlicht durch Bek. des Schl-H. JM v. 12. 2. 1957 (SchlHA, S. 69).

41. Örtliche Zuständigkeit der Binnenschiffahrtsgerichte Bremen, Hamburg und Emden sowie des Schiffahrtsobergerichts Hamburg:

Abkommen zwischen Bremen, Hamburg, Niedersachsen und Schleswig-Holstein v. 12. 4./24. 5./11. 6./1. 7. 1957.

Zustimmungsgesetze: Hamb. G. v. 1. 10. 1957 (Hamb. GVBl., S. 439); Nds. G. v. 18. 11. 1957 (Nds. GVBl., S. 127 = Nds. GVBl. Sb. I, S. 444); Schl-H. G. v. 22. 11. 1957 (Schl-H. GVBl., S. 149); Brem. G. v. 11. 3. 1958 (Brem. GBl., S. 25).

42. Erlaß bundeseinheitlicher Durchführungsbestimmungen zu den Kostengesetzen (Kostenverfügung):

Vereinbarung zwischen Bund und Ländern v. 7. 9. 1957.

Nicht veröffentlicht. Bezugnahme AV des Schl-H. JM v. 19. 10. 1957 (SchlHA, S. 262, 332) und v. 22. 10. 1958 (SchlHA, S. 306); Bek. des BadWürtt. JMv. 7. 9. 1957 (ABl. Die Justiz S. 380); AV des RhPf. JM v. 26. 9. 1957 (RhPf. JBl. S. 91).

43. Führung des Schiffsregisters und Schiffbauregisters:

Staatsvertrag zwischen Baden-Württemberg und Bayern v. 25./28. 11. 1957.

Dazu BadWürtt. G. v. 20. 1. 1958 (BadWürtt. GBl., S. 1); in Bayern Zustimmungsbeschluß des Landtags v. 7. 11. 1957 sowie Bek. v. 5. 2. 1958 (BayGVBl. 1958, S. 21).

44. Erlaß einer einheitlichen Anordnung über Mitteilungen in Strafsachen:

Vereinbarung zwischen den Justizverwaltungen der Länder sowie dem BMJ.

Nicht veröffentlicht. Bezugnahme in AV des BMJ v. 15. 1. 1958 (BAnz. Nr. 12 v. 18. 1. 1958); Bek. des Bayer. JM v. 15. 6. 1957 (Bayer. JMBl., S. 371 = BayBSVJu. IV, S. 136); RdErl. des Hess. JM v. 15. 1. 1958 (Hess. JMBl., S. 6); AV des Bln. Sen. f. Justiz v. 15. 1. 1958 (Bln. ABl., S. 51); AV des RhPf. JM v. 15. 1. 1958 (RhPf. JBl. S. 6).

45. Durchführungsbestimmungen zu dem Gesetz über Kosten der Gerichtsvollzieher v. 26. 7. 1957 (BGBl. I, S. 887):

Vereinbarung der Landesjustizverwaltungen v. 14. 12. 1957.

Nicht veröffentlicht. Bezugnahme AV des Bln. Sen. f. Justiz v. 27. 1. 1958 (Bln. ABl., S. 156); Bek. des Bayer. JM v. 28. 1. 1958 (Bayer. JMBl., S. 17); AV des RhPf. JM v. 15. 1. 1958 (RhPf. JBl. S. 15). Am 20./21. 1. 1961 wurde eine bundeseinheitliche Änderung mit Wirkung ab 20. 3. 1961 beschlossen.

46. Erlaß einer einheitlichen Gerichtsvollzieherordnung:

Vereinbarung der Justizverwaltungen der Länder und des Bundes v. 14. 12. 1957.

Nicht veröffentlicht. Bezugnahme Bek. des Bayer. JM v. 28. 1. 1958 (Bayer. JMBl, S. 26); AV des RhPf. JM v. 15. 1. 1958 (RhPf. JBl. S. 9). Vgl. hierzu die Vereinbarung v. 23./24. 2. 1954 (unten Nr. 325)

47. Erlaß einheitlicher Vorschriften über die Beschleunigung des Kostenansatzes und der Festsetzung von Kosten, Vergütungen und Entschädigungen:

Übereinkommen der Justizverwaltungen der Länder und des BMJ v. 22. 3. 1958.

Bezugnahme Bek. des Bayer. JM v. 23. 6. 1958 (Bayer. JMBl., S. 83); AV des Bln. Sen. f. Justiz v. 21. 6. 1958 (Bln. ABl., S. 739).

48. Erlaß einheitlicher Vorschriften über den Ersatz von Auslagen der zu Vertretern armer Parteien oder zur Verteidigung bestellten Justizbeamten und Referendare:

Übereinkommen der Justizverwaltungen der Länder und des BMJ v. 22. 3. 1958.

Bezugname Bek. des Bayer. JM v. 23. 6. 1958 (Bayer. JMBl., S. 83); AV des Bln. Sen. f. Justiz v. 20. 6. 1958 (Bln. ABl., S. 739).

49. Erlaß einheitlicher Vorschriften über die Festsetzung der aus der Staatskassse zu gewährenden Vergütung der Rechtsanwälte:

Übereinkommen der Justizverwaltungen der Länder und des BMJ v. 22. 3. 1958.

Bezugnahme Bek. des Bayer. JM v. 23. 6. 1958 (Bayer. JMBl., S. 84).

50. Bewilligung von Reiseentschädigungen an mittellose Parteien und Vorschußzahlungen an Zeugen und Sachverständige:

Vereinbarung zwischen den Justizministern der Länder sowie dem BMJ v. 12. 9. 1958.

Hierzu RdErl. des Hess. JM vom 14. 11. 1958 (Hess. JMBl., S. 101); AV des Bln. Sen. f. Justiz v. 12. 12. 1958 (Bln. ABl., S. 1613); AV des RhPf. JM v. 22. 12. 1958 (RhPf. JBl. S. 128); AV des NRW JM v. 16. 12. 1958 (JMBl. NRW 1959 S. 5). Vgl. auch o. Nr. 15.

51. Kostenausgleich in Strafsachen des BGH im ersten Rechtszug:

Vereinbarung zwischen den Justizverwaltungen des Bundes und der Länder sowie der Gefängnisbehörde der Freien und Hansestadt Hamburg v. 4. 10. 1958.

Veröffentlicht durch AV des BadWürtt. JM v. 21. 10. 1958 (ABl. Die Justiz, S. 363); Bek. des Bayer. JM v. 16. 12. 1958 (Bayer. JM-

Bl., S. 194); AV des Schl-H. JM v. 10. 10. 1958 (SchlHA, S. 307); AV des Bln. Sen. f. Justiz v. 17. 12. 1958 (Bln. ABl. 1959, S. 4); AV des RhPf. JM v. 28. 10. 1958 (RhPf. JBl. S. 111).

52. Ausgleich von Kosten:

Vereinbarung zwischen den Justizverwaltungen des Bundes und der Länder v. 4. 10. 1958.

Veröffentlicht durch AV des BadWürtt. JM v. 20. 11. 1958 (ABl. Die Justiz, S. 390); Bek. des Bayer. JM v. 12. 12. 1958 (Bayer. JMBl., S. 192); AV des Schl-H. JM v. 22. 10. 1958 (SchlHA, S. 306); RdErl. des Hess. JM v. 21. 10. 1958 (Hess. JMBl., S. 97); AV des Bln. Sen. f. Justiz v. 6. 1. 1959 (Bln. ABl., S. 120); AV des RhPf. JM v. 21. 12. 1958 (RhPf. JBl., S. 127); AV des NRW JM v. 16. 12. 1958 (JMBl. NRW 1959, S. 4).

53. Kosten in Einlieferungssachen:

Vereinbarung der Landesjustizverwaltungen und des BMJ v. 4. 10. 1958.

Bekanntgemacht im BAnz. Nr. 3 v. 7. 1. 1959; ferner durch Bek. des Bayer. JM v. 4. 10. 1958 (Bayer. JMBl., S. 178); AV des Schl-H. JM vom 10. 10. 1958 (SchlHA, S. 310); Bek. des Bln. Sen. f. Justiz v. 17. 2. 1959 (Bln. ABl., S. 307).

54. Erlaß einheitlicher Richtlinien für den Verkehr mit dem Ausland in strafrechtlichen Angelegenheiten:

Vereinbarung zwischen der BReg. und den Landesregierungen v. 12. 1. 1959.

In NRW veröffentlicht durch AV des JM v. 15. 1. 1959 (NRW MBl., Sp. 330); Bezugnahme RdErl. des Hess. JM v. 15. 1. 1959 (Hess. JMBl., S. 11); Bek. des BMJ v. 15. 1. 1959 (BAnz. Nr. 9 v. 15. 1. 1959); AV des Bln. Sen. f. Justiz v. 15. 1. 1959 (Bln. ABl., S. 140); Bek. des RhPf. JM v. 13 2. 1959 (RhPf. JBl. S. 34).

55. Erlaß einer Anordnung über Organisation und Dienstbetrieb der Staatsanwaltschaft:

Beschluß der Justizministerkonferenz v. 13.—15. 10. 1959.

Nicht veröffentlicht. Für Berlin vgl. AV des Sen. f. Justiz v. 1. 6. 1960 (Bln. ABl., S. 581).

56. Rechtshilfeverkehr mit dem Ausland auf dem Gebiet der Arbeitsgerichtsbarkeit:

Absprache zwischen den obersten Arbeitsbehörden der Länder.

Nicht veröffentlicht. Vgl. Bayer. AMBl. 1959, S. 327; BadWürtt. ABl. Die Justiz, 1960, S. 2; für Bln. Gem. AO v. 29. 1. 1960 (Bln. ABl., S. 199).

57. Anweisung für die Verwaltung des Schriftgutes in Rechtssachen bei den Geschäftsstellen der Arbeits- und Landesarbeitsgerichte (Aktenordnung):

Absprache zwischen den obersten Arbeitsbehörden der Länder.

Nicht veröffentlicht. Bezugnahme Anweisung des Bayer. AM v. 16. 11. 1959 (Bayer. AMBl., S. 297).

58. Erlaß bundeseinheitlicher Verwaltungsvorschriften über die Kriminalstatistik:

Vereinbarung zwischen den Justizverwaltungen der Länder sowie dem BMJ.

Vgl. Bayer. JMBl. 1959, S. 321.

59. Strafregisterliche Behandlung von Verurteilten, für welche die Wiederaufnahme des Verfahrens angeordnet worden ist:

Vereinbarung zwischen den Justizverwaltungen der Länder.

Bezugnahme Bek. des Bayer. JM v. 1. 12. 1959 (Bayer. JMBl., S. 210); AV des Bln. Sen. f. Jusitz v. 1. 12. 1959 (Bln. ABl., S. 1324).

60. Erlaß bundeseinheitlicher Richtlinien zu dem Übereinkommen über die Geltendmachung von Unterhaltsansprüchen im Ausland v. 20. 6. 1956:

Vereinbarung zwischen den Justizministern der Länder v. 10. 2. 1960.

Nicht veröffentlicht. Vgl. aber Bek. des Bayer. JM v. 10. 2. 1960 (Bayer. JMBl., S. 25); AV des Bln. Sen. f. Justiz u. Sen. f. Arbeit u. Sozialwesen v. 10. 2. 1960 (Bln. ABl., S. 201).

61. Errichtung eines gemeinschaftlichen Flurbereinigungsgerichts:

Staatsvertrag zwischen Rheinland-Pfalz und dem Saarland v. 17./29. 9. 1960.

Zustimmungsgesetz in RhPf. v. 7. 12. 1960 (RhPf. GVBl., S. 265); Sld. G. Nr. 731 v. 22. 12. 1960 (Sld. ABl., S. 956).

62. Einziehung der Gerichtskostenmarken der Jahrgänge bis einschl. 1958 und der Wertsorten zu 5, 8 u. 12 Pfg. mit Ablauf des 31. 3. 1961:

Vereinbarung der Landesjustizverwaltungen.

Bezugnahme RdErl. des Hess. JM v. 2. 12. 1960 (Hess. JMBl., S. 126).

63. Erlaß bundeseinheitlicher Vorschriften über Strafregisterangelegenheiten in Sonderfällen:

Vereinbarungen der Justizverwaltungen der Länder und des Bundes von 1960.

Bezugnahme Bek. des Bayer. JM v. 15. 6. 1960 (Bayer. JMBl., S. 84).

64. Auslegung von Vorschriften der Strafregisterordnung:

Vereinbarung zwischen den Landesjustizverwaltungen und dem BMJ von 1960.

Bezugnahme Bek. des Bayer. JM v. 15. 12. 1960 (Bayer. JMBl., S. 168); AV des Bln. Sen. f. Justiz v. 15. 12. 1960 (Bln. ABl., S. 1242).

65. Bewilligung von Reiseentschädigungen an mittellose Parteien und Vorschußzahlungen an Zeugen und Sachverständige in Verfahren vor den Gerichten für Arbeitssachen:

Vereinbarung des BMAS und der obersten Arbeitsbehörden der Länder sowie der Landesjustizverwaltungen v. 20./21. 1. 1961 (in Kraft getreten am 1. 4. 1961).

Veröffentlicht durch RdErl. des Sld. Min. f. Arbeit u. Sozialwesen v. 2. 3. 1961 (Sld. ABl., S. 134); Gem. AV des Bln. Sen. f. Arbeit u. Sozialwesen u. des Sen. f. Justiz v. 2. 3. 1961 (Bln. ABl., S. 329); RdErl. des RhPf. Sozialministers v. 1. 3. 1961 (RhPf. MBl. Sp. 415) sowie AV des RhPf. JM v. 1. 3. 1961.

66. Polizeiliche Ermittlungskosten der Bahnpolizei und des Fahndungsdienstes der Deutschen Bundesbahn:

Vereinbarung zwischen den Landesjustizverwaltungen, dem BMJ und dem BMV.

Nicht veröffentlicht. Für Berlin vgl. AV des Sen. f. Justiz v. 20. 1. 1961 (Bln. ABl., S. 138).

67. Erlaß einer bundeseinheitlichen Dienstordnung für Notare:

Vereinbarung der Landesjustizverwaltungen v. 12./13. 12. 1960 und 6. 3. 1961.

Nicht veröffentlicht. Bezugnahme AV des Bln. Sen. f. Justiz v. 14. 3. 1961 (Bln. ABl., S. 339); für RhPf. in Kraft gesetzt durch AV des JM v. 9. 3. 1961.

II. Strafvollzug, Strafvollstreckung

68. Übernahme von Arbeitshausverwahrten aus Rheinland-Pfalz in die Arbeitsanstalt Brauweiler:

Vertrag zwischen dem JM von Rheinland-Pfalz und dem Min. f. Angelegenheiten der Landschaftsverbände in Nordrhein-Westfalen v. 22. 10./8. 11. 1951 und v. 26. 2./9. 3. 1954. Nicht veröffentlicht. Der Vertrag ist vom Landschaftsverband Rheinland zum 30. 6. 1960 gekündigt worden.

69. Vollzug des Jugendarrests an weiblichen Jugendlichen aus Nordrhein-Westfalen in der Jugendarrestanstalt Obernkirchen:

Vereinbarung zwischen den Justizverwaltungen von Nordrhein-Westfalen und Niedersachsen v. 15. 1. 1952. Nicht veröffentlicht.

70. Gefangenenaustausch:

Verwaltungsvereinbarung zwischen Hamburg und Bremen v. 14./20. 5. 1952.

Nicht veröffentlicht. Bezugnahme im „Staatsvertrag über die Bildung einer Strafvollzugsgemeinschaft" zwischen Hamb. und Schl-H. v. 29. 3. 1956 (Hamb. ABl. 1956, S. 326), vgl. unten Nr. 79.

Änderungsvereinbarung hierzu vgl. unten Nr. 82.

71. Beschäftigung von Gefangenen aus Strafanstalten des Landes Bremen in der Mooradministration Ahlen-Falkenberg:

Vereinbarung zwischen dem Nds. Min. f. Landwirtschaft und dem Direktor des Gefangenenwesens in Bremen v. 28./30. 6. 1952. Nicht veröffentlicht.

72. Vollzug von Gefängnis- und Zuchthausstrafen an Tbc-kranken Gefangenen aus Hessen im Tbc-Krankenhaus für Justizgefangene in Staumühle bei Paderborn:

Vereinbarung zwischen Nordrhein-Westfalen und Hessen v. 9. 7./14. 8. 1952. Nicht veröffentlicht.

73. Übernahme des Strafvollzugs an Jugendlichen und jungen weiblichen Gefangenen aus dem Lande Rheinland-Pfalz durch die Frauenjugendgefängnisabteilung der Strafgefängnisse Köln:

Vereinbarung zwischen Nordrhein-Westfalen und Rheinland-Pfalz v. 30. 5./20. 7. 1953.

Veröffentlicht bei Vogels-Mittelstaedt-Müller, Das Landesrecht in Nordrhein-Westfalen, unter J I 63.

74. Aufnahme männlicher lungenkranker Gefangener aus Rheinland-Pfalz im Tuberkulosekrankenhaus der Landesstrafanstalt Hohenasperg:

Vereinbarung zwischen Baden-Württemberg und Rheinland-Pfalz v. 8./16. 12. 1953. Nicht veröffentlicht.

75. Erlaß einer Untersuchungshaftvollzugsordnung:

Vereinbarung zwischen den Justizverwaltungen der Länder.

Nicht veröffentlicht. Bezugnahme Bek. des Bayer. JM v. 4. 3. 1953 (Bayer. JMBl., S. 76 = BayBSVJu. IV, S. 227); vgl. auch die UntersVollzgsO für NRW v. 12. 2. 1953 (JMBl. NRW 1953, S. 53). Änderung der UntersVollzugsO'en auf Grund einer Vereinbarung der Justizministerkonferenz v. 13./15. 10. 1959, vgl. AV des Bad-Württ. JM v. 1. 12. 1959 (ABl. Die Justiz 1960, S. 3); Bek. des Bayer. JM v. 1. 12. 1959 (Bayer. JMBl., S. 215); AV des JM NRW v. 1. 12. 1959 (JMBl. NRW S. 276).

76. Vollzug der Unterbringung in dem Arbeitshaus der Landesarbeitsanstalt Brauweiler:

Vertrag zwischen Hessen und dem Landschaftsverband Rheinland v. 25./30. 3. 1954.
Nicht veröffentlicht.

77. Ausübung des Gnadenrechts bei Gesamtstrafen, die sich aus Einzelstrafen von Gerichten des Bundes und der Länder oder mehrerer Länder zusammensetzen:

Vereinbarung zwischen den Justizverwaltungen der Länder und dem BMJ v. 9. 12. 1954.
Nicht veröffentlicht. Bezugnahme AV des BadWürtt. JM v. 22. 2. 1955 (ABl. Die Justiz, S. 79).

78. Vereinfachung und Beschleunigung des Verfahrens der Rechtshilfe bei der Strafvollstreckung:

Vereinbarung zwischen Niedersachsen und Bremen v. 18./24. 9. 1955.
Nicht veröffentlicht.

79. Bildung einer Strafvollzugsgemeinschaft:

Staatsvertrag zwischen Schleswig-Holstein und Hamburg v. 29. 3. 1956.
Dazu Bek. des Hamb. Senats v. 3. 4. 1956 (Hamb. ABl., S. 326).

80. Anordnung über die Entschädigung für unschuldig erlittene Untersuchungshaft oder Strafvollstreckung:

Vereinbarung zwischen den Justizverwaltungen der Länder und dem BMJ v. 15. 12. 1956.
Nicht veröffentlicht. Bezugnahme in AV des BMJ v. 15. 12. 1956 (BAnz. Nr. 247 v. 20. 12. 1956); Bek. des Bayer. JM v. 15. 2. 1956 (Bayer. JMBl., S. 366 = BayBSVJu. IV, S. 175); RdErl. des Hess. JM v. 15. 12. 1956 (Hess. JMBl. 1957, S. 3); AV des Bln. Sen. f. Justiz v. 15. 12. 1956 (Bln. ABl., S. 1403); AV des RhPf. JM v. 15. 12. 1956 (RhPf. JBl. 1957 S. 2).

81. Neufassung der Strafvollstreckungsordnung:

Vereinbarung zwischen den Justizverwaltungen der Länder und dem BMJ v. 15. 2. 1956.
Nicht veröffentlicht. Bezugnahme in AV des BMJ v. 15. 2. 1956 (BAnz. Nr. 42 v. 29. 2. 1956); Bek. des Bayer. JM v. 15. 2. 1956 (Bayer. JMBl., S. 67 = BayBSVJu. IV, S. 105); AV des Bln. Sen. f. Justiz v. 15. 2. 1956 (Bln. ABl., S. 205); AV des RhPf. JM v. 15. 2. 1956 (vgl. Nr. 1 der AV v. 24. 2. 1956 — RhPf. JBl. S. 15).
Dazu Vereinbarungen zur Änderung der Strafvollzugsordnung vgl. Bek. des Bayer. JM v. 1. 12. 1958 (Bayer. JMBl., S. 175); AV'en des Schl-H. JM v. 1. 12. 1958 (SchlHA 1959, S. 17 u. 18); RdErl. des Hess. JM v. 1. 12. 1958 (Hess. JMBl., S. 109); AV'en des Bln. Sen. f. Justiz v. 10. 10. 1957 (Bln. ABl., S. 1215) und v. 1. 12. 1958 (Bln. ABl., S. 1581).

82. Änderung der Verwaltungsvereinbarung über den Gefangenenaustausch v. 14./20. 5. 1952 (o. Nr. 70):

Vereinbarung zwischen Hamburg und Bremen v. 29. 3. 1956. Nicht veröffentlicht.

83. Aufnahme weiblicher Tbc-kranker Gefangener aus Hessen in die Strafanstalten St. Georgen-Bayreuth:

Vereinbarung zwischen Bayern und Hessen v. 4./17. 8. 1956. Nicht veröffentlicht.

84. Aufnahme Tbc-kranker Gefangener aus dem Saarland in die Strafanstalten St. Georgen-Bayreuth:

Vereinbarung zwischen Bayern und dem Saarland v. 4./17. 8. 1956.
Nicht veröffentlicht.

85. Erstattung von Haftkosten bei der Verlegung von Strafgefangenen in eine Vollzugsanstalt eines anderen Landes:

Vereinbarung zwischen den Justizverwaltungen der Länder einschl. Berlin.
Veröffentlicht durch Bek. des Bayer. JM v. 7. 9. 1956 (Bayer. JMBl., S. 154 = BayBSVJu. IV, S. 222); RdErl. des Hess. JM v. 29. 8. 1956 (Hess. JMBl., S. 81).

86. Unterbringung der zu Arbeitshaus verurteilten Männer und Frauen in der rheinischen Arbeitsanstalt Brauweiler:

Verwaltungsabkommen zwischen dem Landschaftsverband Rheinland und Baden-Württemberg v. 9. 1. 1957 (mit späteren Änderungen).
Veröffentlicht durch AV des BadWürtt. JM v. 21. 1. 1957 u. 19. 3. 1958 (ABl. Die Justiz 1957, S. 46 u. 1958, S. 93).

87. Überführung von Tbc-kranken weiblichen Gefangenen aus Baden-Württemberg in die Strafanstalten St. Georgen-Bayreuth:

Vereinbarung zwischen Bayern und Baden-Württemberg v. 20./28. 2. 1957.
Veröffentlicht durch AV des BadWürtt. JM v. 30. 3. 1957 (ABl. Die Justiz, S. 134); in Bayern nicht veröffentlicht.

88. Erlaß von Richtlinien über den Vollzug der Unterbringung in ein Arbeitshaus:

Vereinbarung der Justizverwaltungen der Länder.
Nicht veröffentlicht. Bezugnahme Bek. des Bayer. JM v. 23. 2. 1957 (Bayer. JMBl., S. 27 = BayBSVJu. IV, S. 224).

89. Aufnahme Tbc-kranker Gefangener aus Rheinland-Pfalz in die Strafanstalten St. Georgen-Bayreuth:

Vereinbarung zwischen Bayern und Rheinland-Pfalz v. 25. 7./13. 8. 1958.
Nicht veröffentlicht.

90. Vereinfachung und Beschleunigung des Verfahrens der Rechtshilfe bei der Strafvollstreckung:

Vereinbarung zwischen Hessen und Niedersachsen.
Vgl. RdErl. des Hess. JM v. 30. 9. 1958 (Hess. JMBl., S. 91).

91. Erstellung einer Bewährungsstatistik:

Vereinbarung der Landesjustizverwaltungen.
Nicht veröffentlicht. Bezugnahme Bek. des Bayer. JM v. 4. 12. 1959 (Bayer. JMBl., S. 210).

92. Vereinfachung und Beschleunigung des Verfahrens der Rechtshilfe bei der Strafvollstreckung:

Vereinbarung zwischen Niedersachsen und Nordrhein-Westfalen v. 22. 12. 1959/17. 1. 1960.
In NRW veröffentlicht durch AV des JM v. 17. 1. 1960 (JMBl. NRW, S. 25).

III. Polizei, Wasserschutzpolizei

93. Ausübung der Wasserschutzpolizei auf der Unterweser:

Abkommen zwischen Niedersachsen und Bremen v. 27. 7./31. 8. 1949.
Veröff. im Nds. ABl. 1949, S. 441.
Überholt durch Abkommen v. 28. 8./11. 10. 1952 (vgl. unten Nr. 98).

94. Erweiterung der örtlichen Zuständigkeit der Polizeien:

Vereinbarung zwischen Hamburg, Schleswig-Holstein und Niedersachsen v. 15. 9., 1./15. 11. 1949.
Hierzu Nds. G. v. 7. 7. 1950 (Nds. GVBl., S. 35 = Nds. GVBl. Sb. I, S. 106); Schl-H. G. v. 31. 3. 1951 (Schl-H. GVBl., S. 96). Kein Hamburger Gesetz.

95. Erweiterung der örtlichen Zuständigkeit der Polizeien:

Vereinbarung zwischen Niedersachsen und Bremen v. 24. 3./22. 4. 1950.
Hierzu Nds. G. v. 7. 7. 1950 (Nds. GVBl., S. 36 = Nds. GVBl. Sb. I, S. 107); Brem. Bek. v. 13. 10. 1950 (Brem. GBl., S. 102).

96. Errichtung von Bereitschaftspolizeien der Länder:

Verwaltungsabkommen zwischen dem BMI und den Regierungen von Baden-Württemberg, Bayern, Hessen, Rheinland-Pfalz, Schleswig-Holstein v. 27. 10. 1950.
In Schl-H. Zustimmungsgesetz v. 18. 5. 1951 (Schl-H. GVBl., S. 105). (Mit den übrigen Ländern schloß der Bund später Einzelabkommen ab, z. B. Verwaltungsabkommen mit Bremen v. 14./27. 4. 1951 i.d.F. v. 15./26. 1. 1959; Verwaltungsabkommen mit NRW v. 8. 2. 1951).

97. Wasserschutzpolizei auf dem Rhein, Main und dem Neckar:

Staatsvertrag zwischen Bayern, Württemberg-Baden und Hessen v. 30. 8./12. 10./17. 11. 1950.
In WürttBad. G. v. 14. 8. 1950 (WürttBad. RegBl., S. 120); in Hessen Zustimmungsbeschluß des Landtags und Bek. v. 2. 3. 1951 (Hess. GVBl., S. 7); in Bayern Bek. v. 20. 6. 1951 (BayGVBl., S. 87).
Gekündigt seitens BadWürtt. mit Wirkung v. 31. 3. 1953, mit Ausnahme der Art. I, V u. VII, gemäß Art. VI des Vertrags. Der zunächst zwischen Bayern und Hessen fortgeltende Vertrag wurde beendet durch Vereinbarung zwischen Bayern und Hessen v. 12. 12. 1956, bestätigt durch gleichlautende Urkunden der Ministerpräsidenten beider Länder v. 9./21. 3. 1957 (vgl. Bek. des Hess. MinPräs. v. 9. 3. 1957, Hess. GVBl., S. 36).

98. Durchführung wasserschutzpolizeilicher Aufgaben auf der Weser:

Abkommen zwischen den Regierungen von Niedersachsen und Bremen v. 28. 8./11.10. 1952.
Zustimmungsgesetze: Brem. G. v. 19. 12. 1952 (Brem. GBl., S. 141); Nds. G. v. 15. 12. 1952 (Nds. GVBl., S. 181 = Nds. GVBl. Sb. I, S. 108). Bekanntmachungen über den Zeitpunkt des Inkrafttretens: Brem.

Bek. v. 23. 1. 1953 (Brem. GBl., S. 9); Nds Bek. v. 22. 1. 1953 (Nds. GVBl., S. 10).

Änderungsabkommen hierzu vgl. unten Nr. 106.

99. Aufbau und Aufgaben des Deutschen Polizeisportkuratoriums:

Vereinbarung der Innenministerien der Länder und des BMI v. 1. 12. 1952, geändert am 1. 4. 1957 und 1. 4. 1959.

Nicht veröffentlicht.

Für Bremen mit Wirkung v. 1. 11. 1957 in Kraft gesetzt.

100. Zusammenarbeit der Landeskriminalpolizei Niedersachsen mit der Landeskriminalpolizei Bremen:

Vereinbarung zwischen Niedersachsen und Bremen v. 24. 12. 1952.

Für Nds. vgl. RdErl. des Nds. IM v. 1. 2. 1953 (Nds. MBl., S. 61).

101. Durchführung wasserschutzpolizeilicher Aufgaben auf dem Mittellandkanal und der Weser:

Abkommen zwischen den Landesregierungen von Nordrhein-Westfalen und Niedersachsen v. 27. 1./13. 2. 1953.

Hierzu Nds. G. v. 25. 3. 1953 (Nds. GVBl., S. 19 = Nds. GVBl. Sb. I, S. 109) und NRW G. v. 25. 3. 1953 (NRW GVBl., S. 227). Zum Zeitpunkt des Inkrafttretens Nds. Bek. v. 7. 4. 1953 (Nds. GVBl., S. 31) und NRW Bek. v. 31. 3. 1953 (NRW GVBl., S. 227).

102. Aufgaben und Finanzierung des Polizeiinstituts Hiltrup:

Verwaltungsabkommen zwischen der Landesregierung Nordrhein-Westfalen einerseits und den Regierungen der übrigen Länder (ohne Hessen) sowie der Bundesregierung andererseits, v. 1. 4. 1953.

Nicht veröffentlicht. Zustimmungsbeschluß der Hamb. Bürgerschaft v. 2. 5. 1956 (jedoch soll das Abk. nach einer Hamb. Meldung nicht in Kraft getreten sein).

Dem Abkommen war eine (unveröffentlichte) Vereinbarung zwischen Bremen, Hamburg, Niedersachsen, Schleswig-Holstein und Nordrhein-Westfalen aus dem Jahre 1948 vorausgegangen. Eine Neufassung des Abk. ist in Vorbereitung.

103. Erweiterung der Zuständigkeit der Polizeibeamten:

Abkommen zwischen den Landesregierungen von Niedersachsen und Nordrhein-Westfalen v. 30. 6./19. 8. 1953.

Hierzu Nds. G. v. 20. 11. 1953 (Nds. GVBl., S. 85 = Nds. GVBl. Sb. I, S. 111) sowie Bek. v. 15. 12. 1953 (Nds. GVBl., S. 93). In NRW G. v. 24. 11. 1953 und Bek. v. 16. 12. 1953 (NRW GVBl., S. 431).

104. Durchführung wasserschutzpolizeilicher Aufgaben auf den im Lande Hessen gelegenen Stromgebieten der Weser und der Fulda:

Staatsvertrag zwischen Niedersachsen und Hessen v. 7.11./22. 12. 1953.

Hierzu Hess. G. v. 13. 4. 1954 (Hess. GVBl., S. 75) sowie Bek. v. 1. 6. 1954 (Hess. GVBl., S. 103). In Nds. RdErl. des IM v. 19. 6. 1954 (Nds. MBl., S. 279).

105. Aufgaben und Finanzierung der Wasserschutzpolizeischule Hamburg:

Abkommen zwischen Bremen, Hamburg, Nordrhein-Westfalen, Niedersachsen und Schleswig-Holstein, unter Beitritt der Bundesregierung, v. 15. 10. 1955.

Zustimmungsbeschluß des Landtags von NRW v. 11. 1. 1956, sowie Bek. v. 5. 3. 1956 (NRW GVBl., S. 115).

Baden-Württemberg und Hessen sind dem Abkommen mit Wirkung vom 1. 10. 1959 beigetreten.

106. Durchführung waserschutzpolizeilicher Aufgaben auf der Weser:

Abkommen zwischen Niedersachsen und Bremen v. 19./28. 6. 1957.

Nds. G. v. 17. 12. 1957 (Nds. GVBl., S. 133 = Nds. GVBl. Sb. I, S. 113); Brem. G. v. 11. 3. 1958 (Brem. GBl., S. 25); in Bremen Bek. über den Zeitpunkt des Inkrafttretens v. 1. 4. 1958 (Brem. GBl., S. 36).

Abänderungsabkommen zu Nr. 98.

107. Wahrnehmung der waserschutzpolizeilichen Aufgaben auf dem Main:

Verwaltungsabkommen zwischen dem Innenministerium von Baden-Württemberg und dem Bayerischen Staatsministerium d. Innern v. 3./17. 12. 1957.

Veröffentlicht durch Bek. des BadWürtt. IM v. 28. 12. 1957 (BadWürtt. GABl. 1958, S. 16) sowie Bek. des Bayer. IM v. 15. 1. 1958 (Bayer. MABl., S. 89).

108. Zusammenarbeit des Kriminalamtes Hamburg mit der Landeskriminalpolizei Niedersachsen und Schleswig-Holstein:

Vereinbarung zwischen dem Senator und Präses der Polizeibehörde der Freien und Hansestadt Hamburg und den Innenministern von Niedersachsen und Schleswig-Holstein.

Vgl. hierzu RdErl. des Schl-H. IM v. 12. 5. 1958 (Schl-H. ABl., S. 247).

109. Wahrnehmung verkehrspolizeilicher Aufgaben auf der Autobahn ostwärts Ulm:

Verwaltungsabkommen zwischen dem Innenministerium von Baden-Württemberg und dem Bayerischen Staatsministerium d. Innern v. 17. 12. 1958/28. 1. 1959.

Veröffentlicht durch Bek. des BadWürtt. IM v. 18. 2. 1959 (BadWürtt. GABl., S. 125) sowie Bek. des Bayer. IM v. 7. 2. 1959 (Bayer. MABl., S. 182).

IV. Finanzwesen

110. Gemeinsame Staatliche Klassenlotterie (Nordwestdeutsche Klassenlotterie):

Abkommen zwischen Nordrhein-Westfalen, Niedersachsen, Schleswig-Holstein, Bremen und Hamburg v. 4. 12. 1947.

Abkommen zur Verlängerung des Abk. von 1947 v. 23. 9. 1949 und v. 21. 1. 1953.

Keine amtl. Veröffentlichung (lediglich das Abk. v. 4. 12. 1947 ist abgedruckt bei Danehl-Mieridke, Das Landesrecht in Niedersachsen, unter D II 1). Doch sahen folgende Gesetze den Betrieb einer gemeinsamen Klassenlotterie vor: Hamb. G. v. 12. 6. 1948 (Hamb. GVBl., S. 31); Nds. G. v. 20. 3. 1948 (Nds. GVBl., S. 31); Schl-H. G. v. 1. 12. 1947 (Schl-H. GVBl. 1948, S. 21); NRW G. v. 2. 10. 1947 (NRW GVBl. 1948, S. 107); die beiden letztgenannten Gesetze enthalten ausdrückliche Ermächtigungen an die betr. Finanzminister zum Abschluß der erforderlichen Verträge.

Überholt durch Vereinb. v. 14. 4. 1955 (vgl. unten Nr. 126).

111. Durchführung der Aufgaben auf dem Gebiet der Verteidigungslasten:

Verwaltungsabkommen zwischen der Bundesregierung und den Landesregierungen v. 16. 3. 1950.
Hierzu Bek. des BMF v. 19. 4. 1950.
Gegenstandslos durch Vereinbarung v. 23. 3. 1953 (vgl. unten Nr. 119).

112. Verteilung der Feuerschutzsteuer:

Vereinbarung zwischen allen Ländern außer Berlin v. 8. 3. 1951.
In RhPf. Zustimmungsgesetz v. 13. 12. 1951 (RhPf. GVBl., S. 198).
In WürttBad. Zustimmungsbeschluß des Landtags v. 15. 11. 1950 und Veröffentlichung im WürttBad. StAnz. Nr. 92 v. 22. 11. 1950.
Durchführungsabkommen hierzu vgl. unten Nr. 130.

113. Aufteilung der Zonenschulden:

Vereinbarung zwischen Nordrhein-Westfalen, Niedersachsen, Schleswig-Holstein und Hamburg v. 3. 6./30. 9. 1952. Nicht veröffentlicht.

114) Mitwirkung der Länder bei der Bestätigung der Umstellungsrechnungen der Versicherungsunternehmen und Bausparkassen (Mitwirkungsvereinbarung):

Verwaltungsabkommen zwischen Bayern und dem Bund v. 30. 10. 1952.
Nicht veröffentlicht.
Verwaltungsabkommen zwischen Nordrhein-Westfalen und dem Bund v. 8. 11./29. 12. 1952.
Nicht veröffentlicht.
Die Vereinbarung ist gleichlautend auch mit den anderen Ländern abgeschlossen worden. Sie regelt nicht nur Beziehungen der Länder zum Bund, sondern zugleich auch die Beziehungen der Länder untereinander.

115. Regelung von Fragen, die sich aus der Besteuerung der IG-Farben-Industrie AG. zwischen dem Land Hessen und dem Land Nordrhein-Westfalen ergeben:

Vereinbarung der Finanzminister von Hessen und Nordrhein-Westfalen v. 13. 1. 1953.
Nicht veröffentlicht.

116. Lohnsteuerausgleich nach § 7 Abs. 1 ZerlegungsG. v. 29. 3. 1952:

Verwaltungsabkommen zwischen Niedersachsen und Bremen v. 15. 1. 1953.
Gegenstandslos durch das Außerkrafttreten des Zerlegungsgesetzes (vgl. § 15 des G. über den Finanzausgleich unter den Ländern v. 27. 4. 1955, BGBl. I, S. 199).

117. Lohnsteuerausgleich nach § 7 Abs. 1 ZerlegungsG. v. 29. 3. 1952:

Verwaltungsabkommen zwischen Niedersachsen und Hamburg v. 10. 3. 1953.
Gegenstandslos durch das Außerkrafttreten des Zerlegungsgesetzes (vgl. § 15 des G. über den Finanzausgleich unter den Ländern v. 27. 4. 1955, BGBl. I, S. 199).

118. Gegenseitige vergnügungssteuerrechtliche Anerkennung von Bescheinigungen über den künstlerischen Wert von vergnügungssteuerpflichtigen Veranstaltungen, zwecks Ermäßigung bzw. Erlaß der Vergnügungssteuer:

Vereinbarung zwischen den Bundesländern.

Nicht veröffentlicht. Bezug: Beschluß der Arbeitsgemeinschaft der Innenministerien der Bundesländer — Arbeitskreis III — v. 20./21. 3. 1953.

Für Bremen gegenstandslos durch das G. über die Vergnügungssteuer v. 22. 4. 1958 (Brem. GBl., S. 39).

119. Durchführung von Verwaltungsaufgaben auf dem Gebiet der Verteidigungslasten einschließlich der Besatzungslasten:

Abkommen zwischen der Bundesregierung, den Landesregierungen und dem Kreispräsidenten des Kreises Lindau v. 23. 3. 1953.

Bek. des BMF v. 14. 9. 1953 (MinBlFin., S. 763). Berlin wird von diesem Abkommen nicht berührt, da zwischen Berlin und der Bundesregierung am 5. 7. 1955 ein besonderes Abkommen über die Durchführung von Verwaltungsaufgaben auf dem Gebiet der Besatzungslasten abgeschlossen wurde.

Vgl. hierzu oben Nr. 111.

120. Aufteilung der Ausgleichslasten für Filialbanken gemäß § 10 Abs. 5 der 2. DVO/UG (Bankverordnung):

Vereinbarung der Finanzminister der Länder v. 8. 10. 1953. Nicht veröffentlicht.

121. Zahlung von Ausgleichsbeträgen beim Betrieb von Spielbanken:

Verwaltungsabkommen zwischen den Ländern Berlin, Hamburg, Nordrhein-Westfalen, Rheinland-Pfalz, der Bayerischen Staatsregierung, dem Niedersächsischen Ministerpräsidenten, den zuständigen Ressortministern von Baden-Württemberg, Hessen und Schleswig-Holstein sowie dem BMF v. 30. 11. 1954.

Veröffentlicht bei Vogels-Mittelstaedt-Müller, Das Landesrecht in Nordrhein-Westfalen, unter D II 16.

Das Abkommen wurde abgeändert mit Wirkung v. 1. 4. 1959.

122. Abgrenzung zwischen den in die Umstellungsrechnung und in die Altbankenrechnung einzustellenden Vermögenswerten (Abgrenzungsrichtlinien):

Verwaltungsvereinbarung zwischen dem für das Bankwesen zuständigen Senator für Berlin und den Bankaufsichtsbehörden der Länder.

Nicht veröffentlicht. Bezugnahme in den Richtl. des Bln. Reg Bürgermeisters v. 28. 12. 1954 (Bln. ABl. 1955, S. 42).

Die Vereinbarung ist überholt, vgl. unten Nr. 134.

123. Beitritt des Landes Rheinland-Pfalz zum Staatslotterievertrag zwischen den Ländern Baden-Württemberg, Bayern und Hessen von 1948 (Süddeutsche Klassenlotterie):

Staatsvertrag v. 28. 9., 3./6./9. 12. 1954.

Hierzu RhPf. G. v. 22. 12. 1954 (RhPf. GVBl., S. 163); in Bayern Bek. v. 8. 2. 1955 (BayGVBl., S. 33).

(Staatsvertrag zwischen den Ländern Württemberg-Baden, Bayern und Hessen über eine Staatliche Klassenlotterie in den süddeutschen Ländern der US-Zone [Süddeutsche Klassenlotterie] v. 6./9./17. 9. 1948. Hierzu WürttBad. G. v. 4. 3. 1948 [WürttBad. RegBl., S. 143]; Bayer. G. v. 10. 8. 1948 [BayGVBl., S. 201]; Hess. G. v. 17. 9. 1948 [Hess. GVBl., S. 115]).

124. Verteilung der Unkosten aus der Abwicklung der Vermögensverwaltung der Reichsautobahnen:

Vereinbarung zwischen Hamburg, Bremen, Niedersachsen und Schleswig-Holstein.

Nicht veröffentlicht.

125. Ausgleichszahlungen zwischen den Ländern bei Wiedergutmachungsansprüchen nach dem Gesetz zur Regelung der Wiedergutmachung nationalsozialistischen Unrechts für Angehörige des öffentlichen Dienstes:

Abkommen zwischen Nordrhein-Westfalen, Niedersachsen, Rheinland-Pfalz und Hessen.

Nicht veröffentlicht. Überholt durch § 30 des Ges. zur Regelung der Wiedergutmachung nationalsozialistischen Unrechts für Angehörige des öffentlichen Dienstes i. d. F. v. 23. 12. 1955 (BGBl. I S. 820).

126. Gemeinsame Staatliche Klassenlotterie (Nordwestdeutsche Klassenlotterie):

Vereinbarung zwischen Nordrhein-Westfalen, Niedersachsen, Schleswig-Holstein, Hamburg und Bremen v. 14. 4. 1955.

Veröffentlicht bei Vogels-Mittelstaedt-Müller, Das Landesrecht in Nordrhein-Westfalen, unter D V 1 (a). Auf Grund dieser Vereinbarung schlossen die genannten Länder unter demselben Datum einen Vertrag mit dem Konsortium der Landesbanken (vgl. unten Nr. 127).

Durch diese Vereinbarung wurde die Vereinbarung über die Nordwestdeutsche Klassenlotterie v. 4. 12. 1947 i.d.F. v. 21. 1. 1953 (oben Nr. 110) gegenstandslos.

Sie ist ersetzt durch eine Vereinbarung v. 7. 11. 1957/5. 5. 1958 (vgl. unten Nr. 131).

127. Durchführung einer Mehrklassenlotterie und einer Zahlenlotterie durch die Nordwestdeutsche Klassenlotterie, früher Hamburger Klassenlotterie:

Vertrag der an der Ländervereinbarung über eine gemeinsame staatliche Klassenlotterie beteiligten Länder Nordrhein-Westfalen, Niedersachsen, Schleswig-Holstein, Hamburg und Bremen mit dem Konsortium der Landesbanken v. 14. 4. 1955.

Veröffentlicht bei Vogels-Mittelstaedt-Müller, Das Landesrecht in Nordrhein-Westfalen, unter D V 1 (b).

Der Abschluß dieses Vertrages war in der Ländervereinbarung vom gleichen Datum (oben Nr. 126) vorgesehen. Der Vertrag ist ersetzt durch einen Vertrag v. 7. 11. 1957/5. 5. 1958 (unten Nr. 132).

128. Einführung des Zahlenlottos:

Vereinbarung zwischen Hamburg, Nordrhein-Westfalen und Schleswig-Holstein v. 30. 6. 1955.

Nicht veröffentlicht.

129. Verteilung der Abwicklungskosten des früheren Zentraljustizamtes für die britische Zone:

Verwaltungsvereinbarung zwischen den Ländern der britischen Zone und dem Bund v. 24. 1. 1956.

Nicht veröffentlicht.

130. Durchführung des Art 1 der Ländervereinbarung über die Verteilung der Feuerschutzsteuer v. 8. 3. 1951 (oben Nr. 112):

Abkommen zwischen Hamburg und Niedersachsen v. 17. 1./4. 2. 1956.

Nicht veröffentlicht.

131. Gemeinsame staatliche Klassenlotterie (Nordwestdeutsche Klassenlotterie):

V e r e i n b a r u n g zwischen Nordrhein-Westfalen, Niedersachsen, Schleswig-Holstein, Hamburg und Bremen v. 7. 11. 1957/31. 1./21. 2./10. 4./5. 5. 1958.

Nicht veröffentlicht. Aufgrund dieser Vereinbarung schlossen die genannten Länder einen Vertrag mit dem Konsortium der Landesbanken, vgl. unten Nr. 132.

Die Ländervereinbarung v. 14. 4. 1955 (oben Nr. 126) ist hierdurch gegenstandslos.

132. Durchführung der Nordwestdeutschen Klassenlotterie, früher Hamburger Klassenlotterie:

V e r t r a g zwischen den an der Ländervereinbarung über eine gemeinsame staatliche Klassenlotterie beteiligten Länder Nordrhein-Westfalen, Niedersachsen, Schleswig-Holstein, Hamburg und Bremen und dem Konsortium der Landesbanken v. 7. 11. 1957/31. 1./21. 2./10. 4./5. 5. 1958.

Nicht veröffentlicht. Der Abschluß dieses Vertrages ist in der Ländervereinbarung vom gleichen Datum (oben Nr. 131) vorgesehen. Er ersetzt den Vertrag v. 14. 4. 1955 (oben Nr. 127).

133. Durchführung des Gewerbesteuerausgleichs:

A b k o m m e n zwischen Hamburg und Niedersachsen v. 4. 7./11. 8. 1958.

In Nds. Zustimmungsgesetz v. 31. 3. 1959 (Nds. GVBl., S. 65).

134. Abgrenzung zwischen den in die Umstellungsrechnung und in die Altbankenrechnung einzustellenden Vermögenswerten (Abgrenzungsrichtlinien):

V e r w a l t u n g s v e r e i n b a r u n g zwischen dem für das Bankwesen zuständigen Senator des Landes Berlin und den für die Bestätigung der Umstellungsrechnung zuständigen Stellen der Länder der Bundesrepublik v. 11. 6. 1959.

Veröffentlicht durch Bek. des Hess. Min. f. Wirtschaft u. Verkehr v. 4. 11. 1959 (Hess. StAnz., S. 1270); Bek. des Bln. Sen. f. Wirtschaft u. Kredit v. 19. 9. 1959 (Bln. ABl., S. 1043).

Vgl. auch oben Nr. 122.

135. Durchführung einer Ersatzregelung für den Gewerbesteuerausgleich:

A b k o m m e n zwischen dem Saarland und Rheinland-Pfalz v. 25. 3. 1960.

Hierzu RdErl. des RhPf. IM v. 5. 8. 1960 (RhPf. MBl. Sp. 860).

V. Landwirtschaft, Ernährung, Jagdwesen

136. Gemeinsame Durchführung von Verwaltungsaufgaben auf dem Gebiet der Ernährungsverwaltung:

V e r w a l t u n g s a b k o m m e n zwischen Bremen und Niedersachsen v. 23./28. 2. 1949.

Veröffentlicht im Nds. ABl. 1949, S. 150.

Gegenstandslos durch die inzwischen erlassenen Marktordnungsgesetze.

137. Überwachung der niedersächsischen Molkereien, die Hamburg beliefern:

V e r e i n b a r u n g zwischen Hamburg und Niedersachsen v. 28. 6./8. 7. 1949.

Nicht veröffentlicht.

138. Gemeinsame Durchführung der Fischereiaufsicht und der Fischereiverwaltung in den Küstengewässern:

Verwaltungsvereinbarung zwischen Hamburg und Niedersachsen v. 13./25. 7. 1949.

Veröffentlicht im Nds. ABl. 1949, S. 331. (Das Abkommen ersetzt eine Verwaltungsvereinbarung v. 13. 1. 1927 zwischen dem Preuß. Staatsministerium, der Oldenburgischen Staatsregierung und Bremen.)

Änderungsabkommen hierzu vgl. unten Nr. 158.

139. Bestimmung der verantwortlichen landwirtschaftlichen Behörde i. S. d. § 33 VO Nr. 188 BritMilReg. über die Bodenreform im Lande Niedersachsen und in der Hansestadt Hamburg:

Vereinbarung zwischen Niedersachsen, Nordrhein-Westfalen, Hamburg und Schleswig-Holstein v. 28. 11./13. 12. 1949.

Nicht veröffentlicht. Der Abschluß der Vereinbarung war in § 33 VO Nr. 188 BritMilReg. vorgesehen.

Gegenstandslos durch das Nds. G. v. 21. 12. 1959 (Nds. GVBl., S. 151) und das Schl-H. G. v. 24. 12. 1960 (Schl-H. GVBl. 1961, S. 2). Durch diese Gesetze wurde die VO Nr. 188 BritMilReg. in den genannten Ländern aufgehoben.

140. Gegenseitige Anerkennung der Jahresjagdscheine:

Abkommen zwischen allen Ländern der Bundesrepublik außer Rheinland-Pfalz v. 1. 1. 1950.

In Brem. Zustimmungsbeschluß des Senats v. 10. 11. 1950 und Bek. v. 2. 12. 1950 (Brem. GBl., S. 124).
Gegenstandslos durch § 15 Abs. 3 BJagdG. v. 29. 11. 1952 (BGBl. I, S. 780).

141. Gemeinsame Verpachtung der Fischerei am Rhein zwischen Worms und Bingen:

Verwaltungsvereinbarung zwischen Hessen und Rheinland-Pfalz v. 24. 2. 1950.

Nicht veröffentlicht.

142. Behandlung land- und forstwirtschaftlicher Grenzgrundstücke:

Staatsvertrag zwischen Baden und Württemberg-Hohenzollern v. 17. 4./4. 5. 1951.

Hierzu Bad. G v. 27. 6. 1951 (Bad. GVBl., S. 99); WürttHhz. G. v. 2. 7. 1951 (WürttHhz. RegBl., S. 75).

Gegenstandlos.

143. Gegenseitige Anerkennung der Jahresfischereischeine:

Vereinbarung zwischen dem Hess. Min. f. Arbeit, Landwirtschaft und Wirtschaft und dem Bayer. StaatsMin. f. Ernährung, Landwirtschaft und Forsten v. 6./14. 2. 1951.

Bezugnahme Bek. des Bayer. Min. f. Ernährung, Landwirtschaft und Forsten v. 1. 3. 1951 (Bayer. StAnz. 1951, Nr. 10, S. 3 = BayBSVELF, S. 221); Bek. des Hess. Min. f. Arbeit, Landwirtschaft u. Wirtschaft v. 6. 3. 1951 (Hess. StAnz. S. 138).

144. Gegenseitige Anerkennung der Fischereischeine:

Verwaltungsabkommen zwischen Nordrhein-Westfalen, Rheinland-Pfalz, Schleswig-Holstein, Württemberg-Baden, Hamburg, Westberlin sowie dem Kreis Lindau einerseits und Hessen andererseits v. 23. 2./6. 7. 1951.

Nicht veröffentlicht. Vgl. aber Schl-H. ABl. 1951, S. 115, und Bek. des Hess. Min. f. Arbeit, Landwirtschaft und Wirtschaft v. 6. 7. 1951 (Hess. StAnz., S. 422).

145. Gegenseitige Anerkennung der Fischereischeine:

V e r e i n b a r u n g zwischen Hessen und Niedersachsen v. 19. 10./ 9. 11. 1951.
Nicht veröffentlicht. Bezugnahme in RdErl. des Nds. Min. f. Landwirtschaft u. Forsten v. 9. 11. 1951 (Nds. MBl., S. 471); Bek. des Hess. Min. f. Arbeit, Landwirtschaft u. Wirtschaft v. 7. 12. 1951 (Hess. StAnz., S. 794).

146. Abrundung von Jagdbezirken an innerdeutschen Landesgrenzen:

V e r w a l t u n g s a b k o m m e n zwischen dem WürttBad. Landwirtschaftsminister und dem Hess. Min. f. Arbeit, Landwirtschaft und Wirtschaft v. 19. 1./16. 2. 1952.
Veröffentlicht durch Bek. des WürttBad. Min. f. Landwirtschaft v. 28. 2. 1952 (WürttBad. StAnz. 1952, Nr. 19); für Hessen vgl. Hess. StAnz. 1952, S. 175.

147. Abrundung von Jagdbezirken an innerdeutschen Landesgrenzen:

V e r w a l t u n g s a b k o m m e n zwischen dem Landwirtschaftsminister von Württemberg-Baden und dem Min. f. Ernährung, Landwirtschaft und Forsten von Bayern v. 19. 1./29. 2. 1952.
Nicht veröffentlicht. Bezugnahme Bek. des WürttBad. Min. f. Landwirtschaft v. 18. 3. 1952 (WürttBad. StAnz. 1952, Nr. 24), in der hinsichtlich des Vertragstextes auf das gleichlautende Abk. mit Hessen v. 19. 1./16. 2. 1952 (vgl. oben Nr. 146) verwiesen wird; Hinweis im Bayer. StAnz. 1952, Nr. 14, S. 5 = BayBSVELF, S. 251.

148. Abrundung von Jagdbezirken an innerdeutschen Landesgrenzen:

V e r w a l t u n g s a b k o m m e n zwischen Bayern und Hessen v. 29. 2./17. 3. 1952.
Veröffentlicht im Bayer. StAnz. 1952, Nr. 14, S. 5 = BayBSVELF, S. 251; Bek. des Hess. Min. f. Arbeit, Landwirtschaft und Wirtschaft v. 21. 3. 1952 (Hess. StAnz., S. 264).

149. Abrundung von Jagdbezirken an innerdeutschen Landesgrenzen:

V e r w a l t u n g s a b k o m m e n zwischen Bayern und Württemberg-Hohenzollern v. 13.//20. 3. 1952.
Nicht veröffentlicht. Bezug: Hinweis im Bayer. StAnz. 1952, Nr. 14, S. 5.

150. Gegenseitige Anerkennung der Jahresfischereischeine:

V e r e i n b a r u n g zwischen dem Bayer. StaatsMin. f. Ernährung, Landwirtschaft und Forsten und dem BadWürtt. Min. f. Ernährung, Landwirtschaft und Forsten v. 12. 6./23. 7. 1953.
Nicht veröffentlicht. Bezug: Bek. des Bayer. Min. f. Ernährung, Landwirtschaft und Forsten v. 24. 9. 1953 (Bayer. StAnz. 1953, Nr. 40, S. 5 = BayBSVELF, S. 221).

151. Bewirtschaftung von forstwirtschaftlichen Streuparzellen im Kreise Schleiden:

V e r e i n b a r u n g zwischen Nordrhein-Westfalen und Rheinland-Pfalz v. 7. 7./5. 8. 1953.

Veröffentlicht bei Vogels-Mittelstaedt-Müller, Das Landesrecht in Nordrhein-Westfalen, unter G III 3.

152. Einbeziehung der Westerwald-Molkereien in das nordrhein-westfälische Ausgleichs- und Stützungssystem:

Vereinbarung zwischen Nordrhein-Westfalen und Rheinland Pfalz v. 7. 11. 1953.

Nicht veröffentlicht. Die Vereinbarung ist inhaltlich weitgehend überholt; sie soll in Kürze durch ein neues Verwaltungsabkommen ersetzt werden.

153. Ausübung der Fischerei durch Mitglieder der Alliierten Streitkräfte:

Abkommen der Regierungen von Niedersachsen, Schleswig-Holstein und Hamburg mit den Oberbefehlshabern der in Deutschland stationierten Streitkräfte Ihrer Majestät der Königin des Vereinigten Königreiches von Groß-Britannien und Nord-Irland v. 14. 5. 1954.

Hierzu Bek. des Schl-H. Min. f. Ernährung, Landwirtschaft und Forsten v. 20. 7. 1954 (Schl-H. ABl., S. 315).

154. Abrundung von Jagdbezirken an innerdeutschen Landesgrenzen:

Vereinbarung zwischen Hessen und Rheinland-Pfalz v. 15./25. 11. 1954.

Veröffentlicht im Hess. StAnz. 1954, S. 1251; Bek. des RhPf. Min. f. Landwirtschaft u. Forsten v. 16. 12. 1954 (RhPf. MBl. Sp. 1191).

155) Führung der Dienstaufsicht über die Landwirtschaftsschule Bergedorf-Lohbrügge durch die Landwirtschaftskammer Schleswig-Holstein:

Vereinbarung zwischen Hamburg und Schleswig-Holstein.

Nicht veröffentlicht.

156. Vereinbarung über die Deichaufsicht zwischen Niedersachsen und Bremen.

Nicht veröffentlicht.

157. Führung der Geschäftsstelle der Hamburger Notierungskommissionen:

Vereinbarung zwischen Hamburg, Schleswig-Holstein, Niedersachsen, Berlin und der Landesvereinigung der Milchwirtschaft in Schleswig-Holstein e. V. Kiel v. 19. 9. 1959.

Nicht veröffentlicht.

158. Änderung des Abkommens v. 13./25. 7. 1949 über die gemeinsame Durchführung der Fischereiaufsicht und der Fischereiverwaltung in den Küstengewässern:

Vereinbarung zwischen Niedersachsen und Bremen v. 5./9. 12. 1960.

Nicht veröffentlicht.

Vgl. hierzu oben Nr. 138.

VI. Vermessungswesen, Bodenrecht, Bauwesen

159. Wechselseitige Anerkennung von Prüfingenieuren für Baustatik:

Vereinbarung zwischen allen Ländern außer Bayern und Württemberg-Hohenzollern v. 28. 10. 1949.

Hierzu RdErl. des NRW Min. f. Wiederaufbau v. 25. 2. 1950 (NRW MBl., S. 187); Bek. des Schl-H. Sozialministers v. 1. 6. 1950 (Schl-H.

ABl., S. 320); RdVerfg. des RhPf. Min. f. Finanzen u. Wiederaufbau v. 14. 4. 1950 (RhPf. MBl. Sp. 367).

Beitrittserklärung des BadWürtt. IM v. 18. 8. 1953 (BadWürtt. GABl. 1954, S. 240; vgl. auch NRW MBl. 1953, S. 1850).

160. Abgrenzung der kartographischen Arbeiten:

Vereinbarung zwischen Niedersachsen (Landesvermessungsamt) und Schleswig-Holstein (Hauptvermessungsamt) v. 9./14. 12. 1949.

Nicht veröffentlicht.

161. Benutzung des Amtes für Bodenforschung in Hannover durch das Land Bremen:

Abkommen zwischen Niedersachsen und Bremen v. 4./20. 1. 1950.

Nicht veröffentlicht.

162. Errichtung eines gemeinschaftlichen Amtes für Bodenforschung:

Abkommen zwischen Niedersachsen und Nordrhein-Westfalen v. 1. 4./17. 5. 1950.

Veröffentlicht im Nds. ABl. 1950, S. 225; vgl. auch Bek. des NRW Min. f. Wirtschaft v. 30. 6. 1950 (NRW GVBl. S. 142).

Zusatzabkommen hierzu v. 3./26. 11. 1953 vgl. unten Nr. 169.

Das Abkommen wurde am 25. 9. 1956 seitens der Landesregierung von NRW gekündigt, vgl. Bek. v. 16. 10. 1956 (NRW GVBl., S. 305).

163. Abgrenzung der Zuständigkeiten auf dem Gebiet der Landesvermessung:

Vereinbarung zwischen Bremen und Niedersachsen v. 13. 7./12. 9. 1950.

Nicht veröffentlicht.

164. Einheitliche Regelung des Verfahrens der allgemeinen Zulassung neuer Baustoffe und Bauarten im Bereich der Bundesrepublik Deutschland und des Landes Berlin („Bopparder Vereinbarung"):

Verwaltungsvereinbarung zwischen den zuständigen Ministern bzw. Senatoren der Länder unter Beitritt des BMWo. v. 14. 2. 1951.

Auszugsweise veröffentl.: Bek. des BMWo. v. 15. 8. 1951 (GMBl., S. 196); in NRW ministerieller RdErl. v. 28. 6. 1951 (NRW MBl., S. 813); Bek. des BadWürtt. IM v. 8. 3. 1955 (BadWürtt. GABl., S. 117); Entschl. des Bayer. IM v. 5. 9. 1951 (Bayer. MABl., S. 432 = BayBSVI I, S. 193); Bek. des Schl-H. Min. f. Arbeit, Sozialwesen und Vertriebene v. 2. 8. 1951 (Schl-H. ABl., S. 363); RdErl. des Hess. IM v. 13. 7. 1951 (Hess. StAnz., S. 445); Bek. im RhPf. GVBl. 1951 S. 173 und Bek. des RhPf. Min. f. Finanzen u. Wiederaufbau v. 12. 7. 1951 (RhPf. MBl. Sp. 596); Sld. VO v. 2. 2. 1959 (Sld. ABl. S. 479).

Änderungsvereinbarung hierzu vgl. unten Nr. 330.

165. Naturschutzgebiet Nessand:

Vereinbarung zwischen Hamburg, Niedersachsen und Schleswig-Holstein v. 6. 11. 1951.

Nicht veröffentlicht.

166. Maßnahmen auf dem Gebiet des amtlichen Landkartenwesens:

Verwaltungsabkommen zwischen den Landesregierungen und der Bundesregierung v. 27. 8. 1952.

Veröffentl. im GMBl. 1952, S. 281.
Im Jahre 1954 um drei Jahre verlängert, vgl. Bek. des BMI v. 26. 5. 1954 (GMBl., S. 274).
Gegenstandslos durch Abk. v. 31. 3. 1957, vgl. unten Nr. 173.

167. Errichtung einer gemeinsamen Kommission für die Ausarbeitung eines Bundesbaugesetzes:

Vereinbarung der für das Bau-, Wohnungs- und Siedlungswesen zuständigen Ministerien der Länder und dem BMWo. v. 3. 11. 1952.
Nicht veröffentlicht.
Erledigt durch Fertigstellung des BBauG v. 23. 6. 1960 (BGBl. I, S. 341).

168. Ausbildung von Vermessungsreferendaren:

Verwaltungsvereinbarung zwischen Niedersachsen und Hamburg v. 26. 1. 1953.
Nicht veröffentlicht.

169. Errichtung eines gemeinschaftlichen Amtes für Bodenforschung:

Zusatzabkommen zum Abk. von 1950 (oben Nr. 162) zwischen Niedersachsen und Nordrhein-Westfalen v. 3./26. 11. 1953.
In NRW veröffentl. durch Bek. v. 8. 5. 1954 (NRW GVBl., S. 148).
Das Abkommen wurde am 25. 9. 1956 seitens der Landesregierung von NRW gekündigt: Bek. v. 16. 10. 1956 (NRW GVBl., S. 305).

170. Bildung einer gemeinsamen Musterbauordnungskommission:

Vereinbarung zwischen den Vertretern der für das Bau-, Wohnungs- und Siedlungswesen zuständigen Ministerien (Senate) der Länder und dem BMWo. v. 21. 1. 1955. (Bad Dürkheimer Vereinbarung).
Nicht veröffentlicht. Die Kommission hat am 30. 10. 1959 eine Musterbauordnung verabschiedet und arbeitet z. Zt. an Mustern für die notwendigen Durchführungsverordnungen.

171. Tätigkeit des Oberbergamtes Clausthal-Zellerfeld und des Bergamtes Hannover:

Abkommen zwischen Bremen und Niedersachsen v. 16. 12. 1955/14. 8. 1956.
Nicht veröffentlicht.

172. Bestimmung der oberen Flurbereinigungsbehörde für das Flurbereinigungsverfahren, das wegen der Errichtung der Staustufe Geesthacht durchgeführt werden soll, gem. § 3, Abs. 2 u. 3 des Flurbereinigungsgesetzes v. 14. 7. 1953 (BGBl. I, S. 591):

Vereinbarung zwischen dem Min. f. Ernährung, Landwirtschaft u. Forsten von Niedersachsen und dem Hamburger Senat.
Nicht veröffentlicht. Bezugnahme Bek. der Hamb. Beh. f. Ernährung u. Landwirtschaft v. 12. 11. 1956 (Hamb. AAnz., S. 1082).

173. Maßnahmen auf dem Gebiet des amtlichen Landkartenwesens:

Verwaltungsabkommen zwischen den Landesregierungen und der Bundesregierung v. 31. 3. 1957.
Veröffentl. im GMBl. 1957, S. 391.
Hierdurch wurde das Verwaltungsabkommen v. 27. 8. 1952 (vgl. oben Nr. 166) ersetzt. Das Abk. wurde von Seiten Bayerns zum 31. 3. 1961 gekündigt.

174. Bergbehörden:

Abkommen zwischen Niedersachsen und Hamburg v. 23.3./12.6.1957.

Hierzu Hamb. G. v. 1.10.1957 (Hamb. GVBl., S. 442).

175. Zusammenarbeit auf dem Gebiet der Raumordnung:

Verwaltungsabkommen zwischen den Landesregierungen und der Bundesregierung v. 16.12.1957.

Veröffentl. im GMBl. 1958, S. 54. (Hierdurch wurde das zwischen allen Ländern der Bundesrepublik geschlossene Vorläufige Verwaltungsabkommen zur Regelung der überregionalen Landesplanung v. 3.5.1956 gegenstandslos.)

176. Bildung einer ständigen Organisation für das gesamte Bau-, Wohnungs- und Siedlungswesen („Arbeitsgemeinschaft der für das Bau-, Wohnungs- und Siedlungswesen zuständigen Minister der Länder der Bundesrepublik Deutschland und Berlins"):

Verwaltungsabkommen der Länder einschl. Berlin v. 15.11.1958.

Nicht veröffentlicht.

177. Bereitstellung von Wohnungsbauförderungsmitteln im Betrage von 500 000 DM durch Hamburg für 50 sog. Wohnbaufälle — Wohnungsbauten von Hamburgern in Schleswig-Holstein —:

Verwaltungsabkommen zwischen Schleswig-Holstein — Wohnungsbaukreditanstalt des Landes Schleswig-Holstein — und Hambrg — Hamburger Wohnbaukasse — v. 13./18.5.1960.

Nicht veröffentlicht.

178. Herstellung neuer topographischer Karten 1 : 50 000:

Verwaltungsabkommen zwischen den Landesregierungen und der Bundesregierung v. 31.1.1958.

Nicht veröffentlicht.

179. Bildung des gemeinsamen Landesplanungsrates Hamburg — Schleswig-Holstein:

Vereinbarung zwischen dem Hamburger Oberbürgermeister und dem Ministerpräsidenten des Landes Schleswig-Holstein.

Nicht veröffentlicht.

VII. Verkehr, Wasser

180. Wiederherstellung und Unterhaltung der Mainbrücke in Freudenberg:

Vereinbarung zwischen dem Bad. Landesbezirksdirektor der Finanzen in Karlsruhe und der Obersten Baubehörde im Bayer. Staatsministerium des Innern v. 9./23.9.1949, geändert unter dem 31.1.1950.

Nicht veröffentlicht.

181. Bau und Abbruch der Dauerbehelfsbrücke in Worms:

Verwaltungsabkommen zwischen Rheinland-Pfalz, Hessen und der Deutschen Bundesbahn v. 26.4.1950.

Nicht veröffentlicht.

182. Unterhaltung der Unterbauten der Mainbrücke bei Wertheim:

Vereinbarung zwischen Bayern, Baden-Württemberg und der Deutschen Bundesbahn v. 10./25.8./7.9.1951.

Nicht veröffentlicht.

183. Ausübung der Eisenbahnaufsicht über die Niederweserbahn:

Vereinbarung zwischen Niedersachsen und Bremen v. 9. 5./24. 6. 1952.

Veröffentl. durch Bek. des Nds. Min. f. Wirtschaft und Verkehr v. 11. 7. 1952 (Nds. MBl., S. 403).

Nds. hat die übernommene Eisenbahnaufsicht auf die Deutsche Bundesbahn weiterübertragen, vgl. Verwaltungsabkommen zwischen Nds. und der DB v. 31. 5./25. 6. 1954 (Nds. MBl., S. 423).

184. Fertigstellung der Mittelweserkanalisierung:

Abkommen zwischen der Bundesregierung, den Regierungen von Bremen, Niedersachsen und Nordrhein-Westfalen sowie der Stadt Minden v. 14. 8. 1952.

In NRW veröffentlicht als Anlage zur Bek. v. 8. 1. 1959 (NRW GVBl., S. 5); in Bremen Zustimmungbeschluß des Landtags v. 26. 5. 1954 und Bek. v. 1. 6. 1954 (Brem. GBl., S. 60).

Vgl. hierzu den Konzessions- und Bauvertrag v. 14. 2. 1958 (unten Nr. 193).

185. Abgrenzung der Verwaltungsbefugnisse zwischen Bund und Ländern auf dem Gebiet der zivilen Luftfahrt:

Vereinbarung zwischen Bund und Ländern v. 31. 12. 1952. Auszugsweise veröffentl. durch Bek. des BMVk. v. 8. 7. 1955 (VkBl., S. 379); vgl. auch den Abdruck bei Wegerdt-Reuss, Deutsche Luftfahrtgesetzgebung, unter B III.

Gegenstandslos durch Inkrafttreten des Gesetzes zur Einfügung eines Artikels über die Luftverkehrsverwaltung in das GG v. 2. 6. 1961 (BGBl. I, S. 65) und des Gesetzes über Zuständigkeiten in der Luftverkehrsverwaltung v. 8. 2. 1961 (BGBl. I, S. 69).

186. Ausübung der Eisenbahnaufsicht über die Kleinbahn Bremen-Thedinghausen:

Vereinbarung zwischen Bremen und Niedersachsen v. 23. 2./6. 5. 1953.

Veröffentl. durch Bek. des Nds. Min. f. Wirtschaft und Verkehr v. 12. 5. 1953 (Nds. MBl., S. 214).

Nds. hat die übernommene Eisenbahnaufsicht auf die Deutsche Bundesbahn weiterübertragen, vgl. Verwaltungsabkommen zwischen Nds. und der DB v. 31. 5./25. 6. 1954 (Nds. MBl., S. 423).

187. Verkehr der Unterweserhäfen (Unterweser-Verkehrsabkommen):

Abkommen zwischen Bremen und Niedersachsen v. 9. 7. 1953. Nicht veröffentlicht.

188. Ableitung der sogenannten Egauquellen bei Dischingen und Ballmertshofen (Landkreis Heidenheim) durch die Staatliche Landeswasserversorgung Stuttgart:

Staatsvertrag zwischen Baden-Württemberg und Bayern v. 6. 5./1. 6. 1954.

Hierzu BadWürtt. G. v. 13. 9. 1954 (BadWürtt. GBl., S. 137); in Bayern Zustimmungsbeschluß des Landtags v. 26. 2. 1954 (BayGVBl., S. 289).

189. Errichtung einer Lahntalsperre bei Laasphe:

Verwaltungsabkommen zwischen dem Hess. Min. f. Landwirtschaft und Forsten und dem Min. f. Ernährung, Landwirtschaft u. Forsten in NRW v. 18. 3./9. 5. 1955.

Hierzu in Hess. Zustimmungsbeschluß des Landtags v. 18. 5. 1955 (Hess. StAnz., S. 576); in NRW Veröffentl. des Vertragstextes ohne Publikationsformel (MBl. NRW 1955, S. 884).

190. Eisenbahntechnische Aufsicht über die Härtsfeldbahn:

Verwaltungsabkommen zwischen Bayern und Baden-Württemberg v. 7. 5./5. 6. 1957.

Nicht veröffentlicht.

191. Errichtung eines Sturmflut- und Tidesperrwerkes in der Geeste und Ausbau der Geeste oberhalb des Tidesperrwerkes:

Vereinbarung zwischen Niedersachsen und Bremen nebst Schiedsvertrag v. 16. 7./15. 8. 1957.

Nicht veröffentlicht.

Zusatzvereinbarung hierzu vgl. u. Nr. 198.

192. Beitritt Schleswig-Holsteins zum Abkommen v. 19. 4. 1956 zwischen Hamburg und dem Bund über die Errichtung der Staustufe Geesthacht:

Abkommen zwischen Hamburg und Schleswig-Holstein v. 22. 10./19. 11. 1957.

Nicht veröffentlicht.

193. Konzessions- und Bauvertrag über die Fertigstellung der Mittelweserkanalisierung:

Abkommen zwischen der BReg., den Regierungen von Bremen, Niedersachsen u. Nordrhein-Westfalen sowie der Stadt Minden einerseits und der Mittelweser AG. andererseits v. 14. 2. 1958.

In NRW Zustimmungsbeschluß des Landtags v. 15. 12. 1958 u. Bek. v. 8. 1. 1959 (NRW GVBl., S. 5).

Das Abkommen tritt rückwirkend mit dem 14. 8. 1952 (Datum des ersten Abkommens über die Mittelweserkanalisierung, vgl. o. Nr. 184) in Kraft.

194. Behandlung des Fährregals an der gemeinsamen Landesgrenze:

Abkommen zwischen Niedersachsen und Schleswig-Holstein v. 4. 6./15. 7. 1958.

In Nds. veröffentlicht durch Bek. des Min. f. Wirtschaft u. Verkehr v. 28. 7. 1958 (Nds. MBl., S. 587). In Schl-H. keine Veröffentlichung.

195. Bau der Bundesautobahn-Teilstrecke Viernheim — Rheinbrücke Frankenthal:

Verwaltungsabkommen zwischen Baden-Württemberg und Hessen v. 29. 10. 1958.

Nicht veröffentlicht.

196. Erhaltung der Abmarkung der Landesgenzen:

Verwaltungsabkommen zwischen Baden-Württemberg, Bayern und Hessen v. 23. 1. 1960.

Veröffentlicht durch Bek. des BadWürtt. IM v. 9. 5. 1960 (Bad-Württ. GABl., S. 329); Bek. des Hess. IM v. 22. 4. 1960 (Hess. StAnz., S. 512); Bek. des Bayer. IM v. 10. 2. 1960 (Bayer. MABl., S. 137, vgl. auch Bayer. FMBl., S. 211).

197. Gründung eines Abwasserverbandes für die Gemeinden Eisenfeld, Gosenbach, Niederschelden im Landkreis Siegen und Mudersbach und Brachbach im Landkreis Altenkirchen:

Verwaltungsabkommen zwischen Rheinland-Pfalz und Nordrhein-Westfalen v. 14. 3./13. 5. 1960.
Veröffentlicht im NRW MBl. 1960, Sp. 1528 und im RhPf. StAnz. 1960 Nr. 24.

198. Errichtung eines Sturmflut- und Tidesperrwerks in der Geeste und Ausbau der Geeste oberhalb des Tidesperrwerks:

Zusatzvereinbarung zur Vereinbarung von 1957 (o. Nr. 191) zwischen Niedersachsen und Bremen v. 17. 5./15. 6. 1960.
Nicht veröffentlicht.

199. Maßnahmen zum Hochwasserschutz im Weschnitzgebiet:

Vereinbarung zwischen Hessen, dem Weschnitzverband und Baden-Württemberg v. 13. 6./28. 6./1. 8. 1960.
Hierzu Bek. des Hess. Min. f. Landwirtschaft und Forsten v. 29. 12. 1960 (Hess. StAnz. 1961, S. 20).

200. Planung und Durchführung der mit den Deichbaumaßnahmen auf dem rechten Weserufer auf bremischem Gebiet und dem Neubau der Bundesautobahn „Südumgehung Bremen" zusammenhängenden Hochwasserschutzmaßnahmen an der Weser auf niedersächsischem Gebiet durch Niedersachsen:

Vereinbarung zwischen Niedersachsen und dem Bund, vertreten durch Bremen (Bundesauftragsverwaltung) v. 29. 9./4. 10. 1960.
Nicht veröffentlicht.

VIII. Sozialwesen, Flüchtlingswesen, Arbeit)*

201. Regelung des hafenärztlichen Dienstes in Cuxhaven:

Abkommen zwischen Niedersachsen und Hamburg v. 8./24. 12. 1949.
Veröffentl. im Nds. ABl. 1950, S. 41.

202. Errichtung eines gemeinsamen Landesversorgungsamtes:

Staatsvertrag zwischen Württemberg-Baden und Württemberg-Hohenzollern v. 4./9. 4. 1951.
Hierzu WürttBad. G. v. 7. 5. 1951 (WürttBad. RegBl., S. 35); Württ-Hhz. G. v. 22. 5. 1951 (WürttHhz. RegBl., S. 57).
Gegenstandslos durch die BadWürtt. RegVO v. 26. 4. 1954 über die Errichtung von Verwaltungsbehörden der Kriegsopferversorgung (BadWürtt. GBl. 1954, S. 64).

203. Bereichsabgrenzung der orthopädischen Versorgungsstelle Hamburg:

Verwaltungsabkommen zwischen Hamburg und Schleswig-Holstein v. 13. 6./5. 8. 1952.
Nicht veröffentlicht.

204. Bereichsabgrenzung der orthopädischen Versorgungsstelle Hamburg:

Verwaltungsabkommen zwischen Niedersachsen und Hamburg v. 25. 3./11. 6. 1953.
Nicht veröffentlicht.

205. Errichtung einer Zentralkontrollstelle für Heimkehrer im Lager Friedland:

---

*) Auf Grund des § 3 Abs. 1 Satz 2 des Heimarbeitsgesetzes v. 14. 3. 1951 (BGBl. I, S. 191) haben die Länder im Vereinbarungswege zahlreiche Heimarbeitsausschüsse gebildet.

Vereinbarung zwischen den Vertriebenenressorts der Länder vom 19. 6. 1953.

Hierzu Erl. des BMA v. 15. 7. 1953.

206. Notaufnahme und Verteilung von Flüchtlingen aus der sowjetisch besetzten Zone:

Vereinbarung zwischen den für das Flüchtlingswesen zuständigen obersten Landesbehörden und dem Bundesminister für Vertriebene, Flüchtlinge und Kriegsbeschädigte v. 17./18. 9. 1953. Nicht veröffentlicht.

Neugefaßt in den Verteilungsrichtlinien v. 6. 4. 1960 (vgl. unten Nr. 221).

207. Entlastung Berlins von dort nicht aufgenommenen Zuwanderern:

Heimarbeitsausschuß	Beteiligte Länder
für die Diamantindustrie (BAnz. Nr. 80 v. 27. 4. 1954)	Rheinland-Pfalz, Baden-Württemberg, Hessen
für Knöpfe, Schnallen und Schließen (BAnz. Nr. 232 v. 2. 12. 1953)	Baden-Württemberg, Bayern, Berlin, Niedersachsen, Nordrhein-Westfalen, Schleswig-Holstein, Hessen
für die Handklöppelei (BAnz. Nr. 99 v. 28. 5. 1953 und Nr. 151 v. 8. 8. 1953)	Baden-Württemberg, Bayern, Hessen
für die mechanische Haus- und Lohnweberei (BAnz. Nr. 195 v. 9. 10. 1954)	Baden-Württemberg, Bayern, Hamburg, Hessen
für das Stopfen, Noppen, Plüstern und Egalisieren (BAnz. Nr. 236 v. 5. 12. 1956)	Baden-Württemberg, Bayern, Niedersachsen, Nordrhein-Westfalen, Hessen
die Herstellung von Kartonagen (BAnz. Nr. 60 v. 26. 3. 1954 und Nr. 176 v. 12. 9. 1953)	Baden-Württemberg, Bayern, Berlin, Nordrhein-Westfalen, Schleswig-Holstein, Hessen
für die Herstellung von Lederwaren, Koffern, Reise-, Sport- und Ausrüstungsartikeln (BAnz. Nr. 41 v. 27. 2. 1954)	Baden-Württemberg, Niedersachsen, Nordrhein-Westfalen, Hessen, Bayern, Berlin, Hamburg, Rheinland-Pfalz
für das Be- und Verarbeiten sowie Verpacken von Gummiartikeln (BAnz. Nr. 205 v. 22. 10. 1955)	Baden-Württemberg, Niedersachsen, Nordrhein-Westfalen, Hessen
für das Holz- und Schnitzstoffgewerbe (BAnz. Nr. 212 v. 3. 11. 1954)	Baden-Württemberg, Bayern, Niedersachsen, Nordrhein-Westfalen, Hessen
für Spielwaren aller Art (mit Ausnahme von Blechspielwaren), Christbaumschmuck, Festartikel und verwandte Erzeugnisse (BAnz. Nr. 25 v. 6. 2. 1953)	Baden-Württemberg, Bayern, Berlin, Hamburg, Niedersachsen, Nordrhein-Westfalen, Rheinland-Pfalz, Schleswig-Holstein, Hessen
für die Herstellung von Musikinstrumenten (ohne Harmonikas) (BAnz. Nr. 97 v. 23. 5. 1953)	Bayern, Hessen.

V e r e i n b a r u n g zwischen den für das Flüchtlingswesen zuständigen obersten Landesbehörden und dem Bundesminister für Vertriebene, Flüchtlinge und Kriegsbeschädigte v. 23./24. 9. 1954.
Nicht veröffentlicht.

208. Einbeziehung von Aussiedlern mit Heimkehrereigenschaft in die Verteilung:

V e r e i n b a r u n g zwischen den für das Flüchtlingswesen zuständigen obersten Landesbehörden und dem Bundesminister für Vertriebene, Flüchtlinge und Kriegsbeschädigte v. 24./25. 5. 1956 und v. 4. 5. 1960.
Nicht veröffentlicht.

209. Kostenregelung für die im Rahmen der Umsiedlung von Vertriebenen zurückgeführten Evakuierten:

V e r e i n b a r u n g zwischen Bremen, Hamburg, Niedersachsen und Schleswig-Holstein v. 9. 7. 1957.
Nicht veröffentlicht.

210. Ausübung der allgemeinen Staatsaufsicht über den Verband öffentlicher Lebensversicherungsanstalten in Deutschland und den Verband öffentlicher Unfall- und Haftpflichtversicherungsanstalten in Deutschland, beide Berlin/Düsseldorf:

A b k o m m e n zwischen Nordrhein-Westfalen und Berlin v. 30. 8./13. 9. 1957 (das zweite Datum ist im Bln. ABl. 1957, S. 1229, fälschlicherweise als 23. 9. 1957 angegeben).
Hierzu in NRW Zustimmungsbeschluß der Landesregierung v. 17. 9. 1957 und Bek. v. 23. 9. 1957 (NRW GVBl., S. 253); für Berlin veröffentlicht im Bln. ABl. 1957, S. 1229.

211. Behandlung der Rückkehrer aus der sowjetisch besetzten Zone:

V e r e i n b a r u n g zwischen den für das Flüchtlingswesen zuständigen obersten Landesbehörden und dem Bundesminister für Vertriebene, Flüchtlinge und Kriegsbeschädigte v. 17./18. 10. 1957.
Nicht veröffentlicht.

212. Richtlinien über die Umschreibung von Notaufnahmebescheiden:

V e r e i n b a r u n g zwischen den für das Flüchtlingswesen zuständigen obersten Landesbehörden und dem Bundesminister für Vertriebene, Flüchtlinge und Kriegsbeschädigte von 1957.
Vgl. Bayer. MABl. 1957, S. 734 u. Bayer. AMBl. 1957, S. 253.

213. Richtlinien für die Verteilung der Zuwanderer aus der sowjetisch besetzten Zone Deutschlands und dem sowjetisch besetzten Sektor von Berlin, der Aussiedler und Vertriebenen aus dem freien Ausland (Verteilungsrichtlinien):

V e r e i n b a r u n g zwischen den für das Flüchtlingswesen zuständigen obersten Landesbehörden und dem Bundesminister für Vertriebene, Flüchtlinge und Kriegsbeschädigte v. 25. 3. 1958.
Nicht veröffentlicht.
Neugefaßt in den Verteilungsrichtlinien v. 6. 4. 1960 (u. Nr. 221).

214. Einbeziehung von Zuwanderern aus der sowjetisch besetzten Zone, die nach Art. 11 GG eine Aufenthaltserlaubnis erhalten haben, in die Verteilung:

V e r e i n b a r u n g zwischen den für das Flüchtlingswesen zuständigen obersten Landesbehörden und dem Bundesminister für

Vertriebene, Flüchtlinge und Kriegsbeschädigte v. 27. 2. u. v. 20. 6. 1958.
Nicht veröffentlicht.

215. Einbeziehung von nicht anerkannten Vertriebenen in das Verteilungsverfahren:
Vereinbarung zwischen den für das Flüchtlingswesen zuständigen obersten Landesbehörden und dem Bundesminister für Vertriebene, Flüchtlinge und Kriegsbeschädigte v. 19./20. 6. 1958.
Nicht veröffentlicht.

216. Kostenerstattung für Direktausflieger und bei Abflugstau:
Vereinbarung der Länder der Bundesrepublik v. 26. 9. 1958.
Nicht veröffentlicht.
Ergänzungsvereinbarung unten Nr. 226.

217. Erstattung von Rückstaukosten für Zuwanderer und Aussiedler in den Bundesnotaufnahme- und Grenzdurchgangslagern mit Geltung ab 1. 4. 1958:
Vereinbarung zwischen den für das Flüchtlingswesen zuständigen obersten Landesbehörden und dem Bundesminister für Vertriebene, Flüchtlinge und Kriegsbeschädigte v. 29./30. 10. 1958.
Nicht veröffentlicht.

218. Errichtung einer Zentralstelle zur Verteilung von Abiturienten und Studenten aus der sowjetisch besetzten Zone:
Vereinbarung zwischen den für das Flüchtlingswesen zuständigen obersten Landesbehörden und dem Bundesminister für Vertriebene, Flüchtlinge und Kriegsbeschädigte v. 19./20. 6. 1958.
Nicht veröffentlicht.

219. Besetzung der Bundesdurchgangslager durch Hamburg und Bremen:
Verwaltungsvereinbarung zwischen der Sozialbehörde Hamburg und dem Senator für Wohlfahrtswesen Bremen v. 13. 5. 1959.
Nicht veröffentlicht.

220. Quotenmäßige Verteilung der Sozialfälle bei den Flüchtlingen und Aussiedlern auf die Länder:
Vereinbarung zwischen den für das Flüchtlingswesen zuständigen obersten Landesbehörden und dem Bundesminister für Vertriebene, Flüchtlinge und Kriegsbeschädigte v. 11./12. 2. 1960.
Nicht veröffentlicht.

221. Richtlinien für die Verteilung der Zuwanderer aus der sowjetisch besetzten Zone Deutschlands und dem sowjetisch besetzten Sektor von Berlin, der Aussiedler und Vertriebenen aus dem freien Ausland:
Vereinbarung zwischen den für das Flüchtlingswesen zuständigen obersten Landesbehörden und dem Bundesminister für Vertriebene, Flüchtlinge und Kriegsbeschädigte (in Kraft getreten am 6. 4. 1960).
Nicht veröffentlicht.
Vgl. hierzu o. Nr. 213.

222. Einbeziehung von alleinstehenden Personen bis zum vollendeten 24. Lebensjahr in den Personenkreis der Zuwanderer aus der sowjetisch besetzten Zone, zu deren Wohnraumversorgung der Bund finanziell beiträgt:

Vereinbarung zwischen den für das Flüchtlingswesen zuständigen obersten Landesbehörden und dem Bundesminister für Vertriebene, Flüchtlinge und Kriegsbeschädigte v. 2./3. 6. 1960.
Nicht veröffentlicht.

223. Einbeziehung von Deutschen, die in der sowjetisch besetzten Zone beheimatet sind und aus dem freien Ausland in die Bundesrepublik kommen, in die Verteilung:

Vereinbarung zwischen den für das Flüchtlingswesen zuständigen obersten Landesbehörden und dem Bundesminister für Vertriebene, Flüchtlinge und Kriegsbeschädigte v. 2./3. 7. 1960.
Nicht veröffentlicht.

224. Richtlinien für die Erfassung von Abiturienten und Studenten aus der sowjetisch besetzten Zone und dem sowjetisch besetzten Sektor von Berlin, die eine Aufenthaltserlaubnis nach dem Notaufnahmegesetz erhalten haben, und für ihre Verteilung auf die Länder:

Vereinbarung zwischen den für das Flüchtlingswesen zuständigen obersten Landesbehörden und dem Bundesminister für Vertriebene, Flüchtlinge und Kriegsbeschädigte (in Kraft getreten am 19. 8. 1960).
Nicht veröffentlicht.

225. Quotenausgleich von allen an der Umsiedlung beteiligten Ländern:

Vereinbarung der Landesflüchtlingsverwaltungen v. 27./28. 10. 1960.
Nicht veröffentlicht.
Hierdurch wurden alle früher zwischen Niedersachsen und den übrigen Bundesländern abgeschlossenen zweiseitigen Abkommen über die Umsiedlung von Heimatvertriebenen und die Unterbringung von Sowjetzonenflüchtlingen ersetzt.

226. Ergänzung der Vereinbarung vom 26. 9. 1958 über die Kostenerstattung für Direktausflieger und bei Abflugstau (oben Nr. 216):

Vereinbarung der Länder der Bundesrepublik v. 29./30. 11. 1960.
Nicht veröffentlicht.

227. Übernahme von Personen, die von einem Land auf Grund des Notaufnahmegesetzes oder der Verteilungsverordnung aufgenommen waren, durch ein anderes Land (Übernahmevereinbarung):

Vereinbarung der Länder der Bundesrepublik v. 28. 2. 1961.
Nicht veröffentlicht.

IX. Wissenschaftliche Forschungseinrichtungen, Ausbildungsstätten

228. Finanzierung wissenschaftlicher Forschungseinrichtungen („Königsteiner Staatsabkommen“):

Staatsabkommen zwischen den Ländern der Bundesrepublik, ohne Berlin, v. 30./31. 3. 1949.

Hierzu Hess. G. v. 12. 9. 1950 (Hess. GVBl., S. 179); Zustimmungsbeschluß des Landtags RhldPf. und Bek. (RhPf. GVBl. 1951, S. 5). Berlin ist dem Abk. am 8. 1. 1951 beigetreten, vgl. Bln. G. v. 8. 1. 1951 (Bln. GVBl., S. 59).

Vgl. hierzu die Verlängerungsabkommen v. 11. 6. 1953 (unten Nr. 233) und v. 19. 2. 1959 (unten Nr. 237), ferner die Verwaltungsabkommen mit dem Bund v. 5. 9. 1957 (unten Nr. 234) und v. 17. 11. 1958 (unten Nr. 236).

Vorläufer des Königsteiner Abkommens:

Staatsabkommen über die Errichtung einer Forschungshochschule in Berlin-Dahlem und die Finanzierung deutscher Forschungsinstitute, zwischen Bayern, Hessen und Württemberg-Baden, v. 3. 6. 1947; dazu Hess. G. v. 29. 11. 1947 (Hess. GVBl. 1948, S. 1).

Aufgehoben auf Antrag des Stiftungsrats mit Entschl. des Bayer. KM v. 5. 3. 1954.

Über das Königsteiner Abkommen erfolgt u. a. die Hauptfinanzierung des „Tuberkuloseforschungsinstituts Borstel", das bis dahin auf Grund des Gründungsprotokolls v. 23. 7. 1947 als Stiftung von den Ländern Schleswig-Holstein, Hamburg und Bremen sowie dem Kreis Segeberg, der Deutschen Hilfsgemeinschaft (später ausgeschieden), den Landesversicherungsämtern Schleswig-Holstein, Hamburg und Bremen-Oldenburg (später beigetreten) und der Bundesversicherungsanstalt (später beigetreten) finanziert wurde.

229. Förderung der wissenschaftlichen Forschung:

Verwaltungsvereinbarung zwischen den Regierungen der Länder und der Bundesregierung v. 24. 2. 1951.

Veröffentlicht bei Vogels-Mittelstaedt-Müller, Das Landesrecht in Nordrhein-Westfalen, unter E IV 10 (a).

Gegenstandslos durch Zweckerledigung (Niederschrift der Gem. Konferenz der Kultus- und Finanzminister v. 24. 3. 1955).

230. Hochschule für Verwaltungswissenschaften Speyer:

Verwaltungsabkommen zwischen den Regierungen von Bayern, Niedersachsen, Rheinland-Pfalz, Schleswig-Holstein sowie der Bundesregierung v. 23. 4./17./19. 5./12. 8./23. 9. 1952.

Nicht veröffentlicht.

Nordrhein-Westfalen ist dem Abkommen am 2. 7. 1953, Bremen am 1. 10. 1953, Baden-Württemberg am 14. 3. 1955, Hamburg am 1. 9. 1955 Hessen am 25. 11. 1956 Saarland am 19. 3. 1957 und Berlin am 9. 5. 1961 beigetreten.

Bayern, Hessen, Niedersachsen, Rheinland-Pfalz, Schleswig-Holstein und der Bund haben sich schon seit 1950 an der Hochschule für Verwaltungswissenschaften Speyer beteiligt (vgl. RhPf. G. v. 30. 8. 1950, RhPf. GVBl., S. 265).

231. Rechtspflegerschule Schwetzingen:

Vereinbarung zwischen Baden-Württemberg und Hessen v. 24. 6. 1953.

Nicht veröffentlicht. Mit Rheinland-Pfalz sind jeweils formlose Abreden getroffen worden.

232. Gemeinschaftliche Akademie für Staatsmedizin in Hamburg:

Vereinbarung zwischen Niedersachsen, Schleswig-Holstein, Berlin, Bremen und Hamburg v. 12./29. 11. 1952, 24. 7./1. 10. 1953.

Dazu Hamb. G. v. 4. 7. 1953 (Hamb. GVBl., S. 125) sowie Bek. über den Zeitpunkt des Inkrafttretens v. 6. 11. 1953 (Hamb. GVBl., S. 313).

233. Verlängerung des Staatsabkommens über die Finanzierung wissenschaftlicher Forschungseinrichtungen („Königsteiner Staatsabkommen"):

Staatsabkommen der Länder der Bundesrepublik v. 11. 6. 1953/12. 2. 1954.

In Bremen G. v. 13. 9. 1955 (Brem. GBl., S. 114); in NRW G. v. 27. 1. 1954 und Bek. vom 12. 3. 1954 (NRW GVBl. S. 119); Bln. G. v. 28. 1. 1954 (Bln. GVBl., S. 41).

Verlängerungsabkommen zu Nr. 228. Vgl. auch Nr. 237.

234. Ausbau der Ingenieurschulen durch die Länder und Förderung wissenschaftlicher Forschungseinrichtungen durch den Bund:

Verwaltungsabkommen zwischen der Bundesregierung und den Regierungen der Länder v. 5. 9. 1957.

Veröffentlicht im GMBl. 1957, S. 554; in NRW Bek. v. 10. 1. 1958 (NRW MBl. Sp. 161).

Der Bund verpflichtet sich zur Mitübernahme der den Ländern aus dem Königsteiner Staatsabkommen entstehenden Unkosten.

Verlängerungsabkommen v. 17. 11. 1958, vgl. unten Nr. 236.

235. Errichtung eines Wissenschaftsrats:

Verwaltungsabkommen zwischen der Bundesregierung und den Regierungen der Länder v. 5. 9. 1957.

Veröffentlicht im GMBl. 1957, S. 553.

In NRW Zustimmungsbeschluß des Landtags v. 17. 12. 1957, sowie Bek. v. 10. 1. 1958 (NRW GVBl. 1958, S. 27).

Verlängerungsabkommen v. 5. 9. 1960, vgl. unten Nr. 238.

236. Verlängerung des Verwaltungsabkommens über den Ausbau der Ingenieurschulen durch die Länder und die Förderung wissenschaftlicher Einrichtungen durch den Bund:

Verwaltungsabkommen zwischen der Bundesregierung und den Regierungen der Länder v. 17. 11. 1958.

Veröffentlicht im GMBl. 1958, S. 519. Ferner eine Bek. im Schl-H. NBl. Schulw. 1959, S. 18.

Verlängerungsabkommen zu Nr. 234.

Seit dem Haushaltsjahr 1959 wurde das Abkommen nicht mehr verlängert.

237. Verlängerung des Staatsabkommens über die Finanzierung wissenschaftlicher Forschungseinrichtungen („Königsteiner Staatsabkommen"):

Staatsabkommen zwischen den Ländern der Bundesrepublik, jedoch noch ohne das Saarland, v. 19. 2. 1959.

Dazu Bln. G. v. 29. 4. 1960 (Bln. GVBl., S. 451); Brem. G. v. 5. 7. 1960 (Brem. GBl., S. 71); NRW G. v. 8. 3. 1960 u. Bek. v. 18. 5. 1960 (NRW GVBl. S. 85).

Verlängerungsabkommen zu Nr. 233, vgl. auch Nr. 228.

238. Verlängerung des Verwaltungsabkommens zwischen Bund und Ländern über die Errichtung eines Wissenschaftsrats:

Verwaltungsabkommen zwischen der Bundesregierung und den Regierungen der Länder v. 5. 9. 1960.

Veröffentlicht im GMBl. 1961, S. 25; BAnz. Nr. 2 v. 4. 1. 1961.

Vgl. hierzu oben Nr. 235.

239. Teilnahme niedersächsischer Amtsanwälte an Lehrgängen in Nordrhein-Westfalen:

Formlose Vereinbarung zwischen Niedersachsen und Nordrhein-Westfalen.

Nicht veröffentlicht.

240. Teilnahme von Anwärtern aus Schleswig-Holstein an Lehrgängen der Rechtspflegerschule Hannover:

Formlose Vereinbarung zwischen Niedersachsen und Schleswig-Holstein.
Nicht veröffentlicht.

X. *Schulabkommen**)

241. Errichtung von Gastschulverhältnissen:

Abkommen zwischen Schleswig-Holstein und Hamburg v. 17. 4./15. 5. 1951.
Das Abkommen ist mit Ablauf des Schuljahres 1951 außer Kraft getreten. Vgl. aber das Abk. v. 18. 9. 1952/19. 3. 1953 (unten Nr. 247).

242. Verbürgung der Gegenseitigkeit in der Gewährung von Unterrichtsgeld- und Lernmittelfreiheit:

Vereinbarung zwischen Berlin und Hessen.
Für Hess. Bek. v. 25. 5. 1951 (Hess. ABlMfKuU, S. 253; Hess. StAnz., S. 299).

243. Gegenseitige Anerkennung des Abschlusses der Mittelschule:

Vereinbarung zwischen dem Bayer. Staatsminister für Unterricht und Kultus und dem Kultusminister von Schleswig-Holstein v. 23. 5./25. 7. 1952.
Bek. des Bayer. KM v. 30. 9. 1952 (Bayer. KMBl., S. 325 = BayBSVK I, S. 978).

244. Gastschulvertrag zwischen Niedersachsen und Hamburg v. 28. 9./29. 11. 1952.
Nicht veröffentlicht.

245. Verbürgung der Gegenseitigkeit in der Gewährung von Unterrichtsgeld- und Lernmittelfreiheit:

Vereinbarung zwischen Bayern und Hessen.
Für Hess. Bek. v. 26. 2. 1952 (Hess. ABlMfKuU, S. 119; Hess. StAnz., S. 175).

246. Gastschulverhältnisse der Gemeinden Groß- und Klein-Moor, sowie der Gemeinde Beckedorf:

Vertrag zwischen Niedersachsen und Hamburg v. 5./18. 3. 1953.
Nicht veröffentlicht.
Vgl. hierzu unten Nr. 255.

247. Gastschulvertrag zwischen Hamburg und Schleswig-Holstein v. 18. 9. 1952/20. 3. 1953.
Nicht veröffentlicht.
Vgl. hierzu oben Nr. 241.

---

*) Das Gastschulwesen zwischen den Ländern ist zum Teil auch durch Verträge auf kommunaler Ebene geregelt. Die Hansestädte treten beim Abschluß solcher Verträge vielfach in ihrer Eigenschaft als Stadtgemeinden auf.

Beispielsweise:

— Gastschulverträge zum Besuch von Grund-, Haupt- und Sonderschulen zwischen der Stadtgemeinde Bremen und den niedersächsischen Gemeinden

Leuchtenberg	vom 31. 3. 1940	Brinkum	vom 5./10. 2. 1959
Stuhr	vom 23. 9. 1958	Ritterhude	vom 17./25. 3. 1959
St. Jürgen	vom 23. 6. 1959		

— desgl. zwischen der Stadtgemeinde Bremerhaven und der niedersächsischen Gemeinde Isum vom 5. 4. 1960.

248. Errichtung von Gastschulverhältnissen:

Abkommen zwischen Schleswig-Holstein und Niedersachsen v. 30. 4./16. 5. 1953.
Nicht veröffentlicht.

249. Verbürgung der Gegenseitigkeit in der Gewährung von Unterrichtsgeld- und Lernmittelfreiheit:

Vereinbarung zwischen Hessen und Schleswig-Holstein.
Für Hess. Bek. v. 8. 10. 1953 (Hess. ABlMfKuU, S. 336; Hess. StAnz., S. 943).

250. Verbürgung der Gegenseitigkeit in der Gewährung von Unterrichts-(Schulgeld-) und Lernmittelfreiheit:

Vereinbarung zwischen Bremen und Schleswig-Holstein v. 14. 7./13. 8. 1954.
Nicht veröffentlicht.

251. Verbürgung der Gegenseitigkeit in der Gewährung von Unterrichts-(Schulgeld-) und Lernmittelfreiheit:

Vereinbarung zwischen Bremen und Hamburg v. 19. 3./19. 8. 1954.
Nicht veröffentlicht.

252. Besuch von bremischen Volksschulen durch Schüler aus Niedersachsen:

Verträge zwischen Niedersachsen und Bremen.

253. Umschulung bei Wohnungswechsel:

Vereinbarung zwischen Niedersachsen und Bremen.
Nicht veröffentlicht.

254. Vereinheitlichung auf dem Gebiet des Schulwesens:

Abkommen zwischen allen Ländern der Bundesrepublik v. 17. 2. 1955.
Dazu BadWürtt. G. v. 25. 7. 1955 (BadWürtt. GBl., S. 115); Bek. des Nds. KultMin. v. 4. 1. 1956 (Nds. MBl., S. 81); Bek. des MinPräs. NRW v. 18. 2. 1955 (MBl. NRW, S. 361).
Eine Durchführungsvereinbarung hierzu wurde von der Ständigen Konferenz der Kultusminister getroffen, vgl. Beschluß v. 24. 6. 1955 (GMBl., S. 321).

255. Gastschulverhältnisse der Gemeinden Groß- und Klein-Moor, sowie der Gemeinde Beckedorf:

Abkommen zwischen Niedersachsen und Hamburg v. 4. 3. 1954/7. 6. 1955.
Nicht veröffentlicht.
Vgl. hierzu oben Nr. 246.

256. Verbürgung der Gegenseitigkeit in der Gewährung von Unterrichtsgeld- und Lernmittelfreiheit:

Vereinbarung zwischen Hessen und Niedersachsen.
Für Hess. Bek. v. 5. 5. 1956 (Hess. ABlMfKuU, S. 252; Hess. StAnz., S. 505).
Ergänzung dieser Vereinbarung vgl. Hess. Bek. v. 18. 12. 1959 (Hess. ABlMfKuU 1960, S. 59; Hess. StAnz. 1960, S. 341).

257. Verbürgung der Gegenseitigkeit in der Gewährung von Unterrichtsgeld- und Lernmittelfreiheit:

Vereinbarung zwischen Hessen und Nordrhein-Westfalen.
Für Hess. Bek. v. 12. 5. 1956 (Hess. ABlMfKuU, S. 332; Hess. StAnz., S. 521).

Die Vereinbarung wurde mehrfach ergänzt, vgl. Hess. Bek. v. 27. 3. 1957 (Hess. ABlMfKuU, S. 658; Hess. StAnz., S. 327), v. 3. 4. 1958 (Hess. ABlMfKuU, S. 138) und v. 18. 12. 1959 (Hess. ABlMfKuU 1960, S. 73; Hess. Staatsanz. 1960, S. 367).

258. Gastschul v e r t r a g zwischen Hamburg und Niedersachsen v. 5./8. 4. 1957.
Nicht veröffentlicht.
Vgl. hierzu oben Nr. 244.

259. Besuch von Mittelschulen, Wirtschaftsoberschulen und Gymnasien:
Gastschul v e r t r a g zwischen Bremen und Niedersachsen v. 1./13. 6. 1957.
Nicht veröffentlicht.

260. Verbürgung der Gegenseitigkeit in der Gewährung von Unterrichtsgeld- und Lernmittelfreiheit:
V e r e i n b a r u n g zwischen Hessen und Baden-Württemberg.
Für Hess. Bek. v. 28. 3. 1957 (Hess. ABlMfKuU, S. 658; Hess. StAnz., S. 347).

261. Verbürgung der Gegenseitigkeit in der Gewährung von Unterrichts-(Schulgeld-) und Lernmittelfreiheit:
V e r e i n b a r u n g zwischen Bremen und Berlin v. 10./22. 9. 1958.
Veröffentlicht im Brem. Schulblatt 1958, S. 66.

262. Verbürgung der Gegenseitigkeit in der Gewährung von Unterrichts-(Schulgeld-) und Lernmittelfreiheit:
V e r e i n b a r u n g zwischen Bremen und dem Saarland v. 6. 4./20. 7. 1959.
Veröffentlicht im Brem. Schulblatt 1959, S. 77.

263. Verbürgung der Gegenseitigkeit in der Gewährung von Unterrichts-(Schulgeld-) und Lernmittelfreiheit:
V e r e i n b a r u n g zwischen Bremen und Hessen v. 11. 9. 1958/24. 9. 1960.
Für Hess. Bek. v. 19. 9. 1960 (Hess. ABlMfKuU, S. 375; Hess. StAnz., S. 1222).

264. Verbürgung der Gegenseitigkeit in der Gewährung von Unterrichtsgeld- und Lernmittelfreiheit:
V e r e i n b a r u n g zwischen Hessen und dem Saarland.
Für Hess. Bek. v. 29. 3. 1960 (Hess. ABlMfKuU, S. 134; Hess. StAnz., S. 444).

XI. *Prüfungsämter, Prüfungsausschüsse*

265. Gemeinsamer Prüfungsausschuß für den gehobenen Vermessungsdienst in Münster:
V e r e i n b a r u n g zwischen Hamburg, Bremen, Nordrhein-Westfalen und Schleswig-Holstein v. 13. 6.—14. 7. 1947.
Nicht veröffentlicht.
Bestimmungen zur Ausführung dieses Abkommens finden sich in einem RdErl. des IM NRW v. 22. 12. 1952 (MBl. NRW 1953, S. 33). Nds. hatte sich dem Abk. angeschlossen, aber im Jahre 1953 eigene Prüfungsausschüsse gebildet.

266. Gemeinsames Prüfungsamt und Prüfungsordnung für die Große Juristische Staatsprüfung:

Übereinkunft zwischen den Regierungen von Bremen, Hamburg und Schleswig-Holstein v. 20./24./27. 2. 1950.

Hamb. G. v. 12. 5. 1950 (Hamb. GVBl., S. 101); Schl-H. G. v. 31. 3. 1950 (Schl-H. GVBl., S. 133); in Bremen keine amtl. Veröffentlichung.

Zusatzabkommen hierzu vgl. unten Nr. 269.

267. Errichtung eines gemeinschaftlichen Oberprüfungsamtes deutscher Länder und der Verwaltungen der Bundesrepublik Deutschland für die höheren technischen Verwaltungsbeamten:

Übereinkommen zwischen den Regierungen von Bremen, Hamburg, Hessen, Niedersachsen, Nordrhein-Westfalen und Schleswig-Holstein, mehreren Bundesministern, der Hauptverwaltung der Deutschen Bundesbahn und anderen Verwaltungen v. 16. 9. 1948 i.d.F. v. 25. 10. 1950.

Veröffentlicht im MittlgsBl. des OPA 1948, S. 29, und 1950, S. 71. Beitritt Berlins durch Senatsbeschluß v. 7. 5. 1951 (vgl. MittlgsBl. OPA 1951, S. 81); Beitritt von RhPf. durch Beschluß des Ministerrats v. 13. 5. 1952 (vgl. MittlgsBl. OPA 1952, S. 5); Beitritt des Saarlandes durch Beschluß der LandesReg. v. 5. 3. 1957 (vgl. MittlgsBl. OPA 1957, S. 1).

268. Gemeinsamer Prüfungsausschuß für den höheren Staatsdienst im Bergfach:

Verwaltungsvereinbarung zwischen den Regierungen von Baden-Württemberg, Bayern, Hessen, Niedersachsen, Nordrhein-Westfalen und Rheinland-Pfalz, sowie der Bundesregierung v. 10. 1. 1955.

Veröffentlicht im GMBl. 1955, S. 47; BWMBl. 1955, S. 51; für Bayern Hinweis in der VO v. 3. 2. 1958 (BayGVBl., S. 23 = BayBS IV, S. 133).

Beitritt des Saarlands durch Beschl. der Landesregierung v. 9. 10. 1957.

Änderungsvereinbarung v. 15. 1. 1958 vgl. unten Nr. 272.

269. Gemeinsames Prüfungsamt und Prüfungsordnung für die Große Juristische Staatsprüfung:

Zusatzvereinbarung zur Übereinkunft von 1950 (oben Nr. 266) zwischen Bremen, Hamburg und Schleswig-Holstein v. 14./28. 4., 4. 6. 1956.

Hamb G. v. 3. 7. 1956 (Ham. GVBl., S. 139); Brem. G. v. 23. 10. 1956 (Brem. GBl. S. 133); Schl-H. G. v. 31. 1. 1957 (Schl-H. GVBl., S. 40).

In Bremen Bek. über das Inkrafttreten der Vereinbarung v. 5. 3. 1957 (Brem. GBl., S. 27).

270. Errichtung eines gemeinsamen Prüfungsausschusses für Amtsanwaltsanwärter:

Vereinbarung zwischen den Justizverwaltungen aller Länder außer Bayern, Hamburg, Saarland und Hessen v. 1. 1. 1957.

Veröffentlicht durch AV des NRW JM v. 21. 5. 1957 (JMBl. NRW, S. 136); AV des Bln. Sen. f. Justiz v. 6. 8. 1957 (Bln. ABl., S. 931); Bek. des RhPf. JM v. 4. 5. 1957 (RhPf. JBl. S. 56).

Die Landesjustizverwaltung Hamburg ist der Vereinbarung durch Erklärung v. 21. 7. 1960 beigetreten.

271. Errichtung gemeinsamer handwerklicher Meisterprüfungsausschüsse für die Länder Nordrhein-Westfalen und Niedersachsen:

Vereinbarung zwischen den Ministerien für Wirtschaft und Verkehr von Nordrhein-Westfalen und Niedersachsen v. 26.6./2.7.1957.

Nicht veröffentlicht. Bezugnahme NRW VO v. 5.8.1958 (NRW GVBl., S. 343).

272. Änderung der Vereinbarung v. 10.1.1955 über einen gemeinsamen Prüfungsausschuß für den höheren Staatsdienst im Bergfach:

Vereinbarung zwischen den Regierungen von Baden-Württemberg, Bayern, Hessen, Niedersachsen, Nordrhein-Westfalen, Rheinland-Pfalz, des Saarlands und der Bundesregierung v. 15.1.1958.

Veröffentlicht im BWMBl. 1958, S. 196 u. GMBl. 1958, S. 189.

Vgl. hierzu o. Nr. 268.

273. Gemeinsamer Prüfungsausschuß für die Prüfung von Betriebsleitern von Straßenbaubetrieben:

Vereinbarung zwischen den Verkehrsministern der Bundesländer mit Ausnahme von Baden-Württemberg und Bayern v. 1.6.1959.

Nicht veröffentlicht.

274. Errichtung eines gemeinsamen Prüfungsamtes für den höheren Dienst in der Gewerbeaufsichtsverwaltung:

Verwaltungsabkommen zwischen den Bundesländern v. 12./14.11.1959.

Nicht veröffentlicht.

275. Einheitliche Ausbildung und Prüfung für den gehobenen und mittleren eichtechnischen Dienst:

Abkommen der Regierungen der Länder v. 16.5.1960.

Das Abkommen war bis zum 31.12.1960 unterzeichnet von Baden-Württemberg (Beschl. der BadWürtt. LandReg. v. 2.11.1960), Bayern, Niedersachsen, Rheinland-Pfalz, dem Saarland (Beschl. der Sld. LandReg. v. 5.7.1960) und Berlin.

276. Gemeinsamer Prüfungsausschuß für die Große Forstliche Staatsprüfung:

Verwaltungsvereinbarung zwischen Niedersachsen, Nordrhein-Westfalen und Schleswig-Holstein von 1961.

Nicht veröffentlicht.

277. Gemeinsames Prüfungsamt für den höheren Verwaltungsdienst in Hannover:

Mehrere Verwaltungsabkommen zwischen Niedersachsen und Schleswig-Holstein, die jeweils für Einzelfälle abgeschlossen wurden.

XII. Rundfunk, Fernsehen, Film

278. Südwestfunk:

Staatsvertrag zwischen Baden, Rheinland-Pfalz und Württemberg-Hohenzollern v. 27. 8. 1951.

Staatsvertrag zur Abänderung des Staatsvertrages über den Südwestfunk v. 19.2.1952.

Bad. G. v. 18.3.1952 (Bad. GVBl., S. 40); RhPf. G. v. 22.4.1952

(RhPf. GVBl., S. 71); WürttHhz. G. v. 8. 4. 1952 (WürttHhz. RegBl., S. 27).
Verlängert durch Staatsvertrag v. 27. 2./16. 3. 1959 (unten Nr. 288).

279. Errichtung einer Filmbewertungsstelle in Wiesbaden:
Verwaltungsvereinbarung zwischen allen Ländern v. 20. 8. 1951.
Veröffentlicht bei Vogels-Mittelstaedt-Müller, Das Landesrecht in Nordrhein-Westfalen, unter C III c 20 (a) Anm. 1 sowie im Film-Handbuch, Hrsg. Spitzenorganisation der Filmwirtschaft, unter Gruppe 5, S. 13.
Ersetzt durch Abk. v. 20. 9. 1957 (unten Nr. 285, vgl. auch Nr. 287).

280. Liquidation des Nordwestdeutschen Rundfunks und Neuordnung des Rundfunks im bisherigen Sendegebiet des Nordwestdeutschen Rundfunks:
Staatsvertrag zwischen Hamburg, Niedersachsen, Nordrhein-Westfalen und Schleswig-Holstein v. 16. 2. 1955.
Hamb. G. v. 21. 3. 1955 (Hamb. GVBl., S. 115); Nds. G. v. 19. 4. 1955 (Nds. GVBl., S. 171 = Nds. GVBl. Sb. I, S. 394); Schl-H. G. v. 7. 4. 1955 (Schl-H. GVBl., S. 89); in NRW Zustimmungsbeschluß des Landtags v. 16. 3. 1955 und Bek. v. 23. 9. 1955 (NRW GVBl., S. 195).
Zur Ausführung des § 25 Abs. 4 S. 2 des Staatsvertrags wurde am 6. 6. 1957 eine weitere Vereinbarung geschlossen (vgl. unten Nr. 284). Der Staatsvertrag ist, mit Ausnahme seiner §§ 1—10, von NRW am 8. 9. 1958 mit Wirkung zum 31. 3. 1961 gekündigt worden, vgl. Bek. des NRW MinPräs. v. 24. 3. 1961 (NRW GVBl., S. 176); gemäß § 27 Abs. 2 des Vertrags wurde am 7. 9. 1959 eine Auseinandersetzungsvereinbarung geschlossen (vgl. unten Nr. 291).

281. Norddeutscher Rundfunk:
Staatsvertrag zwischen Niedersachsen, Schleswig-Holstein und Hamburg v. 16. 2. 1955.*
Nds. G. v. 19. 4. 1955 (Nds. GVBl., S. 167 = Nds. GVBl. Sb. I, S. 391); Schl-H. G. v. 7. 4. 1955 (Schl-H. GVBl., S. 92); Hamb. G. v. 10. 6. 1955 (Hamb. GVBl., S. 197).
Das Hamb. Gesetz ist durch Urteil des BVerfG v. 28. 2. 1961 — 2 BvG 1 u. 2/60 — im Hinblick auf § 3 Abs. 1 des Staatsvertrags für teilweise nichtig erklärt worden, vgl. Bek. des Hamb. Senats v. 1. 3. 1961 (Hamb. GVBl., S. 41).

282. Durchführung der vorläufigen Langwellensendungen:
Vereinbarung zwischen dem Bund, den Ländern und der Arbeitsgemeinschaft öffentlich-rechtlicher Rundfunkanstalten v. 5. 7. 1956. (2 Verlängerungen).
Nicht veröffentlicht.
Überholt durch das Bundesgesetz über die Errichtung von Rundfunkanstalten des Bundesrechts v. 29. 11. 1960 (BGBl. I, S. 862).

283. Erste Liquidationsvereinbarung über den Nordwestdeutschen Rundfunk:
Vereinbarung zwischen Hamburg, Niedersachsen, Nordrhein-Westfalen und Schleswig-Holstein v. 8. 11. 1956.
Nicht veröffentlicht.
Vgl. hierzu auch Nr. 286.

---

* Vgl. die Anm. zu Nr. 289 u. 290.

284. Bestellung eines Rechnungshofes für den Nord- und Westdeutschen Rundfunkverband:

Vereinbarung zwischen den Landesregierungen von Niedersachsen, Nordrhein-Westfalen und Schleswig-Holstein, sowie dem Senat der Hansestadt Hamburg v. 6. 6. 1957.

Veröffentl. in NRW durch VO v. 9. 7. 1957 (NRW GVBl., S. 185).

Diese Vereinbarung trifft die in § 25 Abs. 4 S. 2 des Staatsvertrages v. 16. 2. 1955 (oben Nr. 280) vorbehaltene Zuständigkeitsregelung.

285. Filmbewertungsstelle Wiesbaden:

Verwaltungsvereinbarung zwischen allen Ländern, jedoch noch ohne das Saarland, v. 20. 9. 1957.

Veröffentlicht im BadWürtt. StAnz. Nr. 84 v. 6. 11. 1957; in NRW Bek. v. 15. 11. 1957 (NRW GVBl., S. 272); Bek. des Hess. Min. f. Erziehung und Volksbildung v. 7. 10. 1957 (Hess. StAnz., S. 1071); RdErl. des RhPf. Min. f. Unterricht u. Kultus v. 17. 10. 1957 (RhPf. KMBl. S. 268).

Hierdurch wurde das Abk. v. 20. 8. 1951 (oben Nr. 279) ersetzt.

Vgl. auch das Beitrittsabkommen mit dem Saarland v. 10. 3. 1959 (unten Nr. 287).

286. Zweite Liquidationsvereinbarung über den Nordwestdeutschen Rundfunk:

Vereinbarung zwischen Hamburg, Niedersachsen, Nordrhein-Westfalen und Schleswig-Holstein v. 5. 11. 1958.

Nicht veröffentlicht.

Vgl. hierzu auch oben Nr. 283.

287. Erweiterung des Abkommens über die Filmbewertungsstelle Wiesbaden vom 20. 9. 1957 (oben Nr. 285):

Abkommen zwischen allen Ländern v. 10. 3. 1959 (betr. ausschließlich Beitritt des Saarlands).

In NRW Zustimmungsbeschluß der Landesregierung v. 21. 1. 1959 u. Bek. v. 23. 4. 1959 (NRW GVBl., S. 91).

288. Südwestfunk:

Staatsvertrag zwischen Rheinland-Pfalz und Baden-Württemberg als Rechtsnachfolger der ehemaligen Länder Baden und Württemberg-Hohenzollern v. 27. 2./16. 3. 1959.

BadWürtt. G. v. 10. 6. 1959 (BadWürtt. GBl., S. 56); RhPf. G. v. 10. 4. 1959 (RhPf. GVBl., S. 109). Der Staatsvertrag ist gem. Bek. des RhPf. MinPräs. v. 24. 7. 1959 (RhPf. GVBl. S. 190) am 16. 7. 1959 in Kraft getreten.

Verlängerung des Staatsvertrags v. 27. 8. 1951 und 19. 2. 1952 (oben Nr. 278).

289) Koordinierung des ersten Fernsehprogramms:

Abkommen zwischen den Ländern der Bundesrepublik v. 17. 4. 1959.*)

Hamb. G. v. 16. 11. 1959 (Hamb. GVBl., S. 175); Nds. G. v. 15. 7. 1959 (Nds. GVBl., S. 89); Schl-H. G. v. 12. 10. 1959 (Schl-H. GVBl., S. 203); in Bayern Landtagsbeschluß v. 26. 11. 1959 u. Bek. v. 18. 12. 1959 (BayGVBl., S. 318); in NRW Landtagsbeschluß v. 23. 6. 1959 u. Bek. v. 24. 6. 1959 (NRW GVBl., S. 115); Sld. G. Nr. 710 v. 13. 6.

---

*) Fußnote siehe S. 79.

1960 (Sld. ABl., S. 483); Zustimmungsbeschluß des Bln. Senats Nr. 386/59 v. 28. 4. 1959.

290. Finanzausgleich zwischen den Rundfunkanstalten:

Abkommen zwischen allen Ländern der Bundesrepublik v. 17. 4. 1959.*)

Dazu Hamb. G. v. 16. 11. 1959 (Hamb. GVBl., S. 178); Nds. G. v. 15. 7. 1959 (Nds. GVBl., S. 91); RhPf. G. v. 7. 12. 1959 (RhPf. GVBl., S. 237); Schl-H. G. v. 12. 10. 1959 (Schl-H. GVBl., S. 201); in Bayern Landtagsbeschluß v. 26. 11. 1959 und Bek. v. 18. 12. 1959 (BayGVBl., S. 318); in NRW Landtagsbeschluß v. 23. 6. 1959 und Bek. v. 24. 6. 1959 (NRW GVBl., S. 116); Sld. G. Nr. 711 v. 13. 6. 1960 (Sld. ABl., S. 484); Zustimmungsbeschluß des Bln. Senats Nr. 386/59 v. 28. 4. 1959.

291. Auseinandersetzungsvereinbarung über den Nord- und Westdeutschen Rundfunkverband:

Vereinbarung zwischen den Landesregierungen von Hamburg, Niedersachsen, Nordrhein-Westfalen und Schleswig-Holstein v. 7. 9. 1959.

Nicht veröffentlicht. Bezugnahme Bek. des NRW MinPräs. v. 24. 3. 1961 (NRW GVBl., S. 176).

Der Abschluß dieser Vereinbarung wurde durch die Kündigung des Staatsvertrags v. 16. 2. 1955 (oben Nr. 280) erforderlich (vgl. § 27 Abs. 2 des genannten Staatsvertrags).

292. Ergänzung der Grundsätze der Freiwilligen Selbstkontrolle der Filmwirtschaft (FSK) im Hinblick auf das Gesetz zum Schutze der Jugend in der Öffentlichkeit v. 27. 7. 1957 (BGBl. I, S. 1058) i.d.F. v. 23. 11. 1959:

Vereinbarung der obersten Jugendbehörden aller Länder mit der Spitzenorganisation der Filmwirtschaft.

Nicht veröffentlicht. Bezugnahme Gem. RdErl. des Hess. Min. f. Arbeit, Volkswohlfahrt u. Gesundheitswesen und des IM v. 24. 3. 1960 (Hess. StAnz., S. 527).

XIII. Verschiedene Materien

293. Übergangsregelung für die Wahrnehmung der Befugnisse aus dem Energiewirtschaftsgesetz („Münchener Abkommen"):

Vereinbarung zwischen den Wirtschaftsministern der Länder und dem BMWi. v. 26. 4. 1950.

Veröffentlicht bei Vogels-Mittelstaedt-Müller, Das Landesrecht in Nordrhein-Westfalen, unter H I 4 (a).

---

*) Vgl. hierzu den Staatsvertrag über die Errichtung der Anstalt des öffentlichen Rechts „Zweites Deutsches Fernsehen" v. 6. 6. 1961 zwischen allen Ländern sowie das Schlußprotokoll vom selben Datum. Im Schlußprotokoll Ziff. I 2 u. 3 verpflichten sich die Länder, das Abkommen über die Koordinierung des ersten Fernsehprogramms abzuändern und das Abkommen über den Finanzausgleich zwischen den Rundfunkanstalten im Wege eines Änderungsabkommens, das spätestens mit Wirkung vom 1. 1. 1962 in Kraft zu setzen ist, den durch den Staatsvertrag v. 6. 6. 1961 geschaffenen Verhältnissen anzupassen. Gemäß Ziff. II des Schlußprotokolls gilt der Staatsvertrag zwischen Hamburg, Niedersachsen und Schleswig-Holstein nur, wenn die Urkunden dieser Länder hinterlegt sind.

Das Abkommen wird vom Bayer. Staatsministerium d. Innern als der Regelung der Verwaltungszuständigkeiten im GG widersprechend und daher ungültig angesehen.

294. Errichtung von Zentralstellen zur Bekämpfung unzüchtiger und jugendgefährdender Schriften, Abbildungen und Darstellungen:

Beschluß des Justizkollegiums v. 30. 3.—2. 4. 1950.

Nicht veröffentlicht.

Für die Tätigkeit der Zentralstelle in Berlin wurden am 2. 6. 1954 Richtlinien erlassen, jedoch nicht veröffentlicht.

295. Endgültige Festsetzung der im Cuxhavener Hafengebiet gültigen Grenze zwischen niedersächsischem und hamburgischem Eigentum:

Vereinbarung der durch Erlaß des Nds. Min. f. Wirtschaft und Verkehr v. 22. 7. 1950 und durch Beschluß des Hamb. Senats v. 22. 8. 1950 bestellten Grenzkommission v. 24. 11. 1950.

Hamb. G. v. 5. 12. 1952 (Hamb. GVBl., S. 271).

296. Bereinigung der Stichtagslücken und der Doppelzuständigkeiten in den Entschädigungsgesetzen:

Abkommen zwischen allen Ländern v. 9./10. 5. 1951.

NRW G. v. 24. 6. 1952 (NRW GVBl., S. 121) sowie Bek. über den Zeitpunkt des Inkrafttretens v. 20. 9. 1952 (NRW GVBl., S. 235).

Gegenstandslos durch das Bundesergänzungsgesetz v. 18. 9. 1953 (BGBl. I, S. 1387) und das Bundesentschädigungsgesetz v. 29. 6. 1956 (BGBl. I S. 562).

297. Erlaß einer Leihverkehrsordnung für die deutschen Bibliotheken:

Vereinbarung zwischen den Kultusministern der Länder v. 30. 6. 1951.

Vgl. hierzu Erl. des Hess. Min. f. Erziehung u. Volksbildung v. 20. 6. 1951 (Hess. ABl., S. 245); Erl. des BadWürtt. KM v. 21. 6. 1951 (BadWürtt. KMBl., S. 333); Bek. des Bayer. Min. f. Unterricht u. Kultus v. 30. 6. 1951 (Bayer. KMBl., S. 225 = BayBSVK I, S. 657); RdErl. des Nds. KM v. 26. 10. 1951 (Nds. MBl., S. 84).

298. Weitergeltung des Vertrags zwischen Preußen und Bremen vom 18. 6. 1898 betr. Unterhaltung des Grenzgrabens im Abschnitt Haidbergen, Seebergen und Borgfeld:

Vereinbarung zwischen Niedersachsen und Bremen v. 9. 7. 1952.

Nicht veröffentlicht.

299. Prüfung und Zulassung bzw. Anerkennung von Feuerschutzgeräten:

Verwaltungsvereinbarung zwischen den Regierungen aller Länder v. 3. 4. 1952.

Veröffentl. durch RdErl. des IM NRW v. 29. 5. 1952 (MBl. NRW, S. 465); Erl. des IM Nds. v. 29. 8. 1952 (Nds. MBl., S. 465); Erl. des BadWürtt. IM v. 1. 8. 1953 (BadWürtt. GABl., S. 229); Bek. des Bayer. IM v. 22. 9. 1953 (Bayer. MBl., S. 648).

Änderungsabkommen hierzu vgl. unten Nr. 311.

300. Gründung der Arbeitsgemeinschaft Niedersachsen/Bremen zur Prüfung der elektrischen Installationsanlagen auf dem Lande:

Vereinbarung zwischen Niedersachsen und Bremen v. 23. 6. 1953.
Nicht veröffentlicht. Bezugnahme Nds. Bek. v. 3. 8. 1954 (Nds. MBl., S. 388); Brem. Bek. v. 10. 9. 1954 (Brem. GBl., S. 99).

301. Errichtung und Führung der Bundeskartei für die Opfer der nationalsozialistischen Verfolgung durch das Land Nordrhein-Westfalen:

Vereinbarung zwischen den Regierungen aller Länder v. 25. 2. 1954.
Veröffentlicht bei Vogels-Mittelstaedt-Müller, Das Landesrecht in Nordrhein-Westfalen, unter J II 8.

302. Austausch von Urteilen in Staatsschutzsachen:

Vereinbarung zwischen Bund und Ländern v. 16. 7. 1954.
Nicht veröffentlicht.

303. Erstellung einer Statistik der anhängigen Staatsschutzverfahren:

Vereinbarung zwischen Bund und Ländern v. 16. 7. 1954.
Nicht veröffentlicht.

304. Beamtenersatz bei den obersten Bundesbehörden:

Vereinbarung zwischen der Bundesregierung und den Landesregierungen v. 7. 5./16. 8. 1954.
Veröffentl. durch Bek. des BMI v. 25. 8. 1954 (GMBl., S. 414); Beitritt des Saarlands vgl Bek. des BMI v. 7. 7. 1958 (GMBl., S. 258).

305. Grundsätze für die Zusammenarbeit zwischen Verfassungsschutz und Polizei:

Verwaltungsabkommen zwischen den Innenministern der Länder und dem BMI v. 8. 10. 1954.
Nicht veröffentlicht.

306. Vorläufige Regelung der Verwaltung des Kulturbesitzes des ehemaligen Landes Preußen:

Vereinbarung zwischen allen Ländern außer Bayern, Bremen und Hamburg v. 7. 7. 1955.
Veröffentlicht bei Vogels-Mittelstaedt-Müller, Das Landesrecht in Nordrhein-Westfalen, unter E IV 12. In NRW Zustimmungsbeschluß des Landtags vom 18. 10. 1955.
Gegenstandslos durch das Bundesgesetz zur Errichtung der Stiftung „Preußischer Kulturbesitz" und zur Übertragung von Vermögenswerten des ehemaligen Landes Preußen auf die Stiftung v. 25. 7. 1957 (BGBl. I, S. 841).

307. Ausbildung von Bibliothekaren an Volksbüchereien:

Vereinbarung zwischen Bremen, Hamburg, Niedersachsen und Schleswig-Holstein v. 6. 10. 1955.
Nicht veröffentlicht.

308. Schaffung einer zentralen Sammelstelle für Beweismaterial auf dem Gebiet des Staatsschutzes:

Vereinbarung zwischen Bund und Ländern v. 19. 10. 1955.
Nicht veröffentlicht.

309. Bildung einer Länderkommission zur Rechtsbereinigung:

Vereinbarung der Bundesländer v. 27. 10. 1955.
Nicht veröffentlicht.

310. Behandlung der früheren Angehörigen der Dienststelle des ehemaligen Oberpräsidenten der Rheinprovinz — Staatliche Verwaltung — in Koblenz nach dem Bundesgesetz zur Regelung der Rechtsverhältnisse der unter Art. 131 GG fallenden Personen:

Verwaltungsabkommen zwischen Rheinland-Pfalz und Nordrhein-Westfalen v. 22. 9./30. 11. 1955.
In NRW Zustimmungsbeschluß der Landesregierung v. 6. 9. 1955 und Bek. v. 27. 12. 1955 (NRW GVBl., S. 246); für RhPf. veröffentlicht im RhPf. StAnz. Nr. 2 v. 8. 1. 1956, S. 10.

311. Änderung der Verwaltungsvereinbarung über Prüfung und Zulassung oder Anerkennung von Feuerschutzgeräten (oben Nr. 299):

Vereinbarung zwischen allen Ländern v. 11./12. 1. 1956.
Veröffentlicht durch Erl. des BadWürtt. IM v. 18. 12. 1956 (BadWürtt. GABl. 1957, S. 2); Bek. des Bayer. IM v. 8. 11. 1956 (Bayer. MABl., S. 643 = BayBSVI III, S. 128); RdErl. des Schl-H IM v. 7. 11. 1956 (Schl-H. ABl., S. 483); Bek. des Hess. IM v. 8. 11. 1956 (Hess. StAnz., S. 1203); RdErl. des RhPf. IM v. 30. 8. 1957 (RhPf. MBl. Sp. 857); RdErl. des NRW JM v. 12. 11. 1956 (NRW MBl. Sp. 2205).

312. Führung einer einheitlichen Statistik über Entschädigung der Verfolgten des Nationalsozialismus nach dem Bundesentschädigungsgesetz:

Verwaltungsvereinbarung zwischen den Ländern und der Bundesregierung v. 11./14. 9. 1956.
Nicht veröffentlicht.

313. Betreuung jüdischer Friedhöfe:

Protokoll über die Absprachen zwischen Bund und Ländern v. 21. 6. 1957.
Nicht veröffentlicht. Zustimmungsbeschluß des Hamb. Senats v. 17. 9. 1957.

314. Inkraftsetzung der Anweisung für die eichamtliche Behandlung von Meßgeräten, Allgemeine Vorschriften (EA AV) v. 16. 12. 1958, in den Ländern:

Vereinbarung zwischen der Bundesregierung und den Ländern v. 14. 1. 1958.
Nicht veröffentlicht.

315. Verfahren beim Abschluß völkerrechtlicher Verträge auf Gebieten, auf welchen dem Bund durch das GG eine ausdrückliche Kompetenz nicht zugewiesen ist („Lindauer Abkommen"):

Absprache zwischen dem Bund und den Ländern v. 14. 11. 1957.
Nicht veröffentlicht. Durchführungsabkommen hierzu vgl. unten Nr. 339.

316. Genehmigung zur Führung akademischer Grade ausländischer Hochschulen:

Staatsabkommen zwischen allen Ländern v. 23.10.1958. Dazu Hess. Zustimmungsgesetz v. 10. 6. 1960 (Hess. GVBl., S. 53); NRW G. v 10. 11. 1959 u. Bek. v. 23. 11. 1959 (NRW GVBl. S. 163).

317. Errichtung einer „Zentralen Stelle der Landesjustizverwaltungen zur Aufklärung nationalsozialistischer Verbrechen“ in Ludwigsburg:

Vereinbarung zwischen den Landesjustizverwaltungen v. 6.11.1958.

Beitritt des Saarlands durch Beschl. der LandReg. v. 26.11.1958. Nicht veröffentlicht.

318. Finanzierung der Sondermaßnahme zur Vervollständigung der Rentenakten der Kriegsopferversorgung mit Krankenurkunden (Abrufaktion):

Verwaltungsvereinbarung der Länder der Bundesrepublik v. 20.3./9.5.1959.
Nicht veröffentlicht.

319. Sekretariat der Ständigen Konferenz der Kultusminister der Länder der Bundesrepublik Deutschland:

Abkommen zwischen den Ländern der Bundesrepublik v. 20.6.1959.
In NRW Zustimmungsbeschluß des Landtags v. 16.2.1960 u. Bek. v. 4.3.1960 (NRW GVBl., S.32); Bek. des Schl-H. KM v. 4.7.1960 (NBl. Schl-H. Schulw., S.242); RdErl. des RhPf. Min. f. Unterricht u. Kultus v. 18.8.1960 (RhPf. KMBl., S.183); Zustimmungsbeschluß der Hamb. Bürgerschaft v. 2.3.1960.

320. Einheitliche Auslegung einzelner Vorschriften des Bundesentschädigungsgesetzes:

Vereinbarung der Ressortminister der Länder v. 23.6.1959.
Veröffentlicht durch AV des BadWürtt. JM v. 6.7.1959 (ABl. Die Justiz, S.152); Bayer. FMBl. 1959, S.1269.

321. Regelung der Verwaltungsbeiträge für die gemeinsame Inanspruchnahme des Staatlichen Quellenamtes Bad Ems:

Verwaltungsvereinbarung zwischen Hessen, Niedersachsen, Nordrhein-Westfalen und Rheinland-Pfalz (in Geltung ab 1.4.1960).
Nicht veröffentlicht.

322. Wegfall der Erstattung von Vorschüssen zwischen den Ländern im Bereich des Entschädigungsrechts:

Vereinbarung der Länder v. 22./23.6.1960.
Nicht veröffentlicht.

323. Schutz des Bodensees gegen Verunreinigung:

Übereinkommen zwischen Baden-Württemberg, Bayern, Österreich und der Schweiz v. 27.10.1960.
Nicht veröffentlicht.

324. Beitritt Hamburgs zu den Verträgen zwischen Schleswig-Holstein und der Bundesrepublik Deutschland sowie der Gesellschaft für Kernenergieverwertung in Schiffbau und Schiffahrt mbH. über Pacht von Kernbrennstoffen für den Forschungsreaktor Geesthacht:

Beitrittserklärung Hamburgs v. 30. 1. 1961.
Nicht veröffentlicht.

Nachtrag

Zu I:

325. Erlaß einer bundeseinheitlichen Gerichtsvollzieherordnung:

Vereinbarung zwischen den Landesjustizverwaltungen v. 23./24. 2. 1954.
Für RhPf. in Kraft gesetzt durch AV des JM v. 27. 11. 1954 (RhPf. JBl. S. 69).
Neufassung von 1957 vgl. oben Nr. 46.

326. Erlaß einer bundeseinheitlichen Dienstordnung für Justizvollstreckungsassistenten:

Vereinbarung der Landesjustizverwaltungen v. 3. 8. 1954.
Für RhPf. in Kraft gesetzt durch AV des JM v. 27. 11. 1954 (RhPf. JBl. S. 69).
Geändert durch Vereinbarungen vom Dezember 1957 und v. 18./22. 3. 1958, vgl. AV'en des RhPf. JM v. 15. 2. 1958 (RhPf. JBl. S. 23) und v. 23. 4. 1958 (RhPf. JBl. S. 54.)

Zu II:

327. Aufnahme von kranken Gefangenen aus dem Saarland in die besondere Krankenabteilung des Strafgefängnisses Zweibrücken:

Vereinbarung zwischen den Landesjustizverwaltungen von Rheinland-Pfalz und dem Saarland v. 15./29. 7. 1957.
Nicht veröffentlicht.

328. Vollzug der Unterbringung von Frauen in der Arbeitshausabteilung der Frauenstrafanstalt Aichach:

Vereinbarung zwischen den Landesjustizverwaltungen von Bayern und Rheinland-Pfalz v. 22. 3. 1961
Nicht veröffentlicht.

Zu V:

329. Gegenseitige Anerkennung der Fischereischeine:

Verwaltungsvereinbarung zwischen Hessen und Rheinland-Pfalz v. 6. 2./27. 3. 1951.
Nicht veröffentlicht.

Zu VI:

330. Änderung und Ergänzung der Verwaltungsvereinbarung vom 14. 2. 1951 für die einheitliche Regelung des Verfahrens der allgemeinen Zulassung neuer Baustoffe und Bauarten im Bereich der Bundesrepublik Deutschland und des Landes Berlin (oben Nr. 164):

Verwaltungsvereinbarung zwischen den zuständigen Ministern bzw. Senatoren der Länder unter Beitritt des BMWo. v. 23. 12. 1958.
Veröffentlicht durch Sld. VO v. 2. 2. 1959 (Sld. ABl. S. 479); RdVerfg. des RhPf. Min. f. Finanzen u. Wiederaufbau v. 24. 4. 1959 (RhPf. MBl. Sp. 829).

Zu VII:

331. Regelung der den Ländern Rheinland-Pfalz und Hessen zustehenden Fährregale am Rhein, soweit sich beide Länder gegenüberliegen:

Verwaltungsvereinbarung zwischen Rheinland-Pfalz und Hessen v. 20. 10. 1950 und 8. 11. 1949; 1. Nachtragevereinbarung v. 30. 3./2. 4. 1954.
Nicht veröffentlicht.
332. Ausbau der Bundesautobahn, Teilstrecke Viernheim-Rheinbrücke Frankenthal:
Verwaltungsvereinbarung zwischen Baden-Württemberg und Rheinland-Pfalz v. 15. 7./26. 9. 1958.
Nicht veröffentlicht.

Zu VIII:

333. Gemeinsame Erstattungsgrundsätze hinsichtlich der Kostenübernahme für die Rückführung der Evakuierten:

Vereinbarung zwischen allen Ländern v. 6. 5. 1955.
Nicht veröffentlicht.

334. Durchführung des Abschn. II des Kriegsgefangenenentschädigungsgesetzes durch die Ausgleichsbehörden:

Vereinbarung zwischen Bund und Ländern v. 11. 8. 1955.
Nicht veröffentlicht.

335. Zahlung eines Überbrückungsgeldes an rückgeführte Evakuierte durch das Aufnahmeland:

Vereinbarung zwischen allen Ländern v. 28. 5. 1957.
Nicht veröffentlicht.

Zu XI:

336. Errichtung eines gemeinsamen Prüfungsamtes für den höheren Gewerbeaufsichtsdienst:

Verwaltungsvereinbarung zwischen den zuständigen Ministern von Rheinland-Pfalz und dem Saarland v. 22. 8./5. 9. 1960.
Nicht veröffentlicht.

337. Errichtung eines gemeinsamen Prüfungsamtes für den höheren Gewerbeaufsichtsdienst:
Verwaltungsvereinbarung zwischen den zuständigen Ministern von Rheinland-Pfalz und dem Saarland v. 22. 8./5. 9. 1960.
Nicht veröffentlicht.

Zu XII:

338. Durchführung der technischen Aufsicht über das Eichwesen im Saarland:
Verwaltungsvereinbarung zwischen Rheinland-Pfalz und dem Saarland v. 4. 12. 1957.
Nicht veröffentlicht.

339. Gestaltung des Ständigen Gremiums nach dem Lindauer Abkommen („Bremer Richtlinien"):

Vereinbarung der Länder v. 21. 3. 1958.
Nicht veröffentlicht. Vgl. hierzu das „Lindauer Abkommen" (oben Nr. 315).

Verträge zwischen Gliedstaaten im Bundesstaat[1])

2. Mitbericht von Privatdozent Dr. Wilfried Schaumann, Zürich

I. Einleitung

Bei der Vergebung des heutigen Themas durch den Vorstand unserer Vereinigung hatte es die Meinung, daß der erste Referent sich vor allem mit den Verträgen zwischen den Ländern der Deutschen Bundesrepublik befasse. Als zweitem Referenten wurde mir die Aufgabe zugewiesen, das Thema an Hand der schweizerischen und soweit möglich der österreichischen Verhältnisse zu behandeln. Das österreichische Recht erwies sich dabei als wenig ergiebig für die gestellte Frage. Wie mir Herr Ermacora, Innsbruck, freundlicherweise aus seiner eigenen praktischen Erfahrung mitteilte, spielt das Vertragsrecht unter den österreichischen Ländern eine sehr geringe Rolle, was auch die spärliche Behandlung in der Literatur erklären dürfte[2]). Aufschlußreicher wäre eine eingehende Auseinandersetzung mit dem amerikanischen Recht. Die zur Verfügung stehende Zeit gestattet mir jedoch nicht, in dieser Beziehung über einige sporadische Ausblicke hinauszugehen.

Die Verträge zwischen Gliedstaaten im Bundesstaat gehören zum Problemkreis des Föderalismus, sie stehen im Spannungsfeld der Kompetenzbereiche von Bund und Gliedstaaten. Der Bundesstaat zeichnet sich durch eine mehr oder weniger fest abgegrenzte Zuständigkeit des Bundes und einen verbleibenden Bereich traditionell oder wesensgemäß gliedstaatlicher Kompetenzen aus. Dazwischen liegt eine Zone potentieller oder bereits aktueller staatlicher Aufgaben, die rechtlich wohl den

---

1) Der Verfasser möchte auch an dieser Stelle dem Stiftungsrat der „Jubiläumsspende für die Universität Zürich" dafür danken, daß er ihm durch die Gewährung eines Beitrages für die Ausarbeitung des vorliegenden Berichtes eine zeitweise Entlastung von beruflichen Verpflichtungen ermöglichte.

2) Kurze Hinweise finden sich bei L. Adamovich/H. Spanner, Handbuch des österreichischen Verfassungsrechtes, 5. A. Wien 1957, S. 161, und bei H. Kelsen/G. Froehlich/A. Merkl, Die Verfassungsgesetze der Republik Österreich, V. Teil: Bundesverfassung, Wien und Leipzig 1922, S. 221 f. (Kommentar zu Art. 107). Auf das frühere österreichische Recht bezieht sich eine vereinzelte Bemerkung von M. Layer, Zur Lehre vom öffentlichrechtlichen Vertrag, Graz und Leipzig 1916, 61.

Gliedstaaten zugewiesen sind oder diesen im Sinne konkurrierender Zuständigkeit wenigstens offen bleiben, ihrer Natur nach aber oft nicht oder nur ungenügend im räumlich beschränkten Bereich des einzelnen Gliedstaates wahrgenommen werden können. Sollen diese Kompetenzen nicht zum vornherein der Zentralgewalt überlassen werden, so bietet die vertragliche Zusammenarbeit der Gliedstaaten die Möglichkeit, eine sachgemäße Lösung mit dem föderalistischen Prinzip zu vereinbaren. Diese Feststellung trifft aber auch für die im Zusammenleben selbständiger Herrschaftsverbände unvermeidlichen Grenz- und Kollisionsprobleme zu, die ebenfalls einem Eingreifen des Bundes rufen können, wenn die Gliedstaaten unter sich keine befriedigende Lösung zustande bringen.

Ein Eingreifen des Bundes liegt streng genommen schon darin, daß der Bund eine obligatorische Gerichtsbarkeit für Konflikte zwischen den Gliedstaaten vorsieht. Diese muß notwendigerweise die im Bundesstaat verbotene Selbsthilfe ersetzen. Ein Eingreifen liegt ferner vor, wenn der Bund im Rahmen seiner eigenen grundsätzlichen Zuständigkeit die Gliedstaaten anweist, bestimmte kollisionsrechtliche Regeln auf dem Wege vertraglicher Verständigung aufzustellen[3]).

Damit sind bereits von Bundes wegen die zwei Wege genannt, die außer einer unmittelbaren bundesrechtlichen Regelung für eine Lösung von Konflikten zwischen den Gliedstaaten zur Verfügung stehen, nämlich die richterliche Entscheidung und die vertragliche Einigung. Die Alternative „Urteil" oder „Vertrag" zieht sich sowohl durch die Geschichte des schweizerischen wie des amerikanischen Bundesstaatsrechts, und zwar im wesentlichen konzentriert auf Probleme der Abgrenzung des Hoheitsbereichs und der Nutzung von Grenzgewässern. Die Grenzstreitigkeiten fanden vorwiegend im 19. Jahrhundert ihre richterliche, vereinzelt auch ihre vertragliche Erledigung, während die Konflikte über die Grenzgewässer entsprechend ihrer wirtschaftlichen Bedeutung erst im Übergang zum 20. Jahrhundert ihre volle Aktualität erlangten[4]).

---

[3]) So Art. 24 des Bundesgesetzes betr. die Fischerei vom 21. Dezember 1888, BS (= Bereinigte Sammlung der Bundesgesetze und Verordnungen 1848—1947) 9, 564, für den Fischfang in interkantonalen Gewässern.

[4]) Die amerikanischen Urteile sind zusammengestellt bei J. B. Scott, Judicial Settlement of Controversies Between States of the American Union, Bd. I/II, New York 1918. An schweizerischen Urteilen zu Grenzstreitigkeiten seien genannt: BGE (= Amtliche Sammlung der Entscheidungen des Schweizerischen Bundesgerichtes) 18, 673 (1892), 21, 957 (1895) und besonders zur Frage der Grenzgewässer BGE 4, 34 (1878), 23, 1405 (1897) und 33, 537 (1907). Vgl. zu den zuletzt genannten Entscheidungen das Gutachten von

In der Schweiz griff dabei der Bund insofern ein, als er in Ausführung einer 1908 geschaffenen verfassungsmäßigen Kompetenz die Konzessionserteilung für den Fall mangelnden Einvernehmens der Kantone in die Hand des Bundesrates legte[5]), womit der richterlichen Zuständigkeit weitgehend die Grundlage entzogen wurde[6]). In den Vereinigten Staaten setzte jedoch angesichts der nur schwer revidierbaren Kompetenzverteilung, ausgehend vom berühmten Urteil Kansas gegen Colorado[7]), eine umfangreiche Rechtsprechung ein, die nach und nach, und zwar nicht zuletzt auf der Grundlage dieser Urteile, durch vertragliche Verständigungen abgelöst wurde[8]). Diese Entwicklung findet ihre Parallele im Völkerrecht, wo sich mit einiger Verzögerung ebenfalls die Vereinbarung an Stelle richterlicher oder schiedsrichterlicher Erledigung durchzusetzen beginnt[9]).

II. Die Auseinandersetzung mit den Bundeskompetenzen im schweizerischen Recht

In der Schweiz stellte sich die Alternative „Urteil" oder „Vertrag" nie in dieser Schärfe, da die Verträge zwischen den Glied-

---

Max Huber, Ein Beitrag zur Lehre von der Gebietshoheit an Grenzflüssen, Zeitschr. für Völkerrecht und Bundesstaatsrecht Bd. I (1907) 29 u. 159.

5) Art 24bis Abs. 4 der Bundesverfassung und Art 6 und 38 des Bundesgesetzes über die Nutzbarmachung der Wasserkräfte vom 22. Dezember 1916, BS 4, 729.

6) In extensiver Auslegung der bundesrätlichen Kompetenz verneinte das Bundesgericht selbst für den ihm an sich verbleibenden Bereich seine Zuständigkeit: BGE 78 I 14 (1952). Vgl. die Kritik von H. Huber, Die Ableitung interkantonaler Gewässer, Zentralblatt für Staats- u. Gemeindeverwaltung 55 (1954) 481.

7) Kansas v. Colorado (1907) 206 U. S. 46, abgedruckt bei J. B. Scott, aaO. Bd. II/1525. Vgl. auch Robert D. Scott, Kansas v. Colorado Revisited, American Journal of International Law 52 (1958) 432.

8) Eine Zusammenstellung dieser Vereinbarungen findet sich bei W. B. Graves, American State Government, 4. A. Boston 1953, S. 839 u. 848/49. Nicht zur Verfügung stand mir die umfassende Sammlung von T. Richard Witmer, Documents on the Use and Control of the Waters of Interstate und International Streams: Compacts, Treaties, Adjudications, Washington D. C. (U.S. Government Printing Office) 1956.

9) Ein solches Abkommen beendigte kürzlich (September 1960) den langjährigen Streit zwischen Indien und Pakistan über die Nutzung der Indusgewässer. Vgl. auch W. Schaumann, Die Nutzung der Wasserkräfte an quergeteilten internationalen Gewässern, Schweiz. Jahrb. für Internationales Recht Bd. XV (1958) 131, und die dort zitierte Literatur sowie die amerikanischen Entscheidungen Hinderlider v. La Plata Co. 1938) U.S. 92, 105, und hinsichtlich der Abwässer Dyer v. Sims (1951) 341 U.S. 22, 27.

staaten als Mittel interkantonaler Zusammenarbeit auf eine alte Tradition zurückblicken. Immerhin ist auch für die Schweiz in den letzten Jahrzehnten ein erheblicher Rückgang der staatsrechtlichen Streitigkeiten zwischen Kantonen vor Bundesgericht festzustellen. Typischer für die Schweiz mit ihrer gegenüber den Vereinigten Staaten wesentlich leichter revidierbaren Verfassung ist aber das Verhältnis zu bundesrechtlichen Lösungen, die Auseinandersetzung mit der Ausdehnung der Bundeskompetenzen. Im 19. Jahrhundert dienten die Vereinbarungen zwischen den Kantonen wiederholt als Wegbereiter einer Bundesgesetzgebung[10]). Seit der Jahrhundertwende sind sie aber auch zu einem Verteidigungsmittel für die kantonale Zuständigkeit geworden. In dieser Linie lagen schon die Konkordate betreffend die Befreiung von der Verpflichtung zur Sicherstellung für die Prozeßkosten vom 5./20. November 1903[11]) und über die Gewährung gegenseitiger Rechtshilfe zur Vollstreckung öffentlich-rechtlicher Ansprüche vom 23. November 1911[12]), mit denen mindestens teilweise der Bewegung zur Vereinheitlichung des Zivilprozeßrechts entgegengetreten werden konnte. In neuester Zeit sind in diesem Sinne das Verbot von Steuerabkommen der Kantone und Gemeinden mit einzelnen Steuerpflichtigen sowie die Verständigung der Kantone über eine gemeinsame Erdölpolitik zu nennen. Ein Konkordat über das Verbot von Steuerabkommen von 1948[13]) ist auf dem besten Wege, allgemeine Zustimmung zu finden, seit auf Grund einer 1958 geschaffenen Verfassungskompetenz (42^{quater} BV) eine entsprechende Regelung durch den Bund droht. Im anderen Beispiel konnte der Abschluß eines Konkordats über die Ertei-

---

[10]) Vgl. die Zusammenstellung von Konkordaten über Zwangsvollstreckung und Zivilrecht bei Carl Escher, Das schweizerische interkantonale Privatrecht auf Grund des Bundesgesetzes betr. die civilrechtlichen Verhältnisse der Niedergelassenen und Aufenthalter vom 25. Juni 1891, Zürich 1895, S. 3—9. Die Zusammenarbeit der Gliedstaaten zur Rechtseinheitlichung bewährt sich neuerdings in besonderem Maße in den Vereinigten Staaten. W. B. Graves, aaO. 856 f., nennt (Stand 1949) im Privatrecht insgesamt 52, im Straßenverkehrsrecht und in der Strafverfolgung je 5 sogen. „Uniform State Laws", von denen einzelne von sämtlichen Staaten übernommen wurden.

[11]) BS 3, 652 (19 beteiligte Kantone, Stand Mitte 1960).

[12]) BS 3, 80. Dieses Konkordat, dem alle Kantone angehören, wird ergänzt durch ein Konkordat betr. Rechtshilfe zur Vollstreckung von Ansprüchen auf Rückerstattung von Armenunterstützungen vom 18. Febr. 1947, BS 3, 84, mit 18 beteiligten Kantonen.

[13]) Konkordat zwischen den Kantonen der Schweizerischen Eidgenossenschaft über den Ausschluß von Steuerabkommen vom 10. Dezember 1948, AS (= Amtliche Sammlung der Bundesgesetze und Verordnungen) 1949, 1364 (23 Kantone).

lung von Erdölkonzessionen[14]) den Bund mangels umfassender Mitwirkung der Kantone noch nicht zum Verzicht auf eine eigene Regelung bewegen. Erst die gemeinsame Verpflichtung aller Kantone auf bestimmte Richtlinien für die Erteilung von Konzessionen[15]) veranlaßte den Bundesrat, eine bereits ausgearbeitete Verfassungsvorlage zurückzuziehen. In der gleichen Richtung der Verhinderung einer Ausdehnung der Bundeskompetenzen liegen die Bemühungen um regionale Vereinbarungen zur gemeinsamen Erfüllung der Aufgaben aus dem den Kantonen überlassenen Strafvollzug[16]) und die gemeinsamen Vorkehren für den Handel mit Waffen und Munition im Bereich der kantonalen Sicherheitspolizei[17]).

III. Die Entwicklung des schweizerischen Konkordatsrechts

Bereits diese wenigen Beispiele beweisen die Bereitschaft der Kantone, Hand zu bieten, zu einer Regelung bestimmter legislativer und administrativer Aufgaben auf dem Wege multilateraler Vereinbarungen, eine Bereitschaft, die weit in die Geschichte zurückreicht. Der Bund der alten Eidgenossenschaft beruhte seit seiner Gründung im 13. Jahrhundert auf einem System einzelner Verträge, die bereits gemeinsames Recht enthalten und in deren Ausführung ebenfalls auf vertraglicher Basis weiteres „Bundesrecht" geschaffen wurde. Nach dem kurzen Intermezzo des Einheitsstaates der Helvetik gestattete die Tagsatzung unter der bundesstaatlichen Mediationsverfassung von 1803 den Kantonen ausdrücklich den Abschluß von „Verkommnissen" über kirchliche, Zivil-, Polizei- und örtliche Gegenstände, unter der Bedingung, daß dieselben der Tagsatzung zur

---

[14]) Konkordat betr. Schürfung und Ausbeutung von Erdöl vom 24. Sept. 1955, AS 1957, 158 (5 Kantone).

[15]) Richtlinien der Kantone zur Wahrung der allgemeinen Landesinteressen bei der Konzessionserteilung für die Erdölschürfung und -ausbeutung vom 27. April 1960, auf die sich die Kantone einzeln zuhanden des Bundesrates verpflichteten. Vgl. Zustimmung des Regierungsrates des Kantons Zürich durch Beschluß vom 19. Mai 1960, Prot. Nr. 2105.

[16]) So die Vereinbarung der Kantone Zürich, Glarus, Schaffhausen, Appenzell A. Rh. und I. Rh., St. Gallen, Graubünden und Thurgau über den Vollzug der Zuchthaus- und Gefängnisstrafen, der Maßnahmen gemäß Schweiz. Strafgesetzbuch und der Versorgungen gemäß kantonalem Recht vom 27. Jan. 1956, abgedruckt in der Bereinigten Gesetzessammlung des Kantons Appenzell A. Rh., Ausg. 1957, Bd. I/S. 499.

[17]) Konkordat über den Handel mit Waffen und Munition vom 20. Juli 1944, BS 5, 683 (alle Kantone).

Kenntnis gebracht würden[18]). In einem Vertrag kirchenrechtlicher Natur zwischen den Kantonen Bern und Solothurn wurde dabei — vermutlich zum ersten Mal — der Ausdruck „Konkordat" gebraucht, und im Gegensatz zur üblichen Verwendung des Wortes für Verträge zwischen weltlichen Herrschaftsverbänden und dem Heiligen Stuhl über kirchlich-staatliche Gegenstände bezeichnete man fortan zahlreiche Abkommen auch nicht kirchenrechtlicher Art als Konkordate[19]). In der Mediationszeit (1803—1813) wurde dieses Konkordatsrecht zu einer besonderen Form eidgenössischen Rechts ausgestaltet. Die im Kreise der Tagsatzung, dem obersten Bundesorgan, außerhalb der verfassungsmäßigen Zuständigkeit mit Mehrheit beschlossenen Grundsätze erlangten für die zustimmenden Kantone als eidgenössische Konkordate eine durch den Bund gewährleistete Verbindlichkeit. Bei Einstimmigkeit unterschieden sich solche Beschlüsse von jenen auf Grund einer verfassungsmäßigen Kompetenz nur durch ihre vertragliche Kündigungsmöglichkeit.

Im Staatenbund der Restaurations- und Regenerationszeit (1815—1847) wurde die Praxis der Konkordate fortgesetzt. Im Zusammenhang mit der Diskussion über einen Rücktritt wurde 1836 der Begriff des Konkordats dahin präzisiert, daß unterschieden wurde zwischen den „eidgenössischen Konkordaten", d. h. den von der Mehrheit der eidgenössischen Stände im Schoße der Tagsatzung abgeschlossenen, und den besonderen oder „Partikulärkonkordaten" als den nur zwischen einzelnen Kantonen zustande gekommenen Verträgen. Für die eidgenössischen Konkordate sollte ein Rücktritt nur im Einverständnis der Mehrheit der beteiligten Kantone oder der Mehrheit der Tagsatzung erfolgen können. Ein ursprünglich nicht zustimmender Kanton konnte andererseits durch bloße Anzeige an die Bundesbehörden seinen Beitritt erklären.

Die Bundesverfassung von 1848 brachte der Schweiz den Übergang vom Staatenbund zum Bundesstaat. Angesichts der neuen Bundeskompetenzen konnte auf die Konkordate als Quelle eidgenössischen Rechts verzichtet werden. Die nach 1848 abgeschlossenen Verträge schufen nur noch interkantonales, nicht mehr eidgenössisches Recht. Geblieben ist der Ausdruck „Konkordat" als Bezeichnung für eine bestimmte Kategorie

---

18) Repertorium der Abschiede der eidgenössischen Tagsatzungen aus den Jahren 1803—13, 2. A. Bern 1886 (Bd. I der Amtl. Sammlung der neuern Eidg. Abschiede), S. 143 u. 178.

19) Vgl. dazu und zum folgenden: G. Vogt, Revision der Lehre von den eidgenössichen Konkordaten, Zeitschr. des Bernischen Juristenvereins 1 (1865) 201; A. Bolle, Das interkantonale Recht, Diss. Zürich 1907, 96 ff. u. 123 f.; Max Huber, The Intercantonal Law of Switzerland, Am. J. Int. Law 3 (1909) 62, 67 ff.

interkantonaler Verträge. Konkordate sind multilaterale Vereinbarungen unter Kantonen, die im Sinne eines offenen Vertragsverhältnisses grundsätzlich allen Kantonen offen stehen, wobei ein Beitritt jederzeit durch einseitige Erklärung erfolgen kann[20]). In der Praxis wird das Zustandekommen meist von einer Mindestbeteiligung[21]), ausnahmsweise auch von der Beteiligung bestimmter Kantone abhängig gemacht[22]). Keine Unterscheidung des Konkordats gegenüber anderen Verträgen kann aus dem rechtlichen Inhalt getroffen werden. Wohl enthalten und enthielten besonders im vergangenen Jahrhundert zahlreiche Konkordate unmittelbar anwendbare Rechtssätze oder sind sonst vorwiegend legislativer Natur. Es gibt aber auch Konkordate rein administrativer Bedeutung.

IV. Der heutige Bereich interkantonaler Verträge

a) Konkordate

Im Laufe der Jahre sind die verschiedensten Gebiete Gegenstand von Konkordaten geworden. Außer den bereits erwähnten Übereinkünften seien genannt: das Konkordat über die

---

20) Nach Fleiner/Giacometti, Schweiz. Bundesstaatsrecht, Zürich 1949, S. 160 f., soll der Ausdruck Konkordat „für die Bezeichnung derjenigen interkantonalen Vereinbarungen vorbehalten bleiben, die von allgemeinem Interesse sind, also allen Kantonen offen stehen, und damit gleichsam Vorbereiter der Bundesgesetzgebung sind". Das zuletzt genannte Kriterium kann aber kaum entscheidend sein und dürfte heute nur noch auf wenige Konkordate zutreffen.

21) So knüpfte § 6 des Konkordates für gemeinsame Maßregeln zur Vertilgung der Maikäfer und Engerlinge vom 25. April 1870, BS 9, 416, das Inkrafttreten an den Beitritt von wenigstens sechs Kantonen. Obwohl nach den kürzlichen Austritten von St. Gallen und Graubünden (AS 1958, 210) die Zahl der Vertragspartner auf fünf gesunken ist, kann die Weitergeltung des Konkordates unter den verbleibenden Kantonen angenommen werden. Vgl. auch Art. 10 Abs. 1 des in Anm. 14 zitierten Konkordates (drei Kantone, die ein zusammenhängendes Gebiet bilden, und zwar ausdrücklich auch für das Weiterbestehen des Konkordates) und überflüssigerweise § 31 des Viehhandelskonkordates vom 13. September 1943, BS 9, 372, da der Beitritt von nur zwei Kantonen vorausgesetzt wird.

22) Art. 12 Abs. 2 der in Anm. 16 zitierten Vereinbarung, die mit dem Austritt bestimmter Kantone dahinfallen soll. Nach Art. 11 Abs. 1 der Interkantonalen Vereinbarung betr. die gemeinsame Durchführung von Lotterien vom 26. Mai 1937, OS (= Offizielle Sammlung der Gesetze, Beschlüsse u. Verordnungen des Eidg. Standes Zürich) Bd. 40, 1122, wurde das Inkrafttreten an den Beitritt von vier der acht bei den Vorverhandlungen vertretenen Kantonen, darunter ausdrücklich Aargau, Baselstadt u. Zürich, geknüpft.

wohnörtliche Unterstützung[23]), eine Vereinbarung betreffend die Unterstützung von Bedürftigen mit mehreren Kantonsbürgerrechten[24]), die Interkantonale Übereinkunft über den Viehhandel[25]), eine Interkantonale Vereinbarung über die Kontrolle der Heilmittel[26]), das Konkordat betreffend gegenseitige Zulassung evangelisch-reformierter Pfarrer in den Kirchendienst[27]), Konkordate über die Form der Heimatscheine[28]) und über die Kosten des Strafvollzugs[29]), eine Interkantonale Vereinbarung über die Förderung der Ansiedelung von gewerblichen und industriellen Betrieben in Berggegenden[30]), ein Interkantonales Konkordat über Maßnahmen zur Bekämpfung von Mißbräuchen im Zinswesen[31]), ein Konkordat über die nicht eidgenössisch konzessionierten Luftseilbahnen und Skilifte[32]), eine Interkantonale Übereinkunft über das Pflegepersonal[33]) und schließlich, als eine der ältesten noch geltenden Vereinbarungen, ein Konkordat für gemeinsame Maßregeln zur Vertilgung der Maikäfer und Engerlinge aus dem Jahre 1870[34]).

Die Zahl der Vertragspartner dieser Konkordate schwankt zwischen einigen wenigen und der Gesamtzahl aller 25 Kantone. Bemerkenswert ist, daß sich dem Viehhandelskonkordat und der Interkantonalen Vereinbarung über die Kontrolle der Heil-

---

23) In der heute geltenden Fassung vom 25. Mai 1959, AS 1961, 3 (17 Kantone; weitere Beitrittserklärungen im Gange). Für eine neueste Zusammenstellung der interkantonalen Unterstützungspraxis vgl. W i l l i a m G. R i c e, Law Among States in Federacy, Appleton, Wisconsin, 1959, bes. Kapitel VII u. VIII.

24) Vereinbarung betr. die Unterstützung von Bedürftigen, die mehrere Kantonsbürgerrechte besitzen, vom 28. Mai 1926, BS 8, 706 (7 Kantone).

25) Interkantonale Übereinkunft betr. die Ausübung des Viehhandels (Viehhandelskonkordat) vom 13. Sept. 1943, BS 9, 372 (alle Kantone und Fürstentum Liechtenstein).

26) Vereinbarung vom 16. Juni 1954, AS 1955, 553 (alle Kantone und Fürstentum Liechtenstein).

27) Konkordat vom 22. Febr. 1923, BS 4, 3 (Kantone Zürich und Baselland, ferner die evang.-reform. Kirchen der Kantone Glarus Baselstadt, Schaffhausen, Appenzell A. Rh., St. Gallen, Aargau, Thurgau und des untern Teiles des Kantons Solothurn).

28) Konkordat vom 28. Jan. 1854, BS 1, 111 (23 Kantone).

29) Konkordat vom 23. Juni 1944, BS 3, 383 (18 Kantone).

30) Interkantonale Vereinbarung vom 19. März 1954, Bereinigte Gesetzessammlung Appenzell A. Rh., Ausgabe 1957, II/S. 139 (13 Kantone).

31) Konkordat vom 8. Oktober 1957, AS 1958, 374 (7 Kantone), teilweise ungültig erklärt durch Urteil des Bundesgerichts vom 4. März 1959 (vgl. AS 1959, 626 u. 994).

32) Konkordat vom 15. Okt. 1951, AS 1955, 587 (13 Kantone).

33) Interkantonale Übereinkunft vom 8. Sept. 1951, AS 1949, 536 (5 Kantone), mit Reglement vom 31. August 1949, AS 1950, 460.

34) Konkordat vom 25. April 1870, BS 9, 416 (5 Kantone).

mittel neben den 25 Kantonen auch das Fürstentum Liechtenstein angeschlossen hat, und zwar gleicherweise durch einfache Beitrittserklärung wie die Kantone.

b) Verwendung privatrechtlicher Mittel

Nur teilweise Konkordatscharakter haben weitere multilaterale Abkommen unter den Kantonen, die sich dann aber für die Durchführung privatrechtlicher Mittel bedienen. So schlossen im Jahre 1937 eine größere Anzahl von Kantonen eine Vereinbarung betreffend die gemeinsame Durchführung von Lotterien, welche die beteiligten Kantone auf bestimmte Vorschriften für die Durchführung der bundesrechtlich zulässigen Lotterieveranstaltungen verpflichtet und die Gründung einer Lotterie-Genossenschaft vorsieht[35]). Der Reinertrag der seither laufend durchgeführten Interkantonalen Landeslotterie fällt den Vertragskantonen nach einem bestimmten Schlüssel zur Erfüllung gemeinnütziger Aufgaben zu. Die an dieser Lotterie nicht beteiligten Kantone der Westschweiz haben sich ihrerseits in entsprechender Weise zusammengefunden.

Auf ähnlicher Basis war schon viel früher der Zusammenschluß einer größeren Zahl von Kantonen in den Nordostschweizerischen Kraftwerken AG. zum Zwecke der gemeinsamen Elektrizitätserzeugung erfolgt[36]). Im Jahre 1909 hatten sich ferner 24 der 25 Kantone in den Vereinigten Schweizerischen Rheinsalinen, einer Aktiengesellschaft des Privatrechts mit der Aufgabe der Salzversorgung für das ganze Land, zusammengeschlossen[37]). Ein besonderer Gründungsvertrag fehlt hier. Der Beitritt der Kantone erfolgte lediglich durch entsprechende Kreditbeschlüsse.

Eine Zusammenarbeit im nichthoheitlichen Bereich der Verwaltung finden wir auch bei den meist als selbständige Anstalten des öffentlichen Rechts konstituierten Kantonalbanken, die in der Form eines Kartells bestimmte Aufgaben gemeinsam wahrnehmen, sowie bei den kantonalen Gebäudeversicherungsanstalten in der Form eines Rückversicherungsverbandes.

---

[35]) Interkantonale Vereinbarung betr. die gemeinsame Durchführung von Lotterien vom 26. Mai 1937, abgeändert 18. Jan. 1944, OS Zürich 40, 1122 (19 Kantone).

[36]) Vertrag zwischen den Kantonen Aargau, Glarus, Zürich, St. Gallen, Thurgau, Schaffhausen, Schwyz, Appenzell A. Rh. und Zug betr. Gründung der Gesellschaft der Nordostschweizerischen Kraftwerke AG vom 22. April 1914, OS Zürich 30, 100.

[37]) Statuten der Vereinigten Schweizerischen Rheinsalinen vom 14. Juli 1909/3. Mai 1947 (nicht amtlich publiziert).

Reinen Beteiligungscharakter hat die Mitwirkung der Kantone an der auf Grund eines Bundesgesetzes[38]) konstituierten Schweizerischen Nationalbank, an der „Swissair" (Schweizerische Luftverkehrs-Gesellschaft), an einer kürzlich gegründeten Zuckerfabrik sowie an zahlreichen mittleren und kleinen Verkehrsunternehmungen.

c) Weitere Formen vertraglicher Zusammenarbeit

Die weiteren vertraglichen Abmachungen unter den Kantonen sind überwiegend bilateraler Art und stehen in ihrer rechtlichen und tatsächlichen Bedeutung hinter den Konkordaten und den Zusammenschlüssen zur Durchführung bestimmter Aufgaben im nichthoheitlichen Bereich in den Formen des Privatrechts zurück. Zu dieser Kategorie gehören die Grenzverträge[39]), weitere Verträge über die Abgrenzung des Hoheitsbereichs durch Begründung von Staatsservituten[40]) und Abmachungen über die gegenseitige Benützung von Schulen, Krankenhäusern, Strafanstalten usw. Noch in den Anfangsstadien steht die gemeinsame Durchführung von Planungsaufgaben in Grenzgebieten. Teilweise erfolgt diese allerdings ohne direkte Mitwirkung der Kantone auf interkommunaler Basis. Kürzlich wurde indessen zwischen den Kantonen Zürich und Schaffhausen ein Vertrag über die Erstellung einer interkommunalen Kläranlage abgeschlossen[41]). Weitere solche Verträge sind in Vor-

---

[38]) Heute Bundesgesetz über die Schweizerische Nationalbank vom 23. Dez. 1953, AS 1954, 599.

[39]) Statt vieler seien genannt: Vertrag zwischen den Ständen Zürich und St. Gallen betr. Festsetzung der Staatsgrenzen auf dem Zürichsee bei Rapperswil vom 28. Sept./8. Okt. 1870, OS Zürich 15, 492, und Übereinkommen zwischen dem Kt. Basel-Stadt und dem Kt. Basel-Landschaft über die Verlegung der Kantonsgrenze bei der Batterie vom 30. April/3. Juni 1954, Gesetzessammlung Basel-Stadt, N. F. 36, 295.

[40]) Z. B. Übereinkunft zwischen den Kantonen Zürich und Thurgau betr. die Grenzortschaften zürcherisch und thurgauisch Wilen vom 23./29. Okt. 1886 (heute noch in Kraft für die kirchlichen Verhältnisse), OS Zürich 21, 319, und Vertrag zwischen dem Regierungsrat des Kantons Zürich und dem Evangelischen Kirchenrat des Kantons Thurgau über die Kirchenverhältnisse der Höfe Reggtal, Meiersboden und Horn vom 24. April/10. Mai 1926, OS Zürich 33, 271. — Staatsservituten, teils auf ausdrücklicher vertraglicher Basis teils durch Herkommen begründet, bildeten wiederholt Gegenstand bundesgerichtlicher Urteile: vgl. BGE 13, 399 (1887), 34 I 274 (1908) und 41 I 511 (1915).

[41]) Vertrag zwischen den Regierungen der Kantone Schaffhausen und Zürich über den Bau und Betrieb einer gemeinsamen Kläranlage durch die Einwohnergemeinden Schaffhausen und Neuhausen am Rheinfall und die politischen Gemeinden Feuerthalen und Flurlingen vom 23./31. Mai 1957, OS Zürich 40, 511.

bereitung. In diesem Zusammenhang ist auch ein Vertrag aus den dreißiger Jahren zwischen den Regierungen von Schwyz, Zürich und St. Gallen sowie der Schweizerischen Südostbahn über den gemeinsamen Umbau des Seedammes im oberen Teil des Zürichsees zu nennen, der später Gegenstand eines bundesgerichtlichen Urteils bildete[42]).

Größere Bedeutung erlangt haben die bereits in einem anderen Zusammenhang erwähnten Übereinkünfte in Anwendung oder Ausführung von Bundesrecht, vor allem auf den Gebieten des Fischfangs[43]) und der Schiffahrt[44]) in und auf Grenzgewässern. Das umgekehrte Beispiel der Ausführung einer kantonalen Kompetenz durch Bundesbehörden zeigt der Fall der *Pharmacopoea Helvetica,* des schweizerischen Arzneimittelbuches, zu dessen Promulgation sich der schweizerische Bundesrat durch sämtliche Kantonsregierungen ermächtigen ließ[45]). Einen der eher seltenen Fälle vertraglicher Zusammenarbeit zwischen Bund und Kantonen stellt schließlich eine Übereinkunft zwischen dem Eidgenössischen Justiz- und Polizeidepartement und den Polizeidirektionen sämtlicher Kantone über die Polizeitransporte aus dem Jahre 1909 dar[46]).

Eine letzte Gruppe vertraglicher, oft auch nur vertragsähnlicher Abmachungen unter den Kantonen hat kollisionsrechtlichen Charakter. Neben einzelnen Konkordaten sind vor allem die Gegenrechtserklärungen zu nennen. Solche bestehen für die gegenseitige Befreiung gemeinnütziger Institutionen von den

---

[42]) Vertrag zwischen den Kantonen St. Gallen, Schwyz und Zürich und der Schweiz. Südostbahn betr. den Umbau der Verkehrswege über den Zürichsee von Rapperswil bis Pfäffikon/Schwyz (Seedammvertrag) vom 4. Juni 1938, OS Zürich 40, 1390; Urteil des Bundesgerichtes vom 2. Juni 1949 (nicht publiziert).

[43]) So in Ausführung der in Anm. 3 genannten bundesrechtlichen Bestimmung die Übereinkunft zwischen den Kantonen Zürich, Schwyz, Glarus und St. Gallen über die Fischerei im Zürichsee, Linthkanal und Walensee, vom Bundesrat genehmigt am 27. Dezember 1944, OS Zürich 37, 386.

[44]) Übereinkommen zwischen den Kantonen Zürich, Schwyz und St. Gallen über die Regelung der Schiffahrt auf dem Zürichsee vom 31. Dez./1. Jan. 1934, OS Zürich 35, 200, und Interkantonale Vereinbarung zwischen den Kantonen Basel-Stadt, Basel-Landschaft und Aargau über den gemeinsamen Vollzug der vom Bund erlassenen schiffahrtsrechtlichen Vorschriften für die Rheinstrecke zwischen Basel und Rheinfelden vom 4. Jan. 1957, AS 1958, 1067.

[45]) Vgl. BRB über die Promulgation der Pharmacopoea Helvetica, Editio quinto, vom 19. Mai 1933, BS 4, 419, der im Ingress ausdrücklich auf die Zustimmung der eidgenössischen Stände bezug nimmt.

[46]) Übereinkunft betr. die Polizeitransporte vom 23. Juni 1909, BS 3, 520. Die weiteren Verträge zwischen dem Bund und einzelnen Kantonen betreffen überwiegend die Benützung von Waffenplätzen.

Einkommens- und Vermögenssteuern[47]), die Befreiung von Zuwendungen an gemeinnützige Institutionen des anderen Kantons von der Erbschafts- und Schenkungssteuer[48]) wie auch für die gegenseitige Anerkennung von Polizeibewilligungen und Prüfungsausweisen[49]).

V. Der rechtliche Inhalt der Verträge

a) Privatrecht und öffentliches Recht

Der bis jetzt getroffenen Gruppierung nach dem gegenständlichen Inhalt der Verträge können wir eine Unterscheidung nach dem rechtlichen Inhalt beifügen. Eine erste Abgrenzung ist zu treffen zwischen privatrechtlichen Verträgen und Verträgen des öffentlichen Rechts. Unter dem Einfluß der Fiskustheorie wurden früher zahlreiche Vereinbarungen als privatrechtlich betrachtet, die heute eindeutig unter öffentliches Recht fallen[50]). Auch nach heutiger Rechtsauffassung bleiben jedoch privatrechtliche Verträge unter den Kantonen denkbar, z. B. Lieferverträge zwischen einer unselbständigen öffentlichen Anstalt gewerblichen Charakters des einen mit der Regierung oder einer Anstalt des anderen Gliedstaates. Privatrecht gilt aber vor allem bei den erwähnten gewerblichen Betrieben in der Form privatrechtlicher Gesellschaften und Genossenschaften mit ausschließlicher oder auch nur teilweiser Beteiligung von Kantonen. Für den Basisvertrag unter den Kantonen und deren Beteiligungsbeschlüsse bleibt jedoch das öffentliche Recht

---

[47]) Statt vieler: Vereinbarung zwischen dem Regierungsrat des Kantons Bern und dem Regierungsrat des Kantons Zürich über die Befreiung sozialer oder gemeinnütziger Institutionen von den direkten Staats- und Gemeindesteuern vom 17. Juli/13. Aug. 1947, OS Zürich 37, 749.

[48]) Statt vieler: Vereinbarung zwischen dem Staatsrat des Kantons Freiburg und dem Regierungsrat des Kantons Zürich betr. Gegenrecht über Steuerbefreiungen im Schenkungs- und Erbschaftssteuerverfahren vom 26./31. Okt. 1944, OS Zürich 37, 261.

[49]) Statt vieler: Vereinbarung zwischen den Kantonen Zürich und Solothurn über Gegenrecht für die Bewilligungen zur Vermittlung von landwirtschaftlichen Liegenschaften vom 25. Febr./8. März 1960, OS Zürich 40, 775, und § 3 der Verfügung der Finanzdirektion über die Jagd vom 16. März 1955, OS Zürich 39, 541 und 40, 255, der auf Grund bilateraler Abmachungen den Fähigkeitsausweis für Jagdpächter, Jagdgäste und Jagdaufseher der Kantone Aargau und Bern anerkennt.

[50]) So weigerte sich das Bundesgericht in BGE 21, 24 (1895) die Frage der Beiträge eines Kantons an die Schulen des anderen zur Deckung der Kosten für den Schulbesuch seiner Kantonsangehörigen im staatsrechtlichen Verfahren zu behandeln, da das Objekt dieser Verträge zivilrechtlicher Natur sei. Vgl. hinten Anm. 109.

maßgebend. Ihrem Wesen nach als öffentlich-rechtlich wird auch eine Bestimmung wie Art. 6 der Statuten der Vereinigten Schweizerischen Rheinsalinen aufzufassen sein, wonach sich die an der Aktiengesellschaft beteiligten Kantone verpflichten, ihren gesamten Bedarf an Salz und Sole bei der Gesellschaft zu decken. Zweifelhaft bleibt zwar, ob die im einzelnen Kanton vorgeschriebene Form für die Eingehung einer solchen Verpflichtung erfüllt erscheint.

b) Rechtsgeschäftliche und rechtssetzende Verträge

Innerhalb der interkantonalen Verträge des öffentlichen Rechts können wir wie im Völkerrecht unterscheiden zwischen rechtsgeschäftlichen und rechtssetzenden Abkommen. Rechtsgeschäftlich sind eine gegenseitige Verpflichtung der Kantone zum Beitritt zu einer privatrechtlichen Gesellschaft, ein Grenzvertrag, die Errichtung einer Staatsservitut oder eine Vereinbarung zwischen zwei Kantonen über die Versorgung von Patienten des einen in der Anstalt des anderen Kantons. Der rechtsgeschäftliche Charakter dürfte auch zu bejahen sein, wenn nur ein Rahmenvertrag in dem Sinne vorliegt, daß ständig eine bestimmte Anzahl von Patienten zu im voraus abgemachten Bedingungen übernommen werden[51]). Rechtsgeschäftlich ist ferner die Zusicherung eines Beitrages an ein im anderen Kanton zu errichtendes öffentliches Bauwerk, wie das beim erwähnten Seedammvertrag der Fall war[52]).

Rechtssetzende Verträge normieren dagegen das künftige Verhalten der Vertragspartner selber oder von Privaten oder Korporationen, die der Rechtsordnung der Vertragspartner unterworfen sind. Ihr eigenes künftiges Verhalten normieren die Kantone, wenn sie eine Aufgabenverteilung im Strafvollzug vornehmen[53]), wenn sie für die Armenunterstützung bestimmte

---

[51]) So verpflichtet ein Vertrag zwischen dem Departement des Innern des Kantons Graubünden und der Direktion des Gesundheitswesens des Kantons Zürich vom 26. Jan. 1952, abgeändert 26. Mai 1959 (Protokoll des Regierungsrates Zürich Nr. 1166/1952 und 2331/1959), den Kt. Graubünden, der zürcherischen Heilanstalt in bündnerischen Heilanstalten gegen Entrichtung einer bestimmten Kostgeldtaxe ständig 150 Betten zur Verfügung zu halten.

[52]) Vgl. vorn Anm. 42. Im wesentlichen rechtsgeschäftlich waren auch das 1826 abgeschlossene Konkordat der Kantone Luzern, Uri, Basel, Solothurn und Tessin zum Zwecke der Fahrbarmachung der Straße von Basel über den St. Gotthard bis an die italienische Grenze und ein entsprechender Gesellschaftsvertrag zwischen Luzern und Uri vom 24. März 1827, die später — damals noch unter zivilrechtlichem Aspekt — Gegenstand eines bundesgerichtlichen Urteils bildeten: BGE 10, 147 (1884).

[53]) Vgl. die in Anm. 16 zitierte Vereinbarung.

Leistungen und Rückleistungen im Hinblick auf die fremden oder eigenen Kantonsangehörigen zusichern[54]) oder wenn sie gemeinsame Vorschriften für die Bekämpfung der Maikäfer aufstellen[55]). Das Verhalten Privater normieren die Kantone, wenn sie gemeinsame Bedingungen für die Erteilung von Viehhandelspatenten erlassen[56]) oder gemeinsam die Voraussetzungen für die Erteilung eines Waffenscheines festlegen[57]).

c) Verpflichtungen der Vertragsparteien und unmittelbare innerstaatliche Anwendbarkeit

Wie im Völkerrecht darf die Bedeutung dieser Unterscheidung zwischen rechtssetzenden und rechtsgeschäftlichen Verträgen auch im zwischengliedstaatlichen Recht nicht überschätzt werden, um so mehr als in der Praxis Bestimmungen rechtsgeschäftlicher und normativer Natur oft im gleichen Vertrag unausgeschieden nebeneinander stehen. Wesentlicher im schweizerischen Recht ist die Unterscheidung, ob eine den Bürger unmittelbar verpflichtende Norm vorliegt oder nicht, da die schweizerische Auffassung von der unmittelbaren Anwendbarkeit des Völkervertragsrechts ohne Transformation[58]) auch auf das interkantonale Vertragsrecht Anwendung findet. Voraussetzung für diese unmittelbare Anwendung sind die interkantonale Gültigkeit und die Qualifikation der entsprechenden Vertragsbestimmung als unmittelbar anwendbare Norm, d. h. als Norm, die wir mit dem englischen Ausdruck „self-executing" umschreiben. Im Bewußtsein dieser möglichen Konsequenz haben die Kantone im Konkordat über die wohnörtliche Unterstützung ausdrücklich statuiert, daß u. a. die unterstützungsbedürftigen Bürger der Konkordatskantone aus dem Konkordat keine Rechte ableiten können[59]). In anderen Fällen muß man sich fragen, ob sich die Vertragspartner einer möglichen unmittelbaren Anwendbarkeit als innerstaatliches Recht bewußt waren[60]). Oft wurde und wird

---

54) Art. 1 und 16 des in Anm. 23 zitierten Konkordates.

55) Vgl. das in Anm. 34 zitierte Konkordat.

56) Vgl. das in Anm. 25 zitierte Konkordat.

57) Vgl §§ 2—6 des in Anm. 17 zitierten Konkordates.

58) Vgl. P. Guggenheim, Lehrbuch des Völkerrechts, Basel 1948, Bd. I, 34 ff.

59) Art. 5 des in Anm. 23 zitierten Konkordates. Verneint wurde die unmittelbare Anwendung eines interkantonalen Vertrages auf die Rechte eines Einzelnen auch in BGE 52 I 177 f. (1926).

60) So wenn Art. 4 des in Anm. 51 zitierten Vertrages die Zürcher Patienten den Bündnerpatienten „gleichstellt" oder wenn dic Kantone Baselstadt und Baselland im Hinblick auf die Unterbringung von Patienten aus Baselland in baselstädtischen Spitälern be-

bewußt von dieser unmittelbaren Anwendbarkeit Gebrauch gemacht zum Zwecke der Setzung gemeinsamen Rechts, vor allem in der Form von Konkordaten.

Die Frage der unmittelbaren Anwendbarkeit stellt sich nicht nur im Verhältnis des Kantons zu seinen Bürgern und den Korporationen des Privatrechts. Ein interkantonaler Vertrag kann auch unmittelbar die Gemeinden oder andere Körperschaften des öffentlichen Rechts verpflichten. So verpflichtet das Konkordat für gemeinsame Maßregeln zur Vertilgung der Maikäfer und Engerlinge die Gemeindebehörden bei Auftreten des Maikäferflugs zur Benachrichtigung der Grenzgemeinden des Nachbarkantons[61]), und das Konkordat über den Ausschluß von Steuerabkommen ist auch unmittelbar verbindlich für die Selbstverwaltungskörper[62]).

VI. Das interkantonale Vertragsrecht in den Verfassungen

a) Bundesverfassung

Bei der verfassungsrechtlichen Betrachtung der interkantonalen Verträge müssen wir trennen zwischen Bundesrecht und kantonalem Recht. Ausgangspunkt für das Bundesrecht ist die Feststellung, daß die interkantonalen Verträge im Gegensatz zu den Konkordaten der Mediationszeit und des Staatenbundes bis 1847 kantonalrechtlichen Ursprungs sind und nicht eine besondere Form eidgenössischen Rechts darstellen. Das Bundesrecht regelt nur die Schranken für die inter-

---

stimmte Taxen vereinbarten und die Spitäler gegenüber den Patienten aus Baselland auf die Meistbegünstigung verpflichtet wurden: §§ 2 u. 3 der Vereinbarung betr. die Spitalkosten von Patienten aus Baselland in den öffentlichen Basler Spitälern vom 11./21. Juni 1954, Gesetzessammlung Basel-Stadt, N. F. 36, 363. Gegeben erscheint mir der unmittelbare individuelle Anspruch auf jeden Fall, wenn Art. 1 u. 2 einer Vereinbarung zwischen den Regierungen von Appenzell A. Rh. und Schaffhausen betr. Taxermäßigung für die beidseitigen Kantonsbürger in der appenzell-außerrhodischen Heil- und Pflegeanstalt und in der staatlichen Irrenanstalt von Schaffhausen vom 9. Sept. 1916 (Bereinigte Gesetzessammlung Appenzell A. Rh., Ausg. 1957, II/S. 614) die Gleichbehandlung der beidseitigen Kantonsbürger nach zweijähriger Niederlassung im andern Kanton mit den dortigen Kantonsbürgern vorsieht, wobei allerdings offen bleibt, ob diese Gleichstellung nicht schon durch Art. 60 der Bundesverfassung gewährleistet erscheint. — Die Regel der unmittelbaren Anwendbarkeit des zwischengliedstaatlichen Vertragsrechts gilt unter den genannten Voraussetzungen auch für das amerikanische Recht: vgl. Hinderlider v. La Plata Co. (1938) 304 U. S. 92, 106 ff.

61) § 5 des Konkordates vom 25. April 1870.

62) Art. 2 des Konkordates vom 10. Dez. 1948.

kantonalen Verträge oder weist die Kantone ausnahmsweise an, eine bundesrechtlich gebotene Regelung auf dem Wege interkantonaler Verständigung zu treffen.

Die bundesrechtlichen Schranken des interkantonalen Vertragsrechts dienen der Behauptung des Bundes und der Wahrung seiner eigenen materiellen Kompetenzen gegenüber den Kantonen. Die Skepsis gegenüber Sonderabmachungen der Gliedstaaten fand ihren Niederschlag in den Verfassungen der Vereinigten Staaten, Österreichs und der Schweiz. Für die Vereinigten Staaten und die Schweiz mußte beim Übergang vom Staatenbund zum Bundesstaat verhindert werden, daß über den Weg der interkantonalen Verträge die mühsam errungene Einheit wieder in Frage gestellt wurde. Solche Überlegungen führten zum Verbot besonderer Bündnisse und Verträge politischen Inhalts in Art. 7 der Schweizerischen Bundesverfassung und der ähnlich ausgelegten Bestimmung von Art. I sect. 10 Abs. 1 der amerikanischen Verfassung.

Die damaligen Befürchtungen bestehen heute kaum mehr. Das Hauptgewicht kommt dem Vorbehalt zu, wie er in Art. 7 Abs. 2 der Schweizerischen Bundesverfassung enthalten ist und den Kantonen das Recht gewährleistet, Verkommnisse über Gegenstände der Gesetzgebung, des Gerichtswesens und der Verwaltung unter sich abzuschließen. Diese dürfen nichts enthalten, was dem Bunde oder den Rechten anderer Kantone zuwiderläuft und sind der Bundesbehörde zur Einsicht vorzulegen[63]). Diese Vorlegungspflicht ist insofern eine *lex imperfecta,* als nach der Praxis weder die Gültigkeit der Vereinbarung von der Vorlegung oder Genehmigung abhängt[64]), noch sonst eine Sanktion vorgesehen ist. Außerhalb des Bereichs der Konkordate, die in der Amtlichen Sammlung der Bundesgesetze und Verordnungen publiziert werden, wird ihr auch nur mangelhaft und von den einzelnen Kantonen sehr unterschiedlich nachgelebt.

---

[63]) Zuständig für die Prüfung und Genehmigung der Verträge ist nach Art. 102 Ziff. 7 BV der Bundesrat. Sofern vom Bundesrat oder einem anderen Kanton Einsprache erhoben wird, ist ein Vertrag der Bundesversammlung vorzulegen (Art. 85 Ziff. 5 BV). Die amerikanische Verfassung (Art. I sect. 10 Abs. 3) verpflichtet die Gliedstaaten, vertragliche Abmachungen dem Kongreß zu unterbreiten. Vgl. Frankfurter/Landis, The Compact Clause of the Constitution, Yale Law Journal 34 (1925) 685 ff.

[64]) BGE 54 I 333 f. (1928) im Gegensatz zu den Ausführungen des Bundesgerichts in BGE 24 I 446 (1898). Auch die Doktrin bejaht einhellig die deklaratorische Bedeutung der Genehmigung: Fleiner/Giacometti, aaO. 163 f.; A. Bolle, Das interkantonale Recht 117 f.; W. Burckhardt, Kommentar der schweiz. Bundesverfassung, 3. A. Bern 1931, S. 76.

Für genehmigte Vereinbarungen sind die Kantone gemäß Art. 7 Abs. 2 der Bundesverfassung berechtigt, die Mitwirkung der Bundesbehörden anzusprechen. Auf diese Bestimmung stützt sich die Praxis einzelner Verträge, eine Bundesbehörde mit Verwaltungs-, Entscheidungs- oder Schlichtungsaufgaben zu betrauen[65]). Zulässig dürfte auch eine nachträgliche, d. h. im Vertrage nicht vorgesehene Übertragung einzelner Funktionen an eine Bundesbehörde durch die mit der Durchführung betrauten kantonalen oder interkantonalen Instanzen sein, sofern sie im Einverständnis aller beteiligten Kantone erfolgt. Zweifelhaft ist dagegen, ob die Bundesbehörden auf einseitiges Begehren eines oder mehrerer Vertragskantone einen interkantonalen Vertrag gegen einen widerspenstigen Kanton mit Hilfe der Bundesgewalt durchsetzen können. Für eine solche Auffassung scheint Art. 102 Ziffer 2 der Bundesverfassung zu sprechen, der dem Bundesrat aufträgt, über die Beobachtung der Vorschriften eidgenössischer Konkordate zu wachen. Da aber für Streitigkeiten unter den Kantonen wie auch für Beschwerden von Privaten wegen Verletzung von Konkordaten das Bundesgericht zuständig ist, müssen sich die Kompetenzen des Bundesrates und der übrigen Bundesbehörden auf die Vollstreckung entsprechender Bundesgerichtsurteile beschränken[66]).

b) Kantonsverfassungen

Die kantonalen Verfassungen enthalten nur wenige Bestimmungen über interkantonale Verträge. Meist begnügen sie sich mit der Festlegung der Abschlußkompetenz, einige beauftragen darüber hinaus die Regierung (Regierungsrat, Staatsrat, Kleiner Rat oder Standeskommission) mit der Durchführung interkantonaler Vereinbarungen. Terminologisch ist in der Regel undifferenziert nebeneinander die Rede von

---

65) So beruft nach Art. 36 des Konkordates über die wohnörtliche Unterstützung vom 25. Mai 1959 das Eidg. Justiz- und Polizeidepartement die Armen- und Fürsorgedepartemente der Kantone nach Bedürfnis zu Konferenzen ein und entscheidet nach Art. 40 u. 41 endgültig über Konkordatsstreitigkeiten zwischen den Kantonen. Fast durchwegs sehen die Konkordate vor, daß Beitritt und Kündigung gegenüber dem Bundesrat oder ausnahmsweise einer anderen Bundesbehörde zu erklären sind.

66) W. Burckhardt, Kommentar S. 77 f. und 736. Im Ergebnis damit übereinstimmend die Beschränkung des Begriffs der „eidgenössischen Konkordate" in Art. 102 Ziff. 2 BV auf die (heute alle dahingefallenen) eidgenössischen Konkordate vor 1848 als einer besonderen Form von Bundesrecht bei Max Huber, Am. J. Int. Law 3 (1909) 83. A. M.: A. Bolle, aaO. 125 f., der unter „eidgenössische Konkordate" auch die neu abgeschlossenen Konkordate von allgemeinem Interesse subsumieren will.

„Verträgen (oder Staatsverträgen) und Konkordaten" („traités et concordats"). Nur den einen oder anderen Ausdruck verwenden Appenzell I.-Rh. (Konkordate), Bern und Basel-Stadt (Verträge). Der in der Bundesverfassung enthaltene Begriff des „Verkommnisses" wird in Verbindung mit „Konkordat" gebraucht von Solothurn, in Verbindung mit „Vertrag" von Schwyz und Glarus. In zwei Verfassungen ist die Rede von „Vereinbarungen" (Aargau und Basel-Land), im einen Fall (Aargau) jedoch nur bezogen auf Verträge mit dem Ausland. Die Verfassung des Kantons Wallis verwendet neben den Ausdrücken „Konkordat" und „Vertrag" den weiteren Begriff des „Abkommens" („convention").

Die Auslegung dieser Verfassungsbestimmungen wird dadurch erschwert, daß zahlreiche Verfassungen nicht unterscheiden zwischen Verträgen mit anderen Kantonen und Verträgen der Kantone mit dem Ausland, wie sie im Rahmen von Art. 9 der Bundesverfassung ausnahmsweise zulässig sind. Einzelne Kantone erwähnen die Verträge mit dem Ausland nicht, zwei Kantone, Freiburg und Tessin, weder die Verträge mit dem Ausland noch diejenigen mit anderen Kantonen.

In der Regel begnügen sich die kantonalen Verfassungen mit Vorschriften über die Abschluß- oder Genehmigungskompetenz für Staatsverträge und Konkordate. Neun Kantone (Uri, Obwalden, Zug, Schaffhausen, Appenzell I.-Rh., St. Gallen, Waadt, Neuenburg und Genf) erklären das kantonale Parlament als zuständig, und die gleiche Regelung dürfte für Freiburg und Tessin gelten, da der Große Rat alle Teile des Souveränitätsrechts ausübt, die nicht ausdrücklich einer anderen Behörde zugewiesen sind. Luzern sieht für Verträge das fakultative Referendum vor, die Kantone Wallis, Bern, Solothurn, Basel-Land, Appenzell A.-Rh., Graubünden und Aargau unterstellen interkantonale Verträge der Genehmigung des Parlaments unter Wahrung der Rechte des Volkes auf dem Wege des obligatorischen Referendums oder der Abstimmung an der Landsgemeinde. Zürich unterstellt Konkordate über Gegenstände, welche im Kanton der Volksabstimmung unterliegen, dem obligatorischen Referendum. Schwyz, das für Gesetze das obligatorische Referendum kennt, sieht für Verträge das fakultative Referendum vor, während der Kanton Thurgau neben der Abschlußkompetenz des Großen Rates für Verträge das obligatorische Referendum für Konkordate vorschreibt. Eine Teilung der Kompetenz kennen auch Nidwalden und Glarus, wobei dem Parlament die Abschlußkompetenz zukommt, sofern nicht bestehende Gesetze abgeändert werden. Nidwalden erstreckt diesen Vorbehalt zugunsten der Landsgemeinde auf „wichtige"

Vereinbarungen. Auf die Bedeutung eines Vertrages stellt auch Basel-Stadt ab: wichtige Verträge sind durch den Großen Rat zu ratifizieren, für die übrigen ist der Regierungsrat zuständig.

VII. Die Praxis des interkantonalen Vertragsrechts

a) Abschluß der Verträge

Die uneinheitliche Terminologie in der Bundesverfassung[67]) und den Kantonsverfassungen setzt sich in der Abschlußpraxis für interkantonale Verträge fort, indem sowohl die genannten wie auch weitere Bezeichnungen („Übereinkunft“, „Übereinkommen“ usw.) unausgeschieden nebeneinander verwendet werden. Bei einer Gliederung der Verträge nach der Abschlußkompetenz können wir vorerst einen engeren Kreis ausscheiden, der dem verfassungsmäßig vorgesehenen Verfahren für Verträge und Konkordate entspricht. Diese erste Gruppe ist in Parallele zu setzen zu den formellen Staatsverträgen im internationalen Verkehr. Entscheidende Instanz ist grundsätzlich das Parlament, entweder abschließend oder unter Vorbehalt des fakultativen oder obligatorischen Referendums. Die dem Vertragsschluß vorangehenden Verhandlungen werden von der Regierung bzw. den von ihr bestimmten Delegierten geführt. Der von der Exekutive genehmigte Vertragstext wird dem Palament und je nach den Vorschriften des einzelnen Kantons auch dem Volk vorgelegt. Im Zusammenwirken dieser Organe kann man sich fragen, welcher Akt als Ratifikation zu betrachten ist. Einzelne Verfassungen sprechen ausdrücklich von „Ratifikation“ im Zusammenhang mit der Kompetenz des Parlaments, andere lassen durch ähnliche Formulierungen, wie „Entscheid über Beitritt“, „Beschluß über Beitritt“ oder „Abschluß“ ebenfalls die Absicht erkennen, den entscheidenden Abschlußakt dem Parlament oder dem Volk vorzubehalten. Es muß aber auch für die anderen Kantone, bei denen z. B. von der „Genehmigung“ durch das Parlament die Rede ist, angenommen werden, daß der Parlamentsbeschluß, unter Vorbehalt der Zustimmung des Volkes, den entscheidenden Akt darstellt[68]). Den Abschluß des

---

[67]) In der Bundesverfassung werden verwendet die Begriffe „Verkommnis“ (Art. 7 Abs. 2), „Verträge der Kantone unter sich“ (Art. 85 Ziff. 5 und 102 Ziff. 7), „Konkordate“ (Art. 113 Ziff. 3 und Art. 2 Übergangsbestimmungen) und „eidgenössische Konkordate“ (Art. 102 Ziff. 2), wobei diese Ausdrücke teilweise für die gleiche Bedeutung verwendet werden.

[68]) So auch Fleiner/Giacometti, aaO. 164 Anm. 29, und Z. Giacometti, Das Staatsrecht der schweiz. Kantone, Zürich 1941, 484 f.

Verfahrens bildet eine formlose Mitteilung an den oder die Vertragspartner oder — bei Konkordaten — an den Bundesrat. Ein Austausch von Ratifikationsurkunden findet nicht statt.

Da der Regierung nach erfolgter Zustimmung von Parlament oder Volk ohne ausdrückliche Ermächtigung kein Ermessen zusteht, ob sie den Vertrag wirksam werden lassen will oder nicht, tritt m. E. die Verbindlichkeit, unter Vorbehalt der Genehmigung durch den oder die Vertragspartner, mit der Publikation des entscheidenden Beschlusses im kantonalen Amtsblatt ein. Erfolgt keine Publikation, so ist die Mitteilung an den oder die Vertragspartner, bei Konkordaten die Mitteilung an den Bundesrat entscheidend[69]).

Neben die Form des formellen Staatsvertrages im Sinne des verfassungsmäßig ausdrücklich vorgesehenen Verfahrens treten in der Praxis die Vertragsschließung durch die kantonale Regierung[70]) und — soweit für Staatsverträge das fakultative oder obligatorische Referendum vorgeschrieben ist — auch die Zwischenform einer einfachen Genehmigung durch das kantonale Parlament. Eine solche Teilung der Abschlußkompetenz ist in einer Anzahl kantonaler Verfassungen ausdrücklich vorgesehen, vor allem die Teilung der Kompetenz zwischen dem aus Parlament und Volk bestehenden Gesetzgeber und dem Parlament als endgültiger Ratifikations- oder Genehmigungsinstanz für nicht referendumspflichtige Verträge[71]), vereinzelt auch die Teilung der Kompetenz zwischen Regierung und Gesetzgeber oder Parlament[72]). Ohne eine ausdrückliche Kompetenz dürfte

---

69) In Art. 5 des Konkordates über den Ausschluß von Steuerabkommen vom 10. Dez. 1948 ist vorgesehen, daß das Konkordat nach Genehmigung durch den Bundesrat mit der Veröffentlichung in der eidg. Gesetzessammlung in Kraft trete. Damit dürfte auch ein späterer Beitritt mit dieser Veröffentlichung wirksam werden. In Art. 43 des Konkordates über die wohnörtliche Unterstützung vom 25. Mai 1959 wird es dem Bundesrat überlassen, den Zeitpunkt der Wirksamkeit eines Beitrittes zu bestimmen.

70) An sich steht auch den kantonalen Obergerichten im Bereich ihrer selbständigen Rechtssetzungs- und Verwaltungskompetenzen ein Abschlußrecht zu, praktisch dürfte sich dieses indessen auf Gegenrechtserklärungen beschränken. Soweit die Ressortchefs (Direktionsvorsteher) der kantonalen Regierungen Verwaltungsvereinbarungen mit anderen kantonalen Regierungen oder deren entsprechenden Verwaltungsabteilungen abschließen, unterliegen diese fast durchweg der Genehmigung durch die Gesamtregierung.

71) Z. B. Art. 26 Ziff. 4 der Verfassung des Kantons Bern, wonach Staatsverträge der Genehmigung des Großen Rates unterliegen, „insofern diese Verträge nicht einen Gegenstand der Gesetzgebung betreffen." Dazu: BGE 40 I 557 (1914). Ähnlich Art. 57 Ziff. 4 Nidwalden, Art. 44 Glarus sowie Art. 17 u. 31 Solothurn.

72) § 39 lit f Baselstadt und Art. 33 Graubünden.

ein vereinfachtes Abschlußverfahren jedenfalls bei Vorliegen einer Delegation des Gesetzgebers zugunsten der Regierung oder der Regierung in Verbindung mit dem Parlament unangefochten sein[73]).

Interessanter als die Delegation, die hier in ihrer rechtsstaatlichen Problematik nicht weiter verfolgt werden soll, gestaltet sich unter dem spezifischen Aspekt unseres Themas die Untersuchung darüber, ob der Regierung auch dort, wo die Verfassung schweigt und keine Delegation vorliegt, eine unmittelbare verfassungsmäßige Kompetenz zum Abschluß von Abkommen mit anderen Kantonen zukommt. Es handelt sich um die bekannte völkerrechtliche Diskussion um die Zulässigkeit von Regierungsabkommen, der sogen. „Executive Agreements", neben den formellen, vom Parlament genehmigten Staatsverträgen[74]), eine Diskussion, die auch schon im Kreise dieser Vereingung geführt wurde[75]).

Bei Fehlen ausdrücklicher Verfassungsnormen greift hier die schweizerische Praxis — in teilweiser Übereinstimmung mit der Doktrin — auf die innerstaatliche Zuständigkeitsordnung zurück. Eine selbständige Abschlußkompetenz für internationale Abkommen steht danach dem Bundesrat im Rahmen seines innerstaatlichen Verordnungsrechtes zu[76]). Eine solche Kompe-

---

[73]) Diese Delegation kann sich auf ein ganz bestimmtes, vielleicht zwischen den übrigen Vertragspartnern schon in Kraft befindliches, Konkordat beziehen. Die Kompetenz zum Abschluß von Vereinbarungen kann aber auch im voraus für eine bestimmte Materie eingeräumt sein, so z. B. § 18 des zürcherischen Steuergesetzes vom 8. Juli 1951, OS Zürich 38, 699, mit einer Ermächtigung an den Regierungsrat zum Abschluß von Vereinbarungen mit anderen Kantonen über Steuerbefreiungen und Beschränkungen der Steuerhoheit, oder § 16 des zürcherischen Gesetzes über den gewerbsmäßigen Viehhandel vom 2. April 1922, OS Zürich 32, 35, der den Kantonsrat ermächtigte, „einem interkantonalen Konkordat über den Viehverkehr, das den Grundsätzen dieses Gesetzes entspricht", beizutreten.

[74]) Vgl. Elbert M. Byrd, Treaties and Executive Agreements in the United States, Den Haag 1960; H. Mosler, Die auswärtige Gewalt im Verfassungssystem der Bundesrepublik Deutschland, in H. 29 der Beiträge zum ausl. öff. R. und VöR. (Festschrift für C. Bilfinger) 1954, 243, bes. 283 f. Die von H. Schneider, Staatsverträge und Verwaltungsabkommen zwischen deutschen Bundesländern, DÖV 10 (1957) 644 ff., schon im Titel erscheinende Unterscheidung nach dem Inhalt der Verträge, wie sie auch dem Bonner Grundgesetz zugrunde liegt, tritt im schweizerischen Recht eindeutig zurück gegenüber der Aufteilung nach der Abschlußkompetenz bzw. der Form der vertraglichen Abmachung.

[75]) W. Grewe und E. Menzel, Die auswärtige Gewalt der Bundesrepublik, Veröffentl. der Vereinigung der Deutschen Staatsrechtslehrer, H. 12, 1954, 129, bes. 155 ff., und 179, bes. 191 ff.

[76]) In diesem Sinne P. Guggenheim, Lehrbuch des Völkerrechts Bd. I, 68. A. M.: Fleiner/Giacometti, aaO. 828.

tenz muß auch den kantonalen Regierungen im Hinblick auf interkantonale Abkommen zuerkannt werden, besonders nachdem sich auch sonst die Kantonsverfassungen mit ihrer Regelung der Abschlußkompetenz stark an die interne Gesetzgebungsbefugnis anlehnen[77].) Dabei darf allerdings die Tatsache nicht übersehen werden, daß ein Vertrag durch seine völkerrechtliche Bindung in seinen Wirkungen über die innerstaatliche Rechtssetzungsbefugnis hinausgehen kann.

Auch im Rahmen ihrer selbständigen Abschlußkompetenz bleibt die kantonale Regierung an die ihr gesetzten Ausgabengrenzen gebunden. Übersteigen die eingegangenen finanziellen Verpflichtungen diese Limite, so muß der Vertrag dem Parlament oder Parlament und Volk zur Genehmigung unterbreitet werden[78]).

Mit einer solchen theoretischen Abgrenzung sind nicht alle Fragen gelöst. Sicher steht der Regierung parallel zur internen Vollzugskompetenz das Recht zum Abschluß von Verwaltungsabkommen zu. Während die Verwaltungsverordnungen im innerkantonalen Recht jedoch in vollem Umfang an die Gesetze gebunden bleiben, stellt sich die Frage, ob in Anwendung der Ausführungskompetenzen bei Abkommen mit anderen Kantonen nicht ausnahmsweise von kantonalen Gesetzen abgewichen werden kann. Solche Abweichungen werden gelegentlich ausdrücklich vorgesehen. So ermächtigt das Zürcher Steuergesetz den Regierungsrat, ohne an die Bestimmungen des kantonalen Rechts gebunden zu sein, mit anderen Kantonen oder fremden Staaten Vereinbarungen über gegenseitige Steuerbefreiungen oder andere gegenseitige Beschränkungen der Steuerhoheit abzuschließen[79]). Keine solche Ermächtigung lag aber vor, als der Zürcher Regierungsrat mit dem Kt. Thurgau vereinbarte, daß einige thurgauische Höfe der benachbarten zürcherischen Schule zugeteilt und gleichzeitig den Stimmberechtigten dieser Höfe die Mitwirkung bei Lehrerwahlen in dieser Gemeinde eingeräumt wurde[80]), oder als in einer Über-

---

[77]) So durch das Abstellen darauf, ob ein Vertrag eine Materie der Gesetzgebung beschlägt oder nicht (vgl. Anm. 71). In dem im Text erwähnten Sinne BGE 40 I 396 (1914).

[78]) So für den Kt. Zürich BGE 40 I 394 ff. (1914), obwohl der damalige Art. 30 Abs. 2 Ziff. 1 der Kantonsverfassung nur „Konkordate" dem obligatorischen Referendum unterstellte. Konkret wurde aber die Zuständigkeit des Kantonsrates zum selbständigen Vertragsabschluß anerkannt, da es sich um den Vollzug einer gesetzlichen Aufgabe handelte.

[79]) § 18 des Gesetzes über die direkten Steuern vom 8. Juli 1951, OS Zürich 38, 699.

[80]) Vertrag zwischen den Regierungsräten von Zürich und Thurgau über die Ordnung der Schulverhältnisse der Höfe Reggtal,

einkunft, ebenfalls mit dem Kt. Thurgau, für Handänderungen bei Grundstücken, die auf dem Gebiet beider Kantone liegen, die notarialische Fertigung nach bestimmten Grundsätzen dem einen oder anderen Kanton zugeteilt wurde[81]). Im ersten Fall fiel es sicher in die Kompetenz des Regierungsrates, außerkantonalen Schülern den Besuch zürcherischer Schulen zu gestatten und die Bedingungen dafür festzusetzen; die Regierung überschritt aber offensichtlich ihre Zuständigkeit mit der Einräumung des Stimmrechts an die Einwohner der thurgauischen Höfe, da der Kreis der Stimmberechtigten in Verfassung und Gesetz abschließend geregelt ist. Im zweiten Fall kommt das Regierungsabkommen wohl ebenfalls in Konflikt mit der gesetzlich festgelegten Zuständigkeit der Notare für die Fertigung bei Grundstücken im eigenen Kanton, doch dürfte der Regierungsrat sich im Rahmen seiner Exekutivbefugnisse bewegt haben, nachdem das Gesetz auch innerkantonal im Interesse einer einheitlichen Beurkundung bei Grundstücken an den Kreisgrenzen eine ähnliche Regelung vorsieht[82]).

b) Geltung der Verträge

Diese Probleme zeigen den engen Zusammenhang zwischen der Abschlußkompetenz und der G e l t u n g des interkantonalen Rechts. Das interkantonale Recht steht auf einer Zwischenstufe zwischen Bundesrecht und kantonalem Recht. Im Verhältnis zum Bundesrecht wird es wie kantonales Recht behandelt und unterliegt im vollen Umfang der Regel „Bundesrecht bricht kantonales Recht"[83]). Dieser Vorrang des Bundesrechts wird durch die bundesrätliche Genehmigung interkantonaler Verträge nicht beeinträchtigt, da diesen infolge der Genehmigung auch im Verhältnis zum Bundesrecht kein höherer Rang zukommt[84]).

Meiersboden und Horn vom 24. April/21. Mai 1926, OS Zürich 33, 274. Ähnlich: Vereinbarung zwischen den Regierungsräten von St. Gallen und Zürich über die Ordnung der Schulverhältnisse der Höfe Burgstock und Ruhhalden vom 17. Jan./19. Febr. 1929, OS Zürich 34, 183.

[81]) Übereinkunft zwischen den Kantonen Zürich und Thurgau betr. die Beurkundung und die grundbuchliche Behandlung von Rechtsgeschäften über Grundstücke, die in beiden Kantonen liegen, vom 24. Dez./27. Jan. 1927, OS Zürich 33, 459.

[82]) Vgl. § 237 des Einführungsgesetzes zum Schweizerischen Zivilgesetzbuch vom 2. April 1911, OS Zürich 29, 145.

[83]) Vgl. H. K r ü g e r , Völkerrecht im Bundesstaat, in Festg. für E. Kaufmann („Recht und Gerechtigkeit"), Stuttgart/Köln 1950, 246, und umfassend zum Problem: Max I m b o d e n , Bundesrecht bricht kantonales Recht, Diss. Zürich 1940.

Die Gleichstellung des interkantonalen Rechts mit dem kantonalen Recht gilt aber nur unter dem Blickwinkel des Bundesrechts. Vom kantonalen Recht aus gesehen ist das interkantonale Recht ein *aliud*. Einzelne ältere Entscheidungen, zuletzt ein Urteil aus dem Jahre 1928, das — im Zusammenhang mit der Klagelegitimation[85]) — von Konkordatsrecht spricht, „das gegenüber den Kantonsangehörigen als internes kantonales Recht zur Anwendung kommt" und als internes Recht „nur die Bedeutung eines großrätlichen Dekrets, wenn nicht sogar einer bloßen regierungsrätlichen Verordnung" habe und deshalb auch durch ein späteres großrätliches Dekret wieder aufgehoben werden könne[86]), finden in der neueren Praxis des Bundesgerichts keine Bestätigung. Gleichermaßen wie die völkerrechtlichen Verträge der Schweiz mit ausländischen Staaten als Völkerrecht und nicht als transformiertes Recht innerstaatlich anwendbar sind, erlangt auch das interkantonale Vertragsrecht ohne Änderung seiner Rechtsnatur Wirksamkeit in den einzelnen Vertragskantonen[87]). Selbst dort, wo die Form des Abschlusses bzw. der Ratifikation identisch ist mit dem für die Setzung innerkantonalen Rechts vorgeschriebenen Verfahren, haben wir nicht etwa einen doppelten Rechtsakt in dem Sinne vor uns, daß der eine nach innen, der andere nach außen gerichtet wäre. Die interne Wirkung ist immer nur die Folge der vertraglichen Bindung nach außen und in ihrem Bestand von der interkantonalen Geltung abhängig, so daß mit dem Hinfall eines Konkordats die innerstaatliche Wirkung ihr Ende findet.

Die dargelegte Rechtsauffassung mit ihrer Ablehnung der Inkorporationstheorie kommt deutlich zum Ausdruck in einem

---

84) BGE 54 I 333 (1928) und neuerdings eine nicht publizierte Entscheidung vom 4. März 1959 (vgl. AS 1959, 626 u. 994), mit der das Bundesgericht das vom Bundesrat genehmigte Konkordat über Maßnahmen zur Bekämpfung von Mißbräuchen im Zinswesen vom 8. Okt. 1957, AS 1958, 374, teilweise als bundesrechtswidrig aufhob. In den Vereinigten Staaten ändert die in der Unionsverfassung vorgesehene Genehmigung zwischengliedstaatlicher Verträge nach einer neueren, erst nach einigem Zögern festgelegten Rechtsprechung insofern deren Charakter, als damit eine besondere, sonst nicht gegebene Zuständigkeit des Obersten Gerichtshofes zur Überprüfung der Anwendung dieser Verträge geschaffen wird: Delaware River Commission v. Colburn (1940) 310 U. S. 419, 427 f.

85) Vgl. hinten S. 117 f.

86) BGE 54 I 147 f. u. 159 (1928). Gegen diese Aufspaltung aber schon BGE 35 I 117 (1909).

87) Vgl. W. Burckhardt, Kommentar S. 78 f.. In diesem Sinne offenbar auch Fleiner/Giacometti, aaO. 162, und eindeutiger Giacometti, wenn er in einem von Rice, Law Among States in Federacy 805, zitierten Brief ausdrücklich auf den Vorrang des interkantonalen Rechts gegenüber späterem kantonalen Recht hinweist.

Urteil des Bundesgerichts von 1955[88]). Mit der Interkantonalen Vereinbarung über die Kontrolle des Heilmittel[89]) hatten sich die Kantone u. a. verpflichtet, das kantonale Bewilligungsverfahren zu vereinfachen und lediglich eine Kanzleigebühr zu erheben. Das Bundesgericht ließ die Frage offen, ob aus dieser Bestimmung über die Kanzleigebühren ein individueller Anspruch erwachse, erklärte sie aber ohne Rücksicht auf entgegenstehende kantonale Vorschriften als unmittelbar verbindlich für die kantonalen Behörden. Nach allgemein geltenden Rechtsgrundsätzen gehe das Konkordatsrecht „als gemeinsam vereinbartes Recht dem Rechte jedes einzelnen der am Konkordat teilnehmenden Kantone vor, ähnlich wie völkerrechtliche Verträge dem Landesrecht vorgehen." Dieser Vorrang erstreckt sich sinngemäß auf alles interkantonale Recht, d. h. auch auf Regierungsabkommen und Erlasse, die von interkantonalen Instanzen auf Grund ausdrücklicher Ermächtigung ausgehen, unabhängig davon, ob dieses interkantonale Recht kantonalem Gesetzes- oder Verordnungsrecht gegenübersteht. Widersprechendes kantonales Recht wird aber nicht aufgehoben, sondern nur suspendiert für die Geltungsdauer des interkantonalen Vertrags[90]). Fällt eine interkantonale Vereinbarung dahin, so wird das innerkantonale Recht wieder wirksam, so daß neben einem Konkordat ein diesem widersprechendes kantonales Gesetz latent weiterbesteht. Möglich ist selbstverständlich auch, daß ein Gesetz für den von einem Konkordat nicht erfaßten Bereich in Geltung bleibt[91]).

Der Vorrang des interkantonalen Rechts gilt aber immer nur unter der Voraussetzung, daß es gültig zustande gekommen ist. Während für internationale Staatsverträge umstritten ist, ob die Gültigkeit ausschließlich nach dem internen Recht der Vertragspartner oder nach Völkerrecht zu beurteilen ist[92]), gilt für das interkantonale Recht die Regel, daß es nur unter Einhal-

---

[88]) BGE 81 I 358, bes. 361. Vgl. übrigens schon BGE 1, 196 (1875), wonach eine Änderung der kantonalen Gesetzgebung die Pflichten aus einem Konkordat nicht ändern, sondern nur Veranlassung zur Kündigung oder zum Rücktritt von einem Konkordat sein könne.

[89]) Vereinbarung vom 16. Juni 1954, AS 1955, 553, bzw. frühere Fassung vom 28. Mai 1942, BS 4, 431.

[90]) W. Burckhardt, Kommentar S. 78; Fleiner/Giacometti, aaO. 162.

[91]) Beispielsweise bleibt das zürcherische Gesetz über den gewerbsmäßigen Viehhandel vom 2. April 1922, OS Zürich 32, 235, für den durch das Viehhandelskonkordat vom 13. Sept. 1943, BS 9, 372, nicht erfaßten Bereich weiterhin in Geltung.

[92]) Vgl. die Zusammenstellung der Lehrmeinungen und der Praxis in Harvard Research in International Law, III. Law of Treaties, Am. J. Int. Law 29 (1935) Suppl. 992—1009.

tung der innerkantonalen Kompetenzvorschriften gültig entstehen kann[93]). Da diese Kompetenz der Abschlußorgane nicht nur positiv in den Formvorschriften zum Abdruck kommt, sondern auch negativ die materiellen Verfassungsschranken zu beachten sind, dürfte ein Konflikt zwischen interkantonalem Recht und kantonaler Verfassung ausgeschlossen sein. In der verfassungsmäßig vorgesehenen Form genehmigtes oder ratifiziertes späteres Vertragsrecht geht dagegen auf jeden Fall früherem Gesetzesrecht vor. Beim vereinfachten Abschlußverfahren (Regierungsabkommen oder bloß durch das Parlament unter Verzicht auf das verfassungsrechtlich vorgeschriebene Referendum genehmigte Verträge) wird durch die Verknüpfung mit der internen Kompetenzverteilung ein Konflikt mit früherem Gesetzesrecht ausgeschlossen, abgesehen von den erwähnten Fällen, bei denen mit dem vereinfachten Abschlußverfahren ausdrücklich oder stillschweigend eine Kompetenz zur Abweichung von einzelnen gesetzlichen Bestimmungen verbunden ist[94]). Am ehesten eintreten wird indessen ein Konflikt zwischen interkantonalem Vertragsrecht und späterem kantonalen Gesetzes- oder Verordnungsrecht. Hier gelangt die Regel, daß das gültig zustande gekommene interkantonale Vertragsrecht dem kantonalen Recht vorgeht, zu ihrer vollen Auswirkung[95]).

c) Beendigung der Verträge

Über die Beendigung interkantonaler Verträge ist weder in der Bundesverfassung noch in den kantonalen Verfassungen etwas gesagt. Tatsächlich folgt sie weitgehend völkerrechtlichen Grundsätzen[96]). Als Beendigungsgründe kommen in Frage die Vertragserfüllung, die übereinstimmende Willensäußerung auf Aufhebung und die einseitige Kündigung bzw. der Rücktritt. Eine Kündigung ist nicht zulässig bei Verträgen, die konkrete Rechtsverhältnisse (z. B. Staatsservituten) oder unmittelbare subjektive Rechte und Pflichten der Vertragskontrahenten zum Gegenstand haben, ausgenommen bei Vorliegen der Voraussetzungen für die Anwendung der *clausula rebus sic*

---

[93]) BGE 40 I 394 ff. und 40 I 554 u. 556 f. (1914). Ausführlich in diesem Sinne schon A. Bolle, Das interkantonale Recht 132—134.

[94]) Vgl. vorn bei Anm. 79 ff.

[95]) So auch W. Burckhardt, Kommentar S. 78, wenn er ausführt, daß es „(verbindliches) konkordatswidriges Landesrecht in einem Kanton nicht geben kann."

[96]) Vgl. Max Huber, Am. J. Int. Law 3 (1909) 86 f. P. Grätzer, Die clausula rebus sic stantibus beim öffentlich-rechtlichen Vertrag, Diss. Zürich 1953, 62 f., anerkennt hier nur „rezipiertes, transformiertes Völkerrecht."

stantibus[97]). Für Verträge rechtssetzenden Inhalts nimmt Giacometti unter Hinweis auf eine beiläufige Bemerkung des Bundesgerichts ein freies Kündigungsrecht an[98]). Das Bundesgericht berief sich in jenem Urteil auf Gewohnheitsrecht, während Giacometti das Kündigungsrecht in Parallele setzt zum Recht des Kantons, ein internes Gesetz jederzeit aufheben zu können. Wenn auch diese Parallele dem Vorrang des interkantonalen Rechts nicht Rechnung trägt, so ist doch dem Ergebnis insofern zuzustimmen, als eine einseitige Kündigung, allerdings beschränkt durch den Grundsatz von Treu und Glauben, zulässig sein muß. Praktisch spielt das Problem kaum eine Rolle, da die interkantonalen Vereinbarungen sozusagen durchwegs ein Kündigungsrecht oder eine feste Vertragsdauer mit nachfolgender periodischer, meist kurzfristiger Kündigungsmöglichkeit vorsehen[99]).

VIII. Zwischengliedstaatliche Institutionen und deren Kompetenzen

a) Schweizerisches Recht

In den bisherigen Ausführungen haben wir den vertraglichen Aspekt der Zusammenarbeit unter den Kantonen in den Vordergrund gestellt. Diese Zusammenarbeit hat aber auch einen institutionellen Aspekt. Dabei können wir von unserem Thema aus unterscheiden zwischen Organen und Institutionen, die nur der Koordination und Konsultation dienen, und Organen und Institutionen, die auf Grund von Vertragsrecht ein-

---

97) BGE 8, 56 f. (1882), 54 I 202 ff. (1928). Für die Anwendung der „clausula rebus sic stantibus" auf interkantonales Recht vgl. auch das (nicht publizierte) Urteil des Bundesgerichts vom 2. Juni 1949 i. S. Schwyz, St. Gallen u. Schweiz. Südostbahn gegen Kt. Zürich (Erw. 2 lit. e) und allgemein auf öffentlich-rechtl. Verträge BGE 67 I 301 (1941).

98) BGE 54 I 203 (1928) und Fleiner/Giacometti, aaO. 162.

99) Z. B. § 31 des Viehhandelskonkordats vom 13. Sept. 1943: einjährige Kündigungsfrist auf Ende eines Jahres; Art. 12 der Interkantonalen Vereinbarung betr. die gemeinsame Durchführung von Lotterien vom 26. Mai 1937: dreimonatige Kündigungsfrist jeweilen auf den Ziehungstag einer ausgegebenen Lotterie. Ausnahmsweise lange Fristen finden wir in Art. 12 der ostschweizerischen Vereinbarung betr. den Vollzug der Zuchthaus- und Gefängnisstrafen usw. vom 27. Januar 1956 (vorn Anm. 16): Kündigungsfrist von 5 Jahren auf Ende eines Kalenderjahres, erstmals auf Ende des 15. Kalenderjahres nach der vollumfänglichen Inkraftsetzung. Keine Kündigungsfrist sehen vor das Konkordat betr. Befreiung von der Verpflichtung zur Sicherheitsleistung für die Prozeßkosten vom 5./20. November 1903 und das Konkordat über den Handel mit Waffen und Munition vom 20. Juli 1944.

gesetzt sind, zu dessen Ausführung und Anwendung dienen oder auch nur mit dessen Vorbereitung betraut sind.

Den vorbereitenden und konsultativen Organen kommt bei der interkantonalen Zusammenarbeit die größere Bedeutung zu. Über sie wird insbesondere auch ein wesentliches Mitspracherecht bei der Erfüllung der Bundesaufgaben ausgeübt. Im Vordergrund stehen die Konferenzen der Ressortvorsteher der kantonalen Regierungen. Diese sogen. Direktoren-Konferenzen — sie entsprechen den deutschen Ministerkonferenzen — sind sowohl zu einer ständigen Institution interkantonaler Zusammenarbeit, wie auch zu einem wichtigen Konsultationsorgan in Bundesangelegenheiten geworden. Sie treten ein- oder mehrmals jährlich für die Gebiete der Finanzen, der Bauten, der Justiz und Polizei, des Militärs, der Erziehung, der Landwirtschaft, der Volkswirtschaft, des Gesundheitswesens und des Armenwesens zusammen und bestehen zum Teil schon fünfzig Jahre und mehr[100]). Verbindliche Beschlüsse werden nicht gefaßt, und die Teilnehmer treten in der Regel auch nicht auf Grund besonderer Vollmachten oder Instruktionen ihres Regierungskollegiums auf. Eine Vollmacht kann ihnen aber im Einzelfall, z. B. zur Vorbereitung eines Konkordats, eingeräumt sein. Sekretäre und besondere Sachbearbeiter werden nur ausnahmsweise beigezogen. Hingegen beteiligen sich an den Zusammenkünften regelmäßig oder auf besondere Einladung hin Vertreter des Bundesrates oder der Bundesverwaltung, die öfters auch selber eine Konferenz einberufen. Eigentliche vertragliche Abmachungen als Grundlage für diese Institutionen liegen nach den mir zugänglichen Informationen nicht vor. Die Organisation beschränkt sich auf die turnusmäßige Einsetzung eines Präsidenten und eines Quästors, der die gemeinsamen Kosten auf die Kantone verteilt.

Staatliche Funktionen kommen den einzelnen Konferenzen nicht zu. Eine Ausnahme stellt das Konkordat über den Ausschluß von Steuerabkommen dar, indem dieses die Finanzdirektoren-Konferenz als ein von den Kantonen aus weder vertraglich noch gesetzlich konstituiertes Gebilde zum Wahlorgan für die Konkordatskommission einsetzt und ihr u. a. die Regelung des Verfahrens dieser Kommission überträgt[101]): ein Beispiel für die über weite Strecken pragmatisch orientierte Struktur des schweizerischen interkantonalen Rechts!

---

100) In BGE 78 I 484 (1952) ist schon für das Jahr 1911 von einer Finanzdirektorenkonferenz die Rede.

101) Art. 4 des Konkordates zwischen den Kantonen der Eidgenossenschaft über den Ausschluß von Steuerabkommen vom 10. Dezember 1948, AS 1949, 1364.

In ähnlich zwangloser Weise wie die Direktoren-Konferenzen gibt es zahlreiche interkantonale Gremien konsultativen Charakters, beispielsweise eine Interkantonale Verkehrskommission und eine Jahreskonferenz der kantonalen Aufsichtsbehörden für das Zivilstandswesen. In weiteren Fällen, so bei der Staatsschreiber-Konferenz und der Bausekretären-Konferenz tritt das öffentlich-rechtliche Moment zurück oder entfällt ganz, was diesen Gebilden den Charakter von Vereinen des bürgerlichen Rechts gibt.

Rechtlich interessanter ist die Gruppe der interkantonalen Organe und Institutionen, die auf Grund von Vertragsrecht eingesetzt sind und dessen Ausführung und Anwendung zur Aufgabe haben. Bereits früher haben wir die auf Grund interkantonaler Vereinbarungen gegründeten privatrechtlichen Korporationen erwähnt. Daneben gibt es auf öffentlich-rechtlicher Basis eine ganze Reihe interkantonaler Vollzugs- und Entscheidungsinstanzen. Deren Funktionen sind in erster Linie exekutiver Natur und vorwiegend beschränkt auf Weisungen und Entscheidungen mit Wirkung gegenüber den Verwaltungen der beteiligten Kantone. Aber auch unmittelbare Entscheidungsbefugnisse gegenüber Privaten und Korporationen wie auch richterliche und legislative Funktionen sind nicht ausgeschlossen. Richterliche Befugnisse stehen beispielsweise der von der Finanzdirektoren-Konferenz eingesetzten Konkordatskommission zu, die auf Beschwerde eines Kantons in einem kontradiktorischen Verfahren darüber entscheidet, ob ein anderer Kanton oder einer seiner Bezirke oder Gemeinden das Konkordat verletzt hat. Die Kommission kann dem fehlbaren Kanton eine Geldbuße auferlegen und konkordatswidrige Verwaltungsakte, insbesondere Steuereinschätzungen, kassieren. Die Kommissionsentscheidungen sind endgültig und vollstreckbaren Urteilen gleichgestellt[102]).

Unmittelbare Eingriffsbefugnisse gegenüber Privaten wie auch legislative Kompetenzen stehen einer gemeinsamen Fischereikommission der drei Zürichseekantone sowie des Kantons Glarus auf Grund eines interkantonalen Fischereivertrages zu, indem diese die Oberaufsicht über die Fischerei im Zürichsee und Walensee ausübt, die Schonreviere abgrenzt, die Gebühren festsetzt und durch die von ihr gewählten Fischereiaufseher auch die unmittelbare Kontrolle über die Einhaltung des interkantonalen Rechts übernimmt.[103]).

---

[102]) Art. 4 Abs. 3—7 des in Anm. 101 zitierten Konkordates.

[103]) Übereinkunft zwischen den Kantonen Zürich, Schwyz, St. Gallen und Glarus über die Fischerei im Zürichsee, Linthkanal und Walensee vom 27. Dezember 1944, OS Zürich 37, 386, und Ausfüh-

Diese und weitere Fälle eines unmittelbaren Vollzugs interkantonaler Vereinbarungen durch interkantonale Organe dürfen nicht darüber hinwegtäuschen, daß deren Vollzug in weitgehendem Maße kantonalen Behörden überlassen bleibt. Diese Behörden können aber in Anwendung interkantonaler Kompetenzen Rechtsakte mit Wirkung über die eigenen Grenzen hinaus setzen. So wenn auf Grund des Übereinkommens über die Regelung der Schiffahrt auf dem Zürichsee der einzelne Kanton (bzw. dessen Gemeinden) eine Betriebsbewilligung mit Gültigkeit auch gegenüber den anderen Kantonen ausstellen kann[104]) oder wenn auf Grund des Waffenhandelskonkordats ein Waffenschein mit Gültigkeit für alle Kantone ausgestellt[105]), oder noch ausgesprochener, wenn auf Grund des Viehhandelskonkordats der sogen. Vorortskanton mit der Ausgabe eines interkantonalen Patents für die nicht in einem der Vertragskantone wohnhaften Viehhändler beauftragt wird[106]).

b) Amerikanisches Recht

Gerade im Zusammenhang mit der institutionellen Seite der Zusammenarbeit der Gliedstaaten dürfte es von Interesse sein, einen Blick auf das amerikanische Recht zu werfen[107]). Die für die letzten Jahrzehnte in den Vereinigten Staaten festzustellende beträchtliche Zahl neuer bilateraler und multilateraler vertraglicher Abmachungen unter den Einzelstaaten ist nämlich nicht zuletzt das Verdienst zweier interstaatlicher Institutionen, des Council of State Governments und der Governors' Conferences. Die seit 1908 stattfindenden Konferenzen der Gouverneure waren lange Zeit ein rein gesellschaftliches Ereignis. Seit anfangs der dreißiger Jahre widmen sie sich aber in zunehmendem Maße auch fachlicher Zusammenarbeit. Ihre Tätigkeit wird ergänzt und fortgeführt durch regelmäßige Zusammenkünfte der Gouverneure einzelner Regionen.

---

rungsbestimmungen der gemeinsamen Fischereikommission über die Ausübung der Fischerei im Zürichsee usw. vom 19. Dezember 1950, OS Zürich 38, 618.

[104]) Art. 5 u. 6 des Übereinkommens zwischen den Kantonen Zürich, Schwyz und St. Gallen über die Regelung der Schiffahrt auf dem Zürichsee vom 31. Dez. 1933/1. Jan. 1934, OS Zürich 35, 200.

[105]) § 3 des Konkordates über den Handel mit Waffen und Munition vom 20. Juli 1944, BS 5, 683.

[106]) § 3 Abs. 2 des Viehhandelskonkordates vom 13. September 1943, BS 9, 372.

[107]) Vgl. dazu W. B. Graves, American State Government 834 ff., bes. 862 ff.

Ausgesprochen auf die fachliche Arbeit ausgerichtet ist der Council of State Governments als Zusammenschluß der gliedstaatlichen Regierungen. Der Council of State Governments ist eine interstaatliche Verwaltungsorganisation, die sich allgemein die Förderung und praktische Durchführung der Zusammenarbeit unter den Gliedstaaten wie auch zwischen den Gliedstaaten und der Union zum Ziele setzt. Er stellt seine Organisation als Sekretariat für die Governors' Conferences und weitere Konferenzen und Vereinigungen interstaatlichen Charakters zur Verfügung. Der Council untersteht der Kontrolle eines Board of Managers mit je einem Vertreter der Mitgliedstaaten und einem Executive Committee mit einem Gouverneur an der Spitze. Der Rat beruft alle zwei Jahre eine Generalversammlung ein, bestehend aus je drei Vertretern pro Staat und führt im übrigen seine Arbeit in besonderen Forschungsabteilungen und in zahlreichen Kommissionen aus, die u. a. die meisten multilateralen Verträge zwischen den Gliedstaaten vorbereiten. Bemerkenswert ist die Form der Verbindung zu den einzelnen Gliedstaaten. Diese stützt sich auf Kommissionen, die in jedem einzelnen Staat für die besondere Aufgabe der interstaatlichen Zusammenarbeit eingesetzt sind. Sie bestehen regelmäßig aus je fünf Vertretern der beiden Häuser des Parlaments und fünf Vertretern der Verwaltung.

Die institutionelle Seite der gliedstaatlichen Zusammenarbeit in den USA. erschöpft sich nicht in den genannten Dachorganisationen. Wie im schweizerischen Recht gibt es zahlreiche zwischengliedstaatliche Organe, die durch zwischengliedstaatliches Recht eingesetzt sind und dessen Anwendung zur Aufgabe haben[108]). Die berühmtesten Institutionen dieser Art dürften die Interstate Oil Compact Commission als Exekutiv- und Kontrollorgan des Interstate Oil Compact, des vertraglichen Zusammenschlusses der Erdöl und Erdgas produzierenden Gliedstaaten der amerikanischen Union und die New York Port Authority, die auf einem Vertrag zwischen den Staaten New York und New Jersey beruhende New Yorker Hafenverwaltung (mit zahlreichen weiteren Funktionen), sein.

IX. Die Rechtsmittel im schweizerischen Recht

Das schweizerische interkantonale Vertragsrecht wird vorwiegend von kantonalen Verwaltungsbehörden, teilweise auch

---

[108]) Für die Zulässigkeit der Übertragung staatlicher Funktionen an zwischengliedstaatliche Organe vgl. Delaware River Commission v. Colburn (1940) 310 U. S. 419, 428 ff. und Dyer v. Sims (1951) 341 U. S. 22, bes. 30 ff.

von interkantonalen Instanzen oder Bundesbehörden und schließlich von Verwaltungs- und Zivilgerichten angewendet. Bei behaupteter Verletzung verfassungsmäßiger Rechte steht ferner die staatsrechtliche Beschwerde ans Bundesgericht zur Verfügung.

Neben diesen allgemeinen Rechtsbehelfen ist in drei besonderen Verfahren eine Berufung auf interkantonales Vertragsrecht unmittelbar vor Bundesgericht möglich. Der direkte Konflikt zwischen zwei Kantonen über die Auslegung oder Anwendung eines interkantonalen Vertrages ist grundsätzlich im Verfahren der staatsrechtlichen Streitigkeit zwischen Kantonen gemäß Art. 113 Ziff. 2 der Bundesverfassung auszutragen. Einem anderen Verfahren, für das ebenfalls das Bundesgericht als einzige Instanz zuständig ist, unterstehen jedoch gemäß Art. 110 Abs. 1 Ziff. 3 der Bundesverfassung Streitigkeiten, bei denen sich ein Kanton auf einen zivilrechtlichen Klagegrund stützt. In der älteren Praxis spielten solche zivilrechtlichen Fälle im Zeichen der Fiskustheorie eine gewisse Rolle[109]), heute sind sie sehr selten geworden.

Die Verletzung interkantonalen Vertragsrechts kann aber auch von Privaten vor Bundesgericht geltend gemacht werden, und zwar im gleichen Verfahren der staatsrechtlichen Beschwerde, das wegen behaupteter Verletzung verfassungs-

---

109) Vgl. die vorn Anm. 50 u. 52 zitierten Fälle BGE 10, 142 ff., bes. 157 (1884) u. 21, 24 (1895). Der neueren Praxis des Bundesgerichts liegt jedoch, auch in bezug auf die Zuständigkeit, im wesentlichen die heutige Abgrenzung zwischen öffentlichem und privatem Recht zugrunde. So das (nicht publizierte) Urteil i. S. Schwyz usw. gegen Kt. Zürich vom 2. Juni 1949 über eine durch interkantonalen Vertrag begründete Beitragspflicht des Kantons Zürich an ein außerkantonales Werk, die als öffentlich-rechtlich qualifiziert wurde. Vgl. dazu W. Birchmeier, Handbuch des Bundesgesetzes über die Organisation der Bundesrechtspflege, Zürich 1950, 58 f. u. 284, ferner zur Problemstellung D. Schindler, The Administration of Justice in the Swiss Federal Court in Intercantonal Disputes, Am. J. Int. Law 15 (1921) 153, und für eine kasuistische Darstellung der Praxis M. Gut, Staatsrechtliche Streitigkeiten zwischen den Kantonen und ihre Beilegung, Diss. Zürich 1942, 14 ff. — Für die Einleitung des Verfahrens spielt die Rechtsnatur des Anspruches insofern keine Rolle mehr, als in beiden Fällen das Bundesgericht zuständig ist und in jedem Fall auf die Klage eintritt. Im erwähnten Urteil vom 2. Juni 1949, das primär im Verfahren der staatsrechtlichen Streitigkeit zwischen Kantonen erging, wurde sogar auf eine Ausscheidung des Anspruchs der auf Klägerseite mitbeteiligten privaten Gesellschaft verzichtet, obwohl dieser eindeutig ins Verfahren für Zivilrechtsstreitigkeiten im Sinne von Art. 42 des Bundesgesetzes über die Organisation der Bundesrechtspflege einzureihen war.

mäßiger Rechte zur Verfügung steht[110]). Die Bundesverfassung regelt dieses dritte Rechtsmittel zusammen mit der Frage internationaler Verträge, indem sie von der „Verletzung von Konkordaten und Staatsverträgen" als Klagegrund spricht. Auch wenn Art. 84 des Bundesgesetzes über die Organisation der Bundesrechtspflege diese Bestimmung ausdrücklich trennt in „Konkordate" (lit. b) und „Staatsverträge mit dem Ausland" (lit. c), so dürfte es doch im Sinne des vom Bundesgericht wiederholt betonten publizistischen Charakters der Beschwerde liegen, alle interkantonalen Verträge, einschließlich der Regierungsabkommen, der Kognition des Bundesgerichtes zu unterstellen[111]), dies um so mehr als das interkantonale Recht im Gegensatz zum Völkerrecht eine Klage der Gliedstaaten wegen Verletzung individueller Ansprüche seiner Angehörigen nicht kennt[112]).

Auf den ersten Blick scheint mit dieser staatsrechtlichen Beschwerde wegen Verletzung interkantonalen Vertragsrechts dem Bundesgericht eine umfassende Prüfung der Anwendung und Auslegung interkantonalen Rechts übertragen zu sein. Eine Einschränkung ergibt sich jedoch schon daraus, daß nur wegen Verletzung von Konkordatsrecht im interkantonalen Verhältnis, nicht aber in seiner innerstaatlichen Anwendung geklagt werdenden kann[113]). Das Klagerecht bleibt damit beschränkt auf Angehörige der Vertragspartner jenes Kantons, der im konkreten Fall das Recht anwendete oder hätte anwenden sollen. Nach einer älteren Praxis beurteilt das Bundesgericht aber auch in diesem beschränkten Rahmen die Anwendung eines interkantonalen Vertrages, welcher der Aufstellung

---

110) Z. Giacometti, Die Verfassungsgerichtsbarkeit des schweizerischen Bundesgerichts (Die staatsrechtliche Beschwerde), Zürich 1933, und Hans Huber, Die Verfassungsbeschwerde, Karlsruhe 1954.

111) In diesem Sinne auch W. Birchmeier, aaO. 323. In BGE 69 I 231 (1943) scheint auch das Bundesgericht in diesem Zusammenhang „Konkordat" und „Vertrag" gleichzusetzen, und in BGE 81 I 358 (1955) wird die Beschränkung des Begriffs „Konkordat" auf die Verträge rechtssetzenden Charakters im Gegensatz zu den rechtsgeschäftlichen abgelehnt.

112) Das gilt auch für die Vereinigten Staaten, in denen mit einer solchen Klage das 11. Amendment der Verfassung umgangen werden könnte, das Klagen gegen einen Gliedstaat durch den Bürger eines anderen Staates verbietet. Vgl. Robert Granville Caldwell, The Settlement of Inter-State Disputes, Am. J. Int. L. 14 (1920) 62 u. 65.

113) BGE 1, 312 (1875), 7, 54 (1881) und 54 I 147 ff. (1928). In ihrem Ursprung war diese einschränkende Interpretation teilweise beeinflußt von einer dualistischen Auffassung des Vertragsrechts als interkantonalem Recht auf der einen und innerstaatlichem Recht auf der anderen Seite.

einheitlicher Rechtsnormen in den Vertragskantonen dient, nicht frei sondern nur auf Willkür hin[114]). Diese Unterscheidung leuchtet nicht ohne weiteres ein und stößt auf Kritik[115]); sie ist aber insofern positiv zu werten, als der Angehörige des im konkreten Fall das Vertragsrecht anwendenden (bzw. nicht anwendenden) Kantons, der gegen diesen im Verfahren wegen Verletzung interkantonalen Vertragsrechts nicht klagen kann, im Rechtsschutz nicht schlechter gestellt ist als der Kantonsfremde. Dieser kann sich im Verfahren der staatsrechtlichen Beschwerde wegen Verletzung interkantonalen Rechts gegen die willkürliche Anwendung oder Nichtanwendung interkantonalen Rechts wehren, jener erreicht den gleichen Rechtsschutz mit der staatsrechtlichen Beschwerde wegen Verletzung von Art. 4 der Bundesverfassung (Rechtsgleichheit).

X. Zwischengliedstaatliche Rechtsbeziehungen und Völkerrecht

a) Frage nach dem anwendbaren Recht

Wesentlich mehr Interesse als diese verfahrensrechtliche Seite des Rechtsschutzes bietet die Frage des auf die interkantonalen Vertragsbeziehungen anwendbaren materiellen Rechts, die hier zum Abschluß unserer Ausführungen behandelt werden soll. Zwischen den bundesrechtlichen Schranken gliedstaatlicher Verträge und den kantonalrechtlichen Voraussetzungen für die Entstehung und Geltung von interkantonalem Recht bleibt ein Bereich, für den ausdrückliche Normen sowohl im Bundesrecht wie im kantonalen Recht fehlen. Diese Lücke kann auch nur in beschränktem Maße durch die in letzter Zeit wiederholt dargestellten Lehren des öffentlich-rechtlichen Vertrags[116]) ausgefüllt werden, da dieser in erster Linie im Bereich der Subordination spielt, während wir es hier mit Verträgen unter gleichgeordneten Rechtsträgern zu tun haben.

Wir haben bis jetzt bewußt die Frage nach der Rechtsnatur der Normen dieses Zwischenbereichs zurückgestellt. Wir wollen auch jetzt darauf verzichten, eine einseitig dogmatische Lösung zu suchen. Die Behauptung beispielsweise, es könne zwi-

---

114) BGE 54 I 148 (1928).

115) Fleiner/Giacometti, aaO. 901 Anm. 13.

116) Max Layer, Zur Lehre vom öffentlich-rechtlichen Vertrag, Graz u. Leipzig 1916, und neuerdings: Max Imboden, Der verwaltungsrechtliche Vertrag, Zeitschr. f. Schweiz. Recht (ZSR) 1958, 1a ff.; H. Zwahlen, Le contrat de droit administratif, ZSR 1958, 461a ff.; J. Salzwedel, Die Grenzen der Zulässigkeit des öffentlich-rechtlichen Vertrages, Berlin 1958.

schen den Gliedstaaten kein Völkerrecht gelten, weil den Gliedstaaten die Staatseigenschaft abgehe, scheint mir ebenso eine *petitio principii* zu sein, wie die Feststellung, zwischen den Gliedstaaten gelte Völkerrecht, weil ihnen Staatscharakter zukomme, obwohl die hier vorausgesetzte Wechselwirkung besteht und sicher ihre Auswirkungen hat. Wir wollen vielmehr untersuchen, welche Normen tatsächlich die Rechtsbeziehungen der Gliedstaaten untereinander bestimmen. Dieses Vorgehen lag bereits den bisherigen Ausführungen über das schweizerische Recht zugrunde. In einem weiteren Schritt soll nun abgeklärt werden, welcher Rechtsordnung diese Regeln entnommen sind. Dabei weiten wir gleichzeitig das Blickfeld aus auf die Rechtsbeziehungen unter den Gliedstaaten überhaupt und ziehen auch das deutsche und amerikanische Recht in den Kreis unserer Betrachtungen mit ein.

Vom Vertragsrecht zwischen den Gliedstaaten aus gesehen bleibt der mögliche Anwendungsbereich völkerrechtlicher Normen, die hier in der Diskussion im Vordergrund stehen, vorerst recht eng. Das Bundesrecht auf der einen Seite, das gliedstaatliche Recht auf der anderen Seite erübrigen in weitem Maße die unmittelbare Anwendung eines zusätzlichen Normenkreises oder schließen diesen für einzelne Fragen ganz aus. Immerhin steht die Frage der Anwendung von Völkerrecht schon am Ausgangspunkt der Verträge zwischen Gliedstaaten, nämlich bei der Entscheidung darüber, ob die Gliedstaaten im Bundesstaat einer ausdrücklichen Ermächtigung zum Abschluß von Verträgen unter sich bedürfen. Entgegen der Auffassung Kelsens, der in Art. 107 der österreichischen Verfassung eine notwendige Ermächtigung zum Abschluß von Vereinbarungen zwischen den Ländern erblickt[117]), haben m. E. entsprechende Normen einer Bundesverfassung, so insbesondere der amerikanischen und schweizerischen Verfassung, nur die Bedeutung einer Bestätigung bzw. Beschränkung einer bereits bestehenden Kompetenz, was nicht zuletzt im deutschen Verfassungsrecht seine Bekräftigung findet, das keine ausdrücklichen Normen über das zwischengliedstaatliche Vertragsrecht kennt. Eine im Wesen des Gliedstaates begründete Kompetenz zum Abschluß von Verträgen mit den gleichgeordneten Herrschaftsverbänden wirft aber die Frage auf, ob sie völkerrechtlicher Natur sei oder in anderen ungeschriebenen Normen ihren Ursprung habe. Das gleiche gilt für das Abschlußverfahren. Dieses ist wohl im schweizerischen kantonalen Recht ausdrücklich geregelt oder hat sich auf dem Wege der Auslegung oder gewohnheitsrechtlich in einer zum Teil von der völkerrechtlichen Praxis abweichenden Weise entwickelt. Damit ist jedoch noch nichts

[117]) Kelsen, aaO. (zitiert Anm. 2) 221 f.

über die Anwendung oder Nichtanwendung von Völkerrecht ausgesagt, da das Völkerrecht in dieser Hinsicht den Staaten eine weitgehende Autonomie zugesteht. Eine mögliche Abweichung vom Völkerrecht ergibt sich für die Schweiz für die rechtliche Geltung interkantonaler Verträge, indem die strikte innerstaatliche Legitimation in dem Sinne vorausgesetzt wird, daß in Überschreitung kantonaler Kompetenzen kein Vertrag zustande kommen kann. Auf Völkerrecht zurückgegriffen wird jedoch mangels anderer Normen bei der Auslegung[118]) und Beendigung[119]) der Verträge, und in Anlehnung an die für die innerstaatliche Wirkung des Völkervertragsrechts im Bundesrecht vertretene Ansicht wird in der Doktrin auch der Vorrang des früheren interkantonalen Vertragsrechts gegenüber dem späteren innerkantonalen Recht anerkannt[120])

b) Schweizerische, deutsche und amerikanische Praxis

Ein umfassenderes Bild in unserer empirischen Untersuchung bietet sich uns aber erst, wenn wir den Betrachtungskreis über das Vertragsrecht hinaus erweitern. Hier sehen wir uns für das schweizerische Recht einer konstanten Praxis des Bundesgerichts gegenüber, die auf die Rechtsbeziehungen unter den Kantonen Völkerrecht zur Anwendung bringt. Schon in den ersten Jahren seiner Rechtsprechung nach 1874 beurteilte das Bundesgericht interkantonale Streitigkeiten ganz selbstverständlich nach Völkerrecht[121]). Später wurde wiederholt ausdrücklich auf Völkerrecht verwiesen, meist unter Betonung, daß aus dem bundesstaatlichen Verhältnis eine Beschränkung der den Gliedstaaten aus Völkerrecht zustehenden Hoheitsrechte folge[122]).

---

118) So nahm das Bundesgericht bei der vertraglichen Abgrenzung von Hoheitsrechten mehrmals Bezug auf die völkerrechtliche Staatsservitut: BGE 8, 52 (1882) u. 54 I 202 (1928). Vgl. auch BGE 69 I 232 (1943).

119) So mit der Heranziehung der „Clausula rebus sic stantibus": BGE 8, 57 (1882), 54 I 188 (1928). Zur Anwendung der Klausel auf publizistische Abkommen überhaupt vgl. BGE 67 I 299 ff. (1941).

120) Vgl. vorn bei Anm. 88 ff. mit dem dort zitierten Urteil BGE 81 I 361 (1955).

121) Z. B. in BGE 4, 46 (1878) u. 8, 52 ff. (1882).

122) BGE 26 I 450 (1900), 41 I 198 (1915), 54 I 202 (1928) u. 69 I 232 (1943). Die Ablehnung der Anwendung von Völkerrecht in BGE 78 I 78 (1952) erfolgte nur deshalb, weil das Bundesgericht den Tatbestand einem Bundesgesetz subsumierte. Vgl. vorn Anm. 6. — M. Gut, Staatsrechtliche Streitigkeiten zwischen den Kantonen 159 f., rechnet alle interkantonalen Beziehungen zum Staatsrecht und anerkennt dafür Völkerrecht nur als „rezipiertes, transformiertes" Recht. In diesem Sinne auch Fleiner/Giacometti, aaO. 879 f.

In Deutschland sind es die Entscheidungen des Staatsgerichtshofes für das Deutsche Reich in Streitigkeiten zwischen den Ländern, die wiederholt Völkerrecht zur Anwendung brachten, so in den Urteilen zwischen Bremen und Preußen über die Hafenanlagen in Bremerhaven[123]), über die Donauversinkung[124]) und über die Verunreinigung des Weserwassers[125]). Wohl könnten bei diesen Urteilen einzelne Wendungen in der Begründung Zweifel erwecken[126]); in der Zwischenentscheidung über die Donauversinkung schließt aber der Gerichtshof aus der staatlichen Selbständigkeit der Länder ausdrücklich auf die Geltung völkerrechtlicher Regeln in jenen Beziehungen, die der eigenen Gesetzgebungsgewalt der Länder unterliegen, und diese Rechtsprechung wurde auch den beiden anderen Fällen zugrunde gelegt[127]). In einem weiteren Urteil, im Konflikt über die Hoheitsrechte in der Lübecker Bucht, wurden zwar unmittelbar keine völkerrechtlichen Regeln angewendet, diese aber auch nicht grundsätzlich ausgeschlossen[128]).

Im amerikanischen Recht ist vor allem von dem alten englischen, in die Unionsverfassung übernommenen Grundsatz vom Völkerrecht als dem „Recht des Landes", dem „law of the land", und von der amerikanischen Auffassung von der Rechtsordnung als einer Einheit auszugehen, deren einzelne

---

123) RGZ 112, Anh. 21 ff. (1925), H.-H. Lammers/W. Simons, Die Rechtsprechung des Staatsgerichtshofs für das Deutsche Reich, Bd. I (1929) 198.

124) RGZ 116, Anh. 18 ff. (1927), Lammmers/Simons I, 178.

125) RGZ 121, Anh. 1 ff. (1928), Lammers/Simons I, 207.

126) So wenn der Gerichtshof ausführt, das Deutsche Staatsrecht sei „in Fragen, wie der hier vorliegenden, maßgebend allein beherrscht von der Tatsache der Verbindung der deutschen Bundesstaaten (Länder) zum Deutschen Reich und der für diese Verbindung gesetzten Normierung, der Reichsverfassung" (RGZ 112, Anh. 28, Lammers/Simons I, 204), oder wenn er sich für die Anwendung des Völkerrechts auf Art. 4 der Weimarer Verfassung beruft, wonach die allgemeinen Regeln des Völkerrechts als bindende Bestandteile des deutschen Reichsrechts zu gelten hätten (RGZ 116, Anh. 29 f., Lammers/Simons I, 186), da hier nicht die (durch Transformation erreichte) innerstaatliche Geltung, vielmehr die Geltung im Außenverhältnis der Bundesländer zueinander, zur Diskussion steht.

127) A. M. in bezug auf diese Fälle der erste Berichterstatter zum vorliegenden Thema. Vgl. H. Schneider, DÖV 10 (1957) 644, 648 f. Insbesondere im Falle der Donauversinkung übersieht Schneider aber die entscheidende Stelle des Urteils (RGZ 116, Anh. 29, Lammers/Simons I, 185): „Kann die Entscheidung demnach weder dem Reichsrecht noch dem Landesrecht entnommen werden, so kommt nur noch zwischenstaatliches, d. h. Völkerrecht in Frage. Seine Anwendbarkeit im Verhältnis der deutschen Länder zueinander ist, wenngleich in beschränktem Maße, anzuerkennen."

128) RGZ 122, Anh. 1, Lammers/Simons I, 220.

Teile je nach Zweckmäßigkeit und Angemessenheit zum Zuge gelangen[129]). Diese pragmatische Einstellung des amerikanischen Richters mag einer der Gründe dafür sein, daß die Frage der Anwendung von Völkerrecht in den Beziehungen der Gliedstaaten untereinander nur selten eindeutig entschieden wurde. Einzelne Autoren betrachten zwar das Völkerrecht beinahe selbstverständlich als subsidiär anwendbares Recht[130]), und einer Reihe richterlicher Entscheidungen wurden ebenso selbstverständlich völkerrechtliche Normen zugrunde gelegt[131]). Der amerikanische Richter scheut sich jedoch offensichtlich vor der ausdrücklichen Berufung auf Völkerrecht, so daß in diesem Sinne nur einige ältere Urteile zitiert werden können[132]). Schon in diesen älteren Urteilen finden sich Ansätze zu einem bundesstaatlich modifizierten Völkerrecht, einem „interstate common law" oder „federal common law"[133]), das in der Folge weiter entwickelt und zu einzelnen Regeln verdichtet wurde[134]) und vor allem in wasserrechtlichen Entscheidungen die Anwendung von Völkerrecht weitgehend — wenn auch nicht grundsätzlich — ausschloß[135]).

---

[129]) Vgl. das Urteil des Obersten Gerichtshofes in Paquete Habana (1900) 175 U. S. 677, 700: „International Law is part of our law, and must be ascertained and administered by the courts of justice of appropriate jurisdiction as often as questions of right depending upon it are duly presented for their determination".

[130]) J. B. Scott, Judicial Settlement of Controversies between States of the American Union. An Analysis of Cases Decided in the Supreme Court of the United States, Oxford 1919, S. IX, 284 f., 366 und *passim;* W. B. Cowles, International Law as Applied between Subdivisions of Federations, Rec. des Cours 74 (1949 I) 659 ff.

[131]) Von den zahlreichen Urteilen seien genannt: Alabama v. Georgia (1859) 23 Howard 505, 513, Iowa v. Illinois (1893) 147 U. S. 1, 10, Louisiana v. Mississippi (1906) 202 U. S. 1, 49, *ibid.* (1906) 202 U. S. 58, Hinderlider v. La Plata Co. (1938) 304 U. S. 92, 104 u. 106, Dyer v. Sims (1951) 341 U. S. 31. — Die älteren Entscheidungen (bis 1918) zitiert nach J. B. Scott, Judicial Settlement of Controversies between States of the American Union, 2 Bde. Oxford 1918.

[132]) Kansas v. Colorado (1902) 185 U. S. 125, 146 f.: „Sitting, as it were, as an international, as well as a domestic tribunal, we (= the Supreme Court) apply Federal law, state law, and international law, as the particularities of the particular case may demand ..."; *ibid.* (1907) 206 U. S. 46, 97.

[133]) Kansas v. Colorado (1907) 206 U. S. 46, 97 f.

[134]) Hinderlider v. La Plata Co. (1937) 304 U. S. 92, 100 und die dort zitierten Urteile sowie R. G. Caldwell, Am. J. Int. Law 14 (1920) 38, 67 f. — Bemerkenswert ist, daß der Oberste Gerichtshof am gleichen Tag, da er dieses „federal common law" (auf publizistischer Basis) bestätigte, die Anwendung eines (privatrechtlichen) „federal general common law" in Erie v. Tompkins (1937) 304 U. S. 64 ausdrücklich ablehnte.

[135]) Vgl. R. D. Scott, Kansas v. Colorado Revisited, Am. J. Int. Law 52 (1958) 432. Die Ausgestaltung besonderer bundesstaatlicher

c) Völkerrecht als subsidiär anwendbares Recht

Zusammenfassend darf die Aussage gewagt werden, daß die Gerichte der drei in die Untersuchung einbezogenen Bundesstaaten, zwar in unterschiedlichem Maße und zum Teil mit verschiedener Begründung, Völkerrecht auf die Beziehungen unter Gliedstaaten angewendet haben. Diese empirische Feststellung steht in Übereinstimmung mit jenen Bundesstaatstheorien, welche die Gliedstaaten als selbständige Staaten auffassen, d. h. als Staaten, welche die ihnen auf Grund der Verfassung des Bundes verbleibenden Befugnisse aus eigenem Recht ausüben. Für den durch das Bundesrecht nicht geregelten Bereich[136]) erscheint es von einer solchen Auffassung her natürlich, auf das Völkerrecht zurückzugreifen[137]). Selbstverständlich darf dabei für den Begriff des Bundesrechts nicht bloß auf das geschriebene Recht abgestellt werden, als Bundesrecht erscheinen auch weitere durch Auslegung gewonnene Normen der Bundestreue, einer über das völkerrechtlich vorgeschriebene Maß hinausgehende Rücksichtnahme usw. In den Vereinigten Staaten hat der Oberste Gerichtshof diese zusätzlichen Bindungen für einzelne Rechtsgebiete als „interstate common law" weitgehend präzisiert, und auch für das schweizerische und in einem wegen der spärlichen Gerichtspraxis wohl geringeren Maße für das deutsche Recht sind Ansätze zu einem besonderen Recht der Beziehungen unter den Gliedstaaten vorhanden. Ob man diese in Analogie zum „federal common law" als „gemeines deutsches Staatsrecht" oder für die Schweiz als „gemeines interkantonales Recht" bezeichnen will, ist letzten Endes eine Frage der Terminologie. Wesentlicher scheint mir die Erkenntnis, daß dieses Recht auf der Grundlage und in Fortbildung von Völkerrecht entstanden ist und die Anwendung des allgemeinen Völkerrechts nicht ausschließt. Die Anwendung von Völkerrecht auf die Beziehungen

---

Grundsätze auf dem Gebiet des zwischengliedstaatlichen Wasserrechts muß allerdings nicht zuletzt als Reaktion auf die ursprüngliche Haltung der Vereinigten Staaten in ihren internationalen wasserrechtlichen Beziehungen verstanden werden, in denen sie keinerlei Einschränkungen ihrer Souveränität anerkennen wollten. Vgl. W. Schaumann, Schweiz. Jahrb. für internationales Recht 15 (1958) 132 f., 135 f.

136) Von einer umfassenden Regelung der gliedstaatlichen Beziehungen durch das Bundesrecht gehen u. a. aus: J. L. Kunz, Die Staatenverbindungen, Stuttgart 1929 (Handb. des Völkerrechts II/4), 689 und M. Usteri, Theorie des Bundesstaates, Diss. Zürich 1954, 282, der zwischen „ordentlichem" und „zwischengliedstaatlichem" Bundesrecht unterscheidet.

137) So auch H. Huber, Zentralbl. für Staats- u. Gemeindeverwaltung 55 (1954) 488.

zwischen den Gliedstaaten ist eine Bestätigung der Eigenstaatlichkeit der Kantone und Länder, wie andererseits die Staatseigenschaft der Bundesglieder das Völkerrecht mangels bundesstaatlicher Normen als gegebenes Rechtssystem für diese Beziehungen erscheinen läßt. In auch heute noch gültiger Weise hat das Heinrich Triepel schon vor mehr als sechzig Jahren in seinem „Völkerrecht und Landesrecht" festgehalten[138]. Ja seine Überlegungen gelten noch verstärkt, nachdem sich auch in den Beziehungen zwischen den unabhängigen, souveränen Staaten eine Tendenz abzeichnet, völkerrechtliche Regeln zu anerkennen, die in ihrer Wirkung auf bestimmte Regionen beschränkt sind.

XI. Schlußbemerkung

Wenn wir abschließend eine Wertung des Vertragsrechts unter Gliedstaaten im Bundesstaat vornehmen, so erkennen wir darin eine Art Reservat lebendiger Eigenstaatlichkeit der Gliedstaaten, das diesen erlaubt und auch in der Vergangenheit erlaubte, sich gemeinsam gegenüber der Bundesgewalt in Gebieten zu behaupten, die vom Föderalismus ohne dieses Instrument auf die schon sonst viel zu umfangreiche Verlustliste hätten gesetzt werden müssen. Die Verträge unter Gliedstaaten sind ein sehr nützliches und weitgehend unentbehrliches Mittel bundesstaatlicher Zusammenarbeit. Der Ausbau des zwischengliedstaatlichen Rechts geht wohl teilweise auf Kosten einer klaren Kompetenzausscheidung zwischen der umfassenden staatlichen Gemeinschaft und ihren einzelnen Gliedern, im konkreten Fall oft auch auf Kosten einer durchwegs einheitlichen und damit vielleicht rationelleren Lösung. Vor allem unter einem politischen Gesichtspunkt werden diese Nachteile mehr als aufgewogen durch die erzielten und erzielbaren Ergebnisse im Rahmen eines aktiven und gesunden Föderalismus.

---

138) H. Triepel, Völkerrecht und Landesrecht, Leipzig 1899, 198 ff. Die Anwendbarkeit von Völkerrecht bejahen auch H. Krüger, Festg. für E. Kaufmann, 244 f.; W. Burckhardt, Kommentar 779; Max Huber, Zeitschr. für Völkerrecht u. Bundesstaatsrecht I (1907) 214, und Am. J. Int. Law 3 (1909) 90. — A. M. Berthold Müller, Die Beziehungen der Gliedstaaten im Bundesstaatsrecht, Berlin 1936, der Völkerrecht nur als Hilfsmittel der Rechtsfindung anerkennen will (bes. 92 ff.), und H. Schneider, DÖV 10 (1957) 649.

Leitsätze des Mitberichterstatters über: Verträge zwischen Gliedstaaten im Bundesstaat

I.

Die Verträge zwischen Gliedstaaten im Bundesstaat stehen im Spannungsfeld zwischen den beiden Kompetenzbereichen der Gliedstaaten und des Bundes. Sie erlauben, unter grundsätzlicher Wahrung gliedstaatlicher Zuständigkeit, Lösungen für Aufgaben, die sonst wegen ihrer räumlichen Tragweite oder wegen ihres Kollissionscharakters einer Regelung durch den Bund rufen würden.

II.

Die dem Vertragsrecht zwischen den Gliedstaaten der Vereinigten Staaten von Amerika zugrunde liegende Alternative „Urteil“ oder „Vertrag“ stellt sich in ihrer vollen Schärfe nur bei einer schwer revidierbaren Kompetenzausscheidung, wie sie in der amerikanischen Verfassung gegeben erscheint. In der schweizerischen Entwicklung (und das dürfte auch für Deutschland zutreffen) wird sie überdeckt durch die Auseinandersetzung um die Erweiterung der Bundeskompetenzen, zeigt aber im übrigen — parallel zur amerikanischen und teilweise auch der internationalen Entwicklung (insbesondere bei Grenzproblemen) — eine Zurückdrängung richterlicher Streiterledigung zugunsten vertraglicher Verständigung.

III.

Typisch für das schweizerische Recht sind die zahlreichen multilateralen, als Konkordate bezeichneten Vereinbarungen, die grundsätzlich auch den ursprünglich nicht beteiligten Kantonen zum Beitritt durch einseitige Erklärung offenstehen (offenes Vertragsverhältnis im völkerrechtlichen Sinne). In ihrer früheren Zielsetzung waren sie häufig Wegbereiter einer Bundesgesetzgebung. Heute kommt ihnen eher die umgekehrte Funktion zu, einer weiteren Ausdehnung der Bundeskompetenzen vorzubeugen.

IV.

Für das schweizerische Recht im besonderen ergeben sich folgende Feststellungen:

a) Die vertragliche Verständigung der Kantone unter sich, insbesondere die gemeinsame Rechtssetzung, weist eine lange Tradition auf. Verträge unter den Kantonen (Orte, Stände) bildeten die Grundlage der alten Eidgenossenschaft seit dem 13. Jahrhundert und dienten auch der Setzung gemeinsamen Rechts. Noch in der Zeit der Mediation (1803—1813) und in der nachfolgenden Zeit des Staatenbundes (1815—1847) wurde mittels Konkordaten eine Art eidgenössischen Rechts gesetzt. Mit der Bundesverfassung von 1848 wurden die Vereinbarungen auf einen rein interkantonalen Charakter zurückgebunden.

b) Multilaterale Abkommen unter den Kantonen dienen in zahlreichen Fällen als Grundlage für eine gemeinsame Betätigung im nichthoheitlichen Bereich der Verwaltung in der Form von Korporationen des Privatrechts.

c) Die weiteren vertraglichen Abmachungen der Kantone sind überwiegend bilateraler Art und stehen in ihrer rechtlichen und tatsächlichen Bedeutung hinter den Konkordaten und den Zusammenschlüssen zur Durchführung bestimmter Aufgaben nichthoheitlicher Art zurück. Gegenstand solcher Verträge sind u. a. Grenzfragen, Fragen der Benutzung kantonaler Anstalten durch Angehörige anderer Kantone, Fragen der Planung von Grenzregionen und des interkantonalen Kollisionsrechts.

d) Nach dem rechtlichen Inhalt können wir unterscheiden:
1. *zwischen privatrechtlichen Verträgen und Verträgen des öffentlichen Rechts;*
2. *zwischen rechtsgeschäftlichen und rechtssetzenden Verträgen;*
3. *zwischen Verträgen, die nur die Vertragsparteien als solche verpflichten, und Verträgen, die innerkantonal unmittelbar anwendbar („self-executing") sind, d. h. den Bürger und Korporationen des privaten und öffentlichen Rechts oder auch nur die letzteren unmittelbar berechtigen und verpflichten.*

e) Der Bund (Art. 7 der Bundesverfassung) stellt im Interesse seiner Behauptung und zur Wahrung seiner eigenen materiellen Kompetenzen bestimmte Schranken für das interkantonale Vertragsrecht auf. Er verbietet — im wesentlichen in Übereinstimmung mit der amerikanischen und österreichischen Verfassung — besondere Bündnisse und Verträge politischen Inhalts unter den Kantonen und unterwirft die zulässigen Verträge über Gegenstände der Gesetzgebung, des

Gerichtswesens und der Verwaltung einer Genehmigung der Bundesbehörden, die aber nur deklaratorische Bedeutung hat. Für genehmigte Verträge können die Kantone die Mitwirkung der Bundesbehörden ansprechen.

f) Die Regelung der interkantonalen Verträge in den kantonalen Verfassungen beschränkt sich vorwiegend auf die Abschluß- oder Genehmigungskompetenz, vereinzelt ergänzt durch Bestimmungen über die Durchführung. Zuständig für die Genehmigung oder Ratifikation ist grundsätzlich das kantonale Parlament, in ungefähr der Hälfte der Kantone (meist in Übereinstimmung mit dem Gesetzgebungsverfahren und teilweise ausdrücklich beschränkt auf Gegenstände der Gesetzgebung) unter Vorbehalt des fakultativen oder obligatorischen Referendums.

Da der Regierung ohne besondere Ermächtigung kein Ermessen zusteht, ob sie einen genehmigten Vertrag wirksam werden lassen will, und ein Austausch von Ratifikationsurkunden nicht stattfindet, ist die Bindung des einzelnen Kantons, unter Vorbehalt der Genehmigung durch den oder die Vertragspartner, auf den Zeitpunkt der Publikation des Genehmigungsbeschlusses anzunehmen. Erfolgt keine Publikation, so ist die Mitteilung an den oder die Vertragspartner, bei Konkordaten die Mitteilung an den Bundesrat, entscheidend.

Einige Kantone sehen neben dem Verfahren des formellen Staatsvertrags oder Konkordats die Form des Regierungsabkommens oder — neben der referendumspflichtigen Genehmigung — die einfache Genehmigung durch das Parlament vor. Auch in den anderen Kantonen sind diese Abschlußformen als zulässig anzusehen, sofern sie auf Delegation beruhen oder sich im Rahmen der dem betreffenden Organ zustehenden innerstaatlichen Kompetenzen (einschließlich der Ausgabenkompetenz) halten.

Die Beachtung der vorgeschriebenen innerkantonalen Form, insbesondere der Vorschriften über die Kompetenzausscheidung, und der materiellen Verfassungsschranken ist Gültigkeitsvoraussetzung für die interkantonalen Verträge.

g) Im Verhältnis des interkantonalen Rechts zum Bundesrecht kommt der Grundsatz „Bundesrecht bricht kantonales Recht" in vollem Umfang und unbeachtlich der Genehmigung durch die Bundesbehörden zur Anwendung.

Im Verhältnis zum innerkantonalen Recht geht das gültig zustande gekommene interkantonale Vertragsrecht unter Wahrung seines Rechtscharakters als interkantonales Recht vor, und zwar auch gegenüber späterem innerkanto-

nalem Recht. Entgegenstehendes innerkantonales Recht wird dabei nicht aufgehoben, sondern für die Dauer des interkantonalen Vertrags in seiner Geltung suspendiert.

Der Vorrang des interkantonalen Vertragsrechts gilt auch für Regierungsabkommen und Abkommen im vereinfachten Genehmigungsverfahren. Dabei schließt in der Regel die Gültigkeitsvoraussetzung des kompetenzmäßigen Zustandekommens einen Widerspruch zum früheren und meist auch zum späteren Gesetzesrecht aus.

h) Für die Beendigung interkantonaler Verträge sind in Ermangelung besonderer Bestimmungen der Bundesverfassung und der kantonalen Verfassungen völkerrechtliche Grundsätze (bei Staatsverträgen ohne Kündigungsmöglichkeit u. a. die clausula rebus sic stantibus) anzuwenden. In der Praxis sehen die interkantonalen Verträge rechtssetzender Natur fast durchwegs ein Kündigungsrecht vor.

i) Von den interkantonalen Institutionen kommt den vorbereitenden und konsultativen Organen im Vergleich zu den Institutionen auf Grund und zur Ausführung interkantonaler Vereinbarungen größere Bedeutung zu. Die vorbereitenden und konsultativen Organe stehen nicht nur im Dienste der interkantonalen Zusammenarbeit, sie erfüllen auch eine wesentliche Funktion in der Zusammenarbeit mit dem Bund. Im Vordergrund stehen die sogen. Direktoren-Konferenzen, die Zusammenkünfte der Ressortvorsteher der kantonalen Regierungen. Diese Zusammenkünfte entbehren einer eigentlichen vertraglichen Grundlage, und es kommen ihnen grundsätzlich auch keine Beschlusses- oder Entscheidungsfunktionen zu.

Interkantonale Organe auf Grund und zur Ausführung interkantonaler Vereinbarungen treten für einzelne Bereiche nichthoheitlicher Verwaltung in der Form von Korporationen des Privatrechts auf. Den übrigen, nach öffentlichem Recht konstituierten Organen kommen vorwiegend Weisungs- und Entscheidungsfunktionen gegenüber den Verwaltungen der beteiligten Kantone, ausnahmsweise auch unmittelbare Eingriffsbefugnisse gegenüber Privaten und Korporationen des privaten und des öffentlichen Rechts sowie Kompetenzen legislativer oder richterlicher Natur zu.

Gerade für die institutionelle Seite gliedstaatlicher Zusammenarbeit dürfte die vergleichsweise Heranziehung amerikanischer Erfahrungen fruchtbar wirken.

k) Für die Durchsetzung interkantonaler Verträge hält das schweizerische Recht neben den ordentlichen Rechtsbehelfen des Verwaltungs- und Zivilrechts drei spezifische richter-

liche Verfahren zur Verfügung, die sich alle vor dem Bundesgericht als einziger Instanz abwickeln:

1. *das Verfahren der staatsrechtlichen Streitigkeit zwischen Kantonen: Art. 113 Ziffer 2 BV;*
2. *das Verfahren der zivilrechtlichen Streitigkeit zwischen Kantonen: Art. 110 Abs. 1 Ziffer 3 BV;*
3. *die staatsrechtliche Beschwerde wegen Verletzung von Konkordaten und Staatsverträgen: Art. 113 Ziffer 3 BV.*

V.

Der mögliche Anwendungsbereich für Völkerrecht auf die vertraglichen Beziehungen der Gliedstaaten im Bundesstaat ist verhältnismäßig eng, da ihm das Bundesrecht auf der einen, die autonomen Regeln des kantonalen und interkantonalen Rechts auf der anderen Seite Grenzen setzen.

Eine empirische Untersuchung zeigt, daß die zuständigen deutschen und schweizerischen Gerichte — und mit einigen Vorbehalten gilt das auch für den amerikanischen Obersten Gerichtshof — Völkerrecht auf die vertraglichen und vor allem die außervertraglichen Beziehungen der Gliedstaaten untereinander tatsächlich angewendet haben. Diese Feststellung steht in Übereinstimmung mit jenen Bundesstaatstheorien, welche die Gliedstaaten als selbständige Staaten auffassen, die aus und nach eigenem Recht leben. Die zusätzlichen Bindungen der Gliedstaaten, wie sie sich neben dem Bundesrecht aus der Bundestreue, der Pflicht zur gegenseitigen Rücksichtnahme usw. ergeben, fanden im amerikanischen Recht ihren Niederschlag in einem „federal common law", das ungefähr dem deutschen Ausdruck „bundesstaatlich modifiziertes Völkerrecht" entspricht. Dieses Recht beruht indessen auf Völkerrecht und schließt dessen unmittelbare Anwendung nicht aus.

VI.

Zusammenfassend kann gesagt werden, daß die Verträge unter Gliedstaaten im Bundesstaat ein nützliches und weitgehend unentbehrliches Instrument darstellen. Der Ausbau dieses Vertragsrechts geht wohl teilweise auf Kosten einer klaren Kompetenzausscheidung zwischen der umfassenden staatlichen Gemeinschaft und ihren einzelnen Gliedern, möglicherweise im Einzelfall auch auf Kosten einer rationellen und durchwegs einheitlichen Lösung. Von einer politischen Wertung aus werden diese Nachteile aber mehr als aufgewogen durch die erzielten und erzielbaren Ergebnisse im Rahmen eines aktiven, gesunden Föderalismus.

Verträge zwischen Gliedstaaten im Bundesstaat

Aussprache und Schlußworte

Scheuner: Ich möchte folgende Gliederung unseres Diskussionsstoffes vorschlagen:

I. a) Grundlagen der Verträge im Verfassungsrecht der Länder und Kantone
   b) Klassifizierung der Verträge

II. a) Grundlagen der Verträge im Verfassungsrecht des Bundes und/oder im Völkerrecht
   b) „Bundes-“ und „länderfreundliches“ Verhalten bei Abschluß und Auslegung der Verträge (einschl. der Frage des Vorranges der interkantonalen Verträge vor dem kantonalen Recht)
   c) Verfassungsrechtliche Grenzen der Vereinbarungen

III. Politische Würdigung des Vertragswesens, insbesondere unter föderalistischen Aspekten.

Wir beginnen mit Punkt I.

Wacke: Meine kurze Anmerkung fällt in keines dieser drei Gebiete. Wir hatten hier zwar nicht über Verträge zwischen dem Bund und seinen Gliedstaaten zu handeln. Es gibt in der Bundesrepublik aber eine große Reihe solcher Verträge. Sie sind besonders wichtig, wenn sie reine Hoheitsbefugnisse der Länder betreffen und deren Ausübung regeln.

Ich will nur zwei kleine Beispiele nennen auf einem Felde, von dem man meinte, daß es ausschließlich Ländersache sei, nämlich dem Gebiete der Polizei. Wir haben z. B. Verträge zwischen dem Bunde und den Ländern über die Strom- und die Schiffahrtspolizei (nicht Wasserschutzpolizei), zwei Dingen, von denen jetzt wohl sicher ist, daß sie Bundessache sind. Trotzdem gibt es Abkommen zwischen dem Bund und einzelnen Ländern, die dieses Gebiet nicht nur materiell, sondern auch formell bezüglich der Zuständigkeit abgrenzen. Ein zweites Beispiel gibt es im Bereich des Bundesgrenzschutzes. Der Bundesgrenzschutz soll die Grenzen der Bundesrepublik schützen. Trotzdem übt im Bereiche Bayerns die Bayerische Grenzpolizei diese Aufgabe aus, und das beruht, glaube ich, nicht einmal auf einem Staatsvertrag, sondern auf einer nichtveröffentlichten Vereinbarung der beteiligten Bundes- und Landesministerien. Ich finde es eigentlich aufregend, daß hier ein bayerisches Reservatrecht ohne Verfassungsgrundlage entstanden ist. Zu Bismarcks Zeiten brauchte man dazu noch die Verfassung.

Meine weitere Bemerkung zielt darauf ab, daß es außer den drei Gruppen, die Herr Schneider nannte, auch noch Vereinbarungen zwischen zwei Ministerien ein- und desselben Staates gibt. Es schließen also zwei Ressorts richtig in Paragraphenform aufgesetzte Verträge miteinander. Ein Beispiel ist das zwischen dem Bundesminister des Innern und dem Bundesminister der Finanzen über die Ausübung der Paßkontrolle geschlossene Verwaltungsabkommen. Nach dem Gesetz über den Bundesgrenzschutz ist die Paßkontrolle Aufgabe eines Teiles des Bundesgrenzschutzes, nämlich des Paßkontrolldienstes. Aber nur an rd. $^1/_{10}$ unserer 700 bis 800 Grenzübergangsstellen arbeitet der Paßkontrolldienst. An $^9/_{10}$ dieser Stellen nimmt der Zollgrenzdienst, der dem Bundesminister der Finanzen untersteht, diese Aufgaben wahr. Ganz andere Dienststellen, ganz anderer Zuständigkeitsweg.

Wir sollten auch solche Vorgänge in den Kreis unserer Betrachtungen ziehen.

Ipsen: Ich möchte zu den Fakten, die hier berichtet worden sind, ein Thema anbringen, von dem ich annehme, daß es eine hamburgische Einmaligkeit darstellt. Nach dem vom Reich im Jahre 1937 erlassenen Groß-Hamburg-Gesetz und einer dazu ergangenen Reichs-Durchführungs-Verordnung hat Hamburg gewisse Hoheitsbefugnisse im Elbmündungsgebiet, im Cuxhavener Bereich, zugewiesen erhalten, und zwar gewisse Vetorechte in bezug auf die dortige Landesgesetzgebung und bestimmte Hoheitsbefugnisse auf schiffahrtspolizeilichen und sonstigen Gebieten, die mit der Schiffahrt zu tun haben. Diese Kompetenzzuweisungen regelten sich im Einheitsstaat sehr schlicht und einfach, weil das Reich alle Hoheitsrechte, über die es verfügte, in den zu Verwaltungsbezirken gewordenen früheren Ländern unter Abweichung von der allgemeinen Aufteilung ordnen konnte. Aber diese Situation nach 1945 zu deuten, hat einige Schwierigkeiten gemacht, und man ist auf die Idee gekommen, ob man diese hamburgischen Servituten („Staatsservituten") auf jetzt niedersächsischem Gebiet quasivertraglich zu erklären habe, so daß sich die Fortentwicklung dieser Thematik, wie etwaige Änderungen, nun in Vertragsform zwischen den Ländern Niedersachsen und Hamburg vollziehen müßte. Beide Länder verfahren so und verhandeln über gewisse Ablösungen und Neuvorkehrungen. Wir würden hier also vertragsartige Situationen vorfinden, die früher in Hoheitsentscheidungen des Reiches ihre Grundage gefunden haben. Es würde mich interessieren, von den Herren Referenten zu erfahren, ob es solche Erscheinungen auch sonst noch gibt und wie sie wohl zu erklären sind.

Dürig: Meine Herren, wir wollen uns unter I über die Rechtsgrundlage dieser merkwürdigen Selbstkommunierung der Länder unterhalten. Dazu jetzt gleichzeitig eine Bemerkung zu Ziff. 4 c des Referates von Herrn Schneider, die ja tatsächlich an die kritische Stelle des Föderalismus rührt. Ich weiß nicht, Herr Schneider, ob das nur einem Rationalisierungsstreben entspringt, oder etwa dem Trend der Wirtschaft zur Vereinheitlichung, ob wir hier nicht auch dem Rechtssog des Gleichheitssatzes unterlegen sind, ob in ihm nicht zumindest die Länder ihre Legitimation sehen. Man will keine Gefällesituation in dem Status der einzelnen Bürger der betreffenden Bundesländer aufkommen lassen, man will gleichziehen. Nicht in einem Land acht Jahre Schulzeit, im anderen neun. Man hält das für unerträglich, man spricht es vielleicht nicht aus, aber der wirkliche Legitimationsgrund ist doch wohl das Bestreben, den Bürger überall gleich zu behandeln. Nun wissen wir aber, daß in einem föderativen Gefüge Ungleichheiten, Gefällesituationen auftreten können, wenn nicht geradezu auftreten müssen. Das kann sehr weit gehen. In einem Land kann das Konkubinat strafbar sein, im anderen nicht. Wir haben in Baden-Württemberg vor kurzer Zeit ein Wassergesetz gekriegt, da taucht der Begriff „öffentliches Eigentum" wieder auf. Ich weiß nicht, ob man damit den Begriff von Otto Mayer übernehmen will, jedenfalls ein anderer Eigentumsbegriff. Ich bin der Meinung, daß das föderative Prinzip diese Ungleichheiten erträgt, daß zum mindesten der Gleichheitssatz nicht, wie es doch wohl in der Bürokratie verbreitet ist, dazu zwingt, hier nun unbedingt unter den Ländern gleichzuziehen. Es geht insoweit im Bundesstaat überhaupt nicht um ein Grundrechtsverhältnis, sondern um die Homogenitiät. Es geht um die Aufrechterhaltung der primitivsten Gemeinsamkeiten, die auch dazu zwingen kann, Gefällesituationen krassen Ausmaßes in der Tat gleichzuziehen. Ich persönlich frage mich, ob nicht eine solche Gefällesituation erreicht ist, wenn ein Land hier plötzlich mit einem neuen Eigentumsbegriff operiert. Entscheidend ist mir hier jedoch nur, daß der Gleichheitssatz nicht dazu zwingt, schlechthin alles zu koordinieren, daß also in jedem Land alles so sein müßte, wie in einem anderen Land.

Hans Schneider: Um auf die Bemerkung von Herrn Ipsen zurückzukommen: ein solcher Fall (Verwandlung von Gesetzesrecht in vertragsartiges Recht) ist mir in dieser Form nicht bekannt. Aber es gibt eine Parallele im Fürsorgerecht. Die Fürsorgerechtsverordnung von 1924 überläßt es teils den Ländern, teils den Landesfürsorgeverbänden, organisatorische und materiell-rechtliche Angelegenheiten ergänzend zu regeln, wenn nicht Reichsgrundsätze ergehen. Solche Reichsgrundsätze sind 1931 erlassen worden, haben sich dann aber bei der außerordentlichen Bevölkerungsbewegung nach 1945 nicht bewährt. Da haben es dann die Länder und vor allen Dingen die Landesfürsorgeverbände unternommen, im Vereinbarungswege diese Reichsgrundsätze umzubilden. Inzwischen hat sich diese vertragliche Fortbildung soweit von dem Gesetzeswortlaut entfernt, daß von der Verordnung von 1924 kaum etwas übrig geblieben ist. Die Textausgaben des ursprünglichen Gesetzes haben jetzt in den Fußnoten verzeichnet, was auf Grund von Vereinbarungen zwischen den Fürsorgeverbänden gilt. Die Vereinbarungen lauten teilweise so: „§ 2 der Fürsorgepflichtverordnung von 1924 wird jetzt zwischen den Landesfürsorgeverbänden in folgender Fassung angewandt." Dann kommt ein anderer Wortlaut. Das ist also ein Fall, in dem das Gesetz durch Vertragsrecht verdrängt wird. Wieweit dies zulässig ist, weiß ich nicht, will ich jetzt hier jedenfalls nicht berühren. Das ist eine dunkle Materie, denn das Fürsorgerecht ist in die Hände der Amtmänner gefallen, und Juristen haben auf diesem Gebiete kaum noch die nötigen Durchblicke, um die verfassungsrechtlichen Bedenklichkeiten schnell aufzudecken. Aber sonst kenne ich keinen Fall, der dem von Herrn Ipsen geschilderten Vorgang vergleichbar wäre.

Seidl-Hohenveldern: Ich wollte zum Punkt I ein paar Worte sagen. Herr Schneider hat in seinem Vortrag Staatsverträge gegenüber Verwaltungsabkommen abgegrenzt. Herr Schneider möchte davon abkommen, daß man diese Unterscheidung nach der Form des Vertragsabschlusses trifft. Diese von Herrn Schneider abgelehnte Auffassung entspricht aber der Praxis einiger wichtiger Staaten, z. B. der der Vereinigten Staaten. Diese haben unter dem Titel „executive agreement" u. a. auch Regelungen getroffen, die die Rechte einzelner beschneiden und die unter Umständen auch unmittelbar von den Gerichten angewendet werden. Ich denke zum Beispiel an das berühmte Abkommen über die Zugvögel, das zu der Supreme-Court-Entscheidung Missouri v. Holland geführt hat. Die Auffassung, die Herr Schneider vorträgt, halte ich zwar für einen terminologischen Fortschritt. Gleichwohl müssen wir uns die eben geschilderte Praxis vor Augen halten.

Herr Schaumann sagte, daß in Österreich Verträge zwischen den einzelnen Bundesländern kaum vorkommen. Das stimmt.

Förmliche Verträge kommen kaum vor, abgesehen von gewissen finanzrechtlichen Abkommen über die gegenseitige Steuerbefreiung zwischen dem Bund und einzelnen Ländern und zwischen Ländern untereinander. Aber, was sehr oft vorkommt, ist die Ausarbeitung von „Muster"-Gesetzen auf Gebieten der Ländergesetzgebung, z. B. eines Muster-Jagdgesetzes, durch die Referenten der Rechtsabteilungen der einzelnen Länder. Dieser Entwurf geht dann an die Landtage und wird, im allgemeinen zumindest, von den Landtagen oder jedenfalls einzelnen von ihnen mit gewissen lokalen Varianten verabschiedet. In diesem Sinne gibt es auch in Österreich eine ganze Reihe derartiger harmonisch geregelter Landesgesetze.

Merk: Es ist schon von Herrn Schneider gesagt worden, daß sich im Grundgesetz keine Bestimmung darüber findet, ob die Länder untereinander Vereinbarungen treffen können. Es ist das aber etwas Selbstverständliches, möchte ich sagen. Die Zulässigkeit derartiger Verträge ergibt sich auch aus Art. 32 Abs. 3 GG: Wenn die Länder auf dem Gebiete ihrer Zuständigkeit zur Gesetzgebung sogar mit dem Ausland Verträge abschließen können, müssen sie auf diesem Gebiet auch untereinander Verträge abschließen können. Die Einteilung in Staatsverträge und Verwaltungsabkommen halte ich im übrigen nicht für glücklich, da die Länder nicht in jeder Hinsicht als „Staaten" bezeichnet werden können und als solche handelnd auftreten.

Hans Schneider: Die Unterteilung, wie ich sie vornehme, zwischen Staatsverträgen und Verwaltungsabkommen geht davon aus, daß das Grundgesetz in dem Art. 59 ja selbst diese Unterscheidung, jedenfalls in der völkerrechtlichen Praxis, als gegeben voraussetzt. Und ich bemühe mich nun auch angesichts der staatlichen Praxis, die unterscheidet zwischen innerdeutschen Staatsverträgen und innerdeutschen Verwaltungsabkommen, diese Einteilung im nationalen Recht zu vollziehen. Aber ich vollziehe sie nicht nach den Begriffen, die sich im Völkerrecht entwickelt haben bei der Unterscheidung zwischen treaties und executive agreements. Sie liegt auf einer etwas anderen Ebene.

Scheuner: Darf ich vielleicht gleich hierzu eine Frage an Sie richten? Sie haben als Staatsverträge solche Vereinbarungen bezeichnet, die den ganzen Staat in allen seinen Hoheitsrechten angehen, während die Verwaltungsabkommen nur die Verwaltung berühren. Ich kann diese Einteilung nicht für erschöpfend halten. Denn eine Anzahl von diesen Ländervereínbarungen betreffen gemeinsame Gerichte oder Übertragung gerichtlicher Zuständigkeit an gemeinsame Kammern. Sie fallen in diese Einteilung nicht hinein. Ich würde meinen, wir sollten in Einklang mit Art. 59 den Unterschied eher doch darin suchen, daß man als Staatsverträge solche bezeichnet die entweder politische Gegenstände oder Gegenstände der Gesetzgebung betreffen, während wir Verträge, die rein auf dem Wege der Verwaltungsorganisation gelöst werden können, als Verwaltungsabkommen deklarieren. Mir scheint es z. B. geboten zu sein, daß jeder Vertrag zwischen Ländern, der die Gerichtsorganisation berührt, den Landtagen zur Genehmigung vorgelegt und durch Gesetz publiziert werden muß. Das wird nicht immer ganz streng eingehalten, genauso, wie man feststellen kann, daß die Auffassungen der einzelnen Länder über das Ausmaß der nach ihren Verfassungen notwendigen Annahmeformalitäten sehr verschieden ist. Es gibt Abkommen zwischen verschiedenen Ländern, die von einem Land als Gesetz, vom zweiten als durch Zustimmung des Landtages bestätigtes Abkommen und vom dritten überhaupt als Bekanntmachung publiziert werden. Das beruht vielleicht auf verfassungsrechtlichen Unterschieden, kann aber doch auch Ausdruck von erheblichen Interpretationsunterschieden sein

Hans Schneider: Dazu würde ich erstens sagen: Wenn Sie den Versuch unternehmen, als Staatsverträge diejenigen zu bestimmen, die die politischen Beziehungen der Bundesländer untereinander berühren, dann wüßte ich für diese Gruppe überhaupt keinen praktischen Fall. Zweitens würde ich sagen: die Verträge über gemeinsame Gerichte sind Staatsverträge sozusagen kraft Bundesrechts, rein formelle Staatsverträge weil es, wie das Bundesverfassungsgericht in einem Fall entschieden hat, ein Satz des gemeindeutschen Staatsrechts ist, daß Gerichte nur durch Gesetz eingerichtet werden dürfen. Das ist insofern also eine Materie der formellen Gesetzgebung.

Klein: Ich möchte mir erlauben, einige Ausführungen zu dem Begriff der Verwaltungsabkommen zu machen. Es ist von Herrn Schneider die Dreiteilung gemacht worden zwischen Staatsverträgen, Verwaltungsabkommen und den von ihm so genannten gemeinsamen Verwaltungsbeschlüssen, den Beschlüssen der Konferenzen der Landesressortminister. Dabei bin ich mir aber nicht ganz sicher, worauf sich die Leitsätze von Herrn Schneider jeweils beziehen. Zur Sache selbst möchte ich folgendes sagen: Das Wort Verwaltungsabkommen erscheint in Art. 59 Abs. 2 Satz 2 GG. Ich bin keineswegs der Meinung — ich nehme an, daß wir darin einig sind —, daß diese Vorschrift irgendwie fruchtbar gemacht werden könnte für die Verwaltungsabkommen, die hier zur Debatte stehen. Das meiste von dem, was zu Art. 59 Abs. 2 Satz 2 GG zu sagen ist, steht hier überhaupt nicht zur Diskussion. Im übrigen würde ich Herrn Scheuner zustimmen, daß für die Frage, was Verwaltungsabkommen im Sinne des Art. 59 Abs. 2 Satz 2 GG sind, der Gesichtspunkt des Art. 59 Abs. 2 Satz 1 GG herangezogen werden darf und muß. Demgemäß würde ich in Umkehrung dieser Vorschrift sagen: Verwaltungsabkommen im Sinne des Art. 59 Abs. 2 Satz 2 GG sind völkerrechtliche Verträge, die weder die politischen Beziehungen des Bundes regeln noch Gegenstände der Bundesgesetzgebung betreffen. Es bleibt dann aber noch immer die Frage zu beantworten, was in dem hier in Rede stehenden Zusammenhang „Verwaltungsabkommen" sind. Herr Schneider hat eine neue Einteilung versucht, die hier teils angenommen, teils verworfen worden ist. Ich folge ihm darin, daß weder die jeweils gewählte Bezeichnung des Abkommens noch die Art des Verfahrens, in dem es zustandekommt, ausschlaggebend sein kann. Stattdessen hat Herr Schneider den Gesichtspunkt einzuführen versucht, ob sich die Abkommen auf die Staatsorganisation im ganzen beziehen, ob sie das Land als solches erfassen oder aber nur die Exekutive des Landes betreffen. Mir scheint es wichtig, darüber noch zu diskutieren.

Hans Schneider: Ich sehe die Staatsverträge und die Verwaltungsabkommen unter dem Oberbegriff: Gliedstaatliche Verträge. Die Verwaltungsabkommen sind eine reale Erscheinung seit Jahrzehnten. Ich kann diese Erscheinung daher nicht irgendwie in die Staatsverträge eingruppieren. Es ist ein deutlicher Unterschied.

Kordt: Es ist vielleicht sinnvoll, ein paar Worte über die Praxis zu sagen. Die Verträge zwischen den Gliedstaaten — sowohl solche, die wir heute in die Kategorie der „Staatsverträge", als auch solche, die wir in die Kategorie der „Verwaltungsabkommen" einreihen — sind teilweise älter als das Grundgesetz und die einzelnen Länderverfassungen. Ich habe einmal die Liste der Staatsverträge, die bei der Staatskanzlei in Nordrhein-Westfalen geführt wird, durchgesehen. Da ist es interessant zu sehen, daß in den ersten Jahren eine ganze Reihe von Verträgen ziemlich formlos zustandegekommen, z. T. mündlich vereinbart worden sind, und daß es sogar schwer fällt, den Text dieser Abkommen festzustellen. Im Jahre 1954 hat der Interministerielle Ausschuß für Verfassungsfragen von Nordrhein-Westfalen Richtlinien für den Abschluß von Staatsverträgen und Verwaltungsabkommen festgelegt. Diese Richtlinien sind für Nordrhein-Westfalen durch einen Kabinettsbeschluß für alle Ressorts verbindlich erklärt worden. Danach fallen unter den Begriff des „Staatsvertrages" alle Verträge, die einmal in materieller Hinsicht eines Gesetzes zur Verwirklichung bedürfen, also die entweder in die Freiheit oder das Eigentum des Staatsbürgers eingreifen oder wegen eines vorhergehenden Gesetzes erforderlich sind. Schließlich gehören nach unseren Richtlinien zu den Staatsverträgen auch alle Vereinbarungen, die das Mittelbewilligungsrecht des Landtags über ein Jahr hinaus betreffen. Unter den Begriff des „Verwaltungsabkommens" fallen dagegen die Verträge, die entweder den reinen Verwaltungsbereich der Exekutive betreffen oder die zwar Gesetze im materiellen Sinn darstellen, aber dem Verordnungsrecht der Exekutive unterliegen.

Nach der Landesverfassung kann die Landesregierung, der die Vertretung nach außen zusteht, dieses Recht an den Ministerpräsidenten übertragen. Anfang dieses Jahres ist durch einen Kabinettsbeschluß eine entsprechende Übertragung erfolgt. Der Ministerpräsident ist jetzt also derjenige, der die Staatsverträge abschließt und der auch zum Abschluß von Verwaltungsabkommen die Vollmachten ausstellt. Ich darf den Text einer solchen Vollmacht verlesen: „Ich ermächtige Sie, in meinem Namen die Verwaltungsvereinbarung über einen gemeinsamen Prüfungsausschuß für die Große Forstliche Staatsprüfung abzuschließen." Verwaltungsabkommen werden in Nordrhein-Westfalen nicht ratifiziert, wohl aber Staatsverträge. Wir haben uns bemüht, uns ziemlich genau an die völkerrechtliche Form in bezug auf beide Arten von Vereinbarungen zu halten.

Mosler: Ich halte die Einteilung in Staatsverträge und Verwaltungsabkommen grundsätzlich für richtig, habe aber Bedenken gegen die Formulierung, daß das Land durch Staatsverträge in seiner Gesamtheit, in allen seinen Funktionen gebunden sei; ich wüßte außer den Verträgen, die die politischen Beziehungen regeln, keinen Fall, der hier in Betracht kommen könnte. Deshalb scheint mir die Unterscheidung zwischen beiden Gruppen besser nach den Kompetenzen zu treffen zu sein, d. h. nach den Funktionen der Exekutive und der gesetzgebenden Körperschaft. Es ist schon von den Abkommen gesprochen worden, die Haushaltsmittel über das laufende Jahr hinaus erfordern und lediglich aus diesem Grund der gesetzgebenden Körperschaft vorgelegt werden müssen. Das sind sicherlich keine Abkommen, die das Land in seiner Gesamtheit betreffen. Wir müssen also zu einer von der landesrechtlichen Kompetenzverteilung her gesehenen Abgrenzung kommen. Die Frage ist, ob es hierbei ein gemeindeutsches Recht gibt, etwa in dem Sinne, wie es hier soeben am Beispiel Nordrhein-Westfalen dargestellt worden ist. Ich glaube, daß wir derartige Grundsätze feststellen können, die aber an etwaigen Verschiedenheiten des Landesrechts ihre Grenze finden.

Bei der Erörterung der Beschlüsse der Konferenzen der Landesressortminister haben Sie, Herr Schneider, gesagt, die „Vereinbarung" sei gegenüber dem „Vertrag" in der Staatsrechtslehre fast vergessen. Ich möchte zur Debatte stellen, ob wir nicht das, was mit dem Wort „Vereinbarung" im Gegensatz zum „Vertrag" gesagt werden soll, doch für unsere Diskussion brauchen und zwar für den letzten Punkt, die verfassungswandelnden Wirkungen dieser Vorgänge. Sie haben gesagt, diese Ressortbeschlüsse seien keine Vereinbarungen.

Hans Schneider: Gerade sie sind vereinbart.

Mosler: Sie sind Vereinbarungen in einem Sinne, daß alle Beteiligten vertraglich gebunden sind?

Hans Schneider: Ja, sie sind auch einstimmig gefaßt, beruhen auf gemeinsamen parallelen Erklärungen.

Mosler: Dann sind wir uns in diesem Punkt einig. Darf ich nur noch den Gedanken dahin zu Ende führen, daß wir m. E. hier die wesentlichste Entwicklungslinie sehen, die zu einem gemeinsamen „bundesuniformen Länderrecht" neben Bundesrecht und Landesrecht führen kann. Dabei disponieren die Länder über das, was ihnen innerhalb der Bundesstaatsverfassung g e m e i n s a m zusteht, während sie bei anderen Abkommen als einzelne verfügen. Darin liegt, wie ich glaube, der Ansatz zu der späteren Frage: Wird hier eine neue begrenzte Teil-Rechtsordnung im Kelsen'schen Sinne im Bundesstaat sichtbar und bilden sich vielleicht dazu sogar Organe?

Ehmke: Herr Prof. Schneider, wenn ich Sie richtig verstanden habe, haben Sie die Unterscheidung von Staatsverträgen und Verwaltungsabkommen an drei Punkten behandelt. Einmal die bisher diskutierte abstrakte Unterscheidung, zweitens die Frage der Zustimmung des Parlaments im Landesrecht und drittens die Abgrenzung der Zuständigkeit von Bundesverfassungsgericht und Bundesverwaltungsgericht für verfassungsrechtliche Streitigkeiten oder nur öffentlichrechtliche Streitigkeiten.

Hans Schneider: Die Zuständigkeiten für Rechtsstreitigkeiten beziehen sich gleicherweise auf Staatsverträge und auf Verwaltungsabkommen. Das Grundgesetz, Art. 93 Abs. 1 Ziff. 4, und auch die Verwaltungsgerichtsordnung, § 50 Abs. 1 Ziff. 1, unterscheiden n i c h t zwischen Verwaltungsabkommen und Staatsverträgen, sondern sagen eben lediglich: „öffentlich-rechtliche Streitigkeiten" bzw. solche nichtverfassungsrechtlicher Art. Das betrifft nicht notwendig bloß Verwaltungsabkommen und Streitigkeiten aus ihnen, das können auch verwaltungsrechtliche Streitigkeiten aus Staatsverträgen sein.

Dürig: Halten Sie einen Fall für möglich, wo ein Staatsvertrag eine nichtverfassungsrechtliche Streitigkeit begründen kann?

Hans Schneider: Der Staatsvertrag über die Liquidation des Nordwestdeutschen Rundfunks. Ob er nun eine staatsrechtliche oder eine verwaltungsrechtliche Sache betrifft: er ist ein Staatsvertrag.

Ehmke: Herr Prof. Schneider, meine Frage geht gerade dahin: Mir fällt auf, daß Sie die Abgrenzung der gerichtlichen Zuständigkeiten genau nach den Maßstäben vornehmen, nach denen Herr Prof. Scheuner Verwaltungsabkommen und Staatsvertrag als „politisch wichtig" oder „politisch weniger wichtig", „verwaltungsrechtlich" materiell gegeneinander abgrenzen würde. Meine Frage ist daher, ob die Abgrenzung nicht tatsächlich an allen drei Punkten eine einheitliche sein muß. Dem Vorschlag von Herrn Prof. Mosler kann man, glaube ich, nicht ganz zustimmen. Denn auf die „Gesetzgebungs"-Kompetenz abzustellen bedeutet praktisch, daß man die gesamte Problematik des Gesetzesbegriffes, des Rechtssatzbegriffes und der Verwaltungsverordnung nun in die Frage der Abgrenzung von „Staatsverträgen" und „Verwaltungsabkommen" hineinträgt, statt gerade von einer sinnvollen materiellen Klassifizierung der gliedstaatlichen Verträge neue Ansätze für eine etwas fruchtbarere Behandlung des Gesetzesproblems zu gewinnen.

Hans Schneider: Was wäre Ihr Abgrenzungsvorschlag?

Ehmke: Ich würde einheitlich abgrenzen und würde tatsächlich die „politische Wichtigkeit" als Leitgesichtspunkt für die Abgrenzung zu benutzen suchen. Denn der „Gesetzesbegriff", der nur verweist auf den Eingriff in Individualrechte oder auf das Haushaltsrecht, ist ja rein kasuistisch. Das sind nur typische Fälle, in denen man sagt: Das muß der

Gesetzgeber machen. Die Frage ist aber ganz allgemein die: Was muß in einer Demokratie der demokratische Gesetzgeber selber regeln? Von daher könnte man sich vorarbeiten und dann vielleicht tatsächlich Gesetz und Staatsvertrag gleichschalten für alle drei Fragen: Erfordernis der Zustimmung der Parlamente, Zuständigkeit der Verfassungs- bzw. der Verwaltungsgerichte, abstrakte Klassifizierung.

Merk: In Ergänzung dessen, was ich schon gesagt habe, möchte ich ausführen, daß man, wenn man, wie Herr Schneiden, von Art. 59 GG ausgeht, dann eben als Verwaltungsabkommen die Abkommen über solche Angelegenheiten bezeichnen müßte, die die Verwaltung innerhalb eines einzelnen Landes von sich aus regeln kann. Dem würde man gegenüberstellen die anderen Verträge, die sich auf solche Fälle beziehen, in denen nach der Verfassung des betreffenden Landes ein Gesetz notwendig ist.

Hans Schneider: Das ist nicht so weit entfernt von dem, was ich gesagt habe. Denn ich meine ja auch: Gegenstand eines Verwaltungsabkommens kann alles das sein, was innerhalb des Landes durch eine Verwaltungsanordnung geregelt werden könnte. Den Fall, den Herr Kordt noch angeschnitten hat, daß die Exekutive eines Landes auf Grund eines ihr gesetzlich verliehenen Verordnungsrechts zuständig ist, würde ich vielleicht noch einbeziehen.

Menzel: Nur zwei kurze Bemerkungen: Zunächst möchte ich — gegen Herrn Seidl-Hohenveldern — vorschlagen, jede Parallelsetzung unseres Begriffs „Verwaltungsabkommen" mit den executive agreements des amerikanischen Präsidenten auszuschalten. Es braucht nur an das sog. Destroyer-deal (USA—Großbritannien) erinnert zu werden, um zu zeigen, daß hier kein Vergleich möglich ist. Die Executive agreements beruhen auf der ganz anderen Stellung des amerikanischen Präsidenten (Staatsoberhaupt und Regierungschef) und auf Eigenheiten des Verhältnisses zwischen dem Präsidenten und dem Kongreß (vor allem dem Senat). Überhaupt sollten wir bei der Deutung der zwischen den Ländern oder dem Bund und Ländern geschlossenen Verträgen (im weitesten Sinne) die Lösung nicht im ausländischen Recht und auch nicht im Völkerrecht suchen; im Völkerrecht hat der Begriff „Verwaltungsabkommen" oder Ressortabkommen einen anderen Sinn.
Zweitens: Sie haben, Herr Schneider, in der Kategorisierung, die Sie uns in den Leitsätzen gegeben haben, unterschieden zwischen Staatsverträgen, Verwaltungsabkommen und Ressortabkommen (Beschlüssen der Konferenzen der

Landesressortminister). Es gibt m. E. noch einen vierten Typus. Ich darf hierzu an das sog. Lindauer Abkommen erinnern, das allerdings die Überschrift „Verständigung" führt. Es geht hier um die einheitliche Stellungnahme der deutschen Länder und des Bundes zur Vertragsschlußgewalt des Bundes, falls die Verträge das Gesetzgebungsrecht der Länder berühren. Hier erscheint ein ganz neuer Typus von Vereinbarungen, der mit den bisher genannten Kategorien nicht zu erfassen ist. Praktisch stellt die Lindauer „Verständigung" eine Art Stillhalteabkommen im Streit um die Auslegung einer Verfassungsbestimmung dar (Art. 32). Eine ähnliche Entwicklung gibt es im Fernsehstreit. Es handelt sich hierbei um mehr als um zusammengefaßte Erklärungen über ein politisches Vorgehen. Es geht um die Lösung eines Verfassungsstreits. Dies hat bestimmte Rechtsfolgen — etwa diejenige eines Verzichts auf eine Klärung durch das Bundesverfassungsgericht. Inhaltlich reicht dies an eine verbindliche Verfassungsauslegung heran. Derartige „Verständigungen" stellen also einen ungemein effektiven Typus von Ländervereinbarungen dar. Sie sind materiell etwas anderes als bloße Verwaltungsabkommen, und sie stehen offensichtlich über gemeinsamen Beschlüssen von Landesressortministern. Die Frage ihrer rechtlichen Qualifizierung ist nicht einfach zu lösen. Sicher ist aber, daß die von dem Herrn Referenten gegebene Dreiteilung der Ländervereinbarungen um eine vierte Kategorie bereichert werden sollte.

Ule: Ich meine, daß sich die von Herrn Ehmke vorgeschlagene Abgrenzung von Staatsvertrag und Verwaltungsabkommen unter dem Gesichtspunkt, ob es sich um Verträge oder Abkommen von besonderer politischer Wichtigkeit handelt, doch nicht als fruchtbar erweisen kann. Es ist ja der Versuch gemacht worden, den Regierungsakt vom Verwaltungsakt nach solchen Gesichtspunkten abzugrenzen, aber es hat sich gezeigt, daß die Frage der politischen Wichtigkeit oder Unwichtigkeit auf Umständen beruht, die jeweils sehr von der Situation abhängen. Ich glaube nicht, daß man eine Abgrenzung zwischen zwei Instituten, wie hier Staatsvertrag und Verwaltungsabkommen, nach solchen sehr vagen und situationsgebundenen Voraussetzungen vornehmen darf. Deshalb möchte ich meinen, daß Herrn Schneider darin zugestimmt werden kann, wenn er den Staatsvertrag auf Vorgänge bezieht, die im innerstaatlichen Leben einer gesetzlichen Regelung oder einer Verordnungsregelung auf Grund gesetzlicher Ermächtigung bedürfen, während zum Verwaltungsabkommen das zu rechnen ist, was von der Verwaltung aus eigener

Machtvollkommenheit ohne eine solche gesetzliche Ermächtigung vorgenommen werden darf. Beide Erscheinungen fallen unter die verwaltungsgerichtliche Kompetenzzuweisung des § 40 VwGO, wenn dort von öffentlichrechtlichen Streitigkeiten nichtverfassungsrechtlicher Art gesprochen wird. M. W. hat man diese Formel gerade mit Vorbedacht gewählt, um einen möglichst weiten Bereich damit abzugrenzen. Man wollte einmal eine Abgrenzung gegenüber dem Verfassungsrecht vornehmen, hat aber gerade mit dieser negativen Abgrenzung („nichtverfassungsrechtlicher Art") alle Möglichkeiten nach dem Verwaltungsrecht hin offenhalten wollen. Und darum würde ich Herrn Schneiders Auffassung beipflichten, daß sowohl Streitigkeiten aus Staatsverträgen wie auch Streitigkeiten aus Verwaltungsabkommen als verwaltungsrechtliche Streitigkeiten, für die die allgemeinen Verwaltungsgerichte zuständig sind, in Betracht kommen.

Merkl: Bei unserem Thema handelt es sich um ein theoretisch wie praktisch bedeutsames Problem des Föderalismus und des Bundesstaates. Aufgabe der Vereinbarungen der Länder ist es, durch Willensäußerung der Länder Einheit in der Vielheit der Länderverwaltungen herzustellen. Die Ermächtigung der Länder zu den fraglichen Vereinbarungen bedeutet eine zusätzliche Kompetenz im Rahmen der typisch bundesstaatlichen Kompetenzverteilung, durch Vereinbarung der Länder bundeseinheitliches Recht zu schaffen.

Beide Herren Berichterstatter haben dankenswerter Weise den Art. 107 des Österr. Bundes-Verfassungsgesetzes zitiert, wonach die Länder untereinander über Angelegenheiten ihres selbständigen Wirkungsbereiches Vereinbarungen treffen können, die freilich der Kenntnisnahme, nicht der Zustimmung der Bundesregierung bedürfen. Die wichtigste Nutzanwendung dieser bundesverfassungsgesetzlichen Ermächtigung war das Recht des Naturschutzes, das nach Gesetzgebung und Vollziehung in die Zuständigkeit der Länder fällt, jedoch infolge der Rückwirkungen einzelner Maßnahmen auf das Nachbarland ein Einvernehmen oder sogar ein Zusammenwirken der Länder wünschenswert erscheinen läßt. Die meisten Bundesländer haben nach den ersten österr. Landes-Naturschutzgesetzen des Jahres 1924 von Nieder-Österreich und Tirol ein Übereinkommen getroffen, wonach sie ein gemeinsames Organ für die Fragen des Naturschutzes, nämlich einen ständigen von den vertragsschließenden Ländern beschickten Fachbeirat für Angelegenheiten des Naturschutzes einsetzen. Den Empfehlungen dieses Fachbeirates war zu verdanken, daß die Länder die Gesetzgebung und

Vollziehung des Naturschutzes auf die Interessenlage der Nachbarländer abgestimmt haben. Durch die reichseinheitliche Gestaltung des Naturschutzrechtes im Jahre 1938 war mit der Erstreckung der Reichshoheit auf die Ostmark die erwähnte Vereinbarung und ihre organisatorische Schöpfung außer Wirksamkeit getreten. Nach der Wiederherstellung der Unabhängigkeit Österreichs und der Wiederinkraftsetzung neuer österreichischer Landesgesetze des Naturschutzes werden neu auftauchende Fragen des Naturschutzes durch Verhandlungen und konkrete Absprachen der beteiligten Landesregierungen gelöst.

Die rechtspolitische Bedeutung solcher Verträge und Einrichtungen liegt darin, dem Föderalismus dadurch zu dienen, daß sie gewissermaßen aus seinen Wesensgrundlagen heraus unter Ausschaltung des Gesamtstaates die Möglichkeit eines einheitlichen Handelns auf bestimmten Gebieten der Gesetzgebung und Verwaltung schaffen.

Scheuner: Wir wollen uns nun dem Punkt II zuwenden und die Fragen erörtern: Völkerrecht oder gemeinsames Staatsrecht als Rechtsgrundlage gliedstaatlicher Verträge, Grenzen solcher Vereinbarungen im Bundesrecht, Vorrang der interkantonalen Verträge vor dem kantonalen Recht.

Huber: Gestatten Sie, daß ich eine Lanze breche für eine beschränkte Anwendbarkeit des Völkerrechts auf die Beziehungen unter den Gliedstaaten eines Bundesstaates. Es scheint mir richtig zu sein, daß man zuerst den ganzen Kreis der formellrechtlichen Fragen des Abschlusses von Verträgen, der Auslegungsmethoden, der Erlöschungsgründe usw. ausscheidet. Da scheint sich mir das Völkerrecht für eine Anwendung anzubieten, ähnlich wie sich das Privatrecht anbietet, wo es an verwaltungsrechtlichen Normen gebricht. Im übrigen scheint es mir hinsichtlich der Beziehungen unter den Gliedstaaten richtig zu sein, die Frage allgemein zu stellen. Ich kann mir nicht vorstellen, daß nur für die vertraglichen Beziehungen der Gliedstaaten das Völkerrecht eine Geltung beanspruchen könnte, dagegen für die außervertraglichen nicht, oder umgekehrt. Und da möchte ich vielleicht einsetzen bei einem Gedanken, den Herr Schaumann an den Anfang gestellt hat: die Alternative zwischen Entscheidung und Vertrag. Diese Alternative hat im Bundesstaat nicht nur eine beschränkte Bedeutung wegen des Verbotes der Selbsthilfe. Den Gliedstaaten ist nur zur Wahl gestellt, sich in Rechtskonflikten oder in virtuellen Rechtskonflikten zu verständigen, Verträge zu schließen und sich damit eine Entscheidung zu ersparen, oder an den Staatsgerichtshof zu gelangen und eine Entscheidung zu provozieren. Aber diese Alternative ist doch nicht etwa einer kommunizierenden Röhre zu vergleichen, denn der Bereich möglicher Gegenstände solcher Verträge ist viel weiter. Die Verträge können werdendes Recht gestalten, sie können auch Interessenkonflikte, die keine Rechtsstreitigkeiten sind, beilegen. Interessenkonflikte kann man im Großen und Ganzen nicht vor den Staatsgerichtshof bringen. In solchen Fällen werden die Gliedstaaten sich vertragen müssen. Wenn das nicht möglich ist, so bleibt es, sagen wir einmal, bei der Machtlage, beim status quo. Der beatus possidens, der ist dann halt einfach der Sieger. In der Rechtsprechung des schweizerischen Bundesgerichts kann man, in den Anfängen wenigstens, wiederholt feststellen, daß das Bundesgericht sich in streitigen Beziehungen, die irgendeine territoriale Seite hatten, einfach mit dem Begriff der Gebietshoheit behalf. Aber das waren keine wirklichen Lösungen. Später ist das Bundesgericht viel eindeutiger zur Übernahme des Völkerrechts geschritten und hat sich nicht einfach mit der Gebietshoheit beholfen. Und nun würde ich sagen, wenn unser Bundesgericht in der Schweiz das Völkerrecht angewandt hat auf die vertraglichen und außervertraglichen Beziehungen, so nicht nur deshalb, weil sich dieses Völkerrecht sachlich angeboten hat, sondern auch, weil man sich sagte, diejenigen Verhaltenspflichten, die sogar souveränen Staaten obliegen, die müssen mindestens auch einen Gliedstaat eines Bundesstaates treffen. Dann kommt aber die Modifikation: Es muß u. U. sogar ein intensiviertes Völkerrecht gelten, ein modifiziertes, es muß ein größeres Dulden oder vielleicht ein größeres Unterlassen dem Gliedstaat zur Pflicht gemacht werden, z. B. in den nachbarrechtlichen Beziehungen. Es gibt aber auch Fälle, wo man nicht eine völkerrechtliche Norm zur Hand hat. Ich würde aber sagen, das Völkerrecht könne überhaupt zu einem guten Teil als Versuch begriffen werden, den reinen Interessenlagen Rechtsansprüche abzugewinnen. Das muß auch in einem Bundesstaat als Ausgangspunkt gelten. Wo völkerrechtliche Normen sich nicht anbieten, da wird man versuchen, allein mit dem bundesfreundlichen Verhalten, mit der Rücksichtnahme, zu rechtlichen Schlüssen zu kommen. Das wäre also meine Schlußfolgerung: Das Völkerrecht ist als Minimalverpflichtung der Gliedstaaten für die vertraglichen und außervertraglichen Beziehungen annehmbar.

Krüger: Ich möchte auch meinerseits noch etwas zur Frage des Völkerrechts sagen. Ich hatte den Eindruck, beide Referenten unterscheiden sich in diesem Punkt im Ergebnis gar nicht so erheblich. Denn wer für Völkerecht eintritt, tritt ja eigentlich nicht für das Völkerrecht ein, so wie es Völkerrecht ist. Das würde noch sehr viel deutlicher, wenn wir das klassische Völkerrecht mit dem legitimen Recht der Gewaltanwendung hätten. Dann würde sich ganz evident zeigen, daß das „bundesstaatliche Völkerrecht" kein Völkerrecht ist, denn das Wesen des Bundesstaates besteht ja gerade darin, daß er ein Friedensverband ist, in dem jegliche Anwendung von Gewalt der Natur der Sache nach ausgeschlossen ist. Es handelt sich im Grunde genommen darum, mit Hilfe des Völkerrechts etwas zu finden, was gefunden werden muß, was man aber irgendwie nicht recht bezeichnen kann. Ich darf Sie daran erinnern, wie schnöde Laband, Jellinek und Anschütz die Stellung des Gliedstaates im Bundesstaat bezeichnet haben: Wo er dem Gesamtstaat unterworfen ist, ist seine juristische Persönlichkeit ausgelöscht, da ist er reiner Untertan, während er da, wo er dem Bunde nicht unterworfen ist, Staat mit Untertanen ist. Damit, das haben wir alle im Gefühl, erschöpft sich aber dieses Gebilde nicht. Es ist wahrscheinlich sogar am Wesen der Sache vorbeigeredet. Das, was wir meinen, ist m. E. das bündische Element, und das Völkerrecht scheint sich dadurch zu empfehlen, daß es diesem Element angemessener ist als jede andere Art von Recht. Wenn Sie, Herr Schneider, diese Abkommen als ein Versuch oder als ein vielleicht unbewußtes Unternehmen der Selbstaufhebung des Föderalismus gekennzeichnet haben, so würde ich sagen, sie stellen eher den Versuch dar, das Bündische oder das Genossenschaftliche zu verwirklichen, womit auch der Vorwurf, daß der Wegfall der besonderen Substanzialitäten in den Ländern den Föderalismus gegenstandslos macht, aus den Angeln gehoben ist.

Mosler: Die völkerrechtlichen Kategorien werden wahrscheinlich in der Auslegung von Herrn Schaumann und von Herrn Schneider im Einzelfall zu ziemlich ähnlichen Ergebnissen führen. Trotzdem stehen wir hier vor einem Zentralproblem des ganzen föderativen Aufbaus. Bekanntlich gibt es drei Grundvorstellungen: Einmal die These, die Länder hätten verbliebene Resthoheiten aus der einstigen Souveränität, zweitens die These, sie hätten nur Kompetenzen auf der Basis der Bundesstaatsverfassung, drittens die These, daß zwar nach dem soziologischen Befund die heutigen Länder nicht aus früherer Zeit n o c h bestehen, daß sie aber nach dem Zweiten Weltkrieg als staatsähnliche Gliedverbände im Sinne der Verfassungstradition der deutschen Geschichte entstanden oder wiederaufgewertet worden sind. Von hier aus könnte man sagen, daß es Hoheiten gibt, die einem Land, wie auch immer es historisch entstanden sein mag, zustehen. Diese dritte These halte ich für die richtige. Das zwischen den Ländern anwendbare Recht möchte ich demnach als bundesstaatsrechtlich zugelassenes Völkerrecht bezeichnen, d. h. es ist der Herkunft nach Völkerrecht, das in unserem Bundesstaat gilt und den völkerrechtlichen Auslegungsregeln folgt, soweit diese nicht überlagert sind von bundesstaatsrechtlichen Grundsätzen. Dieses Völkerrecht wird modifiziert durch die Loyalitätspflichten in der bundesstaatlichen Gemeinschaft.

Scheuner: Ich glaube, mit dem soeben behandelten Fragenkreis hängt das angeschnittene Problem des sogen. gemeinen deutschen Staatsrechts in gewissem Umfang zusammen. Die Vokabel des „gemeinen deutschen Staatsrechts" ist entstanden in der Zeit nach 1815. Denn im alten deutschen Reich war diese gemeinsame Basis im Reichsrecht vorhanden, weil die Länder aus einer verhältnismäßig größeren Unterwerfung unter die Königsgewalt hervorgegangen waren. Die Formel des gemeinen deutschen Staatsrechts ist entstanden in einer Zeit staatenbündischer Selbständigkeit der Länder, sie läßt aber die Frage aufkommen, die mir etwa auch gegenüber den Bemerkungen von Herrn Menzel sehr wesentlich erscheint, ob sich ein gemeines deutsches Staatsrecht in einem Bundesstaate allein unter den Ländern ohne den Bund bilden kann. Ich glaube, daß diese Frage zu verneinen wäre. In einem Bundesstaate kann sich ein gemeinsames Staatsrecht jedenfalls nicht dadurch bilden, daß der Bund allein handelt oder die Länder allein handeln, sondern nur durch das gemeinsame Handeln beider. Man wird also daran festhalten müssen, daß, wenn in dem durch die Kategorien Staatenbund und Bundesstaat bezeichneten Bereich eine Wandlung stattfindet, sie immer nur von allen Rechtsbeteiligten gemeinsam geübt und gefunden werden kann.

Merk: Ich kann die Auffassung von Herrn Scheuner nicht voll teilen. Ich sehe nicht ein, warum sich nicht im Verhältnis zwischen den Ländern hinsichtlich der ihnen überlassenen Angelegenheiten ein allgemeines Staatsrecht herausbilden können soll. Warum muß der Bund beteiligt sein? Im einzelnen muß man näher auf die betreffenden Bundesverfassungen eingehen, inwieweit sie den Ländern noch die Befugnis erteilen, als Völkerrechtspersönlichkeiten aufzutreten. Wenn ich für die Verträge der Länder untereinander wenigstens für uns eine staatsrechtlich Grundlage annehme, dann ist aber von Völkerrecht m. E. im letzten Grunde doch kaum zu reden.

Ich sehe die Grundlage bei uns im Grundgesetz in Art. 32, und sehe keine Notwendigkeit, hier auf das Völkerrecht zurückzugreifen, abgesehen von einer entsprechenden inhaltlichen Anwendung, wenn das innerstaatliche Recht keine Auskunft gibt, wie die Verhältnisse zu gestalten sind, wie z. B. mit Bezug auf den Abschluß, die Kündigung u.s.f.

Schaumann: Ich stimme im wesentlichen mit den Ausführungen von Herrn Huber über die Anwendbarkeit des Völkerrechts überein. Im Vertragsrecht spielt zwar diese Frage eine verhältnismäßig kleine Rolle. Hier liegen Bereiche vor, bei denen auch das Völkerrecht den Staaten die Autonomie zuspricht, so vor allem beim Abschlußverfahren. Wir müssen die Frage aber im gesamten betrachten, und da besteht zunächst eben die Tatsache, daß das Völkerrecht im schweizerischen und deutschen Staatsrecht angewendet wurde, im deutschen Recht vielleicht mit einigen Zweifeln.

Hinsichtlich der Alternative „Urteil — Vertrag" stimme ich ebenfalls mit Herrn Huber überein. Das Urteil ist natürlich viel weniger gestaltungsfähig. Wenn ich das Hauptproblem dieser Alternative, die Nutzung von Grenzgewässern, herausgreife, so kann man sagen, daß das Urteil vorerst nur feststellen kann, wo ein Staat seine Hoheit überschritten und eine Völkerrechtsverletzung begangen hat, oder wo er in einem bestimmten Fall seine Hoheitsrechte ausüben kann. Die konkrete Gestaltung der Nutzung kann nur durch Verständigung, durch Vertrag geregelt werden. Das hat sich sehr schön im amerikanischen Recht gezeigt. Zuerst sind einige Urteile vorausgegangen, heute hat man aber unzählige Verträge, die die Nutzungsverhältnisse konkret regeln. Dasselbe ist — mit einiger Verspätung — auch im Völkerrecht geschehen. Bei der Frage der Indus-Gewässer in Pakistan z. B. erging — noch zur Zeit der britischen Herrschaft — zuerst ein Urteil, während eine vertragliche Verständigung erst kürzlich erfolgte.

Die Frage der Anwendung von Völkerrecht zwischen den Gliedstaaten überhaupt, wie sie von Herrn Merk aufgeworfen wurde, ist vorerst eine Frage der theoretischen Begründung der Kompetenzen der Gliedstaaten, ob ihnen noch ein Bereich zusteht, in dem sie in völkerrechtlichen Beziehungen stehen. Aber dann ist es doch auch eine Frage der Praxis. Wenn wir ein gemeines Recht dieser Gliedstaaten konstruieren, dann liegt dieses Recht im Grunde genommen in der gleichen Richtung wie das Völkerrecht. Es ist sicher besser, von einem bestehenden Rechtsstoff im Völkerrecht auszugehen und ihn im Sinne der bundesstaatlichen Idee weiterzuentwickeln, als diese völkerrechtliche Grundlage zu vernachlässigen und sozusagen aus dem leeren Raum entsprechende Rechtsnormen herauszubilden.

Münch: Die Frage des Völkerrechts im Bundesstaat entspringt, glaube ich, eigentlich einer praktischen Verlegenheit. Es gibt keine Verfassung, die die Verhältnisse der Mitgliedstaaten untereinander abschließend regelt. An einem Artikel der Bundesverfassung, nach dem die Länder berechtigt wären, Verträge untereinander abzuschließen, nun das ganze Recht der Mitgliedstaaten untereinander aufzuhängen, wäre nur ein Taschenspielertrick. In Wirklichkeit suchen wir das Recht, das zwischen den Mitgliedstaaten gilt, anderswo. Nun spricht man vom gemeinen deutschen Staatsrecht, und auch das Bundesverfassungsgericht hat dieses Wort in eines seiner Urteile geschrieben. Aber wir kennen das gemeine deutsche Staatsrecht gar nicht, es ist keine besondere Disziplin. Das Völkerrecht als zwischenstaatliches Recht souveräner Staaten bietet sich an, insbesondere weil die Bundesstaaten geschichtlich auf einen Staatenbund zurückgehen und ihre Glieder noch früher einmal tatsächlich souveräne Staaten gewesen sind. Wenn in der eidgenössischen Verfassung steht, die Eidgenossenschaft bestehe aus den souveränen Kantonen, dann ist diese Ableitung der Anwendung des Völkerrechts aus der Geschichte auch noch durch ein Wort der Verfassung gedeckt. Wie wäre es aber, wenn ein Einheitsstaat sich einmal auflöst in einen Bundesstaat? Kann man dann von einem gemeinen Staatsrecht sprechen? Ich glaube, dann wäre eine ganz neue Situation eingetreten, auf die wir ganz besonders das Völkerrecht anwenden müßten.

Schließlich möchte ich fragen: hilft uns Art. 25 GG weiter? Kann man mit einiger Kunst sagen: weil wir Art. 25 haben, wenden wir das allgemeine Völkerrecht auch auf das Verhältnis der Mitgliedstaaten zueinander an?

Menzel: Ich frage mich, was wäre wohl geschehen, wenn die gegenwärtige Tagung das Thema der gliedstaatlichen Verträge nicht an erster, sondern an zweiter Stelle, d. h. nach der Erörterung mehr verwaltungsrechtlicher Fragen behandelt hätte. Dann wäre wahrscheinlich die Diskussion mehr von verwaltungsrechtlichen und weniger von völkerrechtlichen Gesichtspunkten ausgegangen. Wir hätten uns dann dem Problem gewissermaßen „von unten her" genähert, statt „von oben her", wie es jetzt geschieht. Es hätte sich dann der öffentlich-rechtliche Vertrag als Ausgangspunkt angeboten. Zwar ist diese Rechtsfigur bei uns nicht so ausgeprägt und konturenscharf wie etwa im französischen Verwaltungsrecht. Aber es sollte doch geprüft werden, ob wir die Länderverträge nicht auch unter dem Aspekt eines auf eine höhere Ebene gehobenen öffentlich-rechtlichen Vertrages sehen sollten. Eine Ländervereinbarung über ein gemeinsames juristisches Prüfungsamt (Hamburg, Niedersachsen, Schleswig-Holstein) scheint mir mehr dieser Rechtsfigur zu entsprechen als einem förmlichen Staatsvertrag unter souveränen Staaten.

Im übrigen: Herr Münch hat soeben zutreffend ausgeführt, daß wir bei den Länderverträgen nicht aus dogmatischen Gründen vom Völkerrecht ausgehen, sondern aus praktischen Erwägungen, d. h. weil es Lösungen für Parallelfälle anbietet. Es gibt aber auch den umgekehrten Fall: Im sog. Trail Smelter-Fall (Vereinigte Staaten — Kanada) wurde die Schadensersatzpflicht auf nachbarrechtliche Erwägungen gestützt, d. h. die entscheidenden Gesichtspunkte entnahm man nicht völkerrechtlichen Regeln, sondern dem Zivilrecht. Auch im Streit zwischen Lübeck und Mecklenburg-Schwerin über Wasserrechte in der Lübecker Bucht wurden nicht einfach völkerrechtliche Grundsätze über die Küstenmeerabgrenzung usw. übernommen, sondern man ging auf die lange Geschichte der wasserrechtlichen Nutzungen ein und ließ sie letztlich entscheidend sein. Das bedeutet, daß auf eine nicht-völkerrechtliche, aber sachadäquate Normierung des zivilen oder öffentlichen Rechts zurückgegriffen wurde.

Für das Problem der Länderverträge sollte daher mehr der Frage nachgegangen werden, ob es nicht — nach dem Ausdruck von Herrn Scheuner — ein „gemeines deutsches Recht" gibt, das für diese Beziehungen ausschlaggebend ist. In den fast 150 Jahren seit der Gründung des Deutschen Bundes haben sich Regelungen ausgeprägt, die den Rückgriff auf das Völkerrecht vermeidbar machen. Dies wäre um so erwünschter, als der deutsche Föderalismus bei einer stets nur völkerrechtlichen Betrachtungsweise der Gefahr einer Mißdeutung unterliegt.

Kaiser: Die bisherige Diskussion, so scheint mir, hat ergeben, daß tatsächlich bei der Regelung der Rechtsbeziehungen zwischen Gliedstaaten nicht darauf verzichtet werden kann, irgendwie auf das Völkerrecht Bezug zu nehmen. Aber ich glaube, nach allem ist es erlaubt, doch noch einmal die Frage zu stellen, welcher Art diese „Anwendung" des Völkerrechts auf die zwischengliedstaatlichen Rechtsbeziehungen ist. Herr Hans Huber hat, wenn ich ihn richtig verstanden habe, gesagt, daß das Völkerrecht als solches Geltung beanspruchen könnte. Dem möchte ich widersprechen. Ich halte es vielmehr für ein Verdienst schon der früheren Forschungen von Herrn Schneider, dargelegt zu haben, daß es Staatsrecht ist und daß der gesamte Bereich der Beziehungen zwischen den Gliedstaaten dem Staatsrecht zugewiesen werden muß. Wenn gesagt wurde, es sei ein modifiziertes Völkerrecht, das hier Anwendung finde, dann frage ich mich, was das nun juristisch ist, welcher Kategorie von Völkerrecht das einzuordnen wäre: Soll das etwa regionales Völkerrecht sein oder irgendein partikuläres Völkerrecht? Ist es tatsächlich so, daß das Völkerrecht für die Gliedstaaten ebenso oder ähnlich gilt wie für die souveränen Staaten? Meine Antwort darauf ist: Nein. Verschiedentlich ist auch gesagt worden, wenn das Völkerrecht den einzelnen Staaten in der Völkerrechtsgemeinschaft schon bestimmte Pflichten auferlege, dann gelte es erst recht für die Glieder eines Bundesstaates. Hier frage ich mich, ob man da noch auf dem Boden des Völkerrechts steht, m. E. tut man das nicht. Wir kennen in der Logik den Schluß a majore ad minus, aber jener Gedankengang wäre der Schluß von einem minus auf ein majus an Rechtsgemeinschaft, und dieser Schluß erscheint mir schon logisch nicht zulässig. Man verläßt mit einer solchen Formulierung den Boden des Völkerrechts und begibt sich auf eine andere Rechtsebene.

Eine Aussage über die Rolle des Völkerrechts in den Beziehungen zwischen den Gliedstaaten, kann man an den Sachverhalt anknüpfen, den Herr Menzel nannte, daß nämlich im Völkerrecht verhältnismäßig oft in umgekehrter Richtung Kategorien des Zivilrechts beigezogen werden, ohne daß man je behauptet hätte, daß deshalb in der Völkerrechtsgemeinschaft das Zivilrecht wie das Völkerrecht gelte. Es handelt sich vielmehr darum, daß — wie es auch durch Art. 38 des Statuts der Haager Cour nahegelegt ist — hier die Kategorien des nationalstaatlichen Rechts behilflich sind. Schlußfolgerungen auf allgemeine Rechtsgrundsätze zu ziehen, Rechtsgrundsätze, die dann allerdings tatsächlich als ein gemeinsamer Rechtsboden, der sich über die Grenze von Völkerrecht und nationalstaatlichem Recht hinaus erstreckt, angesehen werden können. Mit ähnlichem haben wir es bei den Fragen der Anwendung von anscheinend völkerrechtlichen Grundsätzen auf die Verhältnisse zwischen den Gliedstaaten zu tun. Es handelt sich hier um Staatsrecht. Aber zur inhaltlichen Bestimmung dieses Staaatsrechts sind völkerrechtliche Normen ebenso nützlich, wie umgekehrt bei der Entscheidung völkerrechtlicher Fälle privatrechtliche Kategorien von Bedeutung sein können.

Dürig: Lassen Sie mich einen induktiven Beleg anführen für das, was Herr Menzel und Herr Kaiser gerade gesagt haben. Wir finden beispielsweise den Satz, daß Gewässern ihr natürlicher Lauf zu lassen ist. Wo lokalisieren wir diesen Satz? Er ist ein Satz unseres gemeinen Wasserrechts, er ist ein Satz des privatrechtlichen Nachbarrechts, er ist ein Satz schließlich auch unseres Völkerrechts. Ich bin nun ganz unproblematisch der Meinung, einen solchen Satz immer an der nächsten Rechtsquelle, hier also im gemeinen deutschen Wasserrecht zu lokalisieren und dann ganz bescheiden nur diesen Grundsatz anzuwenden und das Völkerrecht allenfalls als ultima ratio heranzuziehen.

Scheuner: Ich darf vielleicht dazu bemerken, daß hinter dieser Frage ein tieferer methodischer Gegensatz liegt. Solange wir im alten Sinne der dualistischen Lehre Völkerrecht und Staatsrecht als zwei getrennte Welten betrachten, erscheint hier ein großer Sprung. Sind wir uns dagegen darüber klar, daß das Völkerrecht nichts anderes ausdrückt als ein gemeines unter den Staaten geltendes Recht, so rückt die Kategorie des gemeinen deutschen Staatsrechts als eine engere Bindung unter einigen Staaten schon sehr viel näher in die Richtung einer Heraushebung gemeinsamer Grundsätze.

Ehmke: Im Anschluß an das, was Herr Prof. Menzel und Herr Prof. Kaiser gesagt haben, möchte ich darauf hinweisen, daß sich das amerikanische Recht m. E. nicht auf Völkerrecht stützt, daß der Begriff „interstate common law" oder „federal common law" sowohl der Geschichte des Begriffs wie der Geschichte der amerikanischen Rechtsprechung nach vielmehr aufs common law im Sinne von municipal law, hier Zivilrecht, Bezug nimmt. Es geht hier um Fragen der Wasserverteilung nicht von Grenzgewässern, sondern von Flüssen, die durch mehrere Staaten fließen, und der Supreme Court entscheidet — etwa im Falle Kansas v. Colorado — Colorado stehe ein equitable right am Wasser zu. Ich glaube also, daß man sich für die völkerrechtliche These auf die amerikanische Rechtsprechung nicht berufen kann.

Schaumann: Herr Münch hat die interessante Frage aufgeworfen, ob man über den Art. 25 GG das Völkerrecht hier in das deutsche Staatsrecht einschleusen kann. Die Frage ist schon im Donauversinkungsfall aufgetaucht, damals bezogen auf den Art. 4 WRV. Der deutsche Staatsgerichtshof berief sich dabei — mit späterer Bestätigung im Fall der Verunreinigung des Weserwassers — ausdrücklich auf Art. 4 WRV und erklärte, die allgemein anerkannten Regeln des Völkerrechts gälten auch innerstaatlich, ergo gälten sie auch für das Verhältnis der Gliedstaaten untereinander, obwohl das nicht der ursprüngliche Sinn von Art. 4 WRV sein konnte. Ich möchte diese Frage nicht beantworten, bin aber etwas skeptisch, hier den Art. 4 WRV — heute den Art. 25 GG — als Grundlage für die Anwendung von Völkerrecht anzusehen. Man bewegt sich damit nämlich auf der Ebene des in innerstaatliches Recht transformierten Völkerrechts. Die These, die sagt, Völkerrecht komme zur Anwendung, geht aber im wesentlichen davon aus, daß ein Bereich durch das Bundesrecht nicht gedeckt ist, und in diesem Bereich daher Völkerrecht zur Anwendung kommt. Es liegt hier ein ähnlicher Fall vor, wie wenn Herr Münch sagt, man könne doch am Art. 7 der schweizerischen Bundesverfassung nicht sozusagen das ganze interkantonale Recht aufhängen. Man kann, so möchte ich sagen, auch am Art. 25 GG nicht ein gemeines deutsches Staatsrecht, das völkerrechtliche Grundsätze verwendet, aufhängen oder anhängen.

Nun noch zur Frage von Herrn Ehmke. Ich habe mich ziemlich vorsichtig geäußert über die Anwendung des Völkerrechts im amerikanischen Recht. Tatsächlich gibt es nur eine oder zwei Entscheidungen, in denen sich der Oberste Gerichtshof ausdrücklich auf Völkerrecht berief. Der eine Fall ist — und auch dieser nur mit gewissen Einschränkungen — Kansas v. Colorado. Man muß sich aber bewußt bleiben, daß das „federal common law" oder „interstate common law" auf diesen Entscheidungen über die Frage der Grenzgewässer basiert, wobei ich Grenzgewässer im weiten, auch die grenzüberschreitenden Gewässer umfassenden Sinne verstehe. Der Oberste Gerichtshof hat sich in bezug auf die Anwendung von Völkerrecht möglicherweise auch deshalb sehr zurückhaltend ausgesprochen, weil die Vereinigten Staaten in der Frage der internationalen Grenzgewässer um die Wende zum 20. Jahrhundert den extremen Souveränitätsstandpunkt vertraten, vor allem gegenüber Mexiko, z. T. aber auch gegenüber Kansas. Sie wollten bei den Grenz-, vor allem bei den grenzübertretenden Gewässern ihre Hoheitsrechte in keiner Weise einschränken lassen und sich die volle Nutzung, insbesondere für Bewässerungszwecke, vorbehalten und kein Recht des Unterliegerstaates auf den Zufluß des Wassers anerkennen. Diese These konnte natürlich im Verhältnis der Gliedstaaten untereinander nicht übernommen werden. Hier kann und konnte sich — ein Fall der Überlagerung durch das bundestreue Verhalten oder durch die engere Bündnisverpflichtung der Gliedstaaten untereinander — ein Gliedstaat selbstverständlich nicht darauf berufen, daß er vollständig über ein Gewässer verfügen könne, ungeachtet der Ansprüche des Unterliegerstaates. Möglicherweise — ich konnte das nicht weiter verfolgen — wollte sich der Oberste Gerichtshof nicht in die internationale Streitfrage einmischen und entwickelte ohne direkte oder wenigstens nur mit sehr vorsichtiger Bezugnahme auf das Völkerrecht dieses „interstate common law“ hinsichtlich der innerbundesstaatlichen Grenzgewässer. Damit wich er der Frage aus, ob unmittelbar Völkerrecht zur Anwendung komme, gefährdete andererseits aber auch nicht die außenpolitische These der Vereinigten Staaten. Heute haben die Vereinigten Staaten ihre Einstellung zu diesen Fragen wesentlich geändert und anerkennen auch international die Rechte der Unterliegerstaaten.

Merk: Gegen die völkerrechtliche Lehre scheint mir auch zu sprechen, daß bei uns alle öffentlichrechtlichen Streitigkeiten zwischen den Ländern den oberen Bundesgerichten zugewiesen worden sind. Das ist doch ein wichtiger Anhaltspunkt dafür, daß es sich hier um Fragen des Bundesstaatsrechts handelt. Im übrigen darf ich vergleichsweise noch darauf hinweisen, daß man m. W. in England bis zum heutigen Tage an der Auffassung festgehalten hat, daß die Beziehungen zu den Mitgliedern des englischen Staatenverbandes nicht dem Völkerrecht unterstehen.

Scheuner: Wir gehen nunmehr zum Punkt III über, zur Frage der verfassungspolitischen Bewertung der Ländervereinbarungen, einschließlich der Frage, die in beiden Referaten nur sehr zurückhaltend angeklungen ist, inwieweit solche Ländervereinbarungen ein Stück Verfassungswandel darstellen, inwieweit sie zugleich auch eine Fortbildung, eine Fortentwicklung der Verfassung enthalten, wieweit sie endlich das erlaubterweise tun, womit wir erneut die Frage nach den Grenzen solcher Vereinbarungen stellen können.

Schüle: Die Anlage, die wir zum Referat von Herrn Schneider erhalten haben, hat uns zum ersten Mal, wenn auch noch nicht einmal vollständig, den gegenwärtigen Bestand solcher Ländervereinbarungen vor Augen geführt. Es sind etwa 135 Positionen in den 10 bis 11 Jahren seit Beginn der Entwicklung. In der Zukunft dürfte die Zahl dieser Vereinbarungen noch erheblich steigen. Die Zusammenstellung von Herrn Schneider ist deswegen so wertvoll, weil wir mit ihr endlich einmal wieder — wenigstens hier — die Rechtstatsachen vorgelegt bekommen, die uns so häufig fehlen; man sollte, auf dem Gebiet des Staatsrechts wie auch anderswo, ganz allgemein wieder mehr Rechtstatsachen-Forschung treiben.

Was mir sachlich zunächst an der ganzen Entwicklung nicht gefällt, ist, daß sie sozusagen klandestin vor sich geht, d. h., daß hier Abkommen getroffen werden, die, zum Teil jedenfalls, überhaupt nicht veröffentlicht werden, oder vielleicht nur an Stellen, an denen man sie nicht findet. Es scheint mir in einer Demokratie unumgänglich zu sein, daß gesetztes Recht auch vor aller Augen offengelegt wird.

Ferner sehen wir bei dieser Gelegenheit, daß hier ein Weg bundeseinheitlicher Gestaltung beschritten wird, nicht etwa auf Bundesebene im Verein mit den Ländern und dem Bundesrat, sondern ausschließlich auf der Ebene der Länder. Das ist verfassungsrechtlich nirgends vorgesehen. Nun kann man sich über eine derartige Harmonisierung gewiß freuen, sie erscheint rechtlich aber doch in zweierlei Hinsicht fragwürdig. Einmal soweit die Dinge zu institutionellen Verfestigungen führen. Ich sehe darin eine Art von Ausklammerung des Bundesrats. Im Bundesrat ist das Stimmgewicht der einzelnen Länder verschieden, und es kann auch überstimmt werden. Bei den in Frage stehenden Vereinbarungen, vor allem wenn alle Länder beteiligt sind, gilt dagegen das Prinzip des polnischen Reichstags; daher scheitert möglicherweise an dem einen oder einem zweiten, der nicht mittun will, der ganze Abschluß der Vereinbarung. Die Rechtsetzungskompetenzen sind schließlich an die Länder gegeben worden, damit sie ihre Angelegenheiten selbständig nach ihren Verhältnissen regeln. In der Praxis sehen wir dagegen auf zahlreichen Gebieten der Landeszuständigkeit sogen. Modellentwürfe, wie es jetzt wieder beim Presserecht der Fall ist. Was hat es eigentlich für einen Sinn, die Landeskompetenz für die Pressegesetze zu begründen — der Bund hat ja nur die Rahmenmöglichkeit —, wenn dann mehr oder minder abgesprochen wieder paralleles Landespresserecht erlassen wird?

Der weitere Punkt ist, daß die Verträge sehr häufig auch Rechtswirkungen auf den einzelnen haben. Hinsichtlich der „Spalterflagge" der sogen. DDR ist z. B. in den letzten Jahren ein Protokoll unterzeichnet worden — ich bitte, mich notfalls zu korrigieren — daß Bund und Länder sich darüber einig sind, das Zeigen der Spalterflagge in der Öffentlichkeit der Bundesrepublik stelle eine Störung der öffentlichen Ordnung i. S. unseres Polizeirechts dar, gegen die mit polizeilichen Mitteln einzuschreiten sei. Es ist doch klar, daß hier der Begriff der öffentlichen Ordnung von Regierungsseite bestimmt wird und nicht, wie allgemein rechtens, nach den —

möglicherweise verschiedenen — Anschauungen der betreffenden örtlichen Gemeinschaft. Wir sehen hier also die Äußerung eines Rechtsetzungswillens, die inhaltlich mit dem geltenden Polizeirecht nicht übereinstimmt. Ich meine, daß Regierungsabkommen, Verwaltungsabkommen usw. keine stärkere rechtliche Wirkung haben können als ein Landesgesetz, geschweige denn als Bundesrecht. Der demokratische Gesetzgeber hat noch immer die Vorhand gegenüber den Regierungen, die etwa versuchen, auf dem Wege von Vereinbarungen des gesetzte Recht zu modifizieren.

Thieme: Uns ist heute morgen vorgeführt worden, in welchem Maße ein Koordinierungsvorgang auf Sachgebieten, die sowohl in der Gesetzgebung als auch in der Ausführung zur Landeskompetenz gehören, im Gange ist. Dieser Vorgang zeigt sich vielleicht am stärksten auf dem Gebiet der Kulturpolitik, einem Gebiet, das mit gewissen, ganz geringen Ausnahmen, allein den Ländern vorbehalten ist. Nun scheint es in der Tat so, daß hier ein Wandel der Verfassung im Gange ist, ein Wandel, der praeter oder sogar contra legem erfolgt. Allerdings habe ich Bedenken, soweit zu gehen, daß hierdurch das Grundgesetz, die föderative Struktur des Grundgesetzes, bereits im Kern betroffen ist. Ich möchte auf Art. 72 GG hinweisen. Dort haben wir zwar nicht die Forderung, aber doch die Möglichkeit, die Einheitlichkeit der Lebensverhältnisse im Wege konkurrierender Bundesgesetzgebung herzustellen. Es taucht daher die Frage auf, ob nicht die im Art. 72 angesprochene „Einheitlichkeit der Lebensverhältnisse" eine Kategorie ist, die einem Bundesstaat in gewisser Weise immanent ist. Wichtige Fragen sind koordinierungsbedürftig, und es fragt sich, ob — insoweit als die Koordinierung nicht durch Bundesorgane erfolgen kann — nicht die Länder diese Koordinierung vorzunehmen haben. Dabei müssen wir bedenken, daß z. B. die zentrale Bedeutung des Bildungswesens und der kulturellen Fragen einer breiteren Öffentlichkeit erst nach Inkrafttreten des Grundgesetzes klar geworden ist. Es ist in gewisser Weise ein Fehler des Grundgesetzes, daß es den kulturellen Bereich im Gegensatz zu den anderen größeren Lebensbereichen völlig herausgelassen hat. Ich würde also angesichts der starken Zurückhaltung des Grundgesetzes wegen einer anderen Auffassung über die Regelungszuständigkeit im kulturellen Bereich sagen, uns sollte die Tatsache, daß das Koordinierungsbestreben der Länder in diesem Bereich jetzt besonders zum Ausdruck kommt, nicht beunruhigen. Wir sollten uns im Gegenteil freuen, daß hier die Möglichkeit besteht, einen Fehler des Grundgesetzgebers zu korrigieren.

Ipsen: Wenn wir einmal den großen Katalog durchsehen, den Herr Schneider uns freundlicherweise zur Verfügung gestellt hat, wird man unschwer bei vielen dieser Abkommen und Verträgen feststellen, daß sie gemacht worden sind, um einem Interesse nachzukommen, das Art. 72 Abs. 2 GG in den Ziffern 1 bis 3 kennzeichnet, also nicht nur unter dem Gesichtspunkt der Wahrung der Rechts- oder Wirtschaftseinheit, sondern auch unter den Gesichtspunkten der Ziffern 1 und 2, daß nämlich eine Angelegenheit durch die Gesetzgebung einzelner Länder nicht wirksam geregelt werden kann oder eine derartige Regelung die Interessen anderer Länder oder der Gesamtheit beeinträchtigen könnte. Art. 72 Abs. 2 GG betrifft aber die Möglichkeit konkurrierender Bundesgesetzgebung, während die Themata unserer Verträge und Abkommen die Landeskompetenzen betreffen. Wenn wir nun einmal verfassungspolitisch zu würdigen versuchen, was in den 135 Abkommen und Verträgen seit 1949 geschehen ist, dann sehe ich die Dinge so: Hier haben die Länder aus Anforderungen, die Art. 72 Abs. 2 GG als sachgeboten und von der Verfassung her legitimiert kennzeichnet und markiert, einheitliche Regelungen entweder für das ganze Bundesgebiet oder nur für Teile desselben, je nach den Erfordernissen so oder so, herbeigeführt, da es dem Bund nicht gestattet ist, diese ausschließlichen Landesangelegenheiten mit den Mitteln einer übergeordneten Gesetzgebung oberhalb der Landesebene zu regeln und zu ordnen. Ich muß daraus den Schluß ziehen, daß das Grundgesetz sich in diesem wichtigen Punkte als nicht gelungen erweist. Darin liegt dann auch eine Rechtfertigung für diese hier diskutierte Praxis der Länder. Sie bemühen sich, mit den Mitteln, die ihnen zur Verfügung stehen, so gut sie können, über diese Malaise hinwegzukommen. Gerade weil keine Gesetzgebungskompetenz geschaffen worden ist für diese übergeordneten Dinge, müssen die Regierungen, die hier allein handlungsfähig sind, das Loch stopfen, das es zu stopfen gilt.

Krüger: Herr Schneider hat auf eine sehr bemerkenswerte Wandlung der Thematik der Verträge zwischen den einzelnen Ländern hingewiesen. Es sei ein Zug dahin zu bemerken, daß immer mehr Gegenstände geregelt werden, die nicht außerhalb, sondern innerhalb der Mauern gelegen sind, die die Länder umgeben. Ich darf darauf hinweisen, daß dieselbe Entwicklung bei den völkerrechtlichen Verträgen zu beobachten ist. Der dänische Völkerrechtler Sörensen hat einmal darauf hingewiesen, daß sich auch die völkerrechtlichen Verträge immer mehr mit internen Themata, mit sog. inneren Angelegenheiten befassen: Menschenrechten, Arbeitsverhältnissen, Schiffsicherheitsfragen usw., usw. Wenn man von den Ländern eine Stufe tiefer geht, so sieht man dasselbe bei den Gemeinden. Auch sie befassen sich in ihrer Kommunikation immer mehr damit, Dinge gemeinsam zu erarbeiten, die an sich ihre eigenen sind. Sie haben als geradezu institutionelle Einrichtungen den Gemeindetag usw. geschaffen, um dafür zu sorgen, daß die Dinge bei ihnen egalisiert und homogenisiert werden. Einmal, weil sie sie selber gar nicht mehr schaffen, zum anderen aber auch, weil diese Dinge egalisiert und homogenisiert werden müssen. Die Beobachtung, die Herr Schneider für die Länder gemacht hat, läßt sich also auch oberhalb und unterhalb dieser Stelle machen. Frage: Ist die Konsequenz gerechtfertigt, die er daraus zieht? Er hat ja gerade aus dieser Egalisierung und Homogenisierung die Konsequenz gezogen, die raison d'être des Bundesstaats sei entfallen. Wenn man jetzt die entsprechenden Vorgänge im Völkerrecht und die entsprechenden Vorgänge in den Gemeinden hinzunimmt, muß man fragen: Ist es wirklich so, daß die ratio essendi des Bundesstaates in den materiellen Verschiedenheiten besteht? Ich würde sagen: nein. Seine ratio essendi ist etwas anderes und vielleicht formelleres: die Selbständigkeit, die Vielfalt der Initiativen. Auch das Weltstaatensystem lebt ja von der Fülle der Initiativen, so unbequem sie uns in dieser Hinsicht erscheinen. Sicher liegt in der wirtschaftlichen und gesellschaftlichen Entwicklung der Zug zur Egalisierung, aber ist es da nicht immer noch besser, die Länder schalten sich selbst gleich, anstatt gleichgeschaltet zu werden?

Weber: Auch ich meine, daß die Praxis der Koordinierung in der Landesgesetzgebung wichtige Hinweise auf die Fehlleistungen des Grundgesetzes enthält und uns zum Nachdenken darüber veranlassen sollte, was in den Zuständigkeitskatalogen der Art. 74, 75 GG der Revision bedarf. Auf der anderen Seite wird man beachten müssen, daß es Materien gibt, die prinzipiell genossenschaftlich gelöst werden sollten, obwohl die Länder meist nur dadurch zur Koordinierung gebracht werden, daß über ihnen das Damoklesschwert eines Eingriffs des Bundesgesetzgebers im Rahmen der konkurrierenden Gesetzgebung hängt. Wenn man bedenkt, wie schwierig es z. B. war, dem Bundesgesetzgeber plausibel zu machen, wie etwa im Rahmen des Beamtenrechts-Rahmengesetzes die Hochschullehrergesetzgebung aussehen müßte und mit wieviel Zufälligkeiten dann die schließlich zustandegekommene Regelung behaftet war, dann muß man doch sagen, daß auch der Gesetzgeber zum legitimen Tätigwerden eine gewisse Sachnähe braucht, der Bund aber für manche Dinge eben keine Sachnähe und auch keine Sachverantwortung hat, diese vielmehr bei den Länder liegt. Hier ist der Bereich gegeben, den man den Ländern zu einer genossenschaftlichen Ordnung belassen müßte, abgesehen davon, daß die Länder auf dem Gebiete der Verwaltung als solcher immer ihre legitimen Aufgaben haben.

Die Beschlüsse der Konferenzen der Landesressortminister, die zu den parallelisierten Verwaltungsanordnungen der Länder führen, sind noch unter einem anderen Gesichtspunkt zu sehen. Die meisten Beschlüsse der Konferenzen der Landesressortminister und nicht nur dieser, sondern etwa auch der Landesbesoldungsreferenten, der Landespolizeireferenten usw. führen schließlich dazu, daß koordinierte Landesgesetze ergehen. Es gibt eine ganze Reihe von „Kartellen" der jeweils zuständigen Landesreferenten. Innerhalb dieser „Kartelle" werden intern Beschlüsse gefaßt, als deren Ergebnis dann koordinierte Gesetzesvorlagen in den Landesparlamenten erscheinen. In den Gesetzesbegründungen und auch in den Landtagsverhandlungen selbst wird in solchen Fällen mit dem Hinweis operiert, daß der Text koordiniert und deshalb tabu sei. Hier zeigt sich ein interessantes Moment, das bisher noch nicht erörtert worden ist: Die Verwaltungsabkommen (nicht so sehr die Staatsverträge), insbesondere aber jene Koordinierungsbeschlüsse der Minister, Abteilungsleiter und Referenten bedeuten, von der Länderverfassungsordnung her gesehen, eine Verschiebung des Gewichts auf die Bürokratie und eine Devalvierung der Länderparlamente. Zum Teil erfreuen sich diese Abkommen und Koordinierungsbeschlüsse gerade deshalb ihrer großen Beliebtheit. Diese Feststellung darf in dem Gesamtbild nicht fehlen.

Kordt: Ich möchte noch einmal auf die Praxis Nordrhein-Westfalens hinweisen, die dahin geht, alle geheimen Verträge und Abreden auszuschließen. In unseren Richtlinien ist festgelegt, daß alle Staatsverträge im Gesetz- und Verordnungsblatt zu veröffentlichen sind. Verwaltungsabkommen, soweit sie in irgendeiner Weise über den reinen Verwaltungsbereich der Exekutive hinausgehen, sind im Ministerialblatt zu veröffentlichen. Die Rechtsgrundlage, auf Grund deren der Staatsvertrag oder das Verwaltungsabkommen abgeschlossen werden, soll sowohl im Text des Vertrages als auch hinterher in der Veröffentlichung genannt werden.

Hinsichtlich der Institutionen, die für die Länder insgesamt geschaffen werden, wird die Tendenz verfolgt, sie möglichst klein zu halten. Das Sekretariat der Kultusministerkonferenz, das jetzt in einem Abkommen institutionalisiert worden ist, zählt allerdings etwa 50 Personen; das ist nicht viel, wenn man bedenkt, daß in dieser Zahl Sekretärinnen und das technische Personal eingeschlossen sind. Etwa ein halbes Dutzend sind höhere Beamte. Wenn die Länder gut zusammenarbeiten, so meine ich, sollte das sehr begrüßt werden. Dies widerspricht keineswegs dem föderalistischen Prinzip. Die gemeinsam vereinbarte Regelung kann sich im Inhalt sehr von einer von oben dekretierten Regelung unterscheiden.

Bettermann: In den Leitsätzen von Herrn Schneider zu den bundesstaatlichen Grenzen für Länderverträge heißt es, eine vertragliche Selbstpreisgabe wesentlicher Teile der Landesgewalt zugunsten eines anderen Landes oder — was allein wichtig — zugunsten einer supra-gliedstaatlichen Verwaltung wäre unzulässig. Das ist nur eine Mindest-Garantie. Ich frage mich, ob die Grenze nicht sehr viel weiter vorverlegt werden muß. Ist überhaupt irgendeine Form der Selbstpreisgabe — etwa zu 0,2 % — statthaft? Liegt nicht in der Kompetenzverteilung des Grundgesetzes zwischen Bund und Ländern eine Überweisung von Länderkompetenzen nicht nur an die Länder zur gesamten Hand, sondern eben auch an jedes einzelne Land? Kann diese Gewaltenverteilung durch Staatsabkommen geändert werden u. a. mit der Wirkung, daß nun Länder-Zentralbehörden oder Länder-Zentralgerichte oder gemeinsame Gerichte mehrerer Länder entstehen? Hinsichtlich der Gerichtsbarkeiten, die bundesrechtlich geregelt sind, ist es sicher unmöglich, daß ohne bundesverfassungsrechtliche oder bundesgesetzliche Ermächtigung zwischen zwei Ländern ein gemeinsames Gericht errichtet werden darf. Das wäre eine Durchbrechung der Bundesgerichtsverfassung. Auch was die Länder-Zentralverwaltungsbehörden angeht, scheint mir das Grundgesetz mit seiner Kompetenzverteilung zwischen Bund und Ländern überspielt zu werden. Welche Bundesoberbehörden und Bundeszentralbehörden möglich sind, ist im Grundgesetz geregelt. Ist es möglich, neben diesen echten Bundes-Zentralbehörden nun andere Zentralbehörden auf anderer Grundlage als Gesamtländereinrichtungen zu schaffen? Ich meine: nein!

Pfeifer: Herr Schneider hat erwähnt, daß die Reichsgrundsätze über Voraussetzung, Art und Maß der öffentlichen Fürsorge von 1931 als nicht mehr zeitgemäß empfunden werden und durch Vereinbarungen zwischen den Landesfürsorgeverbänden umgebildet worden sind. Ich habe das mit Erstaunen aufgenommen, da ja die öffentliche Fürsorge im Grundgesetz im Katalog der konkurrierenden Gesetzgebung aufgezählt ist. (In unserer österreichischen Verfassung gibt es nur eine Grundsatzgesetzgebung des Bundes. Ausführungsgesetzgebung und Vollziehung ist Landessache.) Der richtige Weg wäre der, daß die Länder, wenn sie sich untereinander einigen, eine solche gemeinsam erstellte Gesetzesvorlage durch den Bundesrat im Parlament einbringen würden, um die Reichsgrundsätze auf gesetzlichem Wege abzuändern. Soweit von der konkurrierenden Gesetzgebung des Bundes Gebrauch gemacht werden kann, weil das Bedürfnis nach einer einheitlichen Regelung für alle Länder offenkundig ist, sollte auch tatsächlich von ihr Gebrauch gemacht werden. Auch kann vereinbartes Landesrecht Bundesrecht nicht brechen.

Merk: Wir dürfen aus dem hier Vorgetragenen doch den Schluß ziehen, daß gegenüber dem GG bei einer Neuordnung der Verfassung zu bestimmen wäre: Angelegenheiten, die den ganzen Bund betreffen, gehören bei vorliegendem Bedarf zur Wahrnehmung von Gesamtbelangen zur Zuständigkeit des Bundes, und zwar auf allen Gebieten, auch dem der Kultur. Ein großes Kulturvolk, das nicht einmal eine Gesamtvertretung auf dem Gebiete der Kultur hat, das ist doch eigentlich ein Unding. Die Angelegenheiten, die nicht über den Bereich eines Landes hinausgehen, sollten im allgemeinen ihm überlassen bleiben, wie auch den Gemeinden und Gemeindeverbänden die örtlichen bzw. überörtlichen Angelegenheiten, in einem zweckmäßigen Aufbau der Verwaltung von unten nach oben.

Scheuner: Wir dürfen jetzt unseren Rednern das Schlußwort geben.

Schaumann: (Schlußwort). Lassen Sie mich zum Schluß noch einiges zur Frage des Vorranges des interkantonalen Rechts, vor allem zur Frage des Widerspruchs zwischen einem Regierungsabkommen und einem Gesetz sagen. Hier wird nicht so heiß gegessen wie gekocht. Einmal ist die Gültigkeit des Regierungsabkommens an die innerstaatliche Legitimation gebunden, also kann normalerweise ein gesetzwidriges Regierungsabkommen gar nicht zustandekommen, abgesehen von den Fragen kollisionsrechtlicher Art, die ich erwähnt habe. Hingegen kann natürlich ein Widerspruch entstehen zwischen einem früheren Regierungsabkommen und einem späteren Gesetz. Ein Regierungsabkommen ist aber in der Regel kündbar, und man darf wohl in einem späteren Gesetz, das einem früheren Regierungsabkommen widerspricht, den Auftrag an die Regierung sehen, das Abkommen zu kündigen. Wieweit dieser Auftrag rechtlich durchsetzbar ist, ist eine andere Frage. Bis zum Moment der Kündigung bleibt es jedoch beim Vorrang des Regierungsabkommens. Übrigens haben wir einen Fall in der Rechtsprechung des Bundesgerichts, der hier einigermaßen Aufschluß gibt. Damals ging es um eine Vereinbarung, die nicht kündbar bzw. für eine lange Frist abgeschlossen war. Eine Elektrizitätsgesellschaft in privatrechtlicher Form, deren Aktionäre eine Reihe von Kantonen waren, hatte mit einem Kanton ein Steuerabkommen abgeschlossen, wonach für die ganze Konzessionsdauer ein bestimmter Steuerpauschalbetrag festgesetzt wurde. Später verbot dieser Kanton in seiner Gesetzgebung Steuerabkommen, worauf die Elektrizitätsgesellschaft auf Weitergeltung des Steuerabkommens klagte. Das Bundesgericht schützte dabei das Abkommen. Hier haben Sie den Widerspruch zwischen einem Abkommen und einem Gesetz, allerdings etwas verdeckt durch die privatrechtliche Form der Gesellschaft.

Herr Schüle hat die Frage der gewissermaßen klandestinen Rechtsetzung durch solche Verträge aufgeworfen. Auch in der Schweiz spielt diese Frage eine gewisse Rolle. Sie sollte eigentlich schon dadurch gelöst sein, daß die Verträge zwischen den Gliedstaaten dem Bundesrat unterbreitet werden müssen. Aber dieser Pflicht wird nur teilweise nachgelebt. Schon um die Jahrhundertwende führte man bewegte Klage darüber, daß nicht alle Verträge gemeldet würden. Wenn man allerdings bedenkt, welche geringfügigen Angelegenheiten u. U. durch solche Verträge geregelt werden, möchte ich nicht dafür plädieren, daß alle, auch die kleinsten Verträge, dem Bundesrat unterbreitet werden. Wichtiger schiene mir die Publikation innerhalb des Kantons. Eine ganze Reihe von Verträgen, sogar solche mit Konkordatcharakter, sind tatsächlich nicht publiziert.

Es wurde hier verschiedentlich die Frage aufgeworfen, ob es noch einen Sinn habe, eine Länderkompetenz zu behalten, wenn man dann doch zu einer einheitlichen Lösung schreitet. M. E. behält auch in diesem Fall — wie das in der Diskussion ebenfalls betont wurde — die föderalistische Lösung ihren Sinn. Im übrigen wäre noch abzuklären, wie weit überhaupt eine uniforme Lösung in dem Sinn vorliegt, daß alle Länder bzw. alle Kantone beteiligt sind. In der Schweiz gibt es nur wenige Verträge, die sämtliche 25 Kantone umfassen. Die meisten Verträge sind entweder bilateraler Art oder multilateraler Art mit wenigen Vertragspartnern. Bei weiteren Verträgen wird vielleicht eine Vereinheitlichung in 10 oder

15 Kantonen erzielt. Die Vielgestaltigkeit bleibt also gewahrt, und ohne dringenden Anlaß zur umfassenden Vereinheitlichung stellt sich die Frage nach Bundesrecht gar nicht.

Hans Schneider: (Schlußwort). Es handelte sich bei dem, was ich dargestellt habe, um den Versuch, eine Erscheinung, die bisher noch etwas im Untergrund geschlummert hat, ans Licht zu heben. Es ist eine Erscheinung, die eigentlich schon alt ist, sich aber gewandelt hat. Schon Haenel hat versucht, dieses Phänomen in den Griff zu bekommen (Dt. StR I, 562 f.). Er bezeichnete diesen Bereich als „Staatenpflege" und verstand darunter das in jedem Bundesstaat auftretende Bedürfnis, im Interesse des Gesamtstaates und der Glieder zwischenstaatliche Verhältnisse zu ordnen, sei es einvernehmlich, sei es, wie er es versuchte, mit einer zusätzlichen Reichskompetenz zur „Staatenpflege". Diese zwischenstaatliche Friedensbewahrung ist durchaus ein legitimes Anliegen. Aber in der neuen Form und in der Ausdehnung, die sie jetzt angenommen hat, wirft sie verschiedene Fragen auf.

Eine Frage ist, ob sich aus dieser Vertragspraxis ergibt, daß die Verteilung der staatlichen Zuständigkeiten, wie sie das Grundgesetz vorsieht, den Bedürfnissen der Gegenwart nicht mehr genügt. Ich habe versucht zu zeigen, und die Diskussion hat das auch bestätigt, daß man hier nicht ein klares „Ja" und „Nein" sagen kann, sondern daß man je nach der Art der Abmachung differenzieren muß. Es gibt durchaus — vom föderalistischen Standpunkt aus — legitime Verträge. Beunruhigender ist die Erscheinung der horizontalen Selbstkoordinierung, die in immer weitere Bereiche sich ausdehnt. Es ist dies nicht nur eine föderalistische Frage, sondern auch eine Frage der demokratischen Legitimität. Herr Weber, Sie haben von einer genossenschaftlichen Rechterzeugung gesprochen. Nun, die Genossen, die hier tätig sind, das sind die Ministerialkollegen untereinander. Es ist doch die Frage, inwieweit eine solche Entwicklung eine demokratische Legitimation findet. Die Länderparlamente, das haben Sie selbst hervorgehoben, fühlen sich in ihrer Bewegungsfreiheit durch diese Absprachen vielfach eingeengt. Beängstigend ist auch die mangelnde Publizität. Es hat mich beruhigt, von Herrn Kordt zu hören, daß in Nordrhein-Westfalen so vortreffliche Regeln aufgestellt worden sind, wahrscheinlich allerdings erst, nachdem die Landesministerien selbst bemerkt haben, daß es dringend nottut, auf diesem Gebiete eine gewisse Klarheit zu schaffen.

Ein Punkt, den ich im Referat nicht angeschnitten habe, betrifft den Umstand, daß der Vertrag hier eine Rolle spielt, die ihm eigentlich nicht gemäß ist. Das Gesetz ist dazu geschaffen, um typische Lagen in genereller Weise zu regeln. Der Vertrag ist die Figur, die individuelle Verhältnisse ihrer Besonderheit gemäß ordnen soll. Hier werden Verträge für generelle Regelungen benutzt, für eine einheitliche Regelung von typischen Fällen. Der Vertrag erfüllt hier eine Aufgabe, die sonst — der Natur der Sache nach — dem Gesetze zukommt. Es sind Verträge mit normativer Wirkung, wie wir sie in anderen Bereichen: Vereinbarungen zwischen Fürsorgeverbänden, Krankenkassen und kassenärztlichen Vereinigungen, auch kennen. Diese Erscheinung ist insofern beunruhigend, als dabei das gesetzliche Recht durch Vertragsrecht unterlaufen oder überspielt wird. Heraklit hat an der Stelle, von der ich heute früh gesprochen habe, auch in dieser Beziehung etwas gesagt: „Das Volk muß für seine Gesetze kämpfen wie für eine Mauer." In diesem Sinne sollte man auch hier diese „Mauer" dem Vertragsstreben der Länder als eine unüberwindliche Schranke entgegensetzen.

Zweiter Beratungsgegenstand:

Schranken nichthoheitlicher Verwaltung

1. Bericht von Professor Dr. Walter Mallmann, Frankfurt/M.

I.

1. Die Frage nach den Schranken der nichthoheitlichen Verwaltung scheint in erster Linie auf die sogen. fiskalische Verwaltung zu zielen. Nach einer verbreiteten, heute wohl überwiegenden Lehre, die zwischen obrigkeitlicher und hoheitlicher Verwaltung unterscheidet und unter der hoheitlichen Verwaltung die gesamte Verwaltung in öffentlichrechtlichen Formen versteht[1]), wären sogar nur die Schranken der Fiskalverwaltung unser Thema. Wir könnten uns dann ohne Umschweife daran machen, den Fiskus unter die Lupe zu nehmen, diesen erstaunlichen Karrieremacher und Allroundman, der es vom „Prügelknaben"[2]) zum Wirtschaftsmagnaten gebracht hat, tagtäglich ein riesiges Arbeitspensum in den verschiedensten Tätigkeitsbereichen — als Bierbrauer, Stromlieferant, Bankier, nicht zuletzt auch als Kohlenkäufer für die Finanzämter — bewältigt und nun sogar versucht, ins Fernsehgeschäft einzudringen[3]).

Aber der Begriff der Hoheitsverwaltung wird in Lehre und Praxis durchaus nicht einheitlich in der erwähnten weiteren Bedeutung verstanden[4]), und es lassen sich manche Gründe für eine engere und strengere Eingrenzung des Begriffs an-

---

[1]) Vgl. z. B. Walter Jellinek, Verwaltungsrecht (3. Aufl., Neudruck 1948), S. 20 ff.; Hans Peters, Lehrbuch der Verwaltung (1949), S. 129; Hans J. Wolff, Verwaltungsrecht I (3. Aufl. 1959), § 23 III b.

[2]) Conrad Bornhak, Preußisches Staatsrecht, Bd. II (1889), S. 464.

[3]) Gemeint ist die Gründung der „Deutschland-Fernsehen-GmbH" durch einen Gesellschaftsvertrag der Bundesrepublik Deutschland, vertreten durch den Bundeskanzler, mit Bundesminister Schäffer am 25. 7. 1960.

[4]) Vgl. z. B. Ernst Rudolf Huber, Wirtschaftsverwaltungsrecht (2. Aufl. 1953/54), Bd. I, S. 51 ff.; Kurt Egon von Turegg, Lehrbuch des Verwaltungsrechts (3. Aufl. 1956), S. 22 f., bes. S. 23 Anm. 7.

führen[5]). Vor allem jedoch scheint mir das Thema seinem Sinn nach über den Bereich der fiskalischen Verwaltung hinauszuragen. Das rechtsstaatliche Schrankensystem ist von der deutschen Theorie für die mit Befehl und Zwang in die Rechts- und Freiheitssphäre der Bürger eingreifende Verwaltung entwickelt worden; nur für sie, nur für belastende Verwaltungsakte soll insbesondere der Grundsatz der Gesetzmäßigkeit der Verwaltung gelten[6]), während begünstigende Verwaltungsakte — obwohl auch sie, wie alle Verwaltungsakte, vielfach als „obrigkeitliche" Handlungen angesehen werden[7]) — nach der in Deutschland herrschenden Auffassung einer gesetzlichen Ermächtigung grundsätzlich nicht bedürfen, selbst dann nicht, wenn sie mit Auflagen verbunden sind[8]). Zu den begünstigenden Verwaltungsakten wird man außer der Erlaubniserteilung, Genehmigung usw. auch z. B. die Gewährung eines verlorenen Zuschusses zu Subventionszwecken zu zählen haben[9]). Gerade für diese und ähnliche „Wohltaten" der Subventionsverwaltung ist es aber höchst zweifelhaft, ob sie eine gesetzliche Grundlage entbehren können. Besonders in diesem Bereich tritt denn auch die (an sich längst fällige) Überprüfung des Grundsatzes der gesetzmäßigen Verwaltung als aktuelle Aufgabe hervor. Hier scheint mir sogar einer der Schwerpunkte des Themas zu liegen.

Unter „Nichthoheitsverwaltung" soll daher hier die „Nichteingriffsverwaltung" verstanden werden, die gesamte Verwaltung, soweit sie nicht mit hoheitlichem Befehl und Zwang in die Rechtssphäre der Bürger eingreift.

Das Wort „Nichteingriffsverwaltung" wird dabei — nur zu dem Zweck, den Rahmen für die Untersuchung der Themafrage abzustecken, und natürlich ohne jede darüber hinaus-

---

[5]) Dazu gehört nicht zuletzt die Erwägung, daß auf diese Weise der in einer freiheitlichen, nicht obrigkeitsstaatlichen Demokratie fatale Begriff der „obrigkeitlichen" Verwaltung endlich entbehrlich wird.

[6]) Vgl. etwa Jellinek, aaO., S. 88, 254; Peters, aaO., S. 71; Wolff, aaO., § 30 III a, § 47 VI. Weitere Angaben unten Anm. 38.

[7]) Für Otto Mayer ergab sich dies schon aus der Definition des Verwaltungsakts: „... obrigkeitlicher Ausspruch ..." (Deutsches Verwaltungsrecht, 3. Aufl. 1924, Bd. I, S. 93). Ebenso u. a. Jellinek, aaO., S. 21, 246.

[8]) Vgl. Herbert Krüger, Die Auflage als Instrument der Wirtschaftsverwaltung, DVBl. 1955, S. 380 ff., 451 mit weiteren Angaben. Krüger selbst steht der herrschenden Meinung kritisch gegenüber.

[9]) Vgl. Karl-Otto Henze, Verwaltungsrechtliche Probleme der staatlichen Finanzhilfe zugunsten Privater (1958), S. 96 ff., bes. 99 mit weiteren Angaben. Die Streitfrage kann hier nicht erörtert werden.

gehende systematische Ambition[9a]) — zunächst als Sammelbezeichnung für alle Verwaltungshandlungen verwendet, die keine belastenden Verwaltungsakte sind, also die begünstigenden Verwaltungsakte, die rechtsgeschäftlichen Willenserklärungen des Staates im Rahmen verwaltungsrechtlicher Vertragsverhältnisse, die „schlichten Verwaltungshandlungen"[10]) und dazu die privatrechtlichen Handlungen der eben schon erwähnten „fiskalischen Verwaltung".

Wenn nun auch die Bedeutung der Rechtsformen für die Untersuchung des Schrankenproblems gewiß nicht zu unterschätzen ist, so sicher ist es anderseits, daß die Schranken der Nichthoheitsverwaltung sich nicht automatisch aus den Rechtsformen der in Betracht kommenden Verwaltungshandlungen ergeben; es ist vielmehr sogar gerade die Frage, ob die Rechtsordnung nicht zum mindesten einen Teil der Schranken ohne Rücksicht auf die privat- oder öffentlichrechtlichen Rechtsformen gezogen hat.

2. Wenn wir uns danach umsehen, welche nicht oder doch nicht *nur* an den Tätigkeits- und Rechtsformen orientierten Bereiche den Raum der Nichteingriffsverwaltung füllen, so liegt es nahe, an die sogen. *Leistungsverwaltung* zu denken, die ein weithin eingebürgerter, allerdings kraß vereinfachender und nicht gerade genauer Sprachgebrauch mit der Eingriffsverwaltung konfrontiert. Geht man von dieser Unterscheidung zwischen der leistenden, gewährenden, darreichenden Verwaltung und der nach dem für sie typischen Mittel: dem Eingriff als Eingriffsverwaltung bezeichneten ordnenden, ordnungbewahrenden Verwaltung, also zwischen der Verwaltung als „Leistungsträger" und als „Ordnungsgarant" aus[11]), so scheint die Frage nach den Schranken nichthoheitlicher Verwaltung zur Frage nach den Schranken der Leistungsverwaltung zu werden. Damit ist zweifellos einer der wesentlichsten Aspekte des Themas angesprochen. Aber es handelt sich dabei doch nur um *eine* Seite unter mehreren; das ergibt sich allein schon daraus, daß die „fiskalische

---

[9a]) Diese Feststellung sollte verhindern, daß die vorangehenden, der Erläuterung und Abgrenzung der Themafrage dienenden Bemerkungen zu einer grundsätzlichen systematischen Diskussion und zu eingehenden terminologischen Erörterungen Anlaß geben könnten. Sie hat, wie der erste Teil der Aussprache (s. unten) zeigt, diesen Zweck nicht erfüllt.

[10]) Vgl. unten I 3.

[11]) Vgl. besonders Ernst *Forsthoff*, Die Verwaltung als Leistungsträger (1938); ders., Rechtsfragen der leistenden Verwaltung (1959); ders., Lehrbuch des Verwaltungsrechts I (8. Aufl. 1961), bes. S. 35, 320 ff. mit weiteren Angaben.

Verwaltung", was man auch darunter verstehen mag, sich allenfalls teilweise in die Kategorie „Leistungsverwaltung" einordnen läßt, nicht jedoch in vollem Umfang.

Der Bereich der Leistungsverwaltung kann hier nicht im einzelnen untersucht und abgesteckt werden[12]). Ich beschränke mich auf die Bemerkung, daß er jedenfalls nicht — wozu vor allem unter der faszinierenden Wirkung der plastischen Vokabel „Daseinsvorsorge"[13]) eine gewisse Neigung besteht — zu einem von der Eingriffsverwaltung völlig getrennten, nach eigenen einheitlichen Strukturgesetzen lebenden Verwaltungsbereich verengt werden darf[14]). Öffentliche Leistungen werden zu den verschiedensten Zwecken, älteren und neueren, und in verschiedenartigen Rechtsformen erbracht. Leistungsverwaltung ist nicht nur Daseinsvorsorgeverwaltung sondern auch Fürsorgeverwaltung, Subventionsverwaltung usw. Sie erfüllt neben daseinsvorsorgenden auch sozialordnungsgestaltende, insbesondere wirtschaftslenkende Funktionen. Und sie bedient sich bei alledem der Formen des öffentlichen wie des privaten Rechts. Auch an hoheitlichen Eingriffsbefugnissen, z. B. im Bereich der Sozialversicherung, fehlt es ihr nicht.

3.[15]) An dieser Stelle ist einer Gipfelleistung vergröbernder Vereinfachung zu gedenken. Ich meine die Vermengung, ja geradezu Gleichsetzung der Leistungsverwaltung und speziell der Daseinsvorsorge mit der „schlichten Hoheitsverwaltung", die sich nicht selten in der Fachliteratur findet und die durch ihre Aufnahme in den „Großen Herder"

---

[12]) Insbesondere ist eine Auseinandersetzung mit der interessanten Theorie von Erich Becker nicht möglich (Verwaltung und Verwaltungsrechtsprechung, VVDSTRL Heft 14, S. 96 ff., bes. 105 ff.; Die Leistungsaufgaben der öffentlichen Verwaltung [o. J.], bes. S. 7 ff.).

[13]) Vgl. Forsthoff, aaO. Dazu kritisch bes.: Hans Fischerhof, Öffentliche Versorgung mit Wasser, Gas, Elektrizität, DÖV 1957, S. 305 ff.; ders., „Daseinsvorsorge" und wirtschaftliche Betätigung der Gemeinden, DÖV 1960, S. 41 ff. mit weiteren Angaben; ferner u. a. Klaus Vogel, Öffentliche Wirtschaftseinheiten in privater Hand (1959), S. 29 f. Vgl. auch Z. Giacometti, Allgemeine Lehren des rechtsstaatlichen Verwaltungsrechts, Bd. I (1960), S. 46, der den Terminus „Daseinsvorsorge" u. a. deshalb ablehnt, „weil er gewissermaßen eine Verharmlosung des Etatismus bedeutet", sowie Reuss, Hess. Staatsanzeiger 1960, S. 345 (Besprechung von Forsthoffs „Rechtsfragen der leistenden Verwaltung").

[14]) Vgl. auch Otto Bachof, VVDStRL Heft 14, S. 174 (Diskussionsbeitrag).

[15]) Dieser Abschnitt ist beim Vortrag aus Zeitgründen stark gekürzt worden. Er wird im folgenden in seiner vollen ursprünglichen Fassung wiedergegeben.

sogar im Begriff ist, populär zu werden[16]). Die Bedeutung für das Schrankenproblem liegt auf der Hand: Weite Sachbereiche der Verwaltung wären, träfe diese Identifizierung zu (und machte man Ernst damit), automatisch, per definitionem, einerseits dem öffentlichen Recht, wenn auch in der Regel nur dem „schlichten", unterstellt — womit die private Daseinsvorsorge im Kern getroffen wäre —, anderseits, weil und soweit „schlicht", dem rechtsstaatlichen Prinzip der gesetzmäßigen Verwaltung (in der Ausprägung, die es durch die herrschende Meinung erfahren hat) entzogen.

Leider ist der Schöpfer des Begriffs der „schlichten Hoheitsverwaltung", Walter Jellinek, nicht ganz unschuldig daran. Er hat den Ausdruck „für die Fälle" vorgeschlagen[17]), „da der Staat von seiner Höhe herabsteigt", darauf verzichtet, die ihm „eigentümliche Macht", also die im Verwaltungsakt zutagetretende obrigkeitliche Gewalt einzusetzen, „ohne darum Fiskus zu werden", z. B. die Anlage einer Grünfläche, die Aussetzung von Prämien für getötete Kreuzottern, polizeiliche Belehrungen, die Errichtung eines gemeindlichen Fremdenverkehrsamtes, Auskünfte, Mahnungen, Warnungen. Es kam Jellinek vor allem darauf an, nach einer Zeit, deren Verwaltungsjurisprudenz sich auf den Staat als Herrscher konzentriert hatte, die Bedeutung der nicht herrscherlichen Betätigungen der öffentlichen Verwaltung und die Kunst ihrer Handhabung ins rechte Licht zu rücken und diese „schlichthoheitlichen" Tätigkeiten sowohl von den „obrigkeitlichen" als auch von den „fiskalischen" abzugrenzen. Er dachte dabei, wie seine Beispiele zeigen, keineswegs nur an den Bereich, der heute „Leistungsverwaltung" genannt wird[17a]) — das in diesem Zusammenhang so gern zitierte[18]) Wort vom „Staat als Geber" steht an ganz anderer Stelle[19]) und wird von Jellinek nicht auf die schlichte Hoheitsverwaltung bezogen —, sondern auch und gerade an das Gebiet der Polizei. Zugleich jedoch, schon in der Anknüpfung an die (von Jellinek

[16]) Vgl. z. B. Günter Dürig, Grundrechte und Zivilrechtsprechung, in: Vom Bonner Grundgesetz zur gesamtdeutschen Verfassung, Festschrift für Hans Nawiasky (1956), S. 157 ff., S. 185, Anm. 62; Der Große Herder (5. Aufl.), Bd. 9 (1956), Sp. 675; KG, Urteil vom 18. 9. 1956, NJW 1957, S. 1076 f., 1077; ähnlich v. Turegg, aaO., S. 23.

[17]) Jellinek, aaO., S. 21 ff.

[17a]) Daß er auch daran dachte (vgl. seine Bemerkung in dem Nachtrag 1950 zu seinem Lehrbuch, S. 6 f.), wird damit natürlich nicht bestritten.

[18]) Forsthoff, Lehrbuch S. 320 mit Anm. 1 und 5; Erwin Jacobi, DÖV 1956, S. 35.

[19]) Jellinek, aaO., S. 505.

allerdings als mißverständlich abgelehnten) Bezeichnungen „soziale Verwaltung“, „Fürsorge“, „Wohlfahrtspflege“ schwingt in seinen Ausführungen über die schlichte Hoheitsverwaltung unausgesprochen die Vorstellung mit, es handele sich hierbei um einen nicht nur nach seinen Rechtsformen sondern auch materiell abgegrenzten Verwaltungsbereich, eine Vorstellung, die dann kraß in dem Satz hervorbricht, auch bei der schlichten Hoheitsverwaltung zeige der Staat „noch bisweilen das Antlitz des Herrschers“[20]) — während Jellinek konsequenterweise hätte sagen sollen, die betreffenden Handlungen, z. B. die Warnung vor A, in der zugleich ein Duldungsbefehl an A enthalten ist, seien Verwaltungsakte und gehörten daher nicht zur schlichten sondern zur obrigkeitlichen Hoheitsverwaltung.

Trotz ihrer widersprüchlichen Struktur hatte Jellineks schlichte Hoheitsverwaltung bemerkenswerte Erfolge, denen die — allerdings auch kaum je den Kern der Sache treffende — Kritik[21]) nichts anhaben konnte. Die „schlichte Hoheitsverwaltung“ fand, ausdrücklich oder der Sache nach, sowohl in die meisten neueren Lehrbücher Eingang[22]) wie auch in die höchstrichterliche Rechtsprechung[23]), wo sie vor allem im Amtshaftungsrecht bei der ausdehnenden Interpretation des Begriffs der „öffentlichen Gewalt“ eine wesentliche Rolle spielt. Die ihr von Hause aus anhaftende Zwiespältigkeit ist ihr dabei erhalten geblieben[24]), hat sich im

---

[20]) aaO., S. 24.

[21]) Vgl. insbes. E. R. Huber, aaO., Bd. I, S. 53, Anm. 4: „ein etwas verwirrender Sprachgebrauch“; Herbert Krüger, Der Rundfunk im Verfassungsgefüge und in der Verwaltungsordnung von Bund und Ländern (Hamburger Öffentlich-rechtliche Nebenstunden, Bd. 2, 1960), S. 79 f., der, Jellineks Hoheitsbegriff verkennend, die schlichte Hoheitsverwaltung mit der fiskalischen Verwaltung identifiziert; Erwin Melichar, Zur Problematik der Privatwirtschaftsverwaltung, JBl. 1956, S. 428 f.; Klaus Obermayer, Verwaltungsakt und innerdienstlicher Rechtsakt (1956), S. 59, der u. a. zutreffend darauf aufmerksam macht, daß Jellinek bei einigen seiner Beispiele, z. B. der Anlage einer Grünfläche, die dabei vorkommenden Rechtshandlungen nicht genau genug analysiert und unterschieden hat.

[22]) Vgl. z. B. H. J. Wolff, aaO., § 23 II; Robert Nebinger, Verwaltungsrecht, Allgemeiner Teil (2. Aufl. 1949), S. 3; Walter Antoniolli, Allgemeines Verwaltungsrecht (1954), S. 11; Peters, aaO., S. 129; v. Turegg, aaO., S. 23.

[23]) So BGH v. 23. 2. 1956, BGHZ 20, 102 (104): „... ständige Rechtsprechung des RG und des BGH ...“

[24]) Zu den Ausnahmen gehört Antoniolli, dessen Ausführungen über die schlichte Hoheitsverwaltung (aaO., S. 11) wohl völlig frei von der Vorstellung sind, daß es sich dabei um einen sachlich abgegrenzten Verwaltungsbereich handele. Nicht über-

Ganzen sogar noch verstärkt. Die „schlichthoheitliche", „pflegende", „fördernde", „betreuende" Verwaltung als „gegenständliches und funktionelles Teilstück"[25]), als „eigenes systematisches Gebiet"[26]) der Verwaltung und die „schlichthoheitliche", „pflegende", „betreuende" Rechtsform des Verwaltungshandelns verschwimmen ineinander[27]). Von da bis zur Vermengung von Daseinsvorsorge und schlichter Hoheitsverwaltung war nur noch ein Schritt.

Der zwielichtige, auch sprachlich wenig glückliche Begriff der „schlichten Hoheitsverwaltung" sollte aufgegeben, allenfalls, jedoch nach gründlicher Reparatur — bloße Umbenennung genügt nicht —, dahin verwiesen werden, wohin er eigentlich gehört: in das System der Verwaltungshandlungen. Hier hat er denn auch schon Früchte getragen. Vor allem sei daran erinnert, daß Ernst Rudolf Huber die „Verwaltungshandlungen schlicht-verwaltender Art" als Glied der nichthoheitlichen Verwaltung in sein System der Wirtschaftsverwaltung eingebaut und ihre eminente, bis zu der Gefahr einer „apokryphen Wirtschaftslenkung in einem scheinbar rein marktwirtschaftlichen System" sich steigernde Bedeutung hervorgehoben hat, die er daraus ableitet, daß die schlichten Verwaltungshandlungen „rechtlich nicht faßbar, ... überhaupt weithin unsichtbar, undefinierbar und unkontrollierbar" seien[28]). Mit dieser scharf zugespitzten Formulierung ist das Schrankenproblem für diese große Gruppe nichthoheitlicher Verwaltungstätigkeit gestellt und zugleich beantwortet, negativ, im Sinne nahezu völliger Schrankenlosigkeit — eine doch wohl zu radikale Antwort, die vor allem die, wenn auch gewiß im praktischen Ergebnis bescheidenen, prozessualen

---

zeugend dagegen Melichar, aaO., S. 430, Anm. 15. — Vgl. jetzt auch Z. Giacometti, aaO., S. 61, der zwischen „aktuell hoheitlicher" und „potentiell hoheitlicher Verwaltung" unterscheidet.

[25]) Wolfgang Siebert, Privatrecht im Bereich öffentlicher Verwaltung, in: Festschrift für Hans Niedermeyer (1953), S. 219 ff.: ausdrücklich nur für die obrigkeitliche Verwaltung als das andere Teilstück der hoheitlichen Verwaltung, der Sache nach aber auch für die „nichtobrigkeitliche hoheitliche Verwaltung".

[26]) Peter Neumann, Wirtschaftslenkende Verwaltung (1959), S. 73.

[27]) Typisch Nebinger, aaO., S. 3; ferner z. B. H. J. Wolff, aaO., § 23 II b 2, der zunächst als schlichte Hoheitsverwaltung die nicht obrigkeitlich tätig werdende Verwaltung bezeichnet, dann aber feststellt, sie werde „meist auch mit obrigkeitlichen Befugnissen bewehrt". Vgl. auch § 30 II b 4 α: „... Ausübung obrigkeitlicher Gewalt ... im Bereich der schlichten Hoheitsverwaltung ..."

[28]) E. R. Huber, aaO., Bd. I, S. 53, Bd. II, S. 200 f.

Kontrollmittel unterschätzen dürfte[29]). Die Frage stellt sich natürlich nicht nur in der Wirtschaftsverwaltung, sondern auf allen Verwaltungsgebieten, z. B. auch in der sogen. Kulturverwaltung. Überall gibt es „schlichte" Verwaltungsäußerungen und -maßnahmen, Realakte, „unmittelbare Verwaltung"[30]). Was es aber nicht gibt, das ist ein sachlich abgrenzbares Verwaltungsgebiet „schlichte Hoheitsverwaltung".

II.

Es ist klar, daß schon aus Zeitgründen nicht alle Schranken aller Nichteingriffshandlungen der Verwaltung in diesem Bericht geprüft werden können. Kaum eine erschöpfende Aufzählung wäre möglich. Auch die Beschränkung auf die Leistungsverwaltung würde nicht viel nützen. Erst recht verbietet sich eine Themaverengung in der Weise, daß der Ausdruck „Schranken" zu wörtlich genommen und womöglich zudem noch der Begriff der Verwaltung lediglich in seinem organisatorischen Sinne verstanden wird — was zur Folge hätte, daß das Thema nicht bloß verengt sondern weitgehend verfehlt würde; denn die Frage nach den Schranken zielt nicht nur auf den Rahmen, innerhalb dessen sich die nichthoheitliche Verwaltung bewegen darf, sondern auch und sogar in erster Linie auf ihre Rechtsgrundlage, und nicht bloß die nichthoheitlichen Verwaltungshandlungen der Verwaltungsbehörden sind für uns von Interesse, vielmehr ebenso — evident vor allem bei den „fiskalischen" Handlungen — die der Regierungsgorgane und der als juristische Personen organisierten Verwaltungsträger.

Der Verzicht auf eine Gesamtdarstellung wird dadurch erleichtert, daß das Bedürfnis nach einem systematischen Gesamtüberblick in sehr beträchtlichem Ausmaß bereits durch die höchst verdienstliche Skizze befriedigt wird, die Hans J. Wolff in § 30 seines Lehrbuchs geboten hat[31]). Wolff entfaltet hier den Grundsatz der Verfassungs- und Gesetzmäßigkeit der Verwaltung (in dem von ihm entwickelten weiteren Sinne) zu einem weit verästelten Schrankensystem, wobei er scharf zwischen der nur für Eingriffe der Regie-

---

[29]) Vgl. dazu Hans Heinrich Rupp, Die Beseitigungs- und Unterlassungsklage gegen Träger hoheitlicher Gewalt. Eine Untersuchung zur prozeßrechtlichen Behandlung des schlichten Verwaltungshandelns insbesondere im Bereich der staatlichen Daseinsvorsorge, DVBl. 1958, S. 113 ff.

[30]) Vgl. u.a. Hans Nawiasky, Allgemeine Rechtslehre (2. Aufl. 1948), S. 122, 225 f.; Klaus Stern, Schlichte Verwaltungsäußerungen, BayVBl. 1957, S. 44 ff., bes. S. 86 ff.

[31]) aaO. (oben Anm. 1).

rungs- und Verwaltungsbehörden in die Rechts- und Freiheitssphäre geltenden „Gesetzmäßigkeit der Verwaltung im positiven Sinne" und der auch die „gestaltende und gewährende Verwaltung" betreffenden „Gesetzmäßigkeit im negativen Sinne" unterscheidet. Mustert man den aus der negativen Gesetzmäßigkeit abgeleiteten Schrankenkatalog durch, ergibt sich sogleich, daß mehrere der hier aufgezählten Verbote und Gebote überhaupt oder doch für einen Teil der Nichteingriffshandlungen unproblematisch sind, hier jedenfalls nicht erörtert zu werden brauchen. So bedarf es z. B. keines Nachweises, daß die Regierungs- und Verwaltungsbehörden in ihrer ganzen amtlichen Tätigkeit, nicht bloß beim Erlaß belastender Verwaltungsakte, nicht gesetz- oder treuwidrig handeln dürfen und den Haushaltsplan einhalten müssen, daß eine Behörde Genehmigungen, Belehrungen, Auskünfte nicht auf Gebieten erteilen darf, für die ihr die Kompetenz fehlt.

Eine systematische Gesamtdarstellung kann aber vor allem noch aus einem anderen Grunde nicht Aufgabe dieses Berichts sein. Grundfragen bedürfen noch der Klärung, bevor an ein fundiertes Schrankensystem gedacht werden kann. Dabei denke ich — ohne Bedeutung und Klärungsbedürftigkeit besonders des sogen. Subsidiaritätsprinzips[32]) und des die beiden Grundsätze der Verhältnismäßigkeit und der Erforderlichkeit umfassenden Übermaßverbots, einer der wichtigsten Schranken nicht nur der Eingriffs- sondern auch der Nichteingriffsverwaltung[33]) zu verkennen — vor allem an die beiden zentralen Grundsatzfragen, die uns schon in der Einleitung begegneten und nun erneut und unabweisbar bei der kritischen Betrachtung von Wolffs System entgegentreten: einmal die Frage nach dem Ausmaß des rechtsstaatlichen Grundprinzips der gesetzmäßigen Verwaltung, sodann die Frage nach den Schranken des Fiskus. Ist die Exekutive eine „originäre Gewalt", die einer positiven gesetzlichen Grundlage nur für Eingriffe be-

---

[32]) Vgl. Dürig in Maunz-Dürig, Grundgesetz, Art. 1, RdNr. 54, Art. 2, Abs. I, RdNr. 52 (dd), Art. 19, Abs. III, RdNr. 48; Ingo von Münch, Staatliche Wirtschaftshilfe und Subsidiaritätsprinzip, JZ 1960, S. 303 ff., bes. S. 304 f.; beide mit weiteren Angaben.

[33]) Vgl. allgemein zu dem Übermaßverbot: Rupprecht von Kraus, Der Grundsatz der Verhältnismäßigkeit (1955); B. Bender, Verhältnismäßigkeit und Vermeidbarkeit des Verwaltungshandelns, NJW 1955, S. 938 f.; künftig vor allem die Münchner Habilitationsschrift „Übermaß und Verfassung" von Peter Lerche (im Druck). Speziell zu der Geltung des Prinzips auch für die Nichteingriffsverwaltung: Erich Becker, VVDStRL Heft 14, S. 121 f.; Henze, aaO., S. 11 f., beide mit weiteren Angaben.

darf, im übrigen aber, im Sinne der „negativen Gesetzmäßigkeit", lediglich von außen umrahmt, umschrankt ist[34])? Und darf sie, „fiskalisch" handelnd, auf Grund ihrer „Privatautonomie" sogar über diesen Rahmen hinaustreten? Wie Wolff die Schranken des Fiskus ziehen will, vermag ich seinen Ausführungen nicht ganz eindeutig zu entnehmen[35]), weshalb ich zur schärferen Profilierung jene markanten Sätze von Hans Peters zitiere, die zur Zeit besondere Aufmerksamkeit beanspruchen dürfen, weil von ihnen durch zehn Jahre hindurch eine gerade Linie zu der „Deutschland-Fernsehen-GmbH" führt, die aber darüber hinaus und trotz ihrer auf einen speziellen Fragenbereich, die Stellung des Bundes in der Kulturverwaltung bezogenen Formulierung grundsätzliche Bedeutung haben, weil sie den Kern und den engen inneren Zusammenhang des Gesetzmäßigkeits- wie des Fiskusproblems sichtbar machen; ich meine die Ausführungen in der Festgabe für Erich Kaufmann, wo Peters, von der Grundauffassung aus, daß Verwaltung nicht nur Ausführung der Gesetze bedeutet sondern darüber hinaus der Konkretisierung der Staatszwecke dient, die Behauptung aufstellt, der Bund könne „zunächst fiskalisch — wie jeder Privatmann —, aber dann auch hoheitlich ohne Gesetze kulturfördernd tätig werden ...", z. B. „eine Rundfunksendestation ... betreiben"; die Bundesexekutive müsse sich dabei zwar an den Rahmen des Haushaltsplans halten, sei aber, sofern sie auf obrigkeitliche Eingriffe in Freiheit und Vermögen fremder Rechtssubjekte verzichte, weder durch den rechtsstaatlichen Gesetzesvorbehalt noch durch die grundgesetzlichen Kompetenzverteilungsnormen, insbesondere Art. 30, behindert[36]).

III.

Trotz ihrem unverkennbar engen Zusammenhang empfiehlt es sich, die beiden Fragen nicht von vornherein auf breiter Front anzugreifen, sondern von der Erörterung der Gesetz-

---

[34]) Wolff, aaO., bes. § 30 II c, III a.

[35]) Aus den Ausführungen aaO. § 23 I a 3 ergibt sich, daß die fiskalische Verwaltung i. e. S. grundsätzlich nicht an die Grundrechte gebunden sein soll. Es ist aber kaum anzunehmen, daß Wolff sie auch von allen anderen, in § 30 II aufgezählten Rechtsschranken, z. B. dem Verbot der Gesetzwidrigkeit, freistellen will.

[36]) Hans Peters, Die Stellung des Bundes in der Kulturverwaltung nach dem Bonner Grundgesetz, in: Um Recht und Gerechtigkeit, Festgabe für Erich Kaufmann (1950), S. 281 ff., bes. S. 292 ff.; vgl. auch Peters, Die Zuständigkeit des Bundes im Rundfunkwesen (1954), S. 37.

mäßigkeit der Verwaltung auszugehen[37]). Überschneidungen werden sich dabei freilich nicht ganz vermeiden lassen.

1. Der Streitstand bedarf hier keiner näheren Schilderung, zumal neuerdings mehrfach darüber berichtet worden ist[38]). Immerhin ist darauf hinzuweisen, daß die Phalanx der in Literatur und Rechtsprechung herrschenden Meinung längst nicht mehr so geschlossen dasteht wie ehedem. Unter dem Eindruck vor allem der Kritik Imbodens[39]) mehren sich die nachdenklichen Stimmen — kein Wunder, daß dies gerade bei der Berliner Diskussion über die mit dem materiellrechtlichen Gesetzesvorbehalt bis zur Wurzel hinunter verflochtenen Probleme der Organisationsgewalt zutagetrat[40]) —, und

---

[37]) Gegenstand der Untersuchung ist die „Gesetzmäßigkeit der Verwaltung" in dem engeren Sinne, wie er sich bereits aus den Ausführungen oben zu Anm. 6 bis 8 und 34 ergibt. Über die uneinheitliche Terminologie in der Literatur, insbesondere auch die Abgrenzung vom „Vorbehalt" und vom „Vorrang" des Gesetzes vgl. Maunz-Dürig, GG Art. 20, RdNr. 127, und dazu bes. Richard Thoma, HdbDStR II (1932), S. 221 ff., Ernst Friesenhahn, Die rechtsstaatlichen Grundlagen des Verwaltungsrechts, in: Recht, Staat, Wirtschaft, Bd. II (1950), S. 239 ff., 244 ff.

[38]) Vgl. Hans Spanner, Empfiehlt es sich, den allgemeinen Teil des Verwaltungsrechts zu kodifizieren? (Verhandlungen des 43. Deutschen Juristentages, Bd. I, 2. Teil A, 1960), S. 6 ff., bes. 9 ff., 13; Klaus Stern, Rechtsfragen der öffentlichen Subventionierung Privater, JZ 1960, S. 518 ff., 523 mit Anm. 48 (wo über Nawiaskys Auffassung unzutreffend berichtet wird; vgl. Allgemeine Staatslehre III, 1956, S. 107, 109 f.); Maunz-Dürig, GG Art. 20, RdNr. 130 ff.; Giacometti, Allg. Lehren, aaO., S. 242 ff., bes. 249 ff. Vgl. auch Gottfried Roos, Der Grundsatz der gesetzmäßigen Verwaltung und seine Bedeutung für die Anwendung des Verwaltungsrechts, in: Rechtsquellenprobleme im Schweizerischen Recht, Festgabe für den Schweizerischen Juristenverein, 1955, S. 117 ff., bes. S. 126 ff. — Neuestens hat Dietrich Jesch eine tiefgründige, sehr fördernde Untersuchung des Problemkreises vorgelegt: „Gesetz und Verwaltung" (1961), und Hans Peters hat versucht, die in Deutschland herrschende Lehre zu verteidigen: „Verwaltung ohne gesetzliche Ermächtigung?", in: Verfassungsrecht und Verfassungswirklichkeit, Festschrift für Hans Huber (1961), S. 206 ff. Eine Auseinandersetzung mit diesen und anderen neueren Arbeiten zum Thema (z. B. Christoph Bellstedt, Bedürfen Subventionen gesetzlicher Grundlage?, DÖV 1961, S. 161 ff.) ist hier, von vereinzelten Bemerkungen in den folgenden Fußnoten abgesehen, nicht möglich.

[39]) Max Imboden, Das Gesetz als Garantie rechtsstaatlicher Verwaltung (1954), S. 10 ff., 18 ff., 41 f.; ders., Der verwaltungsrechtliche Vertrag (Schweiz. Juristenverein, Referate u. Mitteilungen, Heft 1, 1958), S. 74 a.

[40]) VVDStRL Heft 16 (1958), bes. S. 244 (Werner Weber), S. 174 u. 269 (Arnold Köttgen). Vgl. ferner z. B. Herbert Krüger, DVBl. 1955, S. 451.

sie sind auch in der Praxis bis hinauf zum Bundesverfassungsgericht zu hören, das in seiner Entscheidung über § 346 des Lastenausgleichsgesetzes Zweifel an dem Abgrenzungswert der „Freiheit und Eigentum"-Formel angedeutet hat[41]). Aber nicht nur die Schar der Zweifler, auch die der entschiedenen Kritiker und Gegner der herrschenden Meinung wächst. Die hier sich abzeichnende, freilich noch keineswegs einheitliche Front reicht von denen, die außer den belastenden auch die begünstigenden Verwaltungsakte[42]) oder, im einzelnen mehr oder weniger weitgehend, zuweilen ziemlich summarisch, die „Leistungsverwaltung" dem Vorbehalt des Gesetzes unterstellen[43]), bis zu den radikalen, die Lückenlosigkeit des Legalitätsprinzips für die gesamte, auch die „fiskalische" Verwaltung und die Rechtsverwirklichung als einzige Staatsaufgabe proklamierenden Thesen von Andreas Hamann[44]) — bei denen nun unverkennbar nicht so sehr Imbodens als vor allem Kelsens Geist, wenn auch nicht ohne Vergröberung, Pate stand.

Bei der Betrachtung des heutigen Standes der wissenschaftlichen Diskussion bestätigt, ja verstärkt sich noch die eingangs geäußerte Überzeugung, daß die grundsätzliche Überprüfung des Legalitätsprinzips eine dringliche Aufgabe ist. Zugleich werden aber auch die Grenzen sichtbar, die diesem Unternehmen, zumal in dem engen Rahmen eines kurzen Berichts, gezogen sind und die sich um so spürbarer auswirken müssen, als wir es mit einem weiten, kaum bis in alle Verästelungen zu übersehenden Problemfeld zu tun haben. Angesichts dieser Situation dürfen die Ziele nicht zu hoch gesteckt werden. Es kommt zunächst darauf an, die Grundlagen des Legalitätsprinzips und der in dem Streit um seinen Geltungsbereich bezogenen Positionen kritisch zu sichten und Grundlinien herauszuarbeiten oder wenigstens zu skizzieren,

---

[41]) BVerfG, Beschluß vom 6. 5. 1958, BVerfGE 8, 155 ff., 167. Vgl. auch den Beschluß vom 8. 1. 1959 (BVerfGE 9, 83 ff., 87), in dem das BVerfG, wenn auch nur beiläufig und ohne Begründung, konstatiert, Gesetzmäßigkeit der Verwaltung bedeute, „daß das Gesetz ... die Tatbestände, unter denen eine Behörde eine Erlaubnis zu erteilen oder zu versagen hat, normieren ... muß." — Zu BVerfGE 8, 155 vgl. Dietrich Jesch, Zulässigkeit gesetzesvertretender Verwaltungsverordnungen?, AöR 84 (1959), S. 74 ff.; Klaus Obermayer, Das BVerfG und der Vorbehalt des Gesetzes, DVBl. 1959, S. 354 ff.

[42]) Vgl. jetzt besonders Spanner, aaO.; ferner z. B. Klaus Obermayer, DÖV 1959, S. 267 f., 268 (Urteilsanmerkung).

[43]) Vgl. bes. Stern, aaO.; Hans Heinrich Rupp, Verwaltungsakt und Vertragsakt, DVBl. 1959, S. 81 ff., 84 f.

[44]) Andreas Hamann, Deutsches Wirtschaftsverfassungsrecht (1958), S. 41, 45, 74.

an denen sich die weitere Arbeit orientieren kann. Praktikable Einzelresultate, zu deren voller Entwicklung, Abgrenzung und Erhärtung es einer Untersuchung nahezu monographischen Formates bedürfte, sind dabei nur in bescheidenem Ausmaß zu erwarten.

2. Entwicklungsgeschichtlich gesehen, ist die Lehre von der Gesetzmäßigkeit der Verwaltung, die nicht für die — als originäre Gewalt verstandene — Exekutive überhaupt, sondern nur für deren Eingriffe in Freiheit und Eigentum der Bürger eine gesetzliche Grundlage verlangt, ein anachronistisches Überbleibsel aus der Zeit der deutschen konstitutionellen Monarchie, für die sie konzipiert, auf die sie zugeschnitten war und deren dualistische, zwiespältige, kompromißhafte Struktur sie widerspiegelte. Sie markierte, insoweit liberal, eine der Schranken der monarchischen Staatsgewalt gegenüber der bürgerlichen Gesellschaft, die man dann zu dem System des sogen. bürgerlichen Rechtsstaates zusammengefaßt und in ihm versteinert hat. Eben in dieser bloßen Schrankenfunktion kam aber zugleich zum Ausdruck, daß das Legalitätsprinzip deutsch-konstitutioneller Prägung alles andere als ein grundlegender, das ganze Verhältnis zwischen Gesetzgebung und Verwaltung durchdringender Ordnungsgrundsatz war, die Eigenständigkeit und obrigkeitliche Substanz der Herrschergewalt vielmehr voraussetzte und unangetastet ließ. Inwieweit die Begrenzung des Legalitätsprinzips dem Staatsrecht der konstitutionellen Monarchie wirklich entsprach, inwieweit sie das Werk der Staatspraxis und der herrschenden konstitutionellen Theorie von Gerber und Laband bis Otto Mayer und Anschütz war[45]), kann hier auf sich beruhen; denn sicher ist jedenfalls ihre Verwurzelung in der soziologischen, politischen und staatsrechtlichen Situation des 19. und beginnenden 20. Jahrhunderts.

Die Monarchie zerbrach, und mit ihr der letzte Rest von wirklich oder scheinbar legitimer eigenständiger Obrigkeit. In der freiheitlichen Demokratie wandelte sich das einst polemisch distanzierte Verhältnis zwischen Staat und Gesellschaft. Die „Freiheit und Eigentum"-Klausel wurde durch die Entwicklung zum Sozialstaat vollends fragwürdig.

Die herrschende Verwaltungsrechtslehre hat sich dadurch nicht anfechten lassen. „Groß Neues" sei ja nicht nachzutragen, „Verfassungsrecht vergeht, Verwaltungsrecht besteht", meinte Otto Mayer, als er 1924 die 3. Auflage seines Verwaltungsrechts herausgab, und er hielt unverändert an seiner

---

[45]) Vgl. dazu etwa Hans Kelsen, Allgemeine Staatslehre (1925), S. 341 f., 414 f.; Roos, aaO., S. 123 ff.

Lehre vom „Vorbehalt des Gesetzes“ als bloßer Schranke für die „an sich freie“, „aus eigener Kraft“ wirkende vollziehende Gewalt fest[46]). Theorie und Judikatur sind seither im großen und ganzen — abgesehen von der nationalsozialistischen Zeit, mit der ich mich hier nicht befassen will — auf dieser Linie geblieben, ohne ihre doch zum mindesten problematisch gewordene Position je grundsätzlich zu überprüfen[46a]). Mit der „Freiheit und Eigentum“-Formel wird hantiert, als ob der status negativus noch in schönster Blüte stände, und auch sein Antipode, die eigenständige Exekutivgewalt, hat, so scheint es, den Übergang zur Demokratie ohne wesentlichen Substanzverlust überstanden. Hinzu kommt das nach wie vor gebräuchliche obrigkeitsstaatliche Vokabular — vom „Hausgut“ und der „Herrschergewalt“ bis zum „gesetzesfreien Raum“ und dem „freien Ermessen“ —, das die österreichischen und Schweizer Verwaltungsjuristen verständlicherweise immer wieder schockiert — fast auf jeder unserer letzten Tagungen hat sich das gezeigt[47]) —, vor allem die Österreicher, die durch das läuternde, Ideologien vernichtende Feuer der Reinen Rechtslehre gegangen sind[48]).

3. Aber wer vom „Hausgut“ der Verwaltung spricht, ist darum nicht ohne weiteres ein Absolutist, und wer der Exekutive einen „allgemeinen Verwaltungsauftrag“ und einen „gesetzesfreien Raum“ zuerkennt, hat sich nicht allein schon

---

[46]) Otto Mayer, Deutsches Verwaltungsrecht (3. Aufl. 1924), Bd. I Vorwort, S. 69 f. Vgl. dazu Ernst-Wolfgang Böckenförde, Gesetz und gesetzgebende Gewalt (1958), S. 321 ff.; Roos, aaO.

[46a]) Auch die neueste Apologie der h. M., Hans Peters' Beitrag zur Huber-Festschrift (oben Anm. 38), enttäuscht insoweit. Sie läßt insbesondere eine gründliche Auseinandersetzung mit den — größtenteils nicht einmal erwähnten — Kritikern der h. M. vermissen, denen vielmehr summarisch u. a. ein formaljuristischer „l'art pour l'art-Standpunkt“ attestiert (S. 215) und von denen behauptet wird, sie hätten ihr „politisches Ziel ... als Rechtsprinzip getarnt“ (S. 213), ein Vorwurf, der trotz der wohl als Einschränkung gemeinten Feststellung, die Tarner hätten „natürlich ... unbewußt“ gehandelt, an aggressiver Schärfe nichts zu wünschen übrig läßt.

[47]) Vgl. z. B. VVDStRL Heft 16, S. 256 (Hans Spanner), 266 (Felix Ermacora).

[48]) Die schweizerische Staats- und Verwaltungsrechtslehre war erstaunlicherweise zeitweilig in eine nicht unbeträchtliche, auch heute noch nicht ganz überwundene Abhängigkeit von der mit absolutistischen Residuen, Tendenzen und Formeln durchsetzten deutschen konstitutionellen Theorie geraten (vgl. dazu auch Imboden, Gesetz, aaO., S. 15 f.), hat sich davon aber nie so bis ins Mark durchdringen lassen wie die deutsche Lehre und auf dem Wege zur Reinigung des rechtsstaatlichen wie des demokratischen Prinzips von Verengungen und Verkrümmungen sehr bemerkenswerte Fortschritte gemacht, wie die seit etwa zwei Jahrzehnten reich sich entfaltende neuere Literatur eindrucksvoll beweist.

dadurch als Partisan des Polizeistaatsgedankens entlarvt. Man macht es sich zu leicht, wenn man die zähe Verteidigung der Hausgüter und freien Räume, das konstante Festhalten an dem eingeschränkten Legalitätsprinzip, das Zögern vor den Konsequenzen einer Erweiterung des Grundsatzes allein oder auch nur überwiegend auf einen Traditionalismus zurückführt, der sich von überkommenen, liebgewordenen Vorstellungen nicht lösen kann, oder gar auf mehr oder weniger reaktionäre, autoritäre Ideen und Tendenzen. Gewiß ist nicht zu verkennen, daß hier, worauf Herbert Krüger mit Recht aufmerksam gemacht hat[49]), die Vorstellung vom Staat als einer Art von vitalem Organismus mit am Werke ist, deren Vereinbarkeit mit dem heutigen Verfassungsstaat zum mindesten problematisch erscheint, außerdem — unter anderem — ein angesichts der tiefgreifenden, in den Auf-, Um- und Zusammenbrüchen der letzten Jahrzehnte sich manifestierenden Strukturwandlungen befremdliches Kontinuitätsdenken, das manchem Inventarstück des monarchischen Beamtenstaates zum Range eines unvergänglichen, sorgsam gepflegten Verfassungserbgutes verholfen hat. Auch muß die seltsame Beharrlichkeit auffallen, mit der die demokratische Wurzel des Gesetzmäßigkeitsgrundsatzes[50]) ignoriert und die Frage nach der Auswirkung des demokratischen Prinzips auf das Ausmaß der Verwaltungsbindung kaum je auch nur gestellt wird.

Die Verteidigung des gesetzesfreien Raums, das zögernde Zurückscheuen vor den Konsequenzen einer weiteren Auffassung vom Legalitätsprinzip scheint mir jedoch noch andere, legitimere Ursachen zu haben, denen erhebliches Gewicht nicht abzusprechen ist. Dahinter steht nämlich auch und bei manchen Vertretern der herrschenden Meinung durchaus in erster Linie die Einsicht, daß der Durchnormierung der Verwaltung natürliche Grenzen gesetzt sind, daß die Verwaltung, um ihre Aufgaben erfüllen zu können, eines Spielraums bedarf, daß sie kein bloßer Subsumtionsapparat sein kann, daß eine unvermeidliche Spannung, ja eine Art „Antagonie zwischen Recht und Verwaltung“[51]) herrscht.

---

[49]) Herbert Krüger, Das besondere Gewaltverhältnis, VVDStRL Heft 15 (1957), S. 109 ff., 120 f.; vgl. auch Krüger, DVBl. 1955, S. 451.

[50]) Vgl. bes. Roos, aaO., S. 117 ff., 126 ff.; Adolf Merkl, Allgemeines Verwaltungsrecht (1927), S. 170. — Jeschs Kritik an den Ausführungen von Roos (Gesetz und Verwaltung, 1961, S. 187 f.) überzeugt nur zum Teil und trifft nicht deren wesentlichen Kern.

[51]) Helmut Coing, Grundzüge der Rechtsphilosophie (1950), S. 27; Hans Huber, Niedergang des Rechts und Krise des Rechtsstaats, in: Demokratie und Rechtsstaat, Festgabe zum 60. Geburtstag von Zaccaria Giacometti (1953), S. 59 ff., 66.

Gerade hier scheint freilich die Kluft am tiefsten, die die deutsche von der österreichischen Verwaltungsrechtslehre trennt. Aber der Schein trügt. Der Gegensatz ist mehr ein rechtstheoretischer, großenteils sogar terminologischer, als ein praktischer, und die Auseinandersetzung ist mit Mißverständnissen und Scheinproblemen belastet, denen endlich einmal gründlich zu Leibe gegangen werden sollte. So ist der Streit, ob die Verwaltung in vollem Umfang oder nur zum Teil „Gesetzesvollziehung" ist, gänzlich fruchtlos, solange man auf der einen Seite unter „Vollziehung", „Ausführung der Gesetze" die im Gesetz materiell geregelte, gesetzanwendende, sich im Rahmen der gesetzlich vorgesehenen Tatbestände bewegende Verwaltungstätigkeit versteht[52]) (und daher mit Entschiedenheit die Identifizierung der gesamten Tätigkeit der Verwaltung mit dieser Gesetzesvollziehung zurückweist), während man auf der anderen Seite auch da, wo nur eine mittelbare und formale Gesetzesbindung vorliegt[53]), die gesetzliche Grundlage sich „auf Zuständigkeitsbestimmungen oder innerorganisatorische Verwaltungsmaßnahmen" beschränkt[54]), von „Ausführung der Gesetze", „Gesetzesvollziehung" glaubt sprechen zu können, sich also, wie Adolf Merkl selbst treffend hervorgehoben hat[55]), mit einer „minimalen Orientierung der Verwaltung am Gesetz" begnügt. Darüber, daß der Gesetzgeber nicht alle Tatbestände vorhersehen und regeln, es einen in diesem Sinne durchnormierten Staat nicht geben, die Verwaltung nicht auf subsumierende Gesetzesanwendung beschränkt sein kann, ist man sich im Grunde einig. Der Gegensatz wird dadurch praktisch in beträchtlichem Ausmaß entschärft und reduziert, was die Kritiker der in Deutschland herrschenden Lehre nicht übersehen sollten. Der verbleibende Rest, in dessen Mittelpunkt das Problem der gesetzlichen Organisations- und Zuständigkeitsregelung steht, ist freilich stattlich genug, so daß man ihn kaum einen bloßen „Rest" nennen kann. Aber auch er, und vor allem seine rechtstheoretische Komponente, sollte nicht überschätzt werden. Der zentralen Bedeutung der rechtstheoretischen Grundlage für das in Österreich herrschende Legalitätsprinzip bin ich mir bewußt. Trotz der schärferen rechtsstaatlichen Profilierung und Inten-

---

[52]) Typisch die Diskussionsbemerkung von Hans Peters in VVDStRL Heft 16, S. 247: Der „Begriff der ‚Gesetzmäßigkeit der Verwaltung' ... bedeutet ... nicht ..., daß die Verwaltung sozusagen eine gesetzliche in dem Sinne ist, daß ihr alles gesetzlich vorgeschrieben sei, wie Herr Ermacora meint" (Hervorhebung vom Berichterstatter).

[53]) Vgl. Merkl, aaO., S. 169 f.

[54]) So Spanner, aaO. (oben Anm. 38), S. 14.

[55]) aaO., S. 170.

sivierung, die das Prinzip im Lauf der Jahrzehnte unverkennbar erfahren hat[56]), ist es nach wie vor ein Anwendungsfall des dominierenden rechtstheoretischen Gesetzes der Rechtmäßigkeit der Verwaltung[57]), und es ließe sich die Meinung vertreten, das Legalitätsprinzip befriedige in dieser Ausprägung mehr das rechtstheoretische als das rechtsstaatliche Bedürfnis. Gleichwohl ist die Kluft nicht so tief und auf deutscher Seite das durch den Rückgriff auf den Staat als vitalen Machtträger nur unzulänglich gefüllte rechtstheoretische Vakuum — Ärgernis nicht nur unseren österreichischen Freunden! — keineswegs so breit und beherrschend, wie jenes obrigkeitsstaatliche Vokabular es anzuzeigen scheint. Vor allem aber ist die von der österreichischen Theorie vorgenommene Verknüpfung des rechtstheoretischen Gesetzes mit dem Gesetzmäßigkeitsgrundsatz[58]) nicht zwingend, nicht einmal unbedenklich. Wie Menger mit Recht hervorgehoben hat[59]), läßt sich die in Deutschland herrschende Lehre von der Gesetzmäßigkeit der Verwaltung auch dann vertreten, wenn man den rechtstheoretischen Grundsatz der rechtmäßigen Verwaltung anerkennt.

In welchem Ausmaß das Legalitätsprinzip gilt, darüber entscheidet nicht die Rechtstheorie, sondern einzig und allein die Verfassung.

4. In Österreich ist man in der angenehmen Lage, in Art. 18 des Bundesverfassungsgesetzes, wonach die gesamte staatliche Verwaltung nur auf Grund der Gesetze ausgeübt werden darf, eine Verfassungsnorm zu besitzen, die eine eindeutige Entscheidung trifft, und zwar im Sinne der herrschenden Deutung des Legalitätsprinzips, als dessen „klassische Formulierung" sie gilt[60]). Die gesamte Verwaltung, einschließlich der Privatwirtschaftsverwaltung[61]), wird demnach als „Gesetzesvollziehung" angesehen, wobei sich freilich aus deren formaler

---

[56]) Zutreffend betont von Imboden, Gesetz, aaO., S. 41, Anm. 111, dessen Ausführungen von Jesch, aaO., S. 188, Anm. 58, zu Unrecht als „verfehlt" und „unverständlich" kritisiert werden.

[57]) Merkl, aaO., S. 161, 162 f.; Spanner, aaO., S. 7.

[58]) Sie findet sich, allerdings nicht so ausgeprägt, manchmal nur andeutungsweise, auch in der deutschen Theorie, z. B. Theodor Maunz, Hauptprobleme des öffentlichen Sachenrechts (1933), S. 235; vgl. auch Nawiasky, Allg. Staatslehre III (1956), S. 107, 110, und dazu kritisch Jesch, aaO., S. 202.

[59]) Christian-Friedrich Menger, System des verwaltungsgerichtlichen Rechtsschutzes (1954), S. 26 f. Vgl. auch Richard Thoma in HdbDStR II (1932), S. 227 f., sowie jetzt die grundsätzlichen, jedoch nicht durchweg überzeugenden Ausführungen von Jesch, aaO., S. 186 ff.

[60]) Merkl, aaO., S. 169.

[61]) Antoniolli, aaO., S. 12, 104.

Natur Fragen und Zweifel ergeben, die besonders in der Kontroverse zwischen Melichar und Klecatzky drastisch, die Problematik für den Bereich der Privatwirtschaftsverwaltung, aber auch darüber hinaus erhellend, hervorgetreten sind[62]).

Das Grundgesetz für die Bundesrepublik Deutschland normiert den Grundsatz der Gesetzmäßigkeit der Verwaltung in Art. 20 Abs. III. Aus dem Wortlaut der Vorschrift ergibt sich nicht, in welchem Ausmaß der Grundsatz über seine negative, schrankenziehende Wirkung hinaus positiv eine gesetzliche Grundlage für die Verwaltungstätigkeit fordert[63]). Auch die Entstehungsgeschichte ist dafür unergiebig[64]). Klar ist nur, daß man mit der Formulierung „Gesetz und Recht" nicht etwa das rechtstheoretische Gesetz der rechtmäßigen Verwaltung positivieren wollte. Die Formel zielt in eine andere Dimension und gewinnt hier wesentliche Bedeutung für die uns beschäftigende Frage. Aber unmittelbar sagt sie nichts darüber aus, ob nur die „Eingriffsverwaltung" einer gesetzlichen Grundlage bedarf oder auch die „Leistungsverwaltung".

Auch aus anderen Vorschriften des Bundes- oder Landes-Verfassungs- und Gesetzesrechts läßt sich keine, jedenfalls keine ausdrückliche und unmittelbare Entscheidung dieser Frage entnehmen, insbesondere nicht aus Art. 2 Abs. I GG[65]); denn wenn man daraus auch ein „subjektives Recht auf Gesetzmäßigkeit des Eingriffs" ableiten kann[66]), so folgt daraus weder, daß es subjektive Rechte auf die Gesetzmäßigkeit anderer, nichteingreifender Verwaltungshandlungen nicht gibt, noch, daß „positive" Gesetzmäßigkeit nur gilt, wo subjektive Rechte bestehen[67]).

---

[62]) Hans Klecatzky, Allgemeines österreichisches Verwaltungsrecht, JBl. 1954, S. 473 ff.; Melichar, aaO. (oben Anm. 21); Klecatzky, Die Köpenickiade der Privatwirtschaftsverwaltung, JBl. 1957, S. 333 ff. Vgl. dazu Walter Leisner, Grundrechte und Privatrecht (1960), S. 201 f.

[63]) Vgl. auch Maunz-Dürig, GG Art. 20, RdNr. 128: „Art. 20 III legt seinem Wortlaut nach unmittelbar nur den Vorrang des Gesetzes fest ..."

[64]) Vgl. JöR, Bd. 1, S. 195 ff.; Hermann von Mangoldt, Das Bonner Grundgesetz (1. Aufl. 1953), Art. 20, Anm. 1 u. 6.

[65]) Abweichend H. J. Wolff, aaO., § 30 III a.

[66]) Dürig in Maunz-Dürig, GG Art. 2 I, RdNr. 26.

[67]) Ebensowenig können landesverfassungsrechtliche Garantien der Handlungsfreiheit, wie z. B. Art. 2 der Verfassung von Rheinland-Pfalz, Art. 2 II der Hessischen Verfassung, der den Gesetzesvorbehalt und die positive Gesetzmäßigkeit auf Eingriffe beschränkenden Meinung als Stütze dienen. Selbst wenn der im Vorentwurf von Art. 2 der Rh.-Pf.-Verf. enthaltene Satz: „Alle Eingriffe der öffentlichen Gewalt in die Rechte einer Person bedürfen der gesetzlichen Grundlage" (vgl. Süsterhenn-Schäfer, Kommen-

Wenn daraus, daß das deutsche Verfassungs- und Gesetzesrecht keine Vorschrift enthält, deren Wortlaut mit Art. 18 des österreichischen Bundesverfassungsgesetzes übereinstimmt, insbesondere Art. 20 Abs. III von Art. 18 insoweit abweicht, gefolgert worden ist, hier schieden sich die „Geister und Rechtsordnungen"[68]), so dürfte das doch etwas voreilig sein. Der Grundsatz der Gesetzmäßigkeit der Verwaltung gehört zu den Elementen des Rechtsstaatsprinzips. Das Ausmaß seiner Geltung muß daher wesentlich davon beeinflußt sein, welche Ausprägung der Rechtsstaatsgrundsatz im Grundgesetz gefunden hat[68a]). Hätte man davon auszugehen, daß der Rechtsstaat des Grundgesetzes der sogen. „bürgerliche Rechtsstaat" ist, wäre damit im Grunde schon die Entscheidung im Sinne des engen, an der „Freiheit und Eigentum"-Formel orientierten Legalitätsprinzips gefallen, und es bliebe nichts anderes übrig, als resigniert zuzusehen, wie die Daseinsvorsorgeverwaltung an dem Grundsatz der Gesetzmäßigkeit, wie an der rechtsstaatlichen Verfassung überhaupt, „vorbeilebt"[69]).

Aber das Grundgesetz hat den „bürgerlichen Rechtsstaat" nicht restauriert, geschweige zum primären Verfassungswert erhoben. Es hat sich vielmehr für den „materiellen Rechtsstaat der christlichen Kultur- und Staatenwelt" entschieden, der „an der unantastbaren Würde des Menschen orientiert ist"[70]). Das kommt außer in Art. 1 besonders deutlich in der eben erwähnten „Gesetz und Recht"-Formel des Art. 20 Abs. III zum Ausdruck, der, mag auch an ihr, wie die umfangreiche Streitliteratur zeigt[71]), manches unklar sein, jedenfalls eine eindeutige Absage an den formalisierten

---

tar der Verfassung für Rheinland-Pfalz, 1950, Art. 2, Anm. 1) in die Verfassung aufgenommen worden wäre, dürfte daraus nach dem Sinn der Vorschrift wie auch im Hinblick auf Art. 20 III GG nicht ohne weiteres geschlossen werden, daß eine gesetzliche Grundlage nur für Eingriffe erforderlich ist.

[68]) Felix Ermacora, Die Organisationsgewalt, VVDStRL Heft 16 (1958), S. 191 ff., 220.

[68a]) Sie ergibt sich, was gegenüber Jesch, aaO., S. 166 mit Anm. 298, S. 189 f., bemerkt sei, auch aus den Grundrechten.

[69]) Ernst Forsthoff, Die Daseinsvorsorge und die Kommunen (1958), S. 9.

[70]) Helmut Ridder, Meinungsfreiheit, in Neumann-Nipperdey-Scheuner, Die Grundrechte II (1954), S. 243 ff., 258 Anm. 55 e. Vgl. auch Ridder, Zur verfassungsrechtlichen Stellung der Gewerkschaften (1960), S. 6; ferner bes. Otto Bachof, Begriff und Wesen des sozialen Rechtsstaates, VVDStRL Heft 12 (1954), S. 37 ff.; Maunz-Dürig, GG Art. 20, RdNr. 58 ff. (hier und in den folgenden Fußnoten weitere Angaben).

[71]) Vgl. Gerhard Schnorr, Die Rechtsidee im Grundgesetz, AöR 85 (1960), S. 121 ff.

Rechtsstaat, den „wertblinden Gesetzesstaat bürgerlichliberaler Prägung"[72]) zu entnehmen ist. Schon deshalb verbietet es sich, die Freiheitsgewährleistungen und ihre institutionellen Sicherungen, die das Grundgesetz in reicher Fülle enthält und bis zur Perfektion steigert, zu einem in sich geschlossenen „System rechtstechnischer Kunstgriffe zur Gewährleistung gesetzlicher Freiheit"[73]), einem „logisch gefügten Begriffsblock"[74]) zu versteinern, dessen Elemente die Bedingungen ihrer Wirkweise in sich selber tragen und zwar gewisse Modifikationen erleiden können, sich im ganzen gesehen aber als stetig und starr erweisen[75]). Zu dem Preis, der dafür gezahlt werden muß, gehört die Verkümmerung, ja Degradierung des grundgesetzlichen Sozialstaatsgebots. Der Preis ist zu hoch. Die Entscheidung für den Sozialstaat, für die Sozialpflicht des Staates[76]) ist eine Grundentscheidung unserer Verfassung, die, wie Ridder treffend gesagt hat[77]), „nicht in den Vorhof der bloßen faktischen Gegebenheiten der Verwaltung und der unterverfassungsmäßigen Rechtsordnung in einem faktischen Wohlfahrts- oder Vorsorgestaat verwiesen werden" darf. Sie schließt die Alleinherrschaft des status negativus im rechtsstaatlichen System aus und zwingt zur Entfaltung des status positivus socialis, was gewiß nicht zur Abwertung des Rechtsstaates, zu seiner Unterwerfung unter den Sozialstaat und erst recht nicht zu seiner Auflösung, wohl aber zu Strukturänderungen seiner Elemente führt und die starre Konservierung eng auf den „bürgerlichen Rechtsstaat" zugeschnittener Formeln unzulässig macht.

Zu diesen Formeln gehört die „Freiheit und Eigentum"-Klausel, das Kernstück der herrschenden Lehre vom Vorbehalt des Gesetzes und von der Gesetzmäßigkeit der Verwaltung. Sie ist ein traditionelles und typisches Inventarstück des liberalen Systems der „Ausgrenzungen"[78]), Siche-

---

[72]) Schnorr, aaO., S. 123. Vgl. auch Maunz-Dürig, GG Art. 20, RdNr. 72 f.

[73]) So Ernst Forsthoff, Die Umbildung des Verfassungsgesetzes, in: Festschrift für Carl Schmitt (1959), S. 35 ff., 61.

[74]) So die treffende Formulierung von Alexander Hollerbach in seiner Auseinandersetzung mit Forsthoff, insbesondere dessen Beitrag zu der Schmitt-Festschrift (oben Anm. 73): Auflösung der rechtsstaatlicher Verfassung?, AöR 85 (1960), S. 241 ff., 248.

[75]) Vgl. Forsthoff, Begriff und Wesen des sozialen Rechtsstaates, VVDStRL Heft 12 (1954), S. 7 ff., 16, und dazu Hollerbach, aaO., S. 245, 248.

[76]) So BVerfG, Beschluß vom 21. 1. 1959, BVerfGE 9, 124 ff., 131.

[77]) Ridder, Gewerkschaften, aaO. (oben Anm. 70), S. 7.

[78]) Forsthoff, Rechtsstaat, aaO. (oben Anm. 75), S. 18. Vgl. dazu die Diskussionsbemerkungen von Wolfg. Abendroth, VVDStRL Heft 12, S. 85 ff., bes. 87.

rungen und Kontrollen zum Schutz der bürgerlichen Freiheit. Im materialen Rechtsstaat und Sozialstaat des Grundgesetzes kann nicht sie allein es sein, die das Ausmaß des Legalitätsprinzips bestimmt[78a]). Die Gesetzesbindung der Verwaltung in Art. 20 Abs. III des Grundgesetzes kann, abgesehen vom Vorrang des Gesetzes, sich nicht auf Eingriffe in Freiheit und Eigentum, auf belastende Verwaltungsakte beschränken — so daß die Verwaltung zwar, wenn sie einem Fabrikanten die Ausbesserung des baufälligen Fabriktores befehlen will, dazu, „streng rechtsstaatlich", einer gesetzlichen Grundlage bedürfte, jedoch „aus eigener Kraft" befugt wäre, durch Subventionierung seines Konkurrenten, sofern sie sich dabei nur im Rahmen der Gesetze hält, seine Existenz zu untergraben.

Die herrschende Meinung ist noch aus einem anderen Grunde zu eng. Sie beachtet nur die rechtsstaatliche Seite des Gesetzmäßigkeitsgrundsatzes und vernachlässigt die Frage seines Zusammenhangs mit dem demokratischen Prinzip[79]). Auch das erklärt sich aus der Geschichte des Legalitätsprinzips in Deutschland. Das System des bürgerlichen Rechtsstaates setzte den Staat, die in der Exekutive verkörperte Staatsmacht voraus. Es interessierte sich nur für die Gesetzmäßigkeit der in Freiheit und Eigentum eingreifenden Verwaltung, nicht für die Gesetzmäßigkeit der ganzen Verwaltung. Mit dem Übergang von der dualistischen konstitutionellen Monarchie zur Demokratie mußte sich das ändern[79a]). Wo die Bürger nicht mehr dem Staat gegenüberstehen, sondern insgesamt den Staat tragen, wo also die Staatsgewalt vom Volk ausgeht, kann es keine „originäre",

---

78a) Vgl. dazu neuerdings besonders Giacometti, aaO., S. 249 ff., der einen Staat, in dem nur die Eingriffsverwaltung inhaltlich durch das Legalitätsprinzip beherrscht wird, treffend einen „hinkenden Rechtsstaat" nennt (S. 251).

79) Dies gilt auch für Autoren, die man, wie z. B. Maunz und Dürig, nicht, jedenfalls nicht uneingeschränkt zu den Anhängern der h. M. zählen darf (vgl. GG Art. 20, RdNr. 130 ff.): der „unzweifelhaft zum Rechtsstaatsbegriff zählende Gesetzmäßigkeitsgrundsatz" (RdNr. 62) bleibt bei der Entfaltung der Begriffselemente der Demokratie (vgl. RdNr. 30 ff.) unerwähnt und wird zu dem demokratischen Prinzip nur andeutend und vage in Beziehung gesetzt (vgl. bes. RdNr. 62).

79a) Dies wird insbesondere von Hans Peters nach wie vor verkannt,. vgl. jetzt seinen Beitrag zur Huber-Festschrift (oben Anm. 38), bes. S. 213 f. Größte (wenn auch natürlich kritische) Aufmerksamkeit verdient der von Jesch in seiner oben Anm. 38 angeführten Monographie unternommene Versuch, die traditionelle Begrenzung des Gesetzesvorbehaltes als Wesenselement der konstitutionellen Monarchie zu kennzeichnen und aus dem Wandel der Verfassungsstruktur auf eine Erweiterung des Vorbehalts zu schließen (vgl. bes. aaO., S. 1, 74 ff., 171 ff., 204 f.).

eigenständige Exekutivgewalt geben, die, „an sich frei", bloß bei Eingriffen in die Individualsphäre an eine gesetzliche Ermächtigung gebunden wäre. Die „Freiheit und Eigentum"-Formel bietet, vom Blickpunkt des demokratischen Prinzips aus, keinen relevanten Abgrenzungsmaßstab. Die ganze Verwaltung bedarf der demokratischen Legitimation und muß dem Willen des demokratischen Gesetzgebers unterworfen sein.

Es fragt sich, wie weit die Konsequenzen reichen, die aus diesem Grundsatz zu ziehen sind. Genügt eine allgemeine verfassungsgesetzliche Delegation zur Ausübung von Exekutivgewalt, wie sie gelegentlich[80]) in Art. 20 Abs. II GG gesehen wird? Läßt sich damit etwa auch der sogen. „allgemeine Verwaltungsauftrag", die „Zuständigkeit zur Entfaltung gesetzesfreier Verwaltungsinitiative"[81]), sofern man sie nicht mit Hans Peters für eine gewissermaßen naturgegebene, einer verfassungsrechtlichen Legitimation überhaupt nicht bedürfende Selbstverständlichkeit hält[82]), auf Art. 20 Abs. II, allein oder in Verbindung mit anderen Verfassungssätzen[83]), stützen? Die Frage muß verneint werden. Die ohnehin ziemlich dünne demokratische Luft des Grundgesetzes würde damit vollends verdünnt, und die Gewaltenteilung feierte einen mit dem Prinzip der parlamentarischen Demokratie unverträglichen und daher verfassungswidrigen Triumph[84]).

Da die — umstrittene und eine Einmischung in die laufenden Geschäfte der Verwaltung jedenfalls nicht gestattende — Einwirkung der Volksvertretung auf den Funktionsbereich der Regierung durch schlichte Parlamentsbeschlüsse[85])

[80]) Ermacora, aaO., S. 222 f.

[81]) Arnold Köttgen, Die Organisationsgewalt, VVDStRL Heft 16 (1958), S. 154 ff., 170, der jedoch selbst nicht auf Art. 2 II GG Bezug nimmt.

[82]) Vgl. etwa die (unmittelbar auf die Organisationsgewalt sich beziehende) Diskussionsbemerkung in VVDStRL Heft 16, S. 249.

[83]) z. B. Art 28 GG: so Köttgen, aaO., für die Gemeinden.

[84]) Zum Verhältnis zwischen Parlamentarismus und Gewaltenteilungsprinzip grundsätzlich zutreffend Ernst Friesenhahn, Parlament und Regierung im modernen Staat, VVDStRL Heft 16 (1958), S. 9 ff., bes. S. 36 ff., 67 f. (Leitsatz I 13), 69 f. (Leitsatz II 1); zu Art. 20 II GG Ridder, Parlamentarische Demokratie und autoritärer Staat, in: Diskus 1956, Heft 1 u. 2; ders., Gewerkschaften, aaO., S. 6. — Eine Auseinandersetzung mit der weit verbreiteten Auffassung, die bei der Interpretation des Grundgesetzes den Gewaltenteilungsgrundsatz im Vergleich mit dem demokratischen Prinzip überbewertet, ist hier nicht möglich, ebensowenig eine allgemeine Erörterung des Verhältnisses zwischen Rechtsstaat und Demokratie.

[85]) Vgl. Friesenhahn, aaO., S. 36 f.

nicht ausreicht[86]), spricht viel für die von Hans Spanner vertretene These, das Legalitätsprinzip des Art. 20 Abs. III GG beruhe auf dem demokratischen ebenso wie auf dem Rechtsstaatsgrundsatz und verlange eine gesetzliche Grundlage für die gesamte Verwaltungstätigkeit[87]). „Das Mittel der durchgängigen Volksherrschaft ist", wie Spanner im Anschluß an Merkl sagt, „die Herrschaft des vom Volkswillen erzeugten Gesetzes in der Verwaltung". „Gesetzesherrschaft" ist hierbei nicht allzu wörtlich und intensiv zu verstehen, sondern von der Grundlage jener Auffassung aus, die sich letztenendes mit einer „minimalen Orientierung der Verwaltung am Gesetz" begnügt und Organisations- und Zuständigkeitsregelungen als gesetzliche Grundlage genügen läßt. Dieses Minimum wird man in der Tat auf jeden Fall fordern und daher Art. 77 der Bayerischen Verfassung, wonach Verwaltungsorganisation und Zuständigkeitsregelung durch Gesetz erfolgen, während die Einrichtung der Behörden im einzelnen der Regierung obliegt, als Positivierung eines allgemein geltenden Prinzips ansehen müssen[88]), wodurch die Kompetenzregelung, in Wolffs System eine aus der negativen Gesetzmäßigkeit abgeleitete Schranke[89]), auf die Seite der positiven Gesetzmäßigkeit der Verwaltung hinübertritt.

Mit diesen knappen Feststellungen muß ich mich hier begnügen und u. a. ungeprüft lassen, inwieweit auch der Rechtsstaatsgrundsatz dabei im Spiele ist. Ich bin ohnehin schon tief in den Problembereich der sogen. Organisationsgewalt eingebrochen und will und kann die Diskussionen der Berliner Tagung[90]) nicht erneut aufrollen. Der „Einbruch" war allerdings angesichts des engen inneren Zusammenhangs der organisationsrechtlichen und der materiellrechtlichen Fragen[90a]) unerläßlich, eines Zusammenhangs, der in der eben erwähnten These Spanners sich sogar bis zur Identität zu verdichten scheint, wobei jedoch nicht verkannt werden darf, daß es sich

---

[86]) Vgl. Maunz-Dürig, GG Art. 20, RdNr. 135 (gegen BVerwGE 6, 287); auch Stern, aaO., S. 521.

[87]) Spanner, aaO., S. 8, 12 ff.

[88]) Vgl. dazu die Erläuterungen von Nawiasky, auf dessen Vorschlag die Vorschrift in die Bay.Verf. aufgenommen worden ist, in: Nawiasky-Leusser, Die Verfassung des Freistaates Bayern (1948), S. 158 f.

[89]) H. J. Wolff, aaO., § 30 II b 1.

[90]) VVDStRL Heft 16 (1958), S. 154—274.

[90a]) Vgl. dazu nunmehr bes. die Ausführungen von Giacometti, aaO., S. 18, 226 f., 242 ff., zur formellen und materiellen Gesetzmäßigkeit (formelle Gesetzmäßigkeit = „gesetzliche Kompetenzmäßigkeit" der Verwaltung, S. 244). Jesch klammert (aaO., S. 2) die organisationsrechtliche Problematik leider ganz aus seiner Untersuchung aus.

bei der „minimalen Orientierung der Verwaltung am Gesetz" nur um eine Mindestforderung handelt.

5. Die Frage ist nun, inwieweit über diese Mindestforderung hinaus eine Gesetzesbindung der Verwaltung, das Erfordernis einer speziellen gesetzlichen Ermächtigung und Regelung besteht und welche Maßstäbe dafür gelten. Sie kann hier, wie schon erwähnt, nicht in vollem Ausmaß erörtert werden, weil der Rahmen des Referates dadurch gesprengt würde. Ich muß mich mit dem Versuch begnügen, einige Grundlinien zu skizzieren.

Die bisherigen Ausführungen haben ergeben, daß in der sozialen und rechtsstaatlichen Demokratie die „Freiheit und Eigentum"-Formel ihre Bedeutung als maßgebendes Kriterium für die Abgrenzung des Legalitätsprinzips verloren hat und daher nicht nur die „Eingriffsverwaltung" gesetzmäßig sein muß, außerdem, daß die Verwaltung keine originäre, aus eigener Kraft wirkende Gewalt ist. Es liegt nahe, daraus zu schließen, daß die ganze „Leistungsverwaltung", überhaupt die gesamte Verwaltungstätigkeit der gesetzlichen Grundlage und Regelung bedarf, und daß es insbesondere keine „selbständigen Verwaltungsakte" im Sinne Otto Mayers[91]) mehr geben kann.

Von einer völligen „Vergesetzlichung" aller Handlungen der Verwaltung und aller Leistungen, die sie den Bürgern erbringt, kann jedoch keine Rede sein. Wenn der Regierungspräsident zur Linderung der durch eine Überschwemmung entstandenen akuten Not den Betroffenen Kleider und Verpflegung zur Verfügung stellt, wenn eine Stadt eine Schule errichtet, wenn der Verkehrspolizist einen Blinden über die Straße führt oder einem Autofahrer eine Auskunft erteilt, so sind diese Handlungen gewiß nicht rechtlich irrelevant, etwa, wie für den Überschwemmungsfall behauptet worden ist[92]), an der Rechtsordnung nicht meßbare „Gnadenakte". Aber niemand denkt daran, spezielle gesetzliche Ermächtigungen dafür zu fordern; niemand bestreitet insbesondere — trotz allen rechtstheoretischen, konstruktiven und terminologischen Gegensätzen —, daß es, wie im Fall des Schulbaues, „gestaltende Verwaltung"[93]) gibt. Der der Kompetenzregelung für das betreffende Organ immanente Amtsauftrag und, im Fall von materiellen Aufwendungen, die Bereitstellung der Mittel im Etat genügen.

---

[91]) aaO., Bd. I, S. 97 f.

[92]) Stern, aaO., S. 524.

[93]) Wolff, aaO., § 31 III; Chr.-Fr. Menger, Die Bestimmung der öffentlichen Verwaltung nach den Zwecken, Mitteln und Formen des Verwaltungshandelns, DVBl. 1960, S. 297 ff., 301.

Nicht alle, sondern nur bestimmt qualifizierte Leistungen und Handlungen der Verwaltung stehen mithin in der intensiveren Beziehung zum Legalitätsprinzip, um die es hier geht. Soll die Qualifikation darin liegen, daß es sich um Verwaltungsakte handeln muß, speziell also begünstigende Verwaltungsakte? Das wird nicht selten von Gegnern der herrschenden Legalitätslehre angenommen. Neuerdings hat Spanner nachdrücklich in diesem Sinne plädiert und sich auf das Rechtsstaats- und das demokratische Prinzip, vor allem den Gleichheitssatz als „Hauptgrundrecht der Demokratie" berufen[94]). Ohne diese Begründung, insbesondere die in diesem Zusammenhang doch wohl nicht unproblematische Berufung auf den Gleichheitssatz im einzelnen überprüfen zu müssen, wird man sich Spanner grundsätzlich anschließen und ihm für die Fälle, an die er hauptsächlich zu denken scheint: die Genehmigungen, Erlaubnisse usw., auch darin zustimmen können, daß der Streitfrage angesichts der Durchnormierung des Baurechts, des Gewerberechts usw. keineswegs eine so wesentliche und weitreichende Bedeutung zukommt, wie es zunächst scheinen mag — wozu noch ergänzend bemerkt sei, daß diese Bedeutung noch weiter zusammenschrumpft, wenn man, was angezeigt erscheint, freilich nicht unbestritten ist, die Kategorie der begünstigenden Verwaltungsakte auf diejenigen beschränkt, die völlig frei von belastenden, verpflichtenden Elementen sind[95]). Aber auch davon abgesehen: es sollte nicht mehr ernsthaft bezweifelt werden, daß die Verwaltung den Hoheitsakt der Erlaubnis, d. h. der Aufhebung eines generellen Verbots für den Einzelfall, nicht selbstherrlich aus eigener Kraft, sondern nur auf der Grundlage und im Rahmen gesetzlicher Ermächtigung vollziehen darf. Der „selbständige Verwaltungsakt" Otto Mayers, der, wenn auch nicht mit diesem Namen, in der herrschenden Deutung des Legalitätsprinzips weiterlebt, gehört letztenendes zu jenen obrigkeitsstaatlichen Relikten, denen unsere kritische Aufmerksamkeit seit langem gilt und gelten muß.

Damit allein ist es jedoch nicht getan. Die Problematik des Verwaltungsaktbegriffes wie auch die Spannweite des Legalitätsprinzips von jenem Minimum bis zu dem Erfordernis voller Durchnormierung verbieten es, sich mit der Feststellung zu begnügen, daß nicht nur belastende, sondern auch begünstigende Verwaltungsakte gesetzmäßig sein müssen. Es ist ja oft gerade zweifelhaft, ob ein Wohltaten gewährendes Verwal-

---

94) aaO., bes. S. 12 f.

95) Vgl. etwa Haueisen, Der begünstigende und rechtsgestaltende Verwaltungsakt, NJW 1960, S. 1497, mit weiteren Angaben. Vgl. dazu auch Maunz-Dürig, GG Art. 20, RdNr. 134 bis 136.

tungshandeln als Verwaltungsakt anzusehen ist, und wenn ich auch die vor allem für den Bereich der Subventionsverwaltung entwickelte, in Literatur und Rechtsprechung herrschende, z. T. auch schon gesetzlich positivierte Auffassung, daß die Entscheidung über das Ob der Leistung ein Verwaltungsakt ist[96]), für richtig halte — und zwar nicht bloß, weil sie eine befriedigende Lösung der Rechtsschutzfrage ermöglicht —, so werden doch dadurch nicht alle in Betracht kommenden Fälle reibungslos erfaßt und ebensowenig alle die mannigfachen Probleme der in der Leistungsverwaltung sich breit machenden privat- wie auch öffentlichrechtlichen Verträge[97]) gelöst. Jedenfalls würde es zu Fehlschlüssen führen, wollte man ohne weiteres aus der jeweils gewählten Rechtsform folgern, ob eine Verwaltungstätigkeit dem Legalitätsprinzip im Sinne des Erfordernisses einer speziellen gesetzlichen Ermächtigung und Regelung unterfällt oder nicht.

Das Erfordernis gesteigerter, über die Organisations- und Kompetenzregelung hinausragender Gesetzesbindung gilt für die „Leistungsverwaltung" nicht in ihrem vollen Umfang sondern insoweit, als sie zur Realisierung des Sozialstaatsgrundsatzes gestaltend auf die Sozialordnung einwirkt und den Bürgern existentielle Leistungen erbringt[98]). Die sachlich entscheidenden Voraussetzungen, die in diesem Bereich die rechtliche Notwendigkeit einer speziellen gesetzlichen Ermächtigung und Regelung begründen, ergeben sich einmal aus dem Umstand, daß hier im wesentlichen die gleichen Sicherungsbedürfnisse gegeben sind, die zur Entwicklung des Legalitätsprinzips für die traditionelle Eingriffsverwaltung

---

[96]) Vgl. Hans Peter Ipsen, Öffentliche Subventionierung Privater (1956), S. 61 ff.; Stern, aaO., S. 560, beide mit weiteren Angaben.

[97]) Diese Problematik kann hier nicht erörtert werden. Vgl. die grundsätzlich zutreffende Zusammenfassung bei Maunz-Dürig, GG Art. 20, RdNr. 138, mit weiteren Angaben; dazu Stern, JZ 1960, S. 560 ff.; Giacometti, aaO., S. 441 ff.

[98]) Über die auf dem Sozialstaatsgrundsatz des Art. 20 I GG beruhende Zuständigkeit und Aufgabe des Staates, die Sozialordnung, insbes. die Arbeits- und Güterordnung zu gestalten, vgl. Bachof, VVDStRL Heft 12, S. 39 ff.; Ridder, Gewerkschaften, aaO., S. 3 ff., beide mit weiteren Angaben. — Existentiell wichtige Leistungen erbringt nicht nur die sogen. „Daseinsvorsorgeverwaltung" sondern z. B. auch die wirtschaftslenkende Subventionsverwaltung. Anderseits gehören die vielfach zur Daseinsvorsorge gerechneten „nützlichen Leistungen" (Forsthoff, Lehrbuch, aaO., S. 322) in der Regel nicht zu den existentiellen Leistungen in dem hier gemeinten Sinne. Eine genauere Abgrenzung muß hier unterbleiben, weil sie eine grundsätzliche, zwangsläufig umfangreiche Auseinandersetzung mit dem Begriff „Daseinsvorsorge" (vgl. oben Anm. 13) voraussetzte.

unter rechtsstaatlichem Aspekt geführt haben. Die hierfür wesentlichen Gesichtspunkte sind in der bisherigen Literatur bereits entwickelt worden[99]). Im Mittelpunkt steht dabei einmal die von Imboden mit Recht hervorgehobene Tatsache der „Interdependenz von Eingriffen und Leistungen", die schon „unter einem betont liberalen Gesichtspunkt" den Gesetzesvorbehalt bloß für Eingriffe inkonsequent erscheinen läßt; „was im heutigen sozialen Wirtschaftsstaat für die einen Vergünstigung und Gewährung bedeutet, erweist sich für andere direkt oder indirekt, offen oder versteckt vielfach als Last"; „im Grunde geht es stets nur um ein Verteilungsproblem"[100]). Dazu tritt, sich damit überschneidend, die Einsicht, daß die Macht der subventionierenden und existentielle Bedürfnisse befriedigenden Leistungsverwaltung gegenüber dem davon abhängigen Einzelnen ebenso real ist wie die der Eingriffsverwaltung[101]). Da der Bürger im materialen Rechtsstaat des Grundgesetzes nicht zum Almosenempfänger, zum bloßen Objekt irgendwie gearteter Verwaltungseinwirkungen herabsinken darf, ergibt sich daraus die Notwendigkeit einer Bindung der sozialgestaltenden und existenzwichtige Leistungen gewährenden Verwaltung an das Gesetz, einer gesetzlichen, das Verwaltungshandeln voraussehbar machenden und das Bedürfnis der Sicherung des sozialen und wirtschaftlichen Status gegenüber dieser Machtausübung befriedigenden Fixierung der Rechtsbeziehungen zwischen ihr und dem Bürger.

Der rechtsstaatliche Blickpunkt, zumal wenn er letztlich rein an liberalen Kategorien orientiert erscheint und das Problem des status socialis nur zu einem Freiheitsproblem werden läßt, reicht für sich allein jedoch nicht aus. Auch das demokratische Prinzip muß sich in diesem Bereich auswirken.

Der Sozialstaatsauftrag, der die sozial- und wirtschaftsgestaltende Staatstätigkeit legitimiert, vermag, solange er nicht konkretisiert ist, nur eine begrenzte normative Wirkung zu entfalten[102]). Die sozialen Erfordernisse stehen nicht ein

---

[99]) Vgl. bes. Imboden, Gesetz, aaO. (oben Anm. 39); H. H. Rupp, Verwaltungsakt und Vertragsakt, DVBl. 1959, S. 81 ff., 84; Stern, JZ 1960, S. 521 ff.; Maunz-Dürig, GG Art. 20, RdNr. 130 ff.

[100]) Imboden, aaO., S. 42. Vgl. dazu Rupp, aaO., S. 84; Stern, aaO., S. 524; Maunz-Dürig, aaO., RdNr. 134/5. — Jeschs Kritik (aaO., S. 197 ff.) vermag Imbodens These in ihrem wesentlichen Kern m. E. nicht zu erschüttern.

[101]) Stern, aaO., S. 525; vgl. auch Bachof, Rechtsstaat, aaO., S. 58, 63 ff.

[102]) Vgl. dazu Stern, aaO., S. 523 ff., in grundsätzlich zutreffender Auseinandersetzung u. a. mit BVerwG, DÖV 1959, S. 706 ff., 708 (Urteil v. 19. 12. 1958).

für allemal fest, sondern sind ständigem Wechsel unterworfen, und vor allem bestehen über ihr Vorhandensein wie über ihr Ausmaß und die daraus zu ziehenden Konsequenzen vielfach verschiedene Meinungen. Der Widerstreit vielfältiger Einzel- und Gruppeninteressen kommt hinzu. Die Entscheidung kann in der parlamentarischen Demokratie grundsätzlich nur der Volksvertretung zustehen[103]). Nur das Parlament, das die divergierenden Meinungen und Interessen in sich zum Austrag bringt, ist legitimiert, den sozialen Rechtsstatus der Bürger zu entfalten und zu sichern. Es darf diese Aufgabe nicht der Verwaltung und auch nicht der Regierung überlassen und sich auf die Budgetbewilligung und die damit verbundenen begrenzten Einwirkungsmöglichkeiten beschränken[104]). Es muß selbst durch Gesetz die Grundsätze festlegen und die Grenzlinien ziehen, die Leistungsansprüche der Bürger normieren und sowohl eine „Exekutivherrschaft[105]) in diesem Bereich verhindern wie anderseits (nach M e n g e r s treffender Formulierung[106]) die „Schranke des Müssens" errichten, deren die Verwaltung bedarf, um sich der Forderungen der auf Versorgung drängenden Gesellschaft zu erwehren. Damit soll natürlich nicht etwa ein Gesetzesvorbehalt für die ganze Wirtschafts- und Sozialpolitik behauptet werden; nur da, aber auch stets da, wo die Exekutive mit ihren „Wohltaten" lenkend, gestaltend, verändernd, daseinsnotwendige Leistungen erbringend auf die existentielle Situation der Bürger einwirkt und damit auch ihren Rechtsstatus berührt,

---

103) Vgl. auch das Urteil des VG Frankfurt/M. vom 12. 1. 1960, DVBl. 1961, S. 52, das sich jedoch nicht, jedenfalls nicht eindeutig, auf das demokratische Prinzip stützt, und dazu die grundsätzlichen Bemerkungen von Chr.-Fr. M e n g e r , Verw.-Arch. 52 (1961), S. 196 ff.

104) Für Leistungen von sozialgestaltender Tragweite, also z. B. in der Regel für Subventionen, genügt die bloße Bereitstellung von Mitteln im Haushaltsplan den Anforderungen des Legalitätsprinzips nicht (vgl. dazu im wesentlichen zutreffend: S t e r n , aaO., S. 521 f., mit weiteren Angaben). Anders dürfte es sich mit konkreten (nicht „globalen") Ermächtigungen und Regelungen in sonstigen, materiellrechtlichen Vorschriften des Haushaltsgesetzes — die in den durch Art. 110 II GG gesteckten Grenzen zulässig sind — verhalten. Jedenfalls sind sie, als gesetzgeberische Entscheidungen der Volksvertretung, vom Blickpunkt des demokratischen Prinzips aus nicht zu beanstanden. — Die Frage, wie überhaupt die Problematik des „‚Vorbehalts' des Haushaltsrechts" (M a u n z - D ü r i g , GG Art. 20, RdNr. 136, Anm. 1), kann hier nicht näher erörtert werden. Vgl. dazu neuestens auch J e s c h , aaO., S. 185 f., 227 ff.

105) I p s e n , aaO., S. 16.

106) M e n g e r , aaO. (oben Anm. 93), S. 301; ders., Rechtssatz, Verwaltung und Verwaltungsgerichtsbarkeit, DÖV 1955, S. 587 ff., 588.

verlangt die aus dem demokratischen Prinzip des Grundgesetzes folgende Entscheidungszuständigkeit des parlamentarischen Gesetzgebers, daß sie eine gesetzliche Ermächtigung vorweisen muß.

Diese Grundsätze bedürfen mannigfacher Erläuterung, Differenzierung, auch ergänzender Begründung — eine Aufgabe, deren Erfüllung, wie ich vorhin schon sagte, zwangsläufig über den Rahmen dieses Berichts hinausführt. Nur einige Punkte seien wenigstens angedeutet.

Das Ausmaß der Gesetzesbindung der Nichteingriffsverwaltung ist stark abgestuft. Die Skala reicht von strenger Durchnormierung der Tatbestände des Verwaltungshandelns[107]) bis zu der minimalen Orientierung am Gesetz, wie sie sich aus dem Erfordernis gesetzlicher Zuständigkeitsregelung ergibt[108]). Wenn dieses Minimum auch einen völlig „gesetzesfreien Raum" ausschließt und wenn auch die leistende Verwaltung, soweit sie, mit welchen Mitteln und in welchen Rechtsformen auch immer, in die Rechtssphäre der Bürger eingreift, sich dem Gesetzgeber unterordnen muß, woraus sich insbesondere eine erheblich stärkere Gesetzesbindung der Subventionsverwaltung ergibt, deren heutige Rechtsgrundlagen[109]) den Anforderungen des Legalitätsgrundsatzes nur zum Teil entsprechen[110]) — gleichwohl sind der „Vergesetzlichung" der Leistungsverwaltung zweifellos enge Grenzen gesetzt, und die Generalklausel, das Verwaltungsermessen, der unbestimmte Gesetzesbegriff werden hier stets eine erhebliche größere Rolle spielen als in der Eingriffsverwaltung[111]). Die intensivierte Gesetzesbindung kann im Bereich der Leistungsverwaltung infolge der Sachstruktur der Ordnungsobjekte häufig nur eine Bindung an allgemeine Grundsätze und Grenzziehungen sein. Die „strenge Rechtsstaatlichkeit", freilich auch schon in der ja ebenfalls in beträchtlichem Ausmaß mit Ermessens- und unbestimmten Gesetzesbegriffen arbeitenden Eingriffsverwaltung fast mehr Postulat als Realität, lockert sich, was man verfassungspolitisch kritisieren mag, aber als Konsequenz aus den Strukturprinzipien der sozialen und rechtsstaatlichen Demokratie erkennen muß. Dies gilt auch für die viel be-

---

[107]) So z. B. in der Sozialversicherung.

[108]) So etwa bei der „gestaltenden Verwaltung" (vgl. oben zu Anm. 93).

[109]) Vgl. den systematischen Überblick bei Ipsen, aaO., S. 33 ff., und im Anschluß daran Stern, aaO., S. 559 f.

[110]) Das kann hier nicht im einzelnen dargelegt werden. Problematisch sind insbesondere die haushaltsgesetzlichen (oben Anm. 104) und sonstigen Globalermächtigungen.

[111]) Menger, DÖV 1955, S. 587 ff., 592; Bachof, JZ 1956, S. 36.

klagte „Aushöhlung des Gesetzesbegriffs", die Ausbreitung der Plan- und Zweckgesetze, der „Maßnahmegesetze", des „Situationsrechts"[112]) — Anomalien nur aus der Sicht des bürgerlich-rechtsstaatlichen Systems. Damit soll natürlich weder das Problem der Überforderung des Gesetzgebers[113]) bagatellisiert, noch die Massenproduktion eilig verabschiedeter und mangelhaft durchdachter Gesetze gerechtfertigt werden, und ebensowenig wird verkannt, daß auch im sozialen Verteilungs- und Lenkungsstaat die Hauptaufgabe des Gesetzgebers der Erlaß von Grundsatzregeln, die Schaffung von Dauerrecht sein muß.

Dann noch eine Bemerkung zum Rechtsschutz, die vielleicht zur Vermeidung von Mißverständnissen nötig ist. Die hier geforderte gesteigerte Gesetzesbindung der sozialgestaltenden und existentielle Leistungen erbringenden Verwaltung und die daraus sich ergebende rechtliche Verfestigung des sozialen Status der Bürger führen auch zu einer Intensivierung des gerichtlichen Rechtsschutzes. Aber beträchtliche Lücken im Rechtsschutzsystem werden bestehen bleiben, besonders im Bereich der Subventionsverwaltung, und sie müssen bestehen bleiben, denn die Entfaltung des status socialis bedeutet nicht, daß sich über die Bürger nun ein Segen ungezählter Leistungsansprüche ergießt[114]). Der Gleichheitssatz wird daher seine Funktion als Sicherung gegen ungerechte Verteilung und mangelhaften Ausgleich in weitem Umfang behalten[115]).

IV.

In den bisherigen Ausführungen ist die Frage nach den Schranken der „fiskalischen" Verwaltung zwar in ihrer grundsätzlichen Bedeutung hervorgehoben, dann aber, trotz ihrem Zusammenhang mit der Problematik des Legalitätsprinzips, nur gelegentlich am Rand gestreift worden. Sie muß nun noch unsere Aufmerksamkeit beanspruchen. Im Hinblick darauf, daß Herr Zeidler den Fiskus näher und eindringlicher aufs Korn nehmen wird[116]), beschränke ich mich

---

112) Vgl. bes. Hans Huber, aaO. (oben Anm. 51), S. 79; Referate (von Menger und Wehrhahn) und Diskussion der Mainzer Staatsrechtslehrertagung, VVDStRL Heft 15 (1957), S. 3 ff.

113) Vgl. dazu bes. Ulrich Scheuner, Die Aufgabe der Gesetzgebung in unserer Zeit, DÖV 1960, S. 601 ff.

114) Vgl. Menger, DÖV 1955, S. 592.

115) Vgl. Ingo v. Münch, Die Bindung des Gesetzgebers an den Gleichheitssatz bei der Gewährung von Subventionen, AöR 85 (1960), S. 270 ff., 297 ff., mit weiteren Angaben.

116) Vgl. seinen in diesem Heft veröffentlichten Bericht. Vgl. neuerdings ferner Walter Leisner, Grundrechte und Privatrecht

in aller Kürze auf das Nötigste, wobei es ohne gewisse Vereinfachungen und vor allem beträchtliche Lücken nicht abgehen wird.

1. Vor einiger Zeit ist behauptet worden, niemand denke daran, die Fiskuslehre als solche zu revolutionieren[117]). Die Revolution ist jedoch schon in vollem Gang, und es wird höchste Zeit, daß sie bis zur Wurzel vorstößt.

Einen wesentlichen, in seiner Bedeutung nicht zu überschätzenden Vorstoß in dieser Richtung stellt die Theorie vom „Verwaltungsprivatrecht" dar[118]). Sie hat uns gelehrt, daß es staatliche Rechtshandlungen gibt, die nur der äußeren Rechtsform nach privatrechtlich, in ihrem sachlichen Gehalt jedoch Mittel der öffentlichen Verwaltung und infolgedessen von publizistischen Elementen durchdrungen sind. Diese verdienstliche Lehre ist jedoch bisher auf halbem Wege stehen geblieben. Die Kategorie „Verwaltungsprivatrecht" ist zu einseitig auf die Daseinsvorsorge- und Subventionsverwaltung zugeschnitten und droht in den engen Grenzen der „zweiten Stufe", der Abwicklung der auf der ersten Stufe getroffenen hoheitlichen Entscheidung zu verkümmern. Dem angeblich reinen Fiskus wird ein weiter Bereich belassen, in dem er, sehr viel freier als sein verwaltungsprivatrechtliches alter ego, im Vollgenuß der rechtsgeschäftlichen Privatautonomie und, weil nicht vollziehende Gewalt im Sinne des Art. 1 Abs. III des Grundgesetzes, unbehindert durch lästige Grundrechtsschranken soll schalten und walten dürfen[119]). Der Weite und Bedeutung dieses Bereichs werden die üblichen Definitionen kaum gerecht, wenn sie z. B. auf die Teilnahme am Wirtschaftsleben zu erwerbswirtschaftlichen Zwecken[120]) oder zwecks Erwerbung, Erhaltung und Veräußerung des Finanz- und Verwaltungsvermögens[121]) abstellen oder die privatrecht-

---

(1960), bes. S. 198 ff.; Hans-Ulrich Evers, Verfassungsrechtliche Bindungen fiskalischer Regierungs- und Verwaltungstätigkeit, NJW 1960, S. 2073 ff.; ders., Die verfassungsrechtlichen Bindungen fiskalischer und schlichthoheitlicher Maßnahmen in der Praxis, NJW 1961, S. 289 ff. — Die Habilitationsschrift von Giesbert Uber: „Die Auflösung des Fiskusbegriffs" war bei Abschluß dieses Beitrags noch nicht im Druck erschienen und konnte nicht berücksichtigt werden.

[117]) Dürig in Maunz-Dürig, GG Art. 1, Abs. III, RdNr. 135 und 136.

[118]) Hans J. Wolff, Verwaltungsrecht I (3. Aufl. 1959), § 23 I b; Wolfgang Siebert, Privatrecht im Bereich öffentlicher Verwaltung, in: Festschrift für Niedermeyer (1953), S. 215 ff.; Dürig, aaO., RdNr. 136 ff.

[119]) Vgl. z. B. Wolff, aaO., § 23 I a 3 mit b.

[120]) Ipsen, aaO., S. 19 f.

[121]) Wolff, aaO., § 23 I a 3.

lichen Hilfsgeschäfte und die erwerbswirtschaftliche Staatstätigkeit, zudem noch mit verharmlosenden Schulbeispielen, zur „wirklichen fiskalischen Verwaltung" zusammenfassen[122]) — einer Formulierung übrigens, die zugleich ein hübsches Beispiel zur Charakterisierung der heutigen Fiskus-Terminologie bietet: „wirklich" fiskalisch ist diese Verwaltung, weil sie „nach innerem Zweck und äußerer Rechtsform fiskalisch" ist, weil also die fiskalische (= privatrechtliche) Rechtsform die wirkliche äußere Entsprechung des fiskalischen (= wettbewerbswirtschaftlichen oder hilfsgeschäftlichen) Motivs ist. Es gibt eine ganze Reihe von Staatshandlungen in privatrechtlicher Form, die nicht „verwaltungsprivatrechtlich" in jenem engen Sinne sind, die man aber in dem rein fiskalischen Bereich nur bei überdehnender oder rein formaler, den Sachkern verfehlender Interpretation der erwähnten Kriterien unterbringen kann. So z. B. der freihändige Ankauf eines Grundstücks durch eine Gemeinde, das, wenn der Eigentümer den Vertragsschluß verweigerte, enteignet würde. Ist eine solche privatrechtliche Tätigkeit der öffentlichen Hand „vor dem Hintergrund eines gleichgerichteten Zwangseingriffs"[123]) wirklich ebenso rein „fiskalisch" wie der Kohlenkauf des Finanzamts? Ober wenn der Bund eine Fernseh-GmbH errichtet, so mag man zwar bei formaler Betrachtung darin eine Teilnahme am Wirtschaftsleben zwecks Vermögensverwaltung oder zu erwerbswirtschaftlichen Zwecken sehen, aber dieses „fiskalische" Motiv, falls es vorhanden wäre, wäre doch gewiß nicht das primäre und prägende. Erst wenn man Fälle dieser Art ins Auge faßt, tritt das Fiskusproblem in seiner reinen Form und grundsätzlichen Bedeutung zutage.

2. Gibt es denn überhaupt, so ist zu fragen, rechtlich einen rein fiskalischen Bereich, in dem der „Fiskus" sich des Vollgenusses der Privatautonomie erfreut? Kommt dem Fiskus überhaupt „Privatautonomie" zu? Wer ist denn dieser „Fiskus"? Trotz dem hoffnungslosen, vor allem das Adjektiv „fiskalisch" für die juristische Begriffssprache entwertenden terminologischen Wirrwarr[124]) wird man feststellen dürfen: Grundsätzlich ist heute allgemein in Theorie und Praxis anerkannt, daß Fiskus und Staat nicht verschiedene Rechts-

---

[122]) Dürig, aaO., RdNr. 135; ders., Grundrechte und Zivilrechtsprechung, Nawiasky-Festschrift (1956), S. 186 f.

[123]) Diether Haas, Das Verwaltungsprivatrecht im System der Verwaltungshandlungen und der fiskalische Bereich, DVBl. 1960, S. 303 ff., 304.

[124]) Vgl. das Beispiel oben zu Anm. 122. Die verschiedenen Fiskus-Begriffe können hier nicht geschildert und kritisiert werden, ebensowenig die Entwicklung der Fiskustheorie; vgl. dazu den Bericht von Zeidler mit Literaturnachweis.

personen sondern identisch sind, daß „Fiskus" nur ein Name für den privatrechtlich handelnden Staat, den Staat als Privatrechtssubjekt ist[125]). Wenn der Staat sich dem zwischen seinen Bürgern geltenden Recht unterwirft, wird er dadurch nicht selbst zum Bürger; er verändert sich nicht in seiner Struktur und Substanz, sondern bleibt was er ist: der dem Gemeinwohl verpflichtete, Gemeinschaftsangelegenheiten besorgende, durch an ihren Amtsauftrag gebundene Organe handelnde Staat. Der Handlungsspielraum, den ihm die Rechtsordnung für die Teilnahme am Privatrechtsverkehr gewährt, und die Privatautonomie der Bürger sind von ihren Wurzeln her wesenverschieden. Der Staat, immer und ausnahmslos Nicht-Privatmann, hat keine Privatangelegenheiten; er hat keine „Persönlichkeit", die er (im Sinne des Art. 2 I GG) „frei entfalten" könnte. Auch seine privatrechtrechtlichen Rechtsgeschäfte[126]) sind Verwaltungshandlungen zur Erfüllung von Staatsaufgaben, und nur in den dadurch gesteckten Grenzen kann überhaupt von einer „Vertragsfreiheit" des „Fiskus" die Rede sein.

Wenn gleichwohl ganz unbedenklich, als ob sie sich von selbst verstände, von der „Privatautonomie" der Verwaltungsträger gesprochen wird, wenn man ihr, jedenfalls im rein fiskalischen Bereich, grundsätzlich den gleichen Umfang zuerkennt wie der echten Privatautonomie der Bürger, wenn man sich darüber wundert, warum „ausgerechnet" dem Bunde etwas (nämlich das Betreiben eines Rundfunkunternehmens) versagt wird, was (angeblich) jede private physische oder juristische Person darf[127]) — und das alles trotz Anerkennung der Identität von Staat und Fiskus —, so zeigt sich darin, daß man die Konsequenzen dieser Identität nicht zu Ende gedacht hat und ungeachtet der Absage an die alte Fiskustheorie nach wie vor mit der Vorstellung operiert, der Staat verwandele sich, wenn er fiskalisch handelt, in eine andere, eine private

---

[125]) Vgl. z. B. Wolff, aaO., § 23 I a (S. 82); Hans Peters, Lehrbuch der Verwaltung (1949), S. 129; Forsthoff, Lehrbuch, aaO., S. 99; Gustav Boehmer, Grundlagen der bürgerlichen Rechtsordnung, I. Buch (1950), S. 183 f.

[126]) Auch die Vermietung eines durch Erbschaft auf ihn übergegangenen Hauses, von der Bachof (VVDStRL Heft 12, S. 125) im Einklang mit W. Jellinek (ebenda S. 118) meint, es handele sich um eine „rein privatrechtlich-fiskalische Betätigung", und für die er allem Anschein nach die aaO., S. 61 f., für die öffentliche Verwaltung in privatrechtlichen Formen getroffenen zutreffenden Feststellungen nicht gelten lassen will (vgl. allerdings auch aaO., S. 55, Anm. 37, und dazu unten Anm. 144).

[127]) Hans Peters, Die Zuständigkeit des Bundes im Rundfunkwesen (1954), S. 37.

Person. Dahinter steht jedoch mehr als eine solche Nachwirkung der Fiskustheorie. Die Selbstverständlichkeit, mit der man den Fiskus privatautonom agieren läßt, dürfte sich, worauf Herbert Krüger treffend hingewiesen hat[128]), „nicht zuletzt aus der Unzulänglichkeit der Vorstellungen" erklären, „die man sich vom Sein des Staates gebildet" hat, der Vorstellung von einer biologistisch-vitalistischen Existenz des Staates im Sinne einer naturalistischen Organismustheorie, vom Staat als einer Potenz, die zur Konkretisierung ihrer ureigenen Zwecke, sofern sie sich an gewisse äußerste Schranken und Spielregeln hält, beliebig auf der Klaviatur der Rechtsordnung spielen, je nachdem wie es ihr im Einzelfall zweckmäßig dünkt, in Uniform, als Herrscher, oder in Zivil, als „fiskalischer" Handelsmann, auftreten kann. Damit wird zugleich deutlich, daß der privatautonome Fiskus und jene aus eigener Kraft wirkende originäre Gewalt der Exekutive, mit der wir uns vorhin beschäftigen mußten, letztlich auf eine Wurzel zurückgehen.

Wenn man sich von diesen Grundauffassungen löst, wenn man mit der Identität von Staat und Fiskus Ernst macht und sich darauf besinnt, daß auch das privatrechtliche Handeln der Staatsorgane zuständigkeitsgemäßes, die Einhaltung der Organ- wie der Verbandskompetenz forderndes Handeln ist, führt das nun nicht etwa dazu, daß der Raum zulässiger privatrechtlicher Staatstätigkeit radikal verengt und dem Legalitätsprinzip in dem Sinne des Erfordernisses spezieller gesetzlicher Ermächtigung unterworfen würde. So weit geht auch Hamann, der extremste deutsche Vertreter der weiteren Auffassung vom Legalitätsprinzip, im praktischen Ergebnis nicht[129]). Was sich ändert, ist weniger das Ausmaß als die Grundlage der privatrechtlichen Staatstätigkeit, wodurch freilich, wie gleich zu zeigen ist, eine Modifikation der Rechtsschranken bewirkt wird. Nicht weil sie privatautonom wären, sondern aufgrund der für sie maßgebenden Organisations- und Zuständigkeitsregelung und des in ihr liegenden Verwaltungsauftrags dürfen — und müssen! — die Staatsorgane in weitem Umfang privatrechtlich tätig werden. Hier, zur Absteckung dieses Raums, gewinnen die Kategorien des Hilfsgeschäfts, der Vermögensverwaltung, der Teilnahme am Wirtschaftsleben Bedeutung, wobei sich allerdings schwierige Abgrenzungsfragen ergeben — vor allem das Problem, in welchem Ausmaß sich der Staat kommerziell betätigen darf —, die hier auch nicht an-

---

[128]) Herbert Krüger, VVDStRL Heft 15 (1957), S. 120 f.

[129]) Andreas Hamann, Deutsches Wirtschaftsverfassungsrecht (1958), bes. S. 74 f. Vgl. dazu auch Leisner, aaO., S. 201 f.

deutend erörtert werden können[130]). Auch jenseits dieses sogen. „klassischen Bereichs der Privatautonmie" des Staates[131]) gibt es ohne Zweifel in beträchtlichem Ausmaß zulässige privatrechtliche Staatstätigkeit, wie z. B. in dem eben erwähnten Fall des Kaufs eines Grundstücks statt seiner Enteignung.

Nie aber versteht es sich von selbst, daß der Staat sich zur Erfüllung einer seiner Aufgaben privatrechtlicher Formen bedienen darf, und es ist ihm ohne jede Ausnahme verwehrt, sich durch Verwandlung in den „Fiskus" Zuständigkeiten zu erschleichen. Das gilt im Verhältnis zwischen Staat und Bürger, im Bundesstaat jedoch ebensosehr im Verhältnis zwischen Bund und Land. Gewiß hat auch der Bund Staatszwecke, deren Konkretisierung über den bloßen Gesetzesvollzug hinaus der Bundesexekutive obliegt; gewiß gibt es dabei auch einen Bereich privatrechtlichen Handelns, und es ist auch nicht zu bestreiten, daß in diesem Bereich, z. B. bei der wirtschaftenden Betätigung, Bundes- und Landes-„Fiskus" nebeneinander, ja auch in Konkurrenz zueinander stehen können. Aber der Bund darf nur Bundeszwecke verfolgen, nur Bundesaufgaben erfüllen. Er darf nicht durch Verwandlung in den „Fiskus" die Kompetenzschranken überspringen, die ihm das Grundgesetz zieht; insbesondere ist er auch, wenn er privatrechtlich handelt, z. B. eine Fernseh-GmbH begründet, an Art. 30 gebunden[132]), dessen eindeutiger Wortlaut und Sinn zwar natürlich eine „vernünftige" Auslegung[133]) nicht

---

130) Vgl. dazu den Bericht von Zeidler. — Bemerkt sei nur, daß das „Hilfsgeschäft" nicht ganz so unproblematisch ist, wie es den Anschein hat und meist angenommen wird, zumal dann nicht, wenn man es, was angezeigt erscheint, nicht eng auf die Beschaffung des Verwaltungsbedarfs an Kohlen, Büromaterialien usw. beschränkt, sondern z. B. auch den Werkvertrag einbezieht, den die Verwaltungsbehörde bei der Ersatzvornahme mit dem „Dritten", dem Handwerker schließt — wobei von einem irgendwie gearteten „fiskalischen" Zweck ja nicht mehr die Rede sein kann —, und erst recht nicht, wenn man den Begriff so ausdehnt, doch wohl überdehnt, daß er den ganzen Bereich der rein fiskalischen Verwaltung, einschließlich der fiskalischen Erwerbswirtschaft, umfaßt (so Imboden, Vertrag [oben Anm.39], S. 54a f.).

131) Imboden, Vertrag, S. 54a.

132) Ebenso Herbert Krüger, Rundfunk, aaO. (oben Anm. 21), S. 91 f. Vgl. jetzt auch das Urteil des BVerfG im Fernsehstreit vom 28. 2. 1961 (2 BVG 1/60 und 2/60), Abschnitt E I 1, wo das BVerfG ausführt, es könne dahingestellt bleiben, ob Art. 30 „jede staatliche Tätigkeit schlechthin" erfaßt; jedenfalls falle die der Erfüllung öffentlicher Aufgaben dienende staatliche Betätigung, wozu auch die Veranstaltung von Rundfunksendungen gehöre, ohne Rücksicht auf die öffentlich- oder privatrechtliche Rechtsform darunter.

133) Heinrich Kipp, Zum Problem der Förderung der Wissenschaften durch den Bund, DÖV 1956, S. 555 ff., 560.

ausschließen, wohl aber eine solche, deren „Vernunft" sich darin erschöpft unitarisch zu sein, und erst recht Umdeutungsversuche wie etwa die Beschränkung des Geltungsbereichs der Vorschrift auf die „obrigkeitlichen" Befugnisse und Aufgaben[134]). Dabei gehe ich — ohne den aus vielen illegitimen, wie der sogen. „Fondswirtschaft"[135]), aber auch legitimen Quellen entspringenden, in verschiedenen, mehr oder weniger „grauen" Zonen[136]) vorangetriebenen Schrumpfungsprozeß der Bundesstaatlichkeit, vor allem den mehr und mehr erlahmenden Willen zu den föderalistischen Elementen unserer Verfassung[137]) zu verkennen — davon aus, daß die normative Kraft des Art. 30, dieser bedeutsamen Schranke gerade auch der nichthoheitlichen Bundesverwaltung, noch intakt ist[138]). Ist dem so, bedarf die Bundesexekutive auch für ihr privatrechtliches Handeln eines Verfassungstitels (— womit jedoch natürlich nicht eine ausdrückliche Ermächtigung im Grundgesetz für jeden Einzelfall gemeint ist[139/140]).

---

134) So Hans Peters, Kaufmann-Festgabe, aaO., S. 294. Dagegen Kipp, aaO., und Köttgen, Die Kulturpflege und der Bund, in: Staats- und verwaltungswissenschaftliche Beiträge, hrsg. von der Hochschule Speyer (1957), S. 183 ff., 190, die jedoch ebenfalls, wenn auch nicht so weitgehend wie Peters, eine den Anwendungsbereich des Art. 30 zugunsten der Bundeskompetenzen erweiternde Auslegung befürworten, sowie der Sache nach grundsätzlich auch Maunz in Maunz-Dürig, GG Art. 30, RdNr. 10. Eine Auseinandersetzung mit diesen Auffassungen wie auch mit den sonstigen Auslegungsproblemen des Art. 30 ist hier nicht möglich.

135) Vgl. dazu zuletzt H. Krüger, Rundfunk, aaO., S. 86 ff., mit weiteren Angaben.

136) Vgl. u. a. Werner Weber, VVDStRL Heft 16, S. 245 (Diskussionsbeitrag).

137) Über die Bedeutung des „Willens zur Verfassung" für die normative Kraft der Verfassung: Konrad Hesse, Die normative Kraft der Verfassung (1959), S. 12 f., 16 ff.

138) Dies hat jetzt das Fernsehurteil des BVerfG (oben Anm. 132) bestätigt und zur Geltung gebracht.

139) Vgl. dazu Krüger, Rundfunk, aaO., S. 92, sowie die (allerdings nicht ganz eindeutigen) Ausführungen von Maunz, aaO., RdNr. 7.

140) Daß die Bundesexekutive einen solchen Titel für ihre Betätigung auf dem Felde des Fernsehwesens nicht vorweisen konnte, vielmehr durch die Gründung der Deutschland-Fernsehen-GmbH die Verbandskompetenz des Bundes — oder, falls mit der m. E. unzutreffenden Gegenmeinung die Bundeskompetenz zu bejahen wäre, ihre dann mindestens durch die vorkonstitutionellen Landesgesetze und durch Art. 87 III 1 GG begrenzte Organkompetenz — überschritten hat, hatte ich beim Vortrag des Referats kurz dargelegt. Vgl. nunmehr die ausführlichen, im Ergebnis und weitgehend auch in der Begründung zutreffenden Darlegungen des BVerfG in dem Fernsehurteil (oben Anm. 132), bes. Abschnitt E I.

3. Die Staatsorgane müssen bei ihren privatrechtlichen Handlungen nicht nur die Verbands- und Organkompetenz einhalten, dem „Fiskus" sind vielmehr darüber hinaus noch andere Rechtsschranken gesteckt, deren Betrachtung wir uns nun zum Schluß zuwenden.

Im Vordergrund steht dabei die Frage nach den Grundrechtsschranken. Der Stand der Diskussion entspricht im wesentlichen dem der Revolutionierung des „Fiskus"-Begriffes. Die Revolutionsarmee ist in diesem Teil des Kampffeldes jedoch besonders stattlich und aktiv, allerdings noch weit auseinandergezogen und wenig homogen. Während die Nachhut mit ihrer „Erklärungstheorie" dem Gegner die Wahl der Waffen überlassen will und ihn mit mittelbaren Grundrechtsschranken zu überwältigen versucht[141]), schickt das Gros sich an, ihm unmittelbar die „Flucht ins Privatrecht"[142]) abzuschneiden, jedenfalls den „verwaltungsprivatrechtlichen" Fiskus in Fesseln zu legen[143]), und die Vorhut, vornehmlich mit dem Gleichheitssatz bewaffnet, ist sogar schon in die Bastionen der fiskalischen Bedarfsverwaltung eingedrungen[144]). Sie ist auf dem richtigen Weg. Macht man sich klar, daß der „Fiskus" keine private Person sondern der Staat

---

Eine Auseinandersetzung damit wie auch mit der an dem Urteil geübten Kritik (vgl. z.B. Hans Peters, Die Rechtslage von Rundfunk und Fernsehen nach dem Urteil des BVerfG vom 28. 2. 1961 [1961], bes. S. 15 ff.) ist hier nicht möglich.

[141]) So bes. Dürig, Nawiasky-Festschrift, aaO., S. 188; ders., in Maunz-Dürig, GG Art. 1 III, RdNr. 134 ff.

[142]) Fritz Fleiner, Institutionen des Deutschen Verwaltungsrechts (8. Aufl. 1928), S. 326. Vgl. dazu Leisner, aaO., S. 200, mit weiteren Angaben.

[143]) Vgl. z. B. H. J. Wolff, aaO., § 23 I b; Siebert, aaO., S. 240; Ipsen, aaO., S. 19 f.; Imboden, Vertrag, aaO., S. 63a f.; BGH, Urteil vom 10. 12. 1958, JZ 1959, S. 405, mit Anm. von Raiser; dort sowie bei Dürig, aaO., und Leisner, aaO., S. 206, Literaturübersichten, bei denen jedoch meist nicht genügend differenziert wird. Freilich ist zuzugeben, daß die Grenzen zwischen den verschiedenen Meinungsgruppen, insbesondere zwischen „Gros" (= herrschende Meinung) und „Vorhut" sich nicht durchweg scharf ziehen lassen. So gibt z. B. Wolff in gewissen Grenzen (vgl. aaO., § 23 I a 3) eine Bindung auch des reinen Fiskus an die Grundrechte zu. Auch Bachofs Theorie (vgl. die folgende Anm.) läßt sich nicht in vollem Umfang in die eine oder die andere Gruppe einordnen.

[144]) Vgl. z. B. Werner Böckenförde, Der allgemeine Gleichheitssatz und die Aufgabe des Richters (1957), S. 11; Konrad Löw, Fiskalgeltung der Grundrechte? DÖV 1957, S. 879 ff. Bachofs Theorie berührt sich, soweit sie zwischen öffentlicher Verwaltung in privatrechtlicher Form und „rein privatrechtlich-fiskalischer Betätigung" unterscheidet (vgl. oben Anm. 126) und dieser Unterscheidung Bedeutung für die Frage der Grundrechtsbindung beimißt

ist, daß nicht nur die ins Privatrecht geflohene, sondern auch die sogen. „wirkliche fiskalische Verwaltung" Macht ausüben kann und nicht selten ausübt, daß zudem die Grenzen zwischen ihr und der „verwaltungsprivatrechtlichen" Subventions- und Daseinsvorsorgeverwaltung fließend sind[145]), so sollte man nicht länger vor der Konsequenz zurückscheuen, daß nicht nur die hoheitliche und die verwaltungsprivatrechtliche, vielmehr die ganze Verwaltung, auch die angeblich „rein fiskalische", „vollziehende Gewalt" im Sinne des Art. 1 Abs. III GG ist[146]). Man identifiziert sich damit, wie sogleich hinzugefügt sei, nicht mit der „Drittwirkungs"-Theorie. Der Fiskus ist kein „Dritter", und mag man der Drittwirkungs-Lehre vorwerfen, sie treffe die Privatautonomie und damit das ganze Privatrechtssystem an der Wurzel[147]), so gilt das für die hier vertretene These nicht: der Staat hat keine „Privatautonomie", die an der Wurzel getroffen werden könnte.

Damit ist nun natürlich nicht gesagt, daß alle privatrechtlichen oder womöglich gar alle öffentlich- und privatrechtlichen Verwaltungshandlungen über einen Grundrechtsleisten zu schlagen wären. Mannigfache und tiefgreifende Differenzierung ist geboten. Die eben angedeuteten Gesichtspunkte wie „Flucht aus der Hoheits-

(VVDStRL Heft 12, S. 61 f.), mit der oben zu Anm. 143 gekennzeichneten Auffassung. Sie ragt aber darüber hinaus, soweit sie — und darauf dürfte ihr Schwergewicht liegen — darauf abstellt, ob die Verwaltung durch die Vergabe existentieller Leistungen oder die Innehabung rechtlicher oder faktischer Monopole Macht, und zwar die dem Staat spezifische Macht ausübt (aaO., S. 63 f., ferner: Freiheit des Berufs, in: Bettermann-Nipperdey-Scheuner, Die Grundrechte, Bd. III/1, S. 154 ff., 175); denn eine derartige Machtausübung gibt es ja auch und in nicht unbeträchtlichem Ausmaß im Bereich der sogen. rein fiskalischen Verwaltung, z. B. gerade der Bedarfsverwaltung. Vollends zur „Vorhut" gehört Bachof aber mit seinen kritischen Bemerkungen gegenüber Siebert, in denen er (mit Recht) bezweifelt, daß es einer Gemeindeverwaltung gestattet sei, Flüchtlingsbetriebe bei der Vergabe von Aufträgen auf Büromaterialien — also einem „Hilfsgeschäft" ohne Machtausübung — unberücksichtigt zu lassen, „weil Flüchtlinge bei uns nichts zu suchen haben", und den Gleichheitssatz heranzieht (VVDStRL Heft 12, S. 55, Anm. 37). — In der Aussprache (s. unten) hat Bachof eine „vierte Position" etwa zwischen „Gros" und „Vorhut" für sich in Anspruch genommen.

[145]) Vgl. z. B. über das problematische Kriterium des erwerbswirtschaftlichen Zweckes E. R. Huber, aaO. I, S. 54; Haas, aaO., S. 305.

[146]) Ebenso Leitsatz V und Abschnitt VII des Berichts von Zeidler, mit zutreffender Interpretation insbes. auch des Art. 1 Abs. I GG.

[147]) Dürig in Maunz-Dürig, GG Art. 1 III, RdNr. 129.

gewalt in das Privatrecht", „Flucht aus der grundrechtlichen Verantwortung durch Auswechselung der Rechtsformen", „Machtausübung", für das Ob der Grundrechtsbindung nicht entscheidend, gewinnen hier, für die Frage des Wie, des Ausmaßes der Grundrechtsschranken wesentliche Bedeutung. Andere Kriterien treten hinzu[148]). Ich kann das hier nicht näher ausführen, vor allem weil ich Herrn Zeidler nicht vorgreifen will, der sich gerade zu diesen Fragen eindringlicher äußern wird[149]). Ich beschränke mich auf einen Gesichtspunkt:

Bei der Prüfung des Bindungsausmaßes bedarf ein Bereich besonderer Aufmerksamkeit, fast mehr noch als der der subjektiven Freiheitsrechte, von denen ein Teil kaum je von der fiskalischen Verwaltung tangiert werden dürfte, und mindestens ebensosehr wie der des status positivus socialis: der Bereich der sogen. institutionellen Garantien und Freiheiten. Hier muß die Richtung der Grundrechtsnormen auch und gerade gegen den „Fiskus" schärfer erfaßt und intensiver entfaltet werden, als das bisher meist geschieht. So wäre es genauerer Prüfung wert, inwieweit die in Art. 5 Abs. III garantierte Freiheit der Kunst der mit „fiskalischen" Mitteln beeinflussenden oder gar regulierenden staatlichen Kunstpflege, z. B. im Theaterwesen, Schranken zieht; ferner etwa, ob ein „fiskalischer" Lehrbuchverlag mit der Garantie der freien wissenschaftlichen Lehre vereinbar wäre. Auch Staatszeitungen sind im Hinblick auf die Garantie der freien Presse nicht so unbedenklich, wie dies oft angenommen wird[150]). Ein eklatanter Fall der Verletzung einer grundrechtlichen Freiheitsgarantie durch „fiskalische" Betätigung, ein Fall, der das Zeug in sich hat, als Schulfall in die Lehrbücher des Staats- und Verwaltungsrechts einzugehen, scheint mir die Errichtung der Deutschland-Fernsehen-GmbH zu sein. Das Grundgesetz garantiert in Art. 5 Abs. I die „Rundfunkfreiheit" als „institutionelle Sicherung der öffentlichen Meinungsfreiheit"[151]). Die Rundfunkfreiheit, eine der für die freiheitliche

---

[148]) So muß insbesondere jede Grundrechtsvorschrift daraufhin geprüft werden, ob und inwieweit sie sich ihrem normativen Gehalt nach überhaupt gegen den „Fiskus" richten kann (vgl. auch Zeidlers Leitsatz V, Satz 2).

[149]) Vgl. bes. Abschnitt VIII seines Berichts.

[150]) So z. B. von Th. Maunz, Deutsches Staatsrecht (10. Aufl. 1961), S. 61. Zutreffend Herbert Krüger, Rundfunk, aaO., S. 42, mit weiteren Angaben; vgl. jetzt auch das Urteil des BVerfG vom 28. 2. 1961 (oben Anm. 132), Abschnitt E III, 2. Absatz.

[151]) Ulrich Scheuner, Der Bereich der Rundfunkfreiheit, in: Rundfunk und Fernsehen 1955, S. 353 ff. — Vgl. hierzu und zum folgenden jetzt vor allem das Urteil des BVerfG vom 28. 2. 1961 (oben Anm. 132), Abschnitt E III.

Demokratie konstituierenden Freiheitsgarantien, schließt die Instrumentalisierung des Rundfunks in der Hand politischer Machtträger aus und gebietet seine Neutralisierung. Damit ist jede Art von Staatsrundfunk unvereinbar, nicht nur der amtliche „Regierungssender", sondern jeglicher „staatlich gelenkte oder zumindest doch beeinflußte Rundfunk"[152]). Auf die Rechtsform der Organisationsakte sowie der Lenkungs- und Beeinflussungsmittel kommt es dabei nicht an. Darf der Bund als Hoheitsträger nicht Fernsehunternehmer oder -lenker sein, so darf er es auch nicht in „fiskalischer" Gewandung.

Außer von der Beachtung der Grundrechtsnormen und des Kompetenzrahmens kann der „Fiskus" schließlich auch nicht von den anderen Rechtsschranken freigestellt sein, die der Exekutive gezogen sind. Die Schranken, die Hans J. Wolff in dem erwähnten Katalog[153]) aufgezählt hat, binden grundsätzlich[154]) auch den privatrechtlich handelnden Staat. Er muß (was gerade auch der Fernsehfall deutlich gemacht hat[155]) z. B. die geltenden Bundes- und Landesgesetze einhalten, ist zur Wahrung von Treu und Glauben verpflichtet, darf nicht durch eine „fiskalische" Betätigung, die von seinem eigenen hoheitlichen Handeln abweicht, das Verbot des „venire contra factum proprium" verletzen[156]), und wenn etwa ein Organ versuchte, die hoheitliche Tätigkeit eines anderen Organs durch „fiskalische" Maßnahmen zu durchkreuzen, wäre dies ein Verstoß, den man in Wolffs Schrankensystematik in die Rubrik „Verbotene Behinderung anderer Staatsorgane bei ihrer Aufgabenerfüllung"[157]) einzuordnen hätte.

---

[152]) So Bundespostminister Stücklen, Keine Regierungssender, in: Bulletin des Presse- und Informationsamtes der Bundesregierung, Nr. 145, v. 12. 8. 1959, S. 1473.

[153]) aaO., § 30 II b.

[154]) Die bei der Anwendung dieses Grundsatzes im einzelnen erforderlichen Modifikationen und Differenzierungen können hier nicht dargelegt werden. Ebenso muß hier, wie überhaupt in diesem ganzen Abschnitt, die Frage offen bleiben, inwieweit die dem Fiskus gezogenen Rechtsschranken auch für das Handeln juristischer Personen gelten, die von der öffentlichen Hand beherrscht werden oder an denen diese beteiligt ist. Vgl. dazu den Bericht von Zeidler und die Aussprache.

[155]) Die im Text folgenden Beispiele sind beim Vortrag durch Hinweise auf das Vorgehen der Bundesregierung in dem Fernsehfall veranschaulicht worden, was nunmehr angesichts des Fernsehurteils des BVerfG entbehrlich erscheint, zumal einige der in diesem Zusammenhang geäußerten Bedenken inzwischen gegenstandslos geworden sind.

[156]) Factum proprium bleibt ein hoheitliches Handeln auch dann, wenn das Organ sich in der betreffenden Sache nunmehr „fiskalisch" betätigt.

[157]) aaO., § 30 II b 2.

An diesem Punkt muß ich das Referat abbrechen. Die Zeit ist abgelaufen, ja schon überschritten.

Der Unvollständigkeit des Berichts bin ich mir voll bewußt. Viele wesentliche Aspekte des Themas wurden nur gestreift oder ganz übergangen, z. B. die Schrankenwirkung des Übermaßverbots, die Problematik der verwaltungsrechtlichen Verträge, vor allem auch — dies allerdings auf Anregung des Vorstandes — die Rechtsschutzfragen. Aber ich habe diese immense „Verlustliste" in Kauf genommen, um den Bericht auf die zentralen Probleme konzentrieren zu können, deren wissenschaftliche Erörterung mir angesichts des Standes der Diskussion wie auch im Hinblick auf ihre praktische Bedeutung vordringlich erscheint.

Leitsätze des Berichterstatters über: Schranken nichthoheitlicher Verwaltung

I.

1. *Unter „Nichthoheitsverwaltung" wird in dem Bericht die gesamte Verwaltung verstanden, soweit sie nicht mit hoheitlichem Befehl und Zwang in die Rechtssphäre der Bürger eingreift, einschließlich der sogen. „fiskalischen Verwaltung".*

2. *Der zwielichtige Begriff „schlichte Hoheitsverwaltung" hat keinen Abgrenzungswert.*

II.

3. *Die Frage nach den Schranken zielt nicht nur auf den Rahmen, innerhalb dessen sich die nichthoheitliche Verwaltung bewegen darf, sondern auch und sogar in erster Linie auf ihre Rechtsgrundlage.*

4. *Zentrale Grundsatzfragen sind die Fragen nach dem Ausmaß des Grundsatzes der gesetzmäßigen Verwaltung und nach der „Privatautonomie" des „Fiskus".*

III.

5. *Die Diskussion über das Ausmaß des Gesetzmäßigkeitsgrundsatzes ist mit Mißverständnissen und Scheinproblemen belastet. Trotz allen rechtstheoretischen, konstruktiven und terminologischen Gegensätzen besteht praktisch Übereinstimmung darüber, daß es eine völlig durchnormierte Verwaltung nicht geben kann.*

6. *Die Beschränkung des Gesetzmäßigkeitsgrundsatzes auf Eingriffe in Freiheit und Eigentum, auf belastende Verwaltungsakte ist mit der rechtsstaatlichen und der demokratischen Entscheidung des Grundgesetzes unvereinbar.*

7. *Wo die Staatsgewalt vom Volke ausgeht, kann es keine originäre Exekutivgewalt geben. Das demokratische Prinzip verlangt eine gesetzliche Grundlage für Organisation und Zuständigkeit der Verwaltung. Das Grundgesetz enthält keine generelle Delegation zur Ausübung von Exe-*

kutivgewalt, aus der sich ein „allgemeiner Verwaltungsauftrag" zur Entfaltung gesetzesfreier Initiative ableiten ließe.

8. *Die Erfordernisse intensivierter Gesetzesbindung im Sinne spezieller Normierung der Verwaltungshandlungen ergeben sich sowohl aus dem rechtsstaatlichen als auch aus dem demokratischen Prinzip.*
   a) *Das rechtsstaatliche Prinzip erfordert die intensivierte Gesetzesbindung auch im Bereich der leistenden und sozialgestaltenden Verwaltung, soweit eine „Interdependenz von Eingriff und Leistung" oder eine ebenso reale Machtsituation im Verhältnis zwischen Bürger und Verwaltung wie bei der Eingriffsverwaltung besteht.*
   b) *Das demokratische Prinzip erfordert die intensivierte Gesetzesbindung zur Wahrung der ausschließlicher Zuständigkeit des Parlamentes für alle Entscheidungen über die Ausgestaltung und Sicherung des sozialen Status der Bürger.*

9. *Die intensivierte Gesetzesbindung kann im Bereich der Leistungsverwaltung infolge der Sachstruktur der Ordnungsobjekte häufig nur eine Bindung an allgemeine Grundsätze und Grenzziehungen sein.*

IV.

10. *Aus der Identität von Staat und „Fiskus" folgt, daß der — meist fälschlich als „Privatautonomie" bezeichnete — Handlungsspielraum des „Fiskus" und die Privatautonomie der Bürger wesensverschieden sind. Auch das „fiskalische" Handeln ist zuständigkeitsgemäßes Verwaltungshandeln zur Erfüllung von Staatsaufgaben. Die dem hoheitlichen Verwaltungshandeln gezogenen Rechtsschranken binden grundsätzlich auch das „fiskalische" Verwaltungshandeln.*

11. *Auch der Bundes-„Fiskus" ist an die Kompetenzschranken des Art. 30 GG gebunden.*

12. *Auch der „Fiskus" ist „vollziehende Gewalt" im Sinne des Art. 1 Abs. III GG.*

Schranken nichthoheitlicher Verwaltung

2. Mitbericht von Professor Dr. Karl Zeidler, Freiburg i. Br.

I.

Von Schranken einer Betätigung zu reden, ist eigentlich nur sinnvoll, wenn das Objekt der Schranken als definiert vorausgesetzt wird. Wie schwer aber die Markierung der nichthoheitlichen Verwaltung ist, das zeigen uns die Betrachtungen von Herrn Mallmann.

II.

1. Nichthoheitliche Verwaltung ist ein Teil der öffentlichen Verwaltung[1]). Bei dem Versuch weiterer Klärung kann von drei möglichen Bereichen der Verwaltung ausgegangen werden: dem hoheitlichen, dem erwerbswirtschaftlichen und einem dazwischenliegenden Raum, den ich als Arbeitsgrundlage „Übergangszone" bezeichne. Bei aller Ungeklärtheit der Be-

---

[1]) Einen für alle Zwecke geeigneten Verwaltungsbegriff gibt es nicht (Hans J. Wolff, Verwaltungsrecht I., 3. Aufl. 1959, S. 8). Wie bei jeder Darstellung der positiven Rechtslage ist hier auszugehen von öffentlicher Verwaltung im funktionellen Sinne (Hans J. Wolff, aaO., S. 12). Zum Verwaltungsbegriff vgl. ferner: Gg. Jellinek, Allgemeine Staatslehre, 3. Aufl. 1914 (Neudruck 1959), S. 623, 610; Otto Mayer, Deutsches Verwaltungsrecht, 3. Aufl. 1924, 1. Bd., S. 1 u. 7; Erich Kaufmann, Art. Verwaltung, Verwaltungsrecht, in Wörterbuch des Staats- und Verwaltungsrechts, 2. Aufl. 1914, 3. Bd., S. 688; Fleiner, Institutionen des Deutschen Verwaltungsrechts, 8. Aufl. 1928, S. 5; Walter Jellinek, Verwaltungsrecht, 3. Aufl. 1931 (Neudruck 1948), S. 5; Nebinger, Verwaltungsrecht, Allg. Teil. 2. Aufl. 1949, S. 1 f.; Hans Peters, Lehrb. der Verwaltung, 1949, S. 3 ff.; Antoniolli, Allg. Verwaltungsrecht, 1954, S. 1 ff.; Forsthoff, Lehrb. des Verwaltungsrechts, 7. Aufl. 1958, S. 1 f.; Blaum, Öffentliche Verwaltung und wirtschaftliche Unternehmen, DVBl. 1958, S. 666; Klüber, Die Wahrung der öffentlichen Sicherheit und Ordnung, DVBl. 1957, S. 827; Bachof, Begriff und Wesen des sozialen Rechtsstaates, VVDStRL Heft 12 (1954), S. 61, unterscheidet zwischen echter und unechter öffentlicher Verwaltung. (Vgl. auch LS 19 aaO., S. 83) — Hier spricht Bachof allgemein von „fiskalischer Verwaltung". Gemeint ist aber wohl nur die Leistungsverwaltung (trotz der Beschreibung aaO., S. 55, Anm. 37). Vgl. ferner Dürig, Verfassung und Verwaltung im Wohlfahrtsstaat, JZ 1953, S. 199; Bullinger, Zu den Handlungsformen und Handlungsprinzipien hoheitlicher und nichthoheitlicher Verwaltung, DÖV 1960, S. 746.

griffe liegt jedenfalls die Tätigkeit der Verwaltung, die sich hoheitlicher Mittel bedient (Steuerbescheid, Renten- oder Aufbaudarlehensbescheid) außerhalb des Berichtsfeldes. Dem Einsatz von hoheitlicher Macht entsprechen Schranken des Verfassungs- und des Verwaltungsrechts[2]).

Am anderen Ende der Skala liegt die Verwaltung des Fiskalvermögens allgemein oder die speziell erwerbswirtschaftliche Verwaltung. Hier handelt es sich — falls man die Unterscheidung von Wirtschaften und Verwalten außer Betracht läßt — sicher um nichthoheitliche Verwaltung. In diesem Bereich nimmt der Staat als Unternehmer im freien Wettbewerb am Wirtschaftsleben teil (Porzellanmanufaktur, Staatsbrauerei). Er untersteht hier nach der herrschenden Lehre allein dem Privatrecht[3]).

Die größten Schwierigkeiten der Begriffsbestimmung liegen in der „Übergangszone", in der die Begriffe schlichthoheitliche[4]), pflegende Verwaltung[5]), Daseinsvorsorge[6]) oder Ver-

[2]) Erich Kaufmann, aaO., S. 710 f.; Hans J. Wolff, aaO., S. 80 u. 86; Forsthoff, Rechtsfragen der leistenden Verwaltung, 1959, S. 62; Zeidler, Über die Technisierung der Verwaltung, 1959, S. 4; Giacometti, Allgemeine Lehren des rechtstaatlichen Verwaltungsrechts, I. Bd., 1960, S. 53 ff.

[3]) Auch hier handelt es sich um öffentliche Verwaltung: Hans J. Wolff, aaO., S. 11 unten, S. 17 (Verwaltung, die ohne Zwangsgewalt am Wirtschaftsleben teilnimmt), S. 78 u. 83; Forsthoff, aaO., S. 2; E. R. Huber weist darauf hin, daß auch bei dieser Tätigkeit Verwaltungsziele verfolgt werden können, Wirtschaftsverwaltungsrecht, 2. Aufl. 1953, 1. Bd., S. 54. Es gibt aber auch reine erwerbswirtschaftliche Verwaltung (Staatsbrauerei, Porzellanmanufaktur). „Echte Verwaltungsmotive" vermag ich hier — im Gegensatz vielleicht beim VW-Werk — nicht zu erkennen; vgl. ferner Otto Mayer, aaO., 2. Bd., S. 50 ff.; W. Jellinek, aaO., S. 24, 505 f.; Herrnritt, Grundlehren des Verwaltungsrechts, 1921, S. 377 ff.; Fleiner, aaO., S. 352 f.; Nebinger, aaO., S. 5; Hans Peters, aaO., S. 207; Antoniolli, aaO., S. 248; Hans J. Wolff, aaO., S. 292; Forsthoff, aaO., S. 326.

[4]) Vgl. W. Jellinek, aaO., S. 21 f.; E. R. Huber, aaO., S. 53 (gegen W. Jellinek); Ermacora, Die Lückenlosigkeit des Rechtsschutzes in der Verwaltung und die Effektivität des Rechtsstaates, JBl. 1956, S. 143 f.; Melichar, Zur Problematik der Privatwirtschaftsverwaltung, JBl. 1956, S. 429 (lehnt diesen Begriff ab); Forsthoff, aaO., S. 320; Hans J. Wolff, aaO., S. 86. KG. U. v. 18. 9. 1956 m. abl. Anm. von Hans Schneider, NJW 1957, S. 1076; v. Gamm, Das Verwaltungshandeln und der Rechtsweg, NJW 1957, S. 1056, und Torz, Die privatwirtschaftliche Betätigung der öffentlichen Hand und das Grundgesetz, DÖV 1958, S. 206, Anm. 25; Rupp, Die Beseitigungs- u. Unterlassungsklage gegen Träger hoheitlicher Gewalt, DVBl. 1958, S. 113 f. (zur prozessualen Einordnung); Menger, Die Bestimmung der öffentlichen Verwaltung nach den Zwecken, Mitteln und Formen des Verwaltungshandelns, DVBl. 1960, S. 299 (zu den Schwierigkeiten der Grenzziehung).

[5]) Hans J. Wolff, aaO., S. 86.

waltungsprivatrecht[7]) beheimatet sind. Diese Zone ist das Aufmarschgelände für den Kampf um möglichst weitgehende Annäherung des öffentlichen Rechts an das Aktionsfeld der Verwaltung. Herr Mallmann hat sich aus diesem Felde vor allem der Leistungsverwaltung angenommen. Soweit hier der Staat als Obrigkeit auftritt, das heißt in der Form des Verwaltungsaktes agiert — ich erinnere an die Lehre der Zweistufigkeit des Verwaltungshandelns[8]) —, ist es mir zweifelhaft, ob unser Thema angesprochen ist. Die Bindung an öffentlichrechtliche Normen, vor allem an die in meinem Bericht im Vordergrund stehende Verfassung, ist hier wie bei der schlichthoheitlichen Verwaltung im Sinne der Definition von Walter Jellinek[9]) anerkannt. Gegenüber Herrn Mallmann habe ich also Zweifel, ob dieser Bereich der Übergangszone in toto unter das Thema fällt. Ich möchte diese terminologische Kontroverse aber nicht weiter verfolgen und den Bericht auf den Verwaltungsbereich beschränken, der sicher zur nichthoheitlichen Verwaltung gehört.

Zur nichthoheitlichen Verwaltung ist der Bereich zu zählen, in dem in den Formen des Privatrechts — ohne Einsatz hoheitlicher Mittel — gehandelt wird[10]). Nach Sohm[11]) hat

---

[6]) Forsthoff, Die Verwaltung als Leistungsträger, 1938; ders., Lehrb., aaO., S. 320; ders., Die Daseinsvorsorge und die Kommunen, 1958. Zum Begriff der Leistungsverwaltung: Becker, Verwaltung und Verwaltungsrechtsprechung, VVDStRL Heft 14 (1956), S. 98 u. 107 f.; ders., Die Leistungsaufgaben der öffentlichen Verwaltung, 1956; ders., Kommunale Kassenzeitschrift, 1957, S. 106 ff.; ders., Das Verhältnis zwischen Aufgaben und Leistungskraft der Gemeinden, Nachrichtenblatt Gemeindetag Rheinland-Pfalz, Nr. 7/8 1960.

[7]) Hans J. Wolff, aaO., S. 84; dazu Haas, Das Verwaltungsprivatrecht im System der Verwaltungshandlungen und der fiskalische Bereich, DVBl. 1960, S. 303.

[8]) Ipsen, VVDStRL Heft 11 (1954), S. 130 (Diskussion); ders., Öffentliche Subventionierung Privater, DVBl. 1956, S. 603, 605; Scheuner, Die staatliche Intervention im Bereich der Wirtschaft, VVDStRL Heft 11 (1954), S. 42 f.; Siebert, Privatrecht im Bereich öffentlicher Verwaltung, Festschrift für Niedermeyer, 1953, S. 236 f.; Naumann, VVDStRL Heft 11 (1954), S. 131 (Diskussion); Stern, Rechtsfragen der öffentlichen Subventionierung Privater, JZ 1960, S. 518 ff., 557 ff.; Herbert Krüger, Die Auflage als Instrument der Wirtschaftsverwaltung, 1955, S. 385; vgl. auch: BVerwG Urt. v. 6. 6. 1958, NJW 1959, S. 115, mit Anmerkung von Obermayer; BVerwG in DÖV 1955, S. 506 f.; BVerwG B. vom 9. 6. 1959 mit kritischer Anm. von Flessa, DVBl. 1959, S. 665, u. 1960, S. 137. Weitere Rechtsprechungsnachweise bei Maunz-Dürig, Kmt. z. GG, Art. 1, Abs. 3, RdNr. 137, S. 70.

[9]) W. Jellinek, aaO., S. 21 ff.

[10]) Hans J. Wolff, aaO., S. 86; Antoniolli, aaO., S. 9; Hans Peters, aaO., S. 129; Nebinger, aaO., S. 3 f.; W. Jellinek,

hier der Hoheitsträger seine Krone abgelegt, um durch die niedrige Tür des Privatrechts gehen zu können. Trotz mancher Bedenken bezeichne ich dieses Handeln als fiskalische Verwaltung[12]), weil sich dieser Terminus in unserer Literatur ein Heimatrecht erworben hat, das ich hier nicht kritisieren will.

Nichthoheitliche Verwaltung heißt also fiskalische Verwaltung in diesem Sinne, und dazu zählen sowohl die erwerbswirtschaftliche Tätigkeit (Staatsbrauerei), die Versorgung mit Strom, Gas und Wasser durch die öffentliche Hand (Daseinsvorsorge) als auch die sogenannten Hilfsgeschäfte der Verwaltung, wie der Ankauf von Büro- und Schreibmaterial, der Abschluß von Dienst- oder Darlehensverträgen, von Kreditgeschäften allgemein, die Vermietung oder Verpachtung von Grundstücken und dergleichen mehr[13]). Ob derartige Handlungen unmittelbar oder nur mittelbar einer juristischen Person des öffentlichen Rechts zugeordnet sind, ist nicht entscheidend[14]).

2. Diese Auffassung hat unter anderem die Gleichung zur Konsequenz: Öffentliche Verwaltung ist Handeln der Verwaltungsträger[15]). Zweifelhaft mag sein, ob eine so weite

---

aaO., S. 24; Fleiner, aaO., S. 121; Dürig, Grundrechte und Zivilrechtsprechung, Festschrift für Nawiasky, 1956, S. 184; Geiger, Die Grundrechte in der Privatrechtsordnung, 1960, S. 9.

[11]) Zit. nach Boehmer, Grundlagen der bürgerlichen Rechtsordnung, 1. Bd. 1950, S. 185.

[12]) Hans J. Wolff, aaO., S. 82; Bachof, aaO., S. 55, Anm. 37, und Siebert, aaO., S. 221 f.; Herbert Krüger, Der Rundfunk im Verfassungsgefüge und in der Verwaltungsordnung von Bund und Ländern, 1960, S. 78 ff. (zit. Gutachten).

[13]) Köttgen, Subventionen als Mittel der Verwaltung, DVBl. 1953, S. 485; Schürmann, Das Recht der gemischtwirtschaftlichen und öffentlichen Unternehmungen mit privatrechtlicher Organisation, Verhdlg. Schweiz. Juristenvereins, S. 86 a ff., würde einen großen Teil zur hoheitlichen Verwaltung zählen (vgl. dazu Haußmann, Die öffentliche Hand in der Wirtschaft, 1954, S. 18); BGH Urt. v. 30. 11. 1959, DÖV 1960, S. 550.

[14]) Vgl. List, Verwaltungsrecht technischer Betriebe, 2. Aufl. 1955, S. 127; Vialon, Haushaltsrecht, 2. Aufl. 1959, S. 707 (zu § 47 RHO).

[15]) Öffentliche Verwaltung liegt nicht vor, wenn private Unternehmen „öffentliche Aufgaben" wahrnehmen. Die Figur des beliehenen Unternehmers bleibt unberührt; sie ist nicht von den Aufgaben, sondern von den obrigkeitlichen Mitteln her zu erklären (Vogel, Öffentliche Wirtschaftseinheiten in privater Hand, 1959, S. 46 ff.). Vgl. Ipsen, Gesetzliche Indienstnahme Privater für Verwaltungsaufgaben, Festgabe für Erich Kaufmann, 1950, S. 141 ff. (159); Siebert, aaO., S. 229.

Fassung des Begriffes Verwaltung wissenschaftlichen oder praktischen Wert besitzt. Die Frage, ob die Herstellung eines Volkswagens oder eines Gartenzwerges in der staatlichen Porzellanmanufaktur überhaupt noch etwas mit öffentlicher Verwaltung zu tun hat, wird sicher nicht leicht bejaht werden können. Sie rührt an die bereits erwähnte Unterscheidung von Verwalten und Wirtschaften[16]). Wir können uns zunächst mit der Feststellung begnügen, daß dieser weitgedehnte Verwaltungsbegriff dann nicht bedeutungslos ist, wenn es gelingt, aus der geltenden Rechtsordnung Normen abzuleiten, die diesen weiten Bereich von anderen Räumen unterscheiden, mit anderen Worten, wenn es gelingt, Rechtssätze nachzuweisen, die für den gesamten Verwaltungsbereich als Sonderrecht gelten.

Eine moderne Lehre, wie sie uns in den bekannten Lehrbüchern von Forsthoff und Hans J. Wolff, aber auch in vielen Einzeldarstellungen entgegentritt, ist durch die Tendenz charakterisiert, die öffentlich-rechtlichen Bindungen zwar über den hoheitlichen Verwaltungsbereich hinaus, nicht jedoch auf alle Tätigkeiten der Verwaltung auszudehnen. Gegen die Einengung des öffentlich-rechtlichen Bindungen unterliegenden Verwaltungsbereichs bestehen Bedenken[17]), die es im folgenden zu begründen gilt. Vorweg ist festzuhalten, daß keine Einhelligkeit der Meinungen besteht[18]).

---

[16]) Köttgen, Die erwerbswirtschaftliche Betätigung der öffentlichen Hand und das öffentliche Recht, 1928, S. 17 ff. Für § 67 DGO (und Nachfolgebestimmungen) hält Köttgen diese Unterscheidung für unbeachtlich: Die wirtschaftliche Betätigung der Gemeinden, Festschrift für DJT, 1960, 1. Bd., S. 599.

[17]) Vgl. oben Anm. 5—7.

[18]) Daß diese Lehre nicht unumstritten ist, beweist die Diskussion um den Begriff Daseinsvorsorge: vgl. dazu Forsthoff, Die Verwaltung als Leitungsträger, 1938; ders., Rechtsfragen der leistenden Verwaltung, 1959; ders., Lehrb., aaO., S. 320 ff., 457; Friesenhahn, Grundgesetz und Energiewirtschaft, in Elektrizitätswirtschaft, 1957, S. 12 ff.; Bachof, aaO., S. 63; ders., Der Rechtsschutz im öffentlichen Recht, DÖV 1953, S. 417 ff. (423); Löw, Fiskalgeltung der Grundrechte, DÖV 1957, S. 880; Geiger, aaO., S. 27; BayVerfGH Urt. v. 23. 12. 1957, DÖV 1958, S. 216 m. Anm. v. Hüttl, DÖV 1958, S. 198; Zeiß, Die Versorgungs- und Verkehrsbetriebe als wirtschaftliche Unternehmen der Gemeinden nach den deutschen Gemeindeordnungen, S. 201; Torz, aaO., S. 205; Fischerhoff, DÖV 1960, S. 41; Maunz, Grundfragen des Energiewirtschaftsrechts, Verw.Arch. 50 (1959), S. 315 ff.; Simitis, Die faktischen Vertragsverhältnisse, 1957, S. 465; Köttgen, Festschrift für DJT, aaO., S. 614 ff.; Herbert Krüger, Gutachten, aaO., S. 21; Fischerhoff, Öffentliche Versorgung mit Wasser, Gas, Elektrizität und öffentliche Verwaltung, DÖV 1957, S. 305 ff.; Bericht in DÖV 1960, S. 583, über den Vortrag von Ballerstedt: „Energierecht als wissenschaftliche Aufgabe."

III.

Nun noch einige Bemerkungen zu dem Wort Schranken. Sein Inhalt ist gleichfalls mehrdeutig. Als Schranken nichthoheitlicher Verwaltung wird man aber sicher einmal Schranken des „Ob“ und zum andern Schranken des „Wie“ unterscheiden dürfen, wobei die Zuordnung einer Bestimmung zu der einen oder anderen Kategorie nicht immer leicht sein mag. Für beide Fälle begrenze ich mich auf verfassungsrechtliche Schranken. Außer Betracht bleiben die sogenannten allgemeinen Rechtsgrundsätze[19]), Schranken des allgemeinen und besonderen Verwaltungsrechts sowie die zivilrechtlichen Bindungen.

1. Wir kennen Materien, die der fiskalischen Form des Handelns schlechterdings verschlossen sind[20]). Es gibt einen hoheitlichen Verwaltungsbereich per se, in dem nur die hoheitliche Maßnahme, nicht aber auch der privatrechtliche Vertrag das allein zulässige Mittel zur Erreichung der Verwaltungszwecke ist. Man denke an das große Gebiet der polizeilichen Aufgaben, der Steuer- oder der Wehrverwaltung. Hierher zählt auch die Form der Beamtenernennung oder der Erlaß von Rechtsverordnungen[21]). Die entsprechenden Vorschriften der Verfassung schreiben den Verwaltungsträgern ausdrücklich oder stillschweigend die öffentlich-rechtliche Form des Handelns vor. Daß die Verwaltung in diesem Bereich überhaupt handeln darf, steht dagegen außer Zweifel.

2. Die Frage, ob überhaupt Verwaltungstätigkeit entfaltet werden darf, tritt dagegen stärker bei der erwerbswirtschaftlichen Verwaltung hervor. Zweifelhaft ist hier, ob der öffentlichen Hand dieser Aktionsbereich zugestanden ist. Ich brauche nur das „Subsidiaritätsprinzip“ zu erwähnen, demzufolge die

---

19) Vgl. Hans J. Wolff, aaO., S. 92 ff., unter Verweis auf frühere Beiträge, namentlich in Gedächtnisschrift für Walter Jellinek, 1955, S. 33 ff.; Becker, VVDStRL Heft 14 (1956), S. 98, 104 u. 108; Gygi, Verwaltungsrecht und Privatrecht, 1956. S. 42 ff.; v. Krauss, Der Grundsatz der Verhältnismäßigkeit, 1955. S. 25; Geiger, aaO., S. 19; Beitzke, Treu und Glauben bei Privatrechtsgeschäften der öffentlichen Hand, MDR 1953, S. 1; Siebert, aaO., S. 240 ff. (mit Nachweisen); Hans Peters, aaO., S. 163 f.; Scholz, Treu und Glauben bei Privatrechtsgeschäften der öffentlichen Hand, NJW 1953, S. 961 ff.; Wild, Treu und Glauben, bei Privatrechtsgeschäften der öffentlichen Hand, NJW 1955, S. 693; RGZ 157, S. 207; BGH Urt. v. 20. 1. 1954, NJW 54, S. 793; OLG Celle, Urt. v. 30. 9. 1954, StTg 1955, S. 365.

20) Vgl. oben Anm. 2; Vogel, aaO., S. 80, 98 u. 53 f.; Boehmer, aaO., S. 168 (öffentliche Gewalt ist Staatsmonopol).

21) Art. 91, 87, 87 b, 33, Abs. 4, 80, 83 GG; vgl. dazu Fleiner, aaO., S. 127 (zur Erledigung polizeilicher Aufgaben durch Private).

in § 67 DGO für die Gemeinden niedergelegten Grundsätze über Art. 2 Abs. 1 GG auch für den Bund und die Länder gelten sollen[22]). Das Grundgesetz konzediere wegen Art. 105, 106, 108[23]) zwar den status quo, erschwere bzw. verhindere aber die Erschließung weiteren Geländes.

Daß unsere Verfassung dem Staat die über den status quo hinausgehende wirtschaftliche Betätigung verbietet, scheint aber mit den angedeuteten Argumenten nicht zwingend dargetan. Die Übertragung der im kommunalen Bereich geltenden Grundsätze auf den Bund und die Länder verwischt die beachtlichen Unterschiede zwischen Staat und vom Staat abhängiger Selbstverwaltungskörperschaften. Zum anderen darf nicht übersehen werden, daß dem Fiskus kraft Gesetzes[24]) neue Unternehmungen zufallen können. Für ein Außerkrafttreten dieser Vorschriften lassen sich aus dem Grundgesetz keine Hinweise entnehmen. Ich habe auch starke Zweifel an der juristischen Verwertbarkeit des Subsidiaritätsprinzips, weil sich die für die Praktikabilität dieses Prinzips unerläßlichen Begriffe („Notwendigkeit“, „besser durch die öffentliche Hand“ usw.) juristischer Handhabung nur in Grenzfällen erschließen. In der Regel wird der Jurist vor der Politik kapitulieren müssen[25]).

Eine Schranke des „Ob“ ist eventuell im Art. 15 GG zu sehen, wenn man daraus die Unzulässigkeit der Vergesellschaftung durch privatrechtlichen Erwerb ableitet[26]). Ein generelles Verdikt gegen die Neuerwerbung oder Neugründung von wirtschaftlichen Unternehmen wird aber durch Art. 15 GG nicht statuiert.

Von Bedeutung ist in diesem Zusammenhang allerdings, daß unser Staat Steuerstaat ist, und deshalb die Mittel zur Erfüllung der Aufgaben nicht primär erwirtschaftet werden dürfen. Man mag auch aus dem Subsidiaritätsprinzip, dem Prinzip des Steuerstaates und aus Art. 15 GG die Tendenz des Grundgesetzes ableiten, die wirtschaftende Verwaltung zu drosseln. Grundsätzlich glaube ich aber, hier eine starre Interpretation unserer Verfassung zugunsten des Spielraumes der politischen Kräfte ablehnen zu müssen.

---

[22]) Dürig, JZ 1953, S. 198; Maunz-Dürig, aaO., Art. 2, Abs. 1, RdNr. 52, S. 44 ff.; vgl. dazu Köttgen, Festschrift für DJT, aaO., S. 585 f.; Art. 31 der Schweizerischen Bundesverfassung.

[23]) Bedeutsam vor allem auch Art. 134 u. 135, Abs. 6, 110 Abs. 4 GG.

[25]) Ähnlich Haas, aaO., S. 305 f.

[26]) Herbert Krüger, Sozialisierung, in Die Grundrechte, herausg. von Bettermann-Nipperdey-Scheuner, III/I, 1958, S. 13; Maunz-Dürig, aaO., S. 46; Torz, aaO., S. 211.

3. Eine weitere Art der Ob-Schranken: Die eben behandelte Frage, in welchem Bereich der Staat überhaupt nichthoheitlich tätig werden darf, wird im bejahenden Sinne als beantwortet vorausgesetzt. Es geht dann darum, welche konkreten Verwaltungsträger fiskalisch agieren dürfen. Es geht also um die Verbandskompetenz.

Diese Art von Schranken haben im Bundesstaat ihr besonderes Gewicht. Zunächst ist zu prüfen, ob die Artikel des Grundgesetzes, die die Verwaltungskompetenzen regeln, auch für die fiskalische Verwaltung gelten. Bejahte man die erweiterte Geltung, dann wäre zum Beispiel Art. 87 Abs. 3 GG auch für die Errichtung von privatrechtlichen Gesellschaften des Bundes einschlägig. Die von Herrn Mallmann erwähnte „Deutschland-Fernsehen GmbH" des Bundes beweist die Aktualität dieser Problematik. Ich neige dazu, die erweiterte Geltung der Kompetenznormen als die allein der Grundkonzeption des Grundgesetzes entsprechende anzusehen[27]). Die gegenteilige Auffassung, die die Geltung der Verfassung von der Wahl der Rechtsform abhängig macht, kann in letzter Konsequenz zur Verfassungsdegradierung führen. Mit Hilfe der Option für das Privatrecht sollte es dem Bund oder den Ländern aber nicht gelingen, verfassungsrechtliche Ge- oder Verbotsnormen zu annullieren. Allein die eminente Bedeutung des Bundesstaatsprinzips für unsere Verfassungsordnung mag als Begründung dieser Meinung dienen.

Mit der prinzipiellen Anerkennung der erweiterten Geltung der Kompetenzregeln muß nicht deren absolute Anerkennung verbunden sein. Detailuntersuchungen können durchaus dazu führen, zum Beispiel Art. 87 Abs. 3 GG nur mit Modifizierungen auf das fiskalische Handeln anzuwenden.

Ich belasse es bei diesem Überblick über die Arten der Ob-Schranken und halte fest: im Rahmen der gesetzlichen Grenzen kann die Verwaltung ihre Zwecke auch mit den Mitteln des Privatrechts verfolgen. Im Mittelpunkt meiner Betrachtungen steht nun, welchen inhaltlichen Bindungen die Verwaltung in diesem Bereiche unterworfen ist.

IV.

Der Akzent dieses Berichts liegt also auf den „Wie"-Schranken. Auch hier zwingt der gezogene Rahmen zur Ausklammerung, so daß sich der Bericht allein mit den verfassungsrechtlichen Bindungen[28]) und davon wiederum nur

---

[27]) Herbert Krüger, Gutachten, S. 90 ff. a. A. ders., DVBl. 1955, S. 383).

[28]) Beispiele für andere Bindungen: vgl. Vialon, aaO., S. 525; OLG Koblenz, B. v. 16. 12. 1959, BB 1960, S. 467; allgemein dazu:

mit den Grundrechten befassen kann. Andere Vorschriften, wie zum Beispiel Art. 36 GG, bleiben unberücksichtigt.

1. Oben wurde bereits auf das in der modernen Verwaltungsrechtslehre feststellbare Bemühen nach Ausweitung der öffentlich-rechtlichen Bindungen hingewiesen. Man ist sich darüber einig, daß die Verwaltung auf weiten Gebieten legitimerweise in den Formen des Privatrechts agieren darf. Im Gegensatz zu früher[29]) wird daraus aber nicht gefolgert, daß in diesem Bereich allein die aus dem Zivilrecht ableitbaren Bindungen bestehen[30]). Soweit nämlich in diesen Formen öffentliche Aufgaben erfüllt werden, soweit die Verwaltung hier öffentlichen Zwecken[31]) dient, soll sie trotz der privat-

---

Forsthoff, Die Rechtsstellung des Bauunternehmers gegenüber dem Staat als Auftraggeber (Nürnberger Vortrag), 1959 — bisher ungedruckt —; Hans Peters, aaO., S. 313 zu § 73 DGO; Beschränkungen der Verfügungsgewalt (z. B. BaWüGO §§ 80, 85, 94, 95, 117, 121; § 4 Eigenbetriebsverordnung; Sparkassengesetze; Bad. Stiftungsgesetz; Preuß. Ges. über die Verwaltung des katholischen Kirchenvermögens; Bundesbahngesetz; Hamburger Gesetz über die Formbedürftigkeit von Verpflichtungserklärungen; sonstige Formvorschriften: § 36 DGO, § 54 BaWüGO); Vorschriften über Staatsaufsicht, Betriebspflichten, Veröffentlichungen von Versorgungsbedingungen und Tarife, Haftungsregeln (vgl. z. B. Schüle, Die staatliche Intervention im Bereich der Wirtschaft, VVDStRL Heft 11 (1954), S. 92; Vogel, aaO., S. 45); Bindungen an § 1 UWG (Sigloch, Die Unternehmungen der öffentlichen Hand, 1929, S. 187; Lutz Richter, Verwaltungsrecht der öffentlichen Anstalt, VVDStRL Heft 6 (1929), S. 101; RG in JW 1933, S. 2134; BGH in Der Betrieb 1956, S. 351); Vorschriften über Benutzungsrechte (§ 10 BaWüGO, § 17 DGO); Kontrahierungszwang (§ 453 HGB; § 826 BGB; RGZ 132, S. 273; vgl. dazu: Fleiner, aaO., S. 348 ff.; Hans J. Wolff, aaO., S. 85; Forsthoff, Lehrb., aaO., S. 363 f.; Vogel, aaO., S. 251); Bindungen durch den Anstaltszweck oder Verwaltungszweck allgemein (vgl. Becker, VVDStRL Heft 14 (1956), S. 121 f.; Forsthoff, aaO., S. 366 u. 444 f.; Hans J. Wolff, aaO., S. 119 ff., 141; Torz, aaO., S. 207; Köttgen, aaO., S. 602 f.); Verwaltungsorganisation (Hans J. Wolff, aaO., S. 127); völkerrechtliche Bindungen (Köttgen, DVBl. 1953, S. 490 f.).

[29]) W. Jellinek, aaO., S. 25 (lediglich Bindungen von der Sache her); Fleiner, aaO., S. 336; Nebinger, aaO., S. 1; Hans Peters, aaO., S. 157; Boehmer, aaO., S. 185.

[30]) Scheuner, VVDStRL Heft 11 (1954), S. 59 f.; Bachof, VVDStRL Heft 12 (1954), S. 61; Ipsen, DVBl. 1953, S. 620, u. 1956, S. 465; Maunz-Dürig, aaO., Art. 1, Abs. 3, RdNr. 111 u. 134 ff.; Hans J. Wolff, aaO., S. 84; BGH Urt. v. 10. 12. 1958, NJW 1959, S. 431; Heusser, Die Flucht des Gemeinwesens in die privatrechtliche Unternehmung als Rechtsproblem, 1949, S. 110 f., läßt in diesen Fällen die privatrechtl. Normen als öffentliches Recht gelten; vgl. Anm. 85 a. E.

[31]) Kritisch zu „Öffentlicher Zweck“: E. Kaufmann, aaO., S. 710; Schelcher, Der öffentliche Weg und seine Bedeutung

rechtlichen Form nicht in den vollen Genuß der Privatautonomie gelangen. Zivilrecht gelte dagegen allein bei der sogenannten erwerbswirtschaftlichen Verwaltung und den Hilfsgeschäften der Verwaltung[32]).

Läßt man Nuancierungen beiseite, dann kann der bisherige Meinungsstand etwa folgendermaßen beschrieben werden:

die hoheitliche Verwaltung unterliegt allen Bindungen des öffentlichen Rechts;

die fiskalische Verwaltung, die öffentliche Aufgaben erfüllt, ist an Verfassungs-, Verwaltungs- und an Zivilrecht gebunden;

im übrigen Bereich bestehen nur Bindungen an das Zivilrecht.

Für diesen Bericht interessieren nur die beiden letzten Gruppen. Ihrer Unterscheidung liegt einmal die Auffassung zugrunde, daß vom Begriff der öffentlichen Aufgabe bzw. dem öffentlichen Zweck her öffentlichrechtliche Bindungen gerechtfertigt seien[33]). Die Unterscheidung geht ferner von

---

für das öffentliche und das Privatrecht, Fischers Zeitschrift, 31 (1906), S. 42; Sigloch, aaO., S. 18 f.; Köttgen, VVDStRL Heft 6 (1929), S. 115; Boehmer, aaO., S. 210; a. A. Fleiner, aaO., S. 324 f. — Spezielle Gesetze bleiben außer Betracht, z. B.: § 6 Bundesbahngesetz, § 67 DGO (dazu Köttgen, Festschrift für DJT 1960, I, S. 577 ff.) oder Zuckergesetz (dazu BVerwG Urt. v. 7. 3. 1958, DÖV 1958, S. 419). — Kritisch zum Begriff „Gemeinnützigkeit": Gg. Jellinek, aaO., S. 623; Vogel, aaO., S. 63 ff.; über die steuerrechtliche Bedeutung: Köttgen, VVDStRL Heft 6 (1929), S. 115 ff.; ders., Festschrift für DJT, 1960, 1. Bd., S. 594. Der nach mehrfachen Änderungen aufgehobene § 2, Nr. 3 b, KörpStGes. v. 10. 8. 1925 (RGBl. I, S. 208) hatte großen Einfluß auf diese Lehre.

32) Besonders deutlich Hans J. Wolff, aaO., S. 83 ff.: aber auch in diesem Bereich besteht insofern eine Bindung, als „die Vertragsfreiheit nicht dazu benutzt werden darf, den Genuß der Grundrechte im Einzelfall auszuschließen oder mit einer Sache nach Belieben zu verfahren".

33) Vgl. Anm. 31 u. 18. Diese Versuche haben große Bedeutung für die Entwicklung des Verwaltungsrechts. Sie waren notwendig, um die These von der Freiheit des Fiskus überhaupt erst einmal zu erschüttern. Die gegen das Vordringen des öffentlichen Rechts vorgebrachten Bedenken, es handle sich dabei um das sichtbare Zeichen staatlicher Machtausweitung, gehen bezüglich der Tätigkeit der öffentlichen Hand wohl an dem Kern der neueren Tendenzen vorbei. Anliegen der Lehre von der Daseinsvorsorge oder ähnlichen Lehren ist jedenfalls auch die Ausweitung des öffentlich-rechtlichen Rechtsschutzes. A. A. Maunz, aaO., S. 320; wie hier: Bachof, VVDStRL Heft 12 (1954), S. 65; Forsthoff, Rechtsfragen der leistenden Verwaltung, 1959, S. 14 ff. (19); Menger, DVBl. 1960, S. 299. — Zum Begriff des „Öffentlichen": Smend, Gedächtnisschrift für Walter Jellinek, 1955, S. 11 ff.

der prinzipiellen „Freiheit des Fiskus" aus[34]). Die dagegen bestehenden Bedenken lassen sich zunächst weniger als festgeformte Meinung, denn als Frage in folgenden Thesen formulieren:

Außerhalb des hoheitlichen Verwaltungsbereiches gibt es keine dem Wesen nach nur der öffentlichen Verwaltung zurechenbare Aufgabe. Jede Tätigkeit eines Verwaltungsträgers ist öffentliche Verwaltung und unterliegt daher den Bindungen an die Grundrechte, soweit diese sich nicht ihrer Natur nach nur gegen die obrigkeitliche Verwaltung richten (z. B. Art. 16, 17 a GG)[35]).

Daß im modernen Staat die Handhabung der hoheitlichen Gewalt allein den staatlichen Organen vorbehalten ist, bedarf keiner weiteren Begründung[36]). Problematisch ist lediglich die Ansicht, daß es auch außerhalb dieses Bereiches Aufgaben gebe, die „dem Wesen nach"[37]) Aufgaben der öffentlichen Verwaltung seien, und daß die Verwaltung wegen der Qualität der Aufgaben bei deren Erfüllung auch öffentlich-rechtlichen Bindungen, das heißt hier Grundrechten, unterliege[38]).

Ob diese Versuche der Begrenzung öffentlich-rechtlicher Bindungen auf bestimmte Verwaltungsagenden geglückt sind, wird man bezweifeln dürfen[39]). Ich habe aber auch Zweifel, ob diese Versuche wegen des gewählten Maßstabes und wegen der kaum möglichen juristischen Begrenzung der verwendeten Begriffe überhaupt gelingen können. Zur Charakterisierung des Streites genügt die Verweisung auf die Stichworte Da-

---

[34]) Deswegen der Versuch zur Grenzziehung.

[35]) Vgl. Geiger, aaO., S. 9 f.

[36]) Vgl. Anm. 2 u. 19.

[37]) Forsthoff, Lehrb., aaO., S. 457; selbstverständlich kann die Verfassung oder das Gesetz eine Aufgabe zur „Staatsaufgabe" erklären: z. B. Art. 152 Bay. Verf.

[38]) Hans J. Wolff, aaO., S. 84 f.

[39]) A. A. offenbar Torz, DÖV 1958, S. 206. Auf die kontroverse Literatur wurde bereits in Anm. 7 hingewiesen. Die Anhänger der „Begrenzung" können ihren Begriff der „Verwaltung dem Wesen nach" auch nicht durchhalten, z. B. wegen der umfassenden Staatsaufsicht. Mit Recht hebt Becker hervor (aaO., S. 98), daß alle Tätigkeit der Kommunen der Rechtsaufsicht unterliegt. Auch die selbständigen Unternehmen fallen darunter (Forsthoff, aaO., S. 457 f.). Sie unterliegen der Rechtsaufsicht aber auch dann, wenn keine Leistungen im Rahmen der Daseinsvorsorge erbracht werden. Entscheidend ist allein, daß es sich um eine Tätigkeit handelt, die einem Verwaltungsträger zugerechnet wird. Daß es allein auf die Qualität des Akteurs ankommt, folgt auch aus den Darlegungen Forsthoffs, aaO., S. 359 u. 441; vgl. dazu Balser, Öffentlicher Dienst privater Betriebe, Festschrift für List, 1957, S. 182.

seinsvorsorge[40]), Gemeinnützigkeit des Handelns[41]) oder die Gegensatzpaare: Verwalten — Wirtschaften[42]), Gewinnerzielungsabsicht — Deckungsprinzip[43]). Die um diese Begriffe geführte Diskussion belegt, daß es bisher nicht möglich war, in der sogenannten „Übergangszone" — um bei meiner vorhin erwähnten groben Einteilung zu bleiben — ein Bild klarer Begriffe und Grenzen zu zeichnen.

Ein Grund dafür liegt sicher in der Fragwürdigkeit des gewählten Maßstabes. Damit soll die Qualität der Aufgaben nicht zur völligen Bedeutungslosigkeit abgewertet werden. Sie mag Unterschiede hinsichtlich der Intensität der Bindungen rechtfertigen. Bestritten wird nur, daß die Qualität der Aufgabe die öffentlich-rechtlichen Bindungen von bestimmten fiskalischen Verwaltungstätigkeiten rechtfertige. Einen anderen Grund wird man in dem Festhalten an dem Prinzip der „Freiheit des Fiskus" von öffentlich-rechtlichen Bindungen sehen müssen. Man will an diesem Prinzip nicht generell rütteln, allerdings soll sein Geltungsbereich verengt werden. Gerade die Berechtigung dieses Prinzips steht hier zur Diskussion. Es geht um folgende Prüfung: Verlangt unsere Verfassungsordnung, daß die gesamte Tätigkeit des Staates ohne

---

[40]) Vgl. Anm. 18, 32 u. 39.

[41]) Zur „Gemeinnützigkeit": vgl. Anm. 31; dazu auch Fleiner, aaO., S. 5, der übersieht, daß die private Verwaltung nicht wesensmäßig auf die Befriedigung von Individualinteressen abstellt; dazu: Forsthoff, aaO., S. 361; Hans J. Wolff, aaO., S. 13; Klüber, aaO., S. 828; Herbert Krüger, DVBl. 1955, S. 520; Bachof, aaO., S. 61 ff.; Ipsen, VVDStRL Heft 10 (1952), S. 87 f.

[42]) Vgl. oben Anm. 16; unter „Wirtschaften" wird vielfach — im Gegensatz zur Daseinsvorsorge — die Teilnahme am vom Wettbewerb beherrschten Wirtschaftsleben verstanden: Brandt, Die wirtschaftliche Betätigung der öffentlichen Hand, 1929, S. 3; Vialon, aaO., S. 720; Vogel, aaO., S. 24; Schüle, VVDStRL Heft 11 (1954), S. 88 f.; Lutz Richter, aaO., S. 72 f.; Hüttl, Sind die gemeindlichen Versorgungsbetriebe den „wirtschaftlichen Unternehmen" in § 67 DGO zuzuordnen?, DÖV 1958, S. 198 ff.; Zeiß, Die Versorgungs- und Verkehrsbetriebe als wirtschaftliche Unternehmen der Gemeinden nach den deutschen Gemeindeordnungen, DÖV 1958, S. 201 ff., im Anschluß an BGHZ 15, S. 16.

[43]) Köttgen, VVDStRL Heft 6 (1929) S. 140, Anm. 53; ders., Festschrift für DJT 1960, 1. Bd., S. 592 f. u. 599; Kutsch-v. Krakewitz, Übernahme des Begriffs „service public" ins deutsche Recht? AöR 79, S. 431 ff.; Forsthoff, aaO., S. 358 u. 439 f.; Haußmann, aaO., S. 16; Keller, Die Eigenwirtschaft öffentlicher Gemeinwesen, Hdb. d. Fin. Wiss., 2. Aufl. 1953, 2. Bd., S. 161 ff. (186); Hettlage, Verfassungsfragen öffentlicher Unternehmen, Festschrift für Schmidt-Rimpler, 1957, S. 259 ff. (290); a. A. List, Verwaltungsrecht technischer Betriebe, 2. Aufl. 1955, S. 98; Fleiner, aaO., S. 324; Schnettler, Öffentliche Betriebe, 1956, S. 21.

Rücksicht darauf, zu welchen Zwecken oder in Erfüllung welcher Aufgaben agiert wird, verfassungsrechtlichen Bindungen unterliegt? Bejaht man diese Frage, bedarf es weiterer Klärung, ob die prinzipielle Anerkennung nicht Raum für verschiedene Stärkegrade der Bindung läßt.

V.

Von wenigen Ausnahmen abgesehen, wird die weite verfassungsrechtliche Bindung des Staates abgelehnt. Überzeugende Gründe für diese Haltung werden aber nicht angeführt. Man könnte sich damit zufriedengeben, wenn aus der privatrechtlichen Form des Handelns eine Vermutung für die Freiheit des Fiskus abzuleiten wäre oder wenn sich aus allgemein verfassungsrechtlichen Erwägungen eine solche Vermutung ergäbe.

Daß aus der Form des Handelns allein eine Vermutung bezüglich des Bindungsumfanges abgeleitet werden kann, wird wegen der in der Übergangszone radizierten Streitfragen wohl niemand definitiv bejahen wollen. Das unbestreitbare Verdienst der neueren Lehre vom Verwaltungsrecht liegt ja gerade darin, aus dem Unbehagen über die Diskrepanz des Aktionsbereiches der Verwaltung und den öffentlich-rechtlichen Bindungen die Ausweitung des öffentlichen Rechts postuliert zu haben. Die Form des Handelns ist damit zwangsläufig relativiert worden.

Zum anderen wird man auch aus allgemein verfassungsrechtlicher Sicht keine Vermutung für die Freiheit des Fiskus ableiten dürfen. Ob jede Verfassung die Aufgabe hat, den Staat schlechthin zu binden, soll offen bleiben. Will die Verfassung aber, wie man für das Grundgesetz annehmen darf, zumindest a u c h der Sicherung bestimmter Werte gegenüber der Staatsgewalt dienen[44]), dann liegt es nahe, ihre Geltung nicht von den Zufälligkeiten der Form des staatlichen Handelns abhängig werden zu lassen. Auf Einzelheiten komme ich zurück. Aus einer solchen Verfassung läßt sich eher eine Vermutung f ü r die umfassende Bindung aller staatlichen Tätigkeit deduzieren. Jedenfalls wird man einräumen müssen, daß die Gleichung: Fiskalisches Handeln bedeutet Freiheit von Verfassungsbindungen, nicht evident richtig ist. Sie ist zu-

---

[44]) Aus der reichhaltigen Literatur vgl.: M a u n z - D ü r i g , aaO., Art. 1, Abs. 1, Rd.Nr. 5 ff.; B a c h o f , Grundgesetz und Richtermacht, 1959, S. 10, bes. Anm. 1, S. 18 u. 20; G e i g e r , aaO., S. 18; kritisch dazu F o r s t h o f f , Die Umbildung des Verfassungsgesetzes, Festschrift für Carl Schmitt, 1959, S. 35 ff. Zum Verständnis der Verfassung allgemein: Herbert K r ü g e r , DVBl. 1955, S. 451.

mindest beweisbedürftig. Daß ein solcher Beweis bisher nicht angetreten wurde, mag damit zusammenhängen, daß man mit der Ablehnung der Fiskustheorie nicht wirklich Ernst gemacht hat. W. Jellineks prägnante Formulierung, der Staat gehe als Fiskus in Zivil, ist richtig[45]). Zur Diskussion steht aber, ob nicht auch dieser Zivilist Staat im Sinne der Verfassungsordnung bleibt. In der gebotenen Kürze ist zu prüfen, ob mit Hilfe der Fiskuslehre der bisher schuldig gebliebene Beweis erbracht werden kann.

VI.

Vernachlässigt man die vorabsolutistische Zeit[46]), kann festgestellt werden, daß die Entdeckung des Fiskus als einer neben dem obrigkeitlich handelnden Staat stehenden selbständigen Rechtsperson[47]) wohl eine der bedeutendsten juristischen Konstruktionen der Neuzeit ist. Vielleicht haben wir es mit einer Erfindung[48]) „heuchlerischer Juristen"[49]) zu tun, die dem absolutistischen Staat de jure die unbegrenzte Machtbefugnis beließ, ihm aber de facto als Schuldner von Geld empfindliche Fesseln anlegte. Es mag sich um eine „Fiktion"[50]), um ein „Zerrbild"[51]), um „Usurpation"[52]) handeln. Von unserem heutigen Standpunkt aus gesehen geht es bei dieser Erfindung um ein durch den guten Zweck geheiligtes Mittel zum

---

[45]) aaO., S. 25; vgl. dazu für das französische Recht: Schnur, Die Krise des Begriffs der services publics im französischen Verwaltungsrecht, AöR 79, S. 418 ff. (428).

[46]) Vgl. dazu: Savigny, System des heutigen römischen Rechts, 2. Bd., 1840, S. 272 f.; Welcker, Art. Fiscal, Staatslexikon, 1. Aufl. (1837), 5. Bd., S. 581 ff.; Rintelen, HandWtb. d. Staatswissenschaften, 3. Aufl., (1909), 4. Bd., S. 327 ff., Art. Fiskus; Hatschek, Die rechtliche Stellung des Fiskus im Bürgerlichen Gesetzbuch, Verw.Arch. 7 (1899), S. 424 ff., 447 ff.; Otto Mayer, aaO., S. 47 ff. Über den Begriff Fiskus im absoluten Staat: J. J. Moser, Von der Landeshoheit in Cameralsachen, 1773, S. 107; Häberlin, Handbuch des Teutschen Staatsrechts, 2. Aufl. 1797, S. 239 ff.; Maurenbrecher, Grundzüge des heutigen deutschen Staatsrechts, 3. Aufl. 1847, S. 372.

[47]) Otto Mayer, aaO., S. 51.

[48]) Haas, aaO., S. 304; Boehmer, aaO., S. 183 (Juristische Fehlkonstruktion); Forsthoff, Lehrb., aaO., S. 99 (zweckbedingte Berechtigung); Otto Mayer, aaO., S. 49 (eigentümliche Lehre).

[49]) v. Aretin-v. Rotteck, Staatsrecht der konstitutionellen Monarchie, 1. Aufl. (1827), 2. Bd., 1. Abt., S. 313 f.

[50]) F. J. Perrot, Verfassung, Zuständigkeit und Verfahren der Gerichte der pr. Rheinprovinzen in bürgerlichen Rechtssachen, 1. Teil, 1842, S. 174.

[51]) List, aaO., S. 21 (Anm. 14).

[52]) v. Aretin-v. Rotteck, aaO. (Anm. 5).

Schutze der Untertanen gegenüber der Staatsgewalt[53]). Man konstruiert den Staat als Biedermann — der Fiskus ist Untertan —, um ihn dann vor den Schranken des Gerichts als „Prügelknaben"[54]) der Obrigkeit zur Rechenschaft ziehen zu können. Das „Dulden" wurde so mit Hilfe des „Liquidierens" beim Fiskus erträglicher[55]).

Im 19. Jahrhundert wird, so könnte man glauben, mit der Betonung der Einheit Rechtsperson Staat der Fiskustheorie der Boden entzogen[56]). Fiskus wird nun als Inbegriff des Staatsvermögens oder als „Staatsgewalt in all ihren vermögensrechtlichen Beziehungen" aufgefaßt[57]). Entgegen der naheliegenden Vermutung bleibt es aber bei den Ergebnissen der Fiskustheorie trotz der geänderten Konzeption. Dabei ist festzustellen: Auch im neuen Gewande dient der Fiskusbegriff dem Rechtsschutz. Das Klammern am Ergebnis ist erklärbar mit der Zuordnung aller Vermögensrechte zum Privatrecht[58])

---

[53]) Boehmer, aaO.; vgl. dazu Loening, VerwArch. 2 (1894), S. 445 u. 251; G. Jellinek, aaO., S. 385; O. Mayer, aaO., S. 52 f.

[54]) Bornhak, Preußisches Staatsrecht, 2. Aufl. 1912, 2. Bd., S. 464 u. 501; Hatschek, Lehrb. des deutschen und preußischen Verwaltungsrechts, 7. u. 8. Aufl. 1931, S. 3 u. 43; vgl. auch H. A. Zachariä, Deutsches Staats- und Bundesrecht, 3. Aufl. 1867, S. 409.

[55]) Klecatsky, Allgemeines österreichisches Verwaltungsrecht, JBl. 1954, S. 473 ff., 503 ff. (474); Otto Mayer, aaO., S. 52 f., bes. Anm. 27 mit Nachweisen. Dem Liquidieren wurde allerdings durch die Pr. Kab.Order v. 4. 12. 1831 auch eine Grenze gesetzt (Bornhak, aaO., S. 501; Loening, VerwArch. 3 (1895), S. 109; Anschütz, VerwArch. 5 (1897), S. 86; Koch, Allgemeines Landrecht, Kmt. 8. Aufl., 4. Bd., 1886, § 80 Einl., Anm. 16, S. 67 f.; Stölzel, Rechtsweg und Kompetenzkonflikt, 1901, S. 26).

[56]) Zunächst wurde die Lehre aufgegeben, wonach die „stationes fisci" juristische Personen waren; vgl. z. B. Kgl. Pr. Obertribunal, Plen.Beschl. v. 20. 10. 1850 (E 20, S. 19; E 32, S. 169); Koch, aaO., § 1, Anm. 1, S. 919.

[57]) Zoepfl, Grundsätze des allgemeinen und des constitutionellen monarchischen Staatsrechts, 5. Aufl., 1863, S. 695; H. A. Zachariä, aaO., S. 402; v. Rönne, Staatsrecht der preußischen Monarchie, 4. Aufl., 1883, 3. Bd., S. 583; Schulze-Gaevernitz, Das Preußische Staatsrecht, 2. Aufl., 1890, 2. Bd., S. 172; Brockhaus, Art. Fiskus der Einzelstaaten, Wtb. d. Dt. Verwaltungsrechts, 1. Bd., 1890, S. 421; Stölzel, aaO., S. 25; Gg. Jellinek, System der subjektiv öffentlichen Rechte, 2. Aufl., 1905, S. 60; Hatschek, VerwArch. 7 (1899), S. 433; Koch, aaO., § 369, I. 16, Anm. 63, S. 448; für die neuere Zeit: Gygi, aaO., S. 22; Forsthoff, Lehrb., aaO., S. 99, Anm. 3; E. R. Huber, Wirtschaftsverwaltungsrecht, 2. Aufl., 2. Bd., 1953, S. 677 f.; Giacometti, aaO., S. 472.

[58]) Aus der Rechtsprechung: RGZ 11, S. 65; 22, S. 285; 25, S. 325; 57, S. 350; 70, S. 77; 74, S. 191; 75, S. 40; 92, S. 310. Kritisch dazu: Lassar, Der Erstattungsanspruch im Verwaltungs- und Finanzrecht, 1921, S. 3, 8, 10 u. 14, im Anschluß an Wach, Hdb. des Deutschen Civilprozeßrechts, 1. Bd., 1885, S. 88 ff.

und mit der damaligen Rechtslage, wonach die Obrigkeit gerichtlich exemt war[59]). Bezeichnenderweise wird die Zulässigkeit privatrechtlichen Handelns meistens im Zusammenhang mit der stärkeren Bindung des Fiskus gesehen[60]). Als Fiskus genießt der Staat nicht die Privilegien[61]) der Obrigkeit. Das Bestreben, den Rechtsschutz des Untertanen auszubauen, erklärt die zivilrechtliche Konstruktion verschiedener Rechtsgeschäfte[62]); denn nur als Privatmann, nicht aber als Obrigkeit unterstand der Staat der Kontrolle durch die ordentlichen Gerichte. Diese waren aber nur für zivilrechtliche Streitigkeiten zuständig[63]).

Anachronistische Züge nimmt das Festhalten an der Fiskustheorie an unter dem seit der zweiten Hälfte des 19. Jahrhunderts einsetzenden Wandel der rechtlichen Kontrolle obrigkeitlichen Handelns und der jetzt beginnenden Ausbildung des Verwaltungsrechts[64]). Erkennt man im Fiskusbegriff

---

[59]) Lassar, aaO., S. 4; Otto Bähr, Der Rechtsstaat, 1864, S. 54 ff.; Otto Mayer, AöR 21, S. 521; Schelcher, aaO., S. 43, Anm. 42. Über den Einfluß der alten Fiskuslehre: Otto Mayer, Deutsches Verwaltungsrecht, 2. Aufl., 2. Bd. (1917), S. 87.

[60]) Anschütz, VerwArch. 5 (1897), S. 87; Otto Mayer, Lehrb., 3. Aufl., 1. Bd., S. 119 f.; Hatschek, Lehrb., aaO., S. 47 (fiscus jure privato utitur; fiscus jure publico utitur); Hans J. Wolff, aaO., S. 83. Vgl. ferner: Klüber, J. L., Öffentliches Recht des Teutschen Bundes, 4. Aufl., 1840, S. 702; Perrot, aaO., S. 175; Koch, Lehrb. des Preußischen gemeinen Privatrechts, 3. Aufl., 1857, 1. Bd., S. 171; Georg Meyer, Lehrb. des Deutschen Staatsrechts, 1. Aufl., 1878, S. 526; Haenel, Deutsches Staatsrecht, 1. Bd., 1892, S. 160 f.; C. F. Gerber, Über öffentliche Rechte, 1852, S. 16, 34, 78, 80; Erich Kaufmann, aaO., S. 706; Gg. Jellinek, Allgemeine Staatslehre, aaO., S. 385; ders., System der subjektiv öffentlichen Rechte, 2. Aufl., 1905, S. 209; neuerdings z. B. Beitzke, aaO., S. 1.

[61]) In gewissem Umfang ist der Fiskus auch heute noch privilegiert: vgl. die Zusamenstellung des geltenden Rechts bei Hans J. Wolff, aaO., S. 84; W. Jellinek, aaO., S. 24 f.; Haas, aaO., S. 303.

[62]) Otto Mayer (AöR 21, S. 517, gegen Hatschek und Gg. Jellinek) spricht von einem „Januskopf" des Staates; ders., Deutsches Verwaltungsrecht, 3. Aufl., 1. Bd., S. 174; Lassar, aaO., S. 55, weist nach, daß das RG die privatrechtliche Auffassung bei vermögenswerten Ansprüchen überall dort aufgegeben hat, wo der Rechtsweg nicht nur für privatrechtliche Ansprüche eröffnet wurde (z. B. Enteignungsentschädigung).

[63]) Vgl. RGZ 92, S. 310; Stölzel, aaO., S. 23 (für Rechtsweg ist nicht entscheidend, daß der Staat Partei ist).

[64]) Zu einer Anerkennung des „öffentlichen Eigentums" hat die Entwicklung bisher nicht geführt. Die „Wiederaufnahme des Prozesses" gegen Otto Mayer wäre wünschenswert (vgl. Forsthoff, aaO., S. 329, Anm. 3; Lerche, DVBl. 1955, S. 283 ff. [285 f.]). In der Gesetzgebung sind geringe Ansätze pro „öffentliches Eigentum" erkennbar (vgl. Haas, aaO., S. 306).

eine Zweckschöpfung im Interesse des Rechtsschutzes, dann ist seine Existenzberechtigung im Zeichen der verwaltungsgerichtlichen Generalklauseln, der Verfassungsbeschwerde, des Art. 19 Abs. 4, der umfassenden Staatshaftung — von anderen Kontrollmöglichkeiten ganz abgesehen — in Frage gestellt[65]). Unter der Voraussetzung der absoluten und umfassenden Kontrolle des öffentlich-rechtlichen „Dulde" verliert die Unterscheidung zum zivilrechtlichen „Liquidiere" zwangsläufig an Bedeutung.

Die rechtsstaatliche Verfeinerung brachte es mit sich, daß die „Geschäftsgrundlage" der Fiskustheorie: die strengere Kontrolle des Staates als Fiskus, wegfiel[66]). Das öffentliche Recht ist heute für die Lenkung staatlichen Handelns die angemessenere Kandare[67]), die die Straffung der Rechtsschutzzügel durch die Verwaltungsgerichte effektvoller überträgt. Ist aber das Zivilrecht ungeeigneter zur Domestizierung der öffentlichen Hand, dann müßte sich die Fiskuslehre nach einer neuen Legitimation umsehen. Eine im Einklang mit unserer Rechtsordnung stehende Legitimation aufzufinden, wird nicht leicht sein[68]).

Für unseren Zusammenhang kann man sich damit begnügen, daß das fiskalische Handeln verfassungsrechtlich offenbar nicht inhibiert ist und daß der Staat zugunsten der Freiheit des Bürgers seine Zwecke auch mit den Mitteln des Privatrechts verfolgen darf. In Anlehnung an Erich Kaufmann kann man die Zulässigkeit des fiskalischen Handelns als eine Art „eingebrachtes Gut" des Absolutismus bezeich-

---

[65]) A. A. Maunz-Dürig, aaO., Art. 1, RdNr. 135, S. 68, die aber in Anm. 2 (S. 68) zugeben, daß der Verzicht auf den Fiskusbegriff kein Schaden wäre. Bereits O. Mayer (AöR 21, S. 517) hielt die Absage an den Fiskus für kein „nationales Unglück". Im Ergebnis wie hier: Evers, Verfassungsrechtliche Bindungen..., NJW 1960, S. 2073.

[66]) Gg. Jellinek, aaO., S. 45, hat mit seiner in anderem Zusammenhang gemachten Bemerkung auch für unseren Rahmen recht: Je älter eine Institution ist, desto wahrscheinlicher ist es, daß sie ihre ursprünglichen Zwecke nicht oder nicht rein bewahrt hat.

[67]) So schon Köttgen, VVDStRL Heft 6 (1929), S. 105 ff.

[68]) Daß eine freiheitliche Verfassung die Tendenz zur nichthoheitlichen Gestaltung begünstigt (Siebert, aaO., S. 246), mag unterstellt werden. Diese Tendenz darf aber nicht als im Interesse der Verwaltung liegend aufgefaßt werden. Der möglichst sparsame Umgang mit Machtmitteln ist im Interesse der Bürger zu fordern. Kritisch zum Fiskusbegriff (aus anderen Gründen): Schürmann, aaO., S. 90a; Köttgen, Festschrift für DJT 1960, 1. Bd., S. 585, im Anschluß an Forsthoff. Vgl. auch: Giacometti, aaO., S. 105 f.

nen[69]). Nur darf eines nicht übersehen werden: Begibt sich die öffentliche Hand heute auf den privatrechtlichen Boden, dann ist sie in der Regel nicht mehr strenger unter Kontrolle als bei entsprechendem öffentlich-rechtlichen Handeln, sondern weniger streng[70]). Von da her sind die Bedenken gegen die „Flucht in das Privatrecht"[71]) oder die „Flucht aus der Hoheitsgewalt"[72]) verständlich und von daher kommt auch die Therapie mit Hilfe des sozialisierten Privatrechts[73]) bzw. des Verwaltungsprivatrechts. Es handelt sich allerdings um eine Therapie, die an den Symptomen, nicht aber die Ursachen kuriert.

Diese Bemerkungen zeigen, daß eine stichhaltige Begründung für die hier zur Diskussion stehende These von der „Freiheit des Fiskus" sich mit Hilfe der Fiskuslehre nicht finden läßt.

VII.

Ich wende mich nun der Frage zu, ob diese These von unserer Verfassung vorausgesetzt wird, bzw. ob sie Bestandteil unserer Verfassungsordnung geworden ist. Die Antwort darauf hängt überwiegend von der Interpretation des Art. 1 GG ab[74]).

---

[69]) Erich Kaufmann, aaO., S. 698; Antoniolli, aaO., S. 13; Flessa, DVBl. 1957, S. 81 u. 120 mit Nachweisen; Ermacora, aaO., S. 144, sieht im privatrechtlichen Handeln dem Wesen nach hoheitliche Betätigung des Staates.

[70]) Herbert Krüger, DVBl. 1955, S. 383.

[71]) Fleiner, aaO., S. 326.

[72]) Naumann, VVDStRL Heft 11 (1954), S. 131 (Diskussion); kritisch dazu Haas, aaO., S. 305; vgl. ferner: Gygi, aaO., S. 16; List, aaO., S. 80 f. Schürmann, aaO., S. 95a, erwähnt den umgekehrten Fall: „Flucht ins öffentliche Recht". Vgl. dazu auch Forsthoff, Nürnberger Vortrag (ungedruckt).

[73]) Vgl. dazu: Herrnritt, aaO., S. 121 ff.; Fleiner, aaO., S. 60; Forsthoff, Lehrb., aaO., S. 357; Hans Bayer, Wirtschaftsgestaltung, 1958, S. 186; Siebert, aaO., S. 216; manche befürworten ein selbständiges Sozialrecht: Balser, aaO., S. 172 ff.; gegen Balser Kutsch-v. Krakewitz, AöR 79, S. 449; vgl. ferner: Siebert, aaO., S. 246; Gygi, aaO., S. 7, 11 u. 53; Scheuner, DÖV 1953, S. 519.

[74]) Einer gesonderten Prüfung müßten z. B. Art. 20 oder Art. 30 GG unterzogen werden. Mit der Betonung des Art. 1 GG soll jedenfalls die Einschlägigkeit anderer GG-Bestimmungen nicht abgelehnt sein. So wäre beispielsweise zu prüfen, ob die in Art. 20 Abs. 3 GG enthaltene Klausel von „Gesetz und Recht" in einer dem Art. 18 der Österr. Bundesverfassung entsprechenden Weise interpretiert werden kann. Vgl. dazu Antoniolli, aaO., S. 12 u. 103 ff.; Klecatsky, aaO., S. 475 ff. u. 503 ff.; Melichar, aaO., S. 431; zweifelnd Obermayer, Bay VBl. 1958, S. 89; vgl. dazu auch Forsthoff, aaO., S. 4 (die gesamte Verwaltung ist vom „Recht" durchwaltet); Rumpf, Verwaltung und Verwaltungsrechtsprechung, VVDStRL Heft 14 (1956), S. 143; zur Fiskalgeltung der Grundrechte: Löw, DÖV 1957, S. 879 mit Nachweisen.

Art. 1 Abs. 1 des Grundgesetzes wird mit Recht als „oberstes Konstitutionsprinzip allen objektiven Rechts“[75]) bezeichnet. Sieht man darin nicht nur eine inhaltslose pathetische Deklamation[76]), dann besteht der Auftrag, das an den Staat gerichtete verfassungsrechtliche Gebot, die Würde des Menschen zu achten und zu schützen, zu präzisieren.

Dem Wortlaut nach gilt dieses Gebot für „alle staatliche Gewalt“ (Art. 1 Abs. 1 Satz 2). Daraus könnte gefolgert werden, nur die hoheitliche Verwaltung[77]) sei angesprochen, nicht aber die Verwaltung in allen Erscheinungsformen. Diese Beschränkung wäre aber nur dann vertretbar, wenn man ein doppeltes Leben des Staates anerkennen würde[78]) und wenn man starke Anleihen bei der älteren Fiskustheorie für gerechtfertigt hielte[79]). Wird jedoch von der Einheit der Rechtsperson Staat ausgegangen, muß „staatliche Gewalt“ im Absatz 1 des Art. 1 schlechthin mit staatlichem Handeln identifiziert werden[80]). Art. 1 Abs. 1 Satz 2 GG ist dann die Grundregel auch für das Handeln in privatrechtlichen Formen. Die Verwaltung ist somit stets zur Beachtung des Gebotes, die Würde des Menschen zu achten und zu schützen, verpflichtet[81]).

Als nächstes stellt sich die Frage nach dem Verhältnis von Art. 1 Abs. 1 zu Art. 1 Abs. 3 des Grundgesetzes. Insoweit halte ich die Darlegungen von Maunz-Dürig für überzeugend, wonach die in Abs. 3 erwähnten Grundrechte Ausgestaltungen der von Abs. 2 erfaßten Menschenrechte sind. Diese wiederum gehen auf die in Abs. 1 angesprochene Menschenwürde zurück[81]). Zwischen Abs. 3 und Abs. 1 besteht so ein unlösbarer Zusammenhang[82]).

---

[75]) Maunz-Dürig, aaO., Art. 1, Abs. 1, Rd.-Nr. 4, S. 6; Wintrich, BayVBl. 1957, S. 137; v. Mangoldt-Klein, Kmt. z. GG, 2. Aufl. 1957, 1. Bd., S. 147; vgl. auch Friesenhahn, Der internationale Schutz der Menschenrechte, 1960, S. 6 ff.

[76]) Vgl. dazu v. Mangoldt-Klein, aaO., S. 146.

[77]) Diese Ansicht wird von v. Mangoldt-Klein, aaO., S. 154 u. 159, vertreten; ähnlich Hans J. Wolff, aaO., S. 83, 85 (die Form ist aber nicht unbedingt entscheidend).

[78]) Dagegen mit Recht Forsthoff, Nürnberger Vortrag, gegen BGHZ 14, S. 222; vgl. auch Herbert Krüger, DVBl. 1955, S. 384; Maunz-Dürig, aaO., Art. 1, Abs. 3, RdNr. 135, S. 69.

[79]) Vgl. oben Ziff. VI 1 und neuerdings: Evers, NJW 1960, S. 2073.

[80]) Ebenso Maunz-Dürig, aaO., Art. 1, Abs. 1, RdNr. 15, S. 9: „In der Staatsrichtung liefert er den wertausfüllenden Maßstab für alles staatliche Handeln.“

[81]) Daß sich „Staatsrichtung“ und „Drittrichtung“ der Grundrechte nicht decken, ist besonders zu betonen; vgl. Maunz-Dürig, aaO., RdNr. 16. Juristische Zweckkonstruktionen verlieren gegenüber Art. 1 GG ihre Bedeutung.

[82]) Maunz-Dürig, aaO., RdNr. 6 ff., 73, 87, 91 u. 100; Hamann, BB 1953, S. 865 ff.

Zu prüfen bleibt dann, ob die in Abs. 3 aufgezählten Adressaten der Grundrechtsbindung von Verfassungs wegen gegenüber der in Abs. 1 Satz 2 erwähnten „staatlichen Gewalt" unterschieden werden können oder ob es sich in beiden Absätzen um denselben Adressaten handelt. Die zweite Frage ist zu bejahen. Oder kann man sich eine Verfassung vorstellen, die an herausgehobener und durch Art. 79 Abs. 3 GG mit besonderen Garantien versehener Stelle zwar verlangt, daß der Staat in jeder Erscheinungsform die Menschenwürde zu achten und zu schützen habe, daß aber derselbe Staat sich den daraus ergebenden Konsequenzen durch die Auswechslung der Form des Handelns entziehen dürfe[83])? Sind die Grundrechte nur aktualisierte Menschenrechte und diese wiederum nur Präzisierungen der Menschenwürde, dann bedeutet die Bindung des Abs. 3 nichts wesensmäßig von Abs. 1 Satz 2 Verschiedenes. Abs. 3 zieht vielmehr nur die juristisch präzisierte Folgerung aus Art. 1 Abs. 1 Satz 2 GG. Wer zum Schutze und zur Achtung der Grundregel verpflichtet ist, der ist gegenüber den daraus fließenden Einzelbindungen gleichfalls nicht frei. Die Bindung über Art. 1 Abs. 3 GG kann auch nicht mit dem Verweis auf Art. 19 Abs. 4 GG geleugnet werden[84]).

Demgegenüber hält ein Teil der Lehre, soweit überhaupt Bindungen an Grundrechte in Erwägung gezogen werden, die Form des Handelns für erheblich[85]). Ich erwähne hier nur die

---

[83]) Hans J. Wolff, aaO., S. 85 ff.; vgl. ferner Becker, aaO., S. 111; Haenel, aaO., S. 161: „Es ist eine durchaus unrichtige Vorstellung, als ob der Staat in seinen fiskalischen Rechtsverhältnissen nicht als Staat, sondern als Privater stände." Insoweit gleicher Ansicht Maunz-Dürig, aaO., RdNr. 135, S. 69. Für Fiskalgeltung auch: Leisser, Grundrechte und Privatrecht, 1960, S. 198 ff.

[84]) Im Ergebnis gleicher Ansicht Löw, aaO., S. 879; vgl. dazu auch Scheuner, Die Aufgabe der Gesetzgebung in unserer Zeit, DÖV 1960, S. 601 ff.

[85]) Maunz-Dürig, aaO., RdNr. 138, S. 71; Dürig, DÖV 1958, S. 194 ff.; Geiger, aaO., S. 27; Becker, aaO., S. 111; v. Mangoldt-Klein, aaO., S. 159 u. 161 (vgl. auch Dürig, JZ 1953, S. 199) verweisen zur Ablehnung der Fiskusbindung auf Art. 19, Abs. 4 GG. Hier seien unter „Rechten" die Grundrechte gemeint. Diese Vorschrift gehe davon aus, daß diese Rechte nur von der öffentlichen Gewalt verletzt werden könnten. — Diese Beweisführung überzeugt nicht. Für die Fiskalgeltung folgt aus Art. 19 Abs. 4 GG nichts. Allein die Tatsache, daß Kontrollnorm und Funktionsnorm sich nicht decken müssen (vgl. Forsthoff, Gedächtnisschrift für Walter Jellinek, 1955, S. 221 ff. — 235 —), spricht gegen v. Mangoldt-Klein. Die Frage der materiellen Bindung ist von der prozessualen Durchsetzung zu trennen. Wie hier: Löw, aaO., S. 880; Evers, NJW 1960, S. 2073. Vgl. dazu Bachof, aaO., S. 62; Köttgen, DVBl. 1953, S. 487; Menger, Rechtssatz, Verwaltung und Verwaltungsgerichtsbarkeit, DÖV 1955,

vor allem von Dürig vertretene Konzeption, wonach im fiskalischen Bereich eine Bindung an Grundrechte lediglich über die zivilrechtlichen Generalklauseln in Frage kommt[86]). Diese Ansicht geht von der nach meiner Meinung unbewiesenen These von der Freiheit des Fiskus aus[87]). Sie scheut vor der Konsequenz aus Art. 1 Abs. 1 Satz 2, Abs. 2 und Abs. 3 GG zurück, obwohl gerade das Verbot des „venire contra factum proprium" eher zur Anerkennung der unmittelbaren Bindung drängen sollte[88]). Man könnte sich aber auch mit der Bindung über die Generalklauseln abfinden, wenn die mittelbare und die unmittelbare Bindung gleiche Ergebnisse erzielten. Wie noch zu zeigen ist, ist das nicht der Fall[89]).

Mit der Anerkennung der Fiskalgeltung der Grundrechte soll nicht der „Drittwirkung" der Grundrechte allgemein das Wort geredet werden. Den dagegen vorgetragenen Argumenten wird zugestimmt[90]), aber mit einem Vorbehalt: Nur

---

S. 587 ff. (591). Eine neuere Lehre läßt Grundrechtsbindungen (z. B. Art. 3 GG) nicht als öffentlich-rechtliche Bindungen gelten (im Anschluß an G. Hueck, Der Grundsatz der gleichmäßigen Behandlung im Privatrecht, 1958, S. 95, auch Vogel, aaO., S. 253). Vgl. dazu auch Sigloch, a.a.O., S. 144.

[86]) Festschrift für Nawiasky, 1956, S. 157 ff.; Maunz-Dürig, aaO., RdNr. 134 ff., S. 68 ff.: Bindung nur über die Generalklauseln des Zivilrechts, z. B. § 826 BGB.

[87]) Die Anknüpfung an die Regelung der Staatshaftung (Maunz-Dürig, aaO., S. 71) überzeugt nicht. Art. 34 GG geht von der Verantwortung des Staates für hoheitliches Handeln aus. Ob diese Regelung heute noch sinnvoll ist, mag dahinstehen. Für die ganz andere Frage der Grundrechtsbindung kann der Form des Handelns keine entscheidende Bedeutung zukommen. Wie hier teilweise auch Bachof, DÖV 1953, S. 423; ders., VVDStRL Heft 12 (1954), S. 63; vgl. ferner Siebert, aaO., S. 243.

[88]) Maunz-Dürig, aaO., S. 71 bes. Anm. 2.

[89]) Vgl. unten Ziff. VIII; Bachof, VVDStRL, aaO., S. 64. Hier sei nur so viel erwähnt, daß die Gleichung von Dürig offenbar dann nicht aufgeht, wenn keine Monopolstellung der öffentlichen Hand besteht, also z. B. § 25 GgWb oder § 826 BGB nicht anwendbar sind. Beispiel: Eine Stadt unterhält ein Hallenbad neben mehreren privaten Hallenbädern. Der Stadt ist z. B. die Ungleichbehandlung auch hier verwehrt, nicht aber unbedingt den privaten Unternehmern. Man müßte also insoweit tatsächlich eine „doppelte Moral" annehmen, als für den Staat ein anderer Sittenbegriff als für den Privaten gelten würde. Bei dieser Konsequenz scheint mir die unmittelbare Grundrechtsbindung dogmatisch befriedigender zu sein. Vgl. auch Löw, aaO., S. 879. Zum Verhältnis des UWG und Fiskus: Tetzner, Gesetz gegen den unlauteren Wettbewerb, Kmt. 2. Aufl., 1957, S. 81 u. 84.

[90]) Dürig, Festschrift für Nawiasky, 1956, S. 159, 168, 173, 176; Maunz-Dürig, aaO., RdNr. 127 ff., S. 64 mit Nachweisen; K. Zeidler, ARSP 1957, S. 602; a. A. Nipperdey, Die Würde des Menschen, in Die Grundrechte, herausg. v. Neumann-Nipperdey-Scheuner, II. Bd., 1954, S. 1 ff. (18 ff. u. 35 ff.),

soweit es um den privaten Freiheitsbereich, um die individuelle Lebensgestaltung, kurz um das Private geht, ist die Drittwirkung abzulehnen. Dieser Bereich kann nicht ungestraft in die Grundrechtsgeltung einbezogen werden. Eine solche Sphäre des Privaten gibt es jedoch nicht beim staatlichen Handeln[91]). Den Fiskus allein auf den Boden des Privatrechts zu stellen, heißt den fundamentalen Unterschied zwischen privatem und staatlichem Handeln verkennen. Die im Zivilrecht herrschende Privatautonomie mit den Säulen der Vertrags-, Eigentums- und Vererbungsfreiheit[92]) paßt schlechterdings nicht für den Fiskus. Er handelt immer als „alter ego" der Obrigkeit[93]). So fehlt bei ihm das zur Freiheit als Pendant gehörende Risiko[94]). Es fehlt weithin die Abschlußfreiheit. Es fehlt weitgehend die Freiheit der Zwecksetzung[95]), denn auch im fiskalischen Bereich bleibt der Staat Sachwalter der Allgemeinheit.

---

und Boehmer, ebenda, S. 421 f.; Leisser, Grundrechte und Privatrecht, 1960, S. 306 ff. Im Ergebnis wie Dürig: Geiger, aaO., S. 13 u. 35 mit Nachweisen. — Die Grundrechte, die sich nur gegen die obrigkeitliche Gewalt richten (z. B. Art. 16 GG) bleiben außer Betracht. Vgl. dazu Geiger, aaO., S. 9 f., und Löw, DÖV 1957, S. 880. Köttgen (DVBl. 1953, S. 322) sagt mit Recht, daß Art. 3 GG nicht auch für die Auswahl innerhalb der Parteien und Verbände gilt.

91) Otto Bähr, aaO., S. 55; Maunz-Dürig, aaO., S. 69; Löw, aaO., S. 880; Hans J. Wolff, aaO., S. 83 (nicht eindeutig: der Fiskus genießt in der Regel Privatautonomie); Bachof, aaO., S. 61; Forsthoff, Nürnberger Vortrag; Haas, aaO., S. 303 ff. — Mit Recht wird abgelehnt, daß sich der Fiskus auf Grundrechte berufen könne: Maunz-Dürig, aaO., Art. 2, Abs. 1, RdNr. 61, S. 51, Anm. 1, und RdNr. 67, Art. 19, Abs. 3, RdNr. 29 ff. u. 42 ff.; Schüle, aaO., S. 89, im Anschluß an Nipperdey, BB 1951, S. 593 ff.; Fuß, Grundrechtsgeltung für Hoheitsträger, DVBl. 1958, S. 739 ff.; nicht eindeutig Torz, aaO., S. 208; a. A. List, aaO., S. 36.

92) Haenel, aaO., S. 170; Gg. Jellinek, aaO., S. 384; Raiser, Das Recht der allgemeinen Geschäftsbedingungen, 1935, S. 17 f.; Boehmer, aaO., S. 15; Herbert Krüger, Grundgesetz und Kartellgesetzgebung, 1950, S. 18; Wieacker, Privatrechtsgeschichte der Neuzeit, 1952, S. 170 ff.; ders., Das Sozialmodell der klassischen Privatrechtsgesetzbücher und die Entwicklung der modernen Gesellschaft, 1953, S. 8 ff.; Scheuner, VVDStRL Heft 11 (1954), S. 17, 47 f.; Bachof, aaO., S. 56; Balser, aaO., S. 172; Gygi, aaO., S. 1 u. 17; Siebert, Faktische Vertragsverhältnisse, 1958, S. 7; Larenz, Die Begründung von Schuldverhältnissen durch sozialtypisches Verhalten, NJW 1956, S. 1897 ff. (1899); Drobnig, Der Vertrag in einer plangelenkten Staatswirtschaft, JZ 1960, S. 233; Haas, aaO., S. 307.

93) Maunz-Dürig, aaO., S. 69.

94) Scheuner, aaO., S. 17; Hans J. Wolff, aaO., S. 13 (unten); vgl. ferner Bachof, aaO., S. 64, und Balser, aaO., S. 181.

95) Vgl. Köttgen, Festschrift für DJT, 1960, 1. Bd., S. 583 u. 591 f.

Aus Art. 1 GG ist zu folgern, daß die Unterscheidung zwischen hoheitlich und fiskalisch handelndem Staat bezüglich der Grundrechtsbindung in einem noch näher zu erläuterndem Umfang relativiert ist. Auch wenn sich die öffentliche Hand legitimerweise privatrechtlicher Mittel bedient, bleibt sie grundrechtsgebunden. Wollte man diese Forderung aufgeben, dann wäre das Privatrecht das Mittel zur Aushöhlung der Verfassung. Auch Art. 79 Abs. 3 GG[96]) könnte das nicht verhindern. Selbstverständlich darf die Verfassung selbst Freistellungen von dieser Bindung statuieren[97]). Eine generelle „Flucht aus dem Verfassungsrecht" scheint mir jedoch wegen Art. 1 GG nicht möglich zu sein.

Die Wahl der Rechtsform ist auch nach dieser Konzeption nicht ohne Folgen. Eine Bindung an allgemeine verwaltungsrechtliche Normen kommt für die fiskalische Verwaltung selbst dann nicht in Betracht, wenn der Staat in privatrechtlicher Form sogenannte öffentliche Aufgaben erfüllt[98]). Die vorhandenen gesetzlichen Schranken, man denke an das Energiewirtschaftsgesetz oder die Gemeindeordnungen, sind für unseren Bereich unproblematisch[99]). Im Rahmen einer Verfassung kann der Gesetzgeber solche Schranken errichten, Schranken des „Ob"[100]) und Schranken des „Wie". Volle Bedeutung erlangt die These erst in den Fällen, in denen die Verwaltung in privatrechtlicher Form auftritt, ohne an solche spezielle Schranken gebunden zu sein (Beispiele: Kohlenkauf, Anschaffung von Schreibmaterial, Grundstücksgeschäfte, Darlehensgewährungen, Betrieb von Wirtschaftsunternehmen).

Folgende Überlegungen ergänzen diese Ansicht:

Das geltende Recht kennt zahlreiche öffentlich-rechtliche Einflüsse auf den fiskalischen Bereich, vor allem auch auf sogenannte wirtschaftliche Unternehmen. Vom Entstehungsvor-

---

[96]) Wegen Art. 79 Abs. 3 GG wird auch die oben bereits angedeutete Frage der Fiskalgeltung der Kompetenzregeln bejaht werden müssen. Für Österreich a. A. Antoniolli, aaO., S. 12; vgl. auch Herbert Krüger, DVBl. 1955, S. 383, und Gutachten, S. 90 ff.

[97]) Vgl. Ziff. VIII.

[98]) Herbert Krüger, Gutachten, S. 82 mit Nachweisen; Forsthoff, aaO., S. 326 (Finanzvermögen gehört nicht zum Verwaltungsrecht); Bachof, aaO., S. 54; Vogel, aaO., S. 102; Erich Kaufmann, aaO., S. 689, 702. — Auch spezielle Gesetze heben auf die Form ab; z. B. Betriebsverfassungsgesetz v. 11. 10. 1952.

[99]) Sie dienen der Sicherung öffentlicher Zwecke im fiskalischen Bereich; vgl. dazu Schürmann, aaO., S. 168a.

[100]) So z. B. Köttgen, aaO., S. 591, für § 67 DGO gegen Hans Peters, aaO., S. 312.

gang[101]), der Bereitstellung öffentlicher Gelder zur Kapitalausstattung, der Etatisierung (Art. 110 Abs. 4 GG), über die laufende Kontrolle nach den Haushaltsordnungen[102]) bis zur Beendigung lassen sich gesetzlich fixierte öffentlich-rechtliche Bindungen feststellen. Der Grund für diese Art von Beeinflussung liegt darin, daß die öffentliche Hand auch bei dieser Tätigkeit Sachwalter der Allgemeinheit ist. Hinter diesen speziellen Bindungen verbirgt sich ein allgemeines Prinzip, das es im Hinblick auf Art. 1 GG aufzudecken gilt. Verwaltung von Staatsvermögen ist eben in jeder Form öffentliche Verwaltung[103]). Nirgendwo, außer in dem Mißverständnis der Fiskuslehre, läßt sich eine Begründung dafür finden, daß der Staat hier nur dem Zivilrecht unterworfen sei und sich über Verfassungsentscheidungen hinwegsetzen könne. Sollte sich diese Auffassung zum Gewohnheitsrecht verdichtet haben, dann müßte man es als mit Inkrafttreten des Grundgesetzes derogiert ansehen. Der Staat als Fiskus unterlag immer strengeren Vorschriften als der Staat als Obrigkeit[104]). Dagegen bedingt die Fiskustheorie gegenwärtig seine größere Freizügigkeit. So bleibt uns die Aufgabe gestellt, den noch brauchbaren Gehalt der Fiskuslehre zu erkennen und unter Übernahme des Zulässigen den verfassungsrechtlichen Konsequenzen auch auf dem Gebiete der nichthoheitlichen Verwaltung voll zum Siege zu verhelfen.

Diese Darlegungen mögen als Nachweis dienen, daß unser Grundgesetz der Metamorphose des Staates in die Rolle des Biedermannes feindlich gegenübersteht. Die noch von Walter Jellinek, Hans Peters oder Nebinger[105]) vertretene Ansicht der völligen Freistellung von Grundrechtsbindungen im fiskalischen Bereich ist mit der Verfassung sicher nicht mehr vereinbar. Das Grundgesetz verlangt aber auch die Grundrechtsbindung in den fiskalischen Bereichen, die außerhalb der Daseinsvorsorge oder der Geltung des Verwaltungsprivatrechts liegen. Damit ist die oben aufgeworfene Frage nach dem Wert des weitgefaßten Verwaltungsbegriffs positiv beantwortet[106]).

---

101) Vgl. Antoniolli, aaO., S. 12; Schürmann, aaO., S. 8a, 90a und 168a.

102) Z. B. §§ 15, 48, 85, 88 Abs. 1 Ziff. 3, 88 Abs. 2, 110 ff. RHO, Gesetz v. 7. 6. 1950 (BGBl. S. 199).

103) Brandt, aaO., S. 8: öffentliches Kapital ist investiert.

104) Vgl. oben Ziff. VI.

105) Vgl. oben Anm. 29.

106) Vgl. oben Ziff. II 2.

VIII.

Lassen Sie mich diese Konsequenzen an einigen Beispielen erläutern, die zugleich auch Hinweise für die Schwierigkeit der Grenzziehung im Einzelfall und die Notwendigkeit weiterer Detailuntersuchungen sein mögen. Zunächst beschränke ich mich auf das Gebiet der erwerbswirtschaftlichen Tätigkeit.

Unter erwerbswirtschaftlicher Verwaltung wird das Handeln des Staates im Bereich der grundsätzlich freien Konkurrenz verstanden. Die öffentliche Hand ist bestrebt, im Rahmen betriebswirtschaftlicher Grundsätze und der gesetzlichen Bindungen ein Maximum an Gewinn zu erzielen[107]). Der Staat als Produzent bietet materielle Güter im Rahmen der allgemeinen Wirtschaftsordnung an. Ob dabei gesetzlich vorgeschriebene oder „frei" gewählte Ziele verfolgt werden, ist für unsere Frage von untergeordneter Bedeutung.

Auszugehen ist bei dieser Beurteilung von der grundsätzlich verfassungsrechtlichen Zulässigkeit der erwerbswirtschaftlichen Tätigkeit[108]). Darauf wurde hingewiesen. Dieselbe Verfassung, die die erwerbswirtschaftliche Betätigung erlaubt, kann aber nicht Schranken enthalten, die eine solche Tätigkeit in toto verhindern. Das Prinzip der Einheit der Rechtsordnung duldet ein solches Ergebnis nicht[109]).

Daraus folgt beispielsweise: Auch die extremste Interpretation der Sozialstaatsklausel kann nicht die Staatsbrauerei oder das Volkswagenwerk zur kostenlosen Abgabe ihrer Erzeugnisse verpflichten. Auch besteht keine Pflicht zum Verschenken von Grundstücken. Oder: auch die strengste Auslegung des Gleichheitssatzes verlangt nicht, daß alle in Frage kommenden Lieferanten berücksichtigt werden, wenn eine rationelle Wirtschaftsführung das Kontrahieren mit nur wenigen Großlieferanten gebietet[110]). Desgleichen kann nie aus Art. 5

---

107) Vgl. Brandt, aaO.; E.R. Huber, aaO., S. 53 f.; über die verschiedenen Einteilungsmöglichkeiten: Peters, aaO., S. 312. Anm. 2; Tautscher, Die öffentliche Wirtschaft, 1953, S. 185 ff.; Schürmann, aaO., S. 92a; Keller, aaO., S. 189 ff.; Schnettler, aaO., S. 52 ff.; List, aaO., S. 98.

108) Aus dem Schweigen des GG muß gefolgert werden, daß die gem. Art. 134, 135 GG auf den Bund übergehenden Unternehmen in der bisherigen Form weitergeführt werden dürfen (unstr.). Zur Frage, ob neue Unternehmen gegründet werden dürfen vgl. oben Ziff. III.

109) Ebenso Maunz-Dürig, aaO., Art. 2, Abs. 1, RdNr. 52, S. 45.

110) Was Scheuner (VVDStRL Heft 11 [1954], S. 65) für die Wirtschaftslenkung ausführt, gilt auch hier: Gewisse Bevorzugungen und Benachteiligungen müssen hingenommen werden.

Abs. 1 GG ein Recht auf Weitergabe von Betriebsgeheimnissen ableitbar sein[111]).

Was ist damit gemeint? Die prinzipielle Bindung aller staatlichen Tätigkeit an Grundrechte wird modifiziert durch die spezielle verfassungsrechtliche Erlaubnis, in bestimmtem Rahmen nach den Strukturprinzipien der freien Wirtschaft handeln zu dürfen[112]). Die Verfassung erlaubt dem Gesetzgeber aber auch weitere Modifizierungen. Er kann Kontrahierungszwang[113]), feste Tarife und dergleichen mehr statuieren. Dadurch mag die besondere Verantwortung der öffentlichen Hand der Allgemeinheit gegenüber noch betont werden. An der skizzierten Konzeption wird dadurch aber nichts geändert.

Ein konstruiertes, der Wirklichkeit nicht allzu fernes Beispiel verdeutlicht diese Meinung. Aus dem Grundgesetz (Art. 3 Abs. 3, Art. 33 Abs. 3 und Art. 4 GG) ist das Gebot der konfessionellen und der parteipolitischen Neutralität des Verwaltungshandelns abzuleiten. Während die Bevorzugung eines Bewerbers wegen seiner konfessionellen oder parteipolitischen Bindungen bei privaten Unternehmen grundsätzlich keinen Bedenken unterliegt, müßte der gleiche Maßstab bei öffentlichen Unternehmen als verfassungswidrig bezeichnet werden[114]). Das Gebot zur Neutralität berührt die erwerbswirtschaftliche Struktur des Handelns nicht. Es gilt absolut. Deshalb unterliegen die Staatsbrauerei, das Volkswagenwerk, die Domäne oder die Staatliche Porzellanmanufaktur diesen Bindungen, während die entsprechenden privaten Unternehmen bis zur Grenze der Sittenwidrigkeit hier frei sind.

Nur mit einem Satz sei erwähnt, daß diese Fälle mit der Konzeption Dürigs bezüglich der mittelbaren Grundrechts-

---

[111]) Vgl. Geiger, aaO., S. 14: Die von ihm angeschnittenen Fragen der „Tendenzbetriebe“ berühren im staatlichen Bereich das Problem ihrer Zulässigkeit („Ob“-Schranke). Auch hier gibt es kein allgemeingültiges Rezept. Die Bindung an Art. 5 oder Art. 3 GG muß bei der Staatsdruckerei nicht dieselbe sein, wie bei einer dem Fiskus als Erbe zugefallenen konfessionell orientierten Verlagsdruckerei. Wenigstens für eine Übergangszeit können unterschiedliche Bindungen anerkannt werden. Ähnliche Probleme mögen auftreten, wenn ein Verwaltungsträger eine konfessionell orientierte Stiftung zu betreuen hat. Diese Beispiele belegen die Notwendigkeit weiterer Einzeluntersuchungen.

[112]) Forsthoff, Lehrbuch, aaO., S. 454, zur „Betriebsverwaltung“ allgemein, die gemeinhin einen größeren Grad von Beweglichkeit und Anpassungsfähigkeit verlange.

[113]) Z. B. § 6 Energiewirtschaftgesetz v. 13. 12. 1935 (RGBl. I, S. 1451).

[114]) A. A. Walter Jellinek, aaO., S. 25 (vgl. das erwähnte Beispiel der Grundstücksvergabe unter konfessionellen Gesichtspunkten); wie hier Köttgen, DVBl. 1953, S. 490; Herbert Krüger, DVBl. 1955, S. 521.

bindung nicht befriedigend zu lösen sind, es sei denn, man ginge tatsächlich von einer „doppelten Moral" unseres Zivilrechts aus[115]). Eine dogmatisch befriedigende Erklärung der strengeren Bindung der Unternehmen der öffentlichen Hand läßt sich nach meiner Überzeugung nur mit der unmittelbaren Grundrechtsbindung erreichen.

Ein anderes Beispiel: Unsere Rechtsordnung duldet auch Unternehmen, an denen die öffentliche Hand nur mit einer kapitalmäßigen Minorität beteiligt ist[116]). Die erwähnten verfassungsrechtlichen Bindungen können hier nur im Rahmen des Aktienrechts oder des GmbH-Rechts wirksam werden. Die Verfassung verpflichtet nicht zu mehr, als sie selbst durch Tolerierung dieser Art fiskalischer Tätigkeit ermöglicht[117]).

Die Negierung völliger Freizeichnung des Staates auch bei erwerbswirtschaftlicher Betätigung beruht auf der These, daß die öffentliche Hand nie etwas „Privates", nie „Privatmann" ist[118]). Dies folgt aus der Exegese des Art. 1 GG, die, wie der ganze Gedankengang, nur eine Skizze, weniger schon ein fertiges, in allen Einzelheiten aufzeigbares Konzept darstellen kann.

Was für die erwerbswirtschaftliche Tätigkeit gilt, gilt erst recht für die anderen Bereiche fiskalischen Handelns. Zu denken ist an den Ankauf von Schreibmaterial, die Vergabe von Bauaufträgen an private Unternehmer, die Veräußerung oder Vermietung von Grundstücken und dergleichen mehr[119]).

Zwei Unterschiede zur erwerbswirtschaftlichen Betätigung lassen sich hier feststellen. Einmal sind die Aktionen hier dadurch gekennzeichnet, daß sie in Erfüllung speziell oder allgemein umschriebener öffentlich-rechtlicher Pflichten ergehen. Es kann sich handeln um die Erfüllung von gesetzlich fixierten Pflichtaufgaben (z. B. Straßen- und Schulhausbau[120]).

---

115) Vgl. oben Ziff. VII bes. Anm. 89.

116) Dazu Forsthoff, aaO., S. 458 ff.; Vogel, aaO., S. 154.

117) Ähnliche Beschränkungen bestehen bei der Staatsaufsicht. Vgl. Forsthoff, aaO., S. 459. Auch die Probleme der Tarifgestaltung gehören in diesen Rahmen. Vgl. Schnettler, aaO., S. 262 ff. — Gewiß können sich hier im gerichtlichen Verfahren schwierige Beweisfragen ergeben. Damit werden die Gerichte fertig werden. Auch die Rechnungshöfe mußten solche Schwierigkeiten bewältigen.

118) Vgl. Anm. 91.

119) Vgl. das in Anm. 114 erwähnte Beispiel von Walter Jellinek.

120) Beispiele: a) Pflicht zum Straßenbau
für Gemeinden: §§ 3 u. 5 Abs. 2 BFernStrG v. 6. 8. 1953 (BGBl. I, S. 101) und viele Landesgesetze;
für Kreise: §§ 11 ff. BadStrG i. d. F. v. 9. 9. 1931 (GVBl. S. 317);

Es kann sich handeln um die Erfüllung allgemein umschriebener Aufgaben (z. B. Theater-, Stadthallen-, Schwimmbadbau)[121]. Es kann sich ferner handeln um die Erfüllung von Aufgaben, die aus dem allgemeinen Verwaltungsauftrag erfolgen (Ankauf von Heizungs-, Schreib-, Büromaterial)[122].

Der zweite Unterschied ist darin zu sehen, daß die öffentliche Hand nicht über erwirtschaftetes, sondern daß sie hier grundsätzlich allein über öffentlich-rechtlich aufgebrachtes Vermögen verfügt[123]. Die oft als banaler Slogan verwendete Redensart von der „Verwendung der Steuergelder" ist rechtlich nicht irrelevant[124]. Die Verwaltung handelt hier zwar auch wirtschaftlich — im Sinne von sparsam —, aber nicht kommerziell. Aus der Verfassung lassen sich keine Hinweise entnehmen, daß — im Gegensatz zur erwerbswirtschaftlichen Verwaltung — eine Freistellung gegenüber Grundrechtsbindungen beabsichtigt sei. Auch aus der Natur der Sache folgt keine Freistellung.

Im Vordergrund der Grundrechtsartikel steht dabei wiederum Art. 3 GG. Ich brauche nur an die Probleme des Vergabewesens zu erinnern[125]. Bejaht man die Bindung an Art. 3,

---

für Länder: § 2 Abs. 1 u. 2 Straßenregelungsgesetz v. 26. 3. 1934 (RGBl. I, S. 243);
für Bund: §§ 3, 5 Abs. 1 BFernStrG.
b) Pflicht zum Schulhausbau
für Gemeinden: § 2 BaWüHilfschulgesetz v. 27. 7. 1955 (GesBl. S. 101, 122);
für Kreise: § 7 Bay Berufsschulgesetz i. d. F. v. 29. 4. 1958 (GVBl. S. 57).

[121]) Vgl. z. B. § 1 Abs. 2, § 10 Abs. 2 BaWüGO v. 25. 7. 1955 (GesBl. S. 129, 224).

[122]) Wegen des Bezuges zu einer öffentlich-rechtlichen Pflicht gibt es keinen Bleistiftkauf u. dgl. m., wie er von jedem Privatmann ebenso abgeschlossen werden könnte. Die öffentliche Hand hat keine Freiheit, ob sie überhaupt tätig werden will. Sie ist zum Kontrahieren oder zur hoheitlichen Beschaffung der Verwaltungsmittel gezwungen. Ein qualitativ gleicher Zwang besteht nicht im Rahmen der erwerbswirtschaftlichen Tätigkeit.

[123]) Vgl. dazu Ermacora, aaO., S. 143; auch der Gedanke, daß der Staat nichts zu verschenken habe (Köttgen, DVBl. 1953, S. 487; Ipsen, DVBl. 1956, S. 466; Vialon, aaO., S. 660 f.), kann hier fruchtbar werden. Vgl. auch die Botschaft des Schweiz. Bundesrates zur Finanzreform (Schweizerisches Bundesblatt, 1948, I, S. 592); vgl. auch BGH Urt. v. 28. 2. 1956, NJW 1956, S. 746 ff. (747).

[124]) Z. B. RGZ 138, S. 174: den Gemeinden ist die Verwendung von Steuergeldern zur Unterbietung der Gewerbetreibenden verboten.

[125]) Vgl. dazu BVerwG Urt. v. 7. 11. 1957, DVBl. 1958, S. 864, mit Anmerkung von Bettermann, S. 867; Menger, VerwArch. 49 (1958) S. 276 f.

dann braucht damit keine Kritik an der Existenzberechtigung z. B. der beschränkten Ausschreibung verbunden zu sein. Verhindert ist lediglich die unsachliche, willkürliche Begrenzung des Bewerberkreises. Die Kontrolle durch die politischen Instanzen wird ergänzt durch erweiterte Befugnisse der Rechtsaufsicht.

Ich möchte aber meinen, daß die skizzierte Konzeption über die meist erwähnten Art. 3, 4 und 5 GG hinausgreift. Einige Fragen mögen die Richtung andeuten, in die Detailuntersuchungen geführt werden müßten.

Die Sozialgebundenheit des Eigentums (Art. 14 GG) kann für den Fiskus etwas anderes als für den Privatmann bedeuten. So wird man fragen dürfen, ob die Gemeinde — spezielle gesetzliche Verpflichtungen immer vernachlässigend — Gelände zum Straßen- oder Wohnungsbau enteignen darf, solange sie ihre eigenen geeigneten Grundstücke nicht zur Verfügung gestellt hat. Verhindert Art. 14 Abs. 2 GG, daß sich die öffentliche Hand die allgemeinen Preissteigerungen auf dem Grundstücksmarkt zunutze macht? Bejahte man diese Frage, so würde man sich auch der Konsequenz der Verfassungswidrigkeit der entsprechenden Haushaltsvorschriften (§ 26 Reichshaushaltsordnung) nicht entziehen können[126]). Man wird unterschiedliche Antworten in Betracht ziehen müssen, je nachdem, ob es um den Verkauf von Bauland geht[127]) oder ob anderes Gelände veräußert wird. Der Gleichheitssatz ist bei der möglichen Unterfrage im Spiel, ob der Staat dem Bauherrn X 10 DM, dem Bauherrn Y für das Nachbargrundstück 20 DM abverlangen kann.

Besonderes Augenmerk wird die Frage verdienen, ob beim Kontrahieren mit der öffentlichen Hand auf Grundrechte verzichtet werden kann und, falls man dies bejaht, inwieweit der Fiskus den Verzicht annehmen darf. Gilt hier wenigstens Art. 19 Abs. 2 GG? Zweifelhaft ist es, ob der Vertrag zwischen einer Stadt und einer Baufirma nichtig ist, in dem verlangt wird, daß die Firma sich bei Ausschreibungen für den Schulhausbau in einem anderen Stadtteil nicht bewirbt. Ist hier Art. 12 GG im Wege? Eventuell nur dann, wenn von dieser Bedingung die Vergabe eines Auftrages abhängt. Sicher kann sich die Firma jedem Dritten gegenüber in dieser Weise verpflichten (vgl. BGHZ 16, 71). Kann die Stadt aber Gegenpart einer solchen Verpflichtung sein[128])? Verhindern Art. 2

---

[126]) V i a l o n , aaO., S. 522: der Bund ist weder Makler noch Spekulant; ders., aaO., S. 702 f.; vgl. ferner F u ß , aaO., S. 746.

[127]) Vgl. § 89 Abs. 1 2. Wohnungsbaugesetz v. 27. 6. 1956 (BGBl. I, S. 523).

[128]) Vgl. die ähnliche Frage zum Problem der Subvention: K ö t t g e n , DVBl. 1953, S. 487 f.

Abs. 1, Art. 11 bzw. Art. 12 GG, daß die Auftragserteilung von der Beschäftigung ortsansässiger Bauarbeiter abhängig gemacht wird?

Ich kann diese Fragen nur aufwerfen. Sie mögen meine Zweifel erläutern helfen, ob die Anerkennung der Grundrechtsgebundenheit des Fiskus nicht über die meist erwähnten Art. 3, 4 und 5 GG hinausführt[129]). Bezüglich dieser Artikel darf ich mich mit dem Verweis auf die zum Beispiel von Herbert Krüger bereits vor Jahren erwähnten anschaulichen Beispiele begnügen[130]).

Beurteile ich die moderne Verwaltungsrechtslehre (Stichwort: Daseinsvorsorge) richtig, dann ist sie in dem berechtigten Streben entstanden, die fiskalische Verwaltung, deren Tätigkeitsbereich immense Ausmaße angenommen hat und deren Wirkungen auf die Gesellschaft kaum denen der hoheitlichen Verwaltung nachstehen, der Freiheit des Privatrechts zu entziehen[131]). Dem ist zuzustimmen. Der Weg zur Lösung scheint mir aber nur mit Hilfe der strengen Interpretation des Art. 1 GG gefunden werden zu können. Von der Aufgabe her wird man die öffentlich-rechtlichen Bindungen nicht überzeugend ableiten können. Übrigens ist diese Lehre nicht weit von der hier vertretenen Auffassung entfernt. Die Erbringung von Leistungen durch die öffentliche Hand soll öffentliche Verwaltung sein, nicht dagegen die Erbringung dieser Leistungen durch Private. Stellt die Forderung der öffentlich-rechtlichen Bindungen dabei nicht in gleicher Weise nur auf die Qualifikation des Akteurs ab?

Die Argumentation von Hans J. Wolff, verfassungsrechtliche Bindungen über Art. 1 Abs. 3 GG nur dort anzuerkennen, wo ein „Subjekt öffentlicher Verwaltung Privatrechtsverhältnisse auf Grund hoheitlicher Entscheidung in Rechtssatz (z. B. § 18 DGO, Wohnungsbaugesetz) oder Verwaltungsakt"[132]) eingeht, um in dieser Form unmittelbar öffentliche Zwecke zu verfolgen, scheint mir auch nicht zu Endlösungen zu führen. In diesen Fällen bestehen kraft gesetzlicher Regelungen sicher eine Reihe von besonderen Bindungen. Sie sind unproblematisch. Darüber hinausgehende verfassungsrechtliche Schranken lassen sich aber nicht aus der Unmittelbarkeit des öffentlichen Zweckes ableiten, weil das Handeln in den von Wolff bezeichneten Bereichen stets unmittelbar öffentlichen Zwecken

---

129) Vgl. Melichar, aaO., S. 466.

130) DVBl. 1955, S. 384; Köttgen, aaO.; Maunz-Dürig, aaO., Art. 1, Abs. 3, S. 69 f.

131) So auch im Ergebnis Schürmann, aaO., S. 109a; Bachof, aaO., S. 58.

132) Hans J. Wolff, aaO., S. 84.

dient. An einigen Beispielen seien die Bedenken gegen die Wolffsche Ansicht erläutert.

Der Schulträger versäumt den Ankauf von Heizungsmaterial mit der Folge, daß der Schulunterricht nicht ordnungsgemäß durchgeführt werden kann. Ist zu bestreiten, daß durch das Nichtankaufen von Heizungsmaterial in diesem Unterlassungsfall unmittelbar ein öffentlicher Zweck berührt wird? Der Straßenbaulastträger unterläßt die Beschaffung von Baumaterial für die Erstellung einer neuen Straße. Soll den öffentlichen Zwecken nur die fertiggestellte Straße dienen, nicht aber auch die unerläßlichen Vorbereitungsarbeiten[133])? Kann man sich die Erfüllung öffentlicher Aufgaben vorstellen, wenn es die Verwaltung unterläßt, Uniformen oder sonstige Ausrüstungsgegenstände für die Wehrmacht, Schreibmaterial für die Bürokratie, Kohlen für das Finanzamt und dergleichen mehr zu beschaffen? Mit allen Maßnahmen werden unmittelbar öffentliche Zwecke verfolgt. Der mitzudenkende Unterlassungsfall bestätigt das.

Gewiß ist nicht zu leugnen, daß hoheitliche Maßnahmen unnötig sind, wenn der Verwaltungsbedarf in den privatrechtlichen Formen befriedigt werden kann[134]). Der Forderung nach möglichst sparsamem Umgang mit der Macht ist beizutreten. Der privatrechtliche Mantel darf aber nicht zur Kaschierung der öffentlichen Hand führen. Die Konzession privatrechtlicher Formen zur Erfüllung öffentlicher Aufgaben erfolgt doch nicht in unmittelbarem Interesse des Staates. Sie erfolgt im Interesse der Bürger. Deshalb ist zu betonen: In den skizzierten Bereichen gilt zwar der Grundsatz der Gesetzmäßigkeit der Verwaltung nicht, wenn unter Gesetz inhaltliche Schranken des Handelns, die in formell einfachen Gesetzen enthalten sind, verstanden wird[135]). Die Verfassungsmäßigkeit der Verwaltung kann aber auch hier nicht preisgegeben werden[136]). Dies folgt allein aus der Qualifikation des Akteurs und aus der Art der Mittel, über die verfügt wird.

IX.

Ich habe versucht, eine Konzeption der Schranken nichthoheitlicher Verwaltung zu zeichnen, die allein auf die Qualifikation des Akteurs abstellt. Ich bin damit am Ende. Um aus der Fülle der nicht gestreiften Fragen wenigstens eine noch

---

[133]) Vgl. dazu allgemein Forsthoff, aaO., S. 329 ff.

[134]) Vgl. z. B. v. Krauss, aaO., S. 110 f.; Hettlage, aaO., S. 285, und oben Anm. 68.

[135]) Vgl. den oben abgedruckten Bericht von Mallmann.

[136]) BGHZ 29, S. 76 ff.

zu erwähnen, sei mit einem Satz auf das Rechtswegproblem hingewiesen.

Die Rechtswegprobleme[137]) bleiben von dieser Konzeption unberührt. Man mag hier ruhig die Formen des Handelns als Anknüpfungspunkt belassen. Auch die ordentlichen Gerichte sind durchaus in der Lage, die Einhaltung der skizzierten Schranken zu garantieren. Das größte Gewicht der Konzeption liegt aber nicht auf der gerichtlichen, sondern auf der verwaltungsinternen Garantie der Bindung, dem Institut der Rechtsaufsicht[138]). Die Besinnung auf diese Seite des Rechtsschutzes scheint mir gerade auf dem behandelten Verwaltungsbereich wichtig, weil die Gerichtskontrolle aus verschiedenen Gründen trotz des „königlichen Artikels“ (Art. 19 IV GG auf dem hier behandelten Gebiet keine vorrangige Bedeutung haben kann.

---

[137]) Vgl. Anm. 111; Ipsen, DVBl. 1956, S. 611; Torz, aaO., S. 211; OLG Celle Urt. v. 6. 6. 1957, DVBl. 1959, S. 103; Forsthoff, Nürnberger Vortrag; allgemein: Scheuner. VVDStRL Heft 11 (1954), S. 40; Lerche, aaO., S. 283 ff.

[138]) Auf die Bedeutung der verwaltungseigenen Kontrolle hat Werner Weber, Gegenwartsprobleme der Verwaltungsordnung, DÖV 1951, S. 509 ff. (510), hingewiesen. Vgl. dazu auch Forsthoff, VVDStRL Heft 14 (1956), S. 188 (Diskussion), undBecker, ebenda, S. 209 f. und 120. Die Gewichte können sich selbstverständlich verlagern. Art. 3 wird an zentraler Stelle stehen. Bisher hat man aus dem Gleichheitssatz nur in begrenztem Maße positive Ansprüche abgeleitet — z. B. BVerwG Urt. v. 6. 6. 1958, NJW 1959, S. 115 ff. (117);; BGHZ 29, S. 76 ff. — Vgl. dazu Haas, DVBl. 1960, S. 307; Bachof, aaO., S. 62 f. Ein Beispiel zur Verdeutlichung der Problematik: Eine Gemeinde gibt zur Sanierung eines Betriebes ein zinsgünstiges Darlehen. Hat das finanziell gut fundierte Konkurrenzunternehmen aus Art. 3 GG einen Anspruch auf Darlehensgewährung zu den gleichen Konditionen? Vgl. dazu Becker, aaO., S. 128; Hess. VGH Urt. v. 15. 2. 1952, DVBl. 1952, S. 671.

Leitsätze des Mitberichterstatters über: Schranken nichthoheitlicher Verwaltung

I.

Unter „nichthoheitlicher Verwaltung" sind die Handlungen von Verwaltungsträgern in den Formen des Privatrechts zu verstehen (fiskalische Verwaltung). Dazu zählt auch die wirtschaftliche Tätigkeit der Verwaltung im weitesten Sinne.

II.

Der Begriff „Schranken" wird im Sinne der verfassungsrechtlichen Schranken behandelt.

a) Das Wort „Schranken" kann aufgefaßt werden als Antwort auf die Frage, ob sich die Verwaltungsträger in privatrechtlichen Formen bewegen dürfen. Schranken dieser Art können sich ergeben aus dem Vorbehalt der Hoheitsverwaltung, aus dem Subsidiaritätsprinzip oder aus Art. 15 GG. Unter Schranken können ferner Begrenzungen aus der Verbandskompetenz verstanden werden.

b) Das Wort „Schranken" kann auch aufgefaßt werden als Antwort auf die Frage, wie sich die Verwaltung im nichthoheitlichen Bereich zu verhalten hat. Schranken dieser Art bilden die Grundrechte.

III.

Die Verwaltungsrechtslehre ist durch die Tendenz charakterisiert, die fiskalische Verwaltung in bestimmtem Umfang verfassungsrechtlichen Bindungen zu unterwerfen. Grundrechtsbindungen werden nur in dem Bereich der fiskalischen Verwaltung anerkannt, in dem öffentliche Aufgaben erfüllt werden. Diese Lehre geht von dem Prinzip der „Freiheit des Fiskus" aus.

IV.

Für die „Freiheit des Fiskus" streitet weder eine an die Form des Handelns gekoppelte Vermutung noch die Qualität einer Wertentscheidungen fällenden Verfassung. Die Freistellung von Grundrechtsbindungen kann auch nicht mit Hilfe des Fiskusbegriffes begründet werden.

V.

Aus Art. 1 GG folgt vielmehr die grundsätzliche Bindung der fiskalischen Verwaltung an die Grundrechte. Ausgenommen sind Grundrechte, die sich wesensmäßig nur gegen die hoheitliche Gewalt allgemein oder gegen Hoheitsträger außerhalb der Verwaltung richten.

VI.

Für den Bereich der erwerbswirtschaftlichen Tätigkeit der Verwaltung, der vom Grundgesetz anerkannt ist, verlangt das Prinzip der Einheit der Rechtsordnung eine Modifizierung des Grundsatzes (Ziff. V) zugunsten der Verwaltung.

VII.

Im übrigen fiskalischen Verwaltungsbereich gilt der Grundsatz der Bindung an Grundrechte unbedingt. Dabei bedarf es genauerer Prüfung, ob auch andere als die meist genannten Artikel 3, 4 und 5 GG als Schranken in Betracht kommen.

VIII.

Die Rechtswegprobleme bleiben von der Bindung der fiskalischen Verwaltung an Grundrechte unberührt.

Schranken nichthoheitlicher Verwaltung

Aussprache und Schlußworte

Menger: Ich darf die Beratung des zweiten Verhandlungsgegenstandes: „Schranken nichthoheitlicher Verwaltung" eröffnen und Ihnen einen kurzen Dispositionsvorschlag für die heutige Beratung vortragen, über die die Herren Referenten und ich uns kurz verständigt haben. Wir schlagen vor, daß zunächst, soweit es erforderlich erscheint, in aller Kürze zu den Begriffen nichthoheitliche Verwaltung und Fiskus Stellung genommen wird, daß dann als zweiter Punkt der Beratung die Schranken des Fiskus, insbesondere die Grundrechtsschranken zur Erörterung gestellt werden, und daß schließlich als Drittes die Gesetzmäßigkeit der Verwaltung behandelt wird.

Dagegen haben wir geglaubt, die Fragen der Kontrollen der nichthoheitlichen Verwaltung, sei es durch Gerichte, sei es durch parlamentarische Körperschaften, aus der Diskussion nach Möglichkeit ausklammern zu sollen, weil die eigentlich kritischen Fragen der verwaltungsgerichtlichen Kontrolle etwa der wirtschaftslenkenden Subventionen oder der Fondsverwaltung uns ohnehin vor so schwierige materiell-rechtliche Fragen stellen würden, daß wir dafür eigene Referate und eine eigene Diskussion brauchen würden.

Herrfahrdt: Am Referat von Herrn Mallmann fand ich es besonders verdienstlich, daß er die Dinge in große Zusammenhänge gestellt und damit Fragen aufgeworfen hat, die über das Thema hinaus von entscheidender Bedeutung sind, so die Frage, inwieweit wir heute altes Begriffsgut mitschleppen, durch das Unstimmigkeiten in der Beurteilung heutiger Dinge entstehen. Aber in der Frage, was an den überkommenen Begriffen falsch ist, sehe ich manches anders. Bei belastenden Eingriffen wie bei begünstigender Verwaltung handelt es sich meist um das Schicksal e i n z e l n e r Menschen. Aber hier liegen wesentliche Unterschiede zwischen 20. und 19. Jhdt. Heute stehen organisierte Volksgruppen im Kampf miteinander. Wie kann man diese Gruppen zur Einheit zusammenführen? Gegenüber dieser Aufgabe reichen die alten Vorstellungen von Vorbehalt des Gesetzes und Gesetzmäßigkeit der Verwaltung nicht mehr aus. Heute muß der

Staat gelenkt werden von Organen, die das Vertrauen der verschiedenen Gruppen genießen. Wer kann das nun besser: Parlamente oder Bürokratien? Das „Vordringen der Exekutive“ hat zum Teil darin seinen Grund, daß das Bedürfnis nach Persönlichkeiten, die ausgleichend über den Gruppen stehen, von der Bürokratie oft besser erfüllt wird als von Parlamenten. Das ist nach Ländern verschieden. Herr Mallmann sagte, daß bei uns die Monarchie zerbrach, aber obrigkeitsstaatliche Vorstellungen weiterwirken. Dem könnte ich zustimmen; unsere Staatsordnung ist immer noch die des von Monarchen geschaffenen Beamtenstaates mit einer parlamentarischen Spitze. Und der Beamtenstaat ist bei uns stärker als die Demokratie. Herr Mallmann sagte, das demokratische Prinzip fordere die intensive Gesetzesbindung zur Wahrung ausschließlicher Zuständigkeit des Parlaments, weil nur das Parlament die divergierenden Interessen zum Austrag bringt. Das gilt vielleicht für die englischen und amerikanischen Parlamente. Die amerikanischen Parteien wetteifern darum, möglichst vielen pressure groups gerecht zu werden. So wird das schiedsrichterliche Element in die Parteien selbst aufgenommen. Aber bei uns ist das leider nicht der Fall.

Merk: Herr Mallmann hat seinen Bericht darauf gestützt, daß er alle Eingriffe mit hoheitlichem Befehl und Zwang zur Hoheitsverwaltung und alles andere zur Nichthoheitsverwaltung rechnet. Gegen diese Einteilung habe ich Bedenken, da die fiskalische Verwaltung und die hoheitliche Verwaltung, soweit sie nicht mit Befehl und Zwang tätig wird, d. h. die sog. schlichte Hoheitsverwaltung, m. E. nicht einfach so zusammengefaßt werden können. Es ist eben doch neben der hoheitlichen Verwaltung mit Befehl und Zwang, der sog. Eingriffsverwaltung, eine Verwaltung vorhanden, die ebenfalls öffentlichrechtlicher Art ist: Fürsorgeverwaltung u. s. f., die sich deutlich abhebt von der fiskalischen. Das zeigt sich in den Rechtsformen, in denen da verschieden vorgegangen wird, und ebenso in der gerichtlichen Zuständigkeit. Wir haben also einmal die Hoheitsverwaltung mit Befehl und Zwang, dann die gewährende oder Leistungsverwaltung in öffentlichrechtlichen Formen — mit Übergangsformen, wie bei den öffentlichrechtlichen Anstalten und Einrichtungen mit bürgerlichrechtlicher Nutzung — und schließlich die ausgesprochen fiskalische Verwaltung. So ergibt sich eine Dreiteilung mit Bezug auf die Art der Verwaltung, um die wir m. E. doch nicht herumkommen, wobei die beiden ersten Arten, wie gesagt, in öffentlichrechtlicher Form, die dritte in bürgerlichrechtlicher Form sich betätigt.

Pfeifer: Herr Kollege Mallmann hat in seinem Referat im zweiten Punkt gesagt, das zwielichtige Bild der schlichten Hoheitsverwaltung habe keinen Abgrenzungswert. Ich gebe zu, daß es tatsächlich eine besonders schwierige Gebietsabgrenzung ist, aber auf der anderen Seite glaube ich, daß doch die Dreiteilung einen gewissen Sinn hat. Auch Herr Zeidler sagt ja, fiskalische Verwaltung sei gleich Erwerbswirtschaft. Gewiß! Aber zwischen der ausgesprochenen Hoheitsverwaltung und der Erwerbswirtschaft liegen noch andere Verwaltungsmöglichkeiten, die, man braucht nur an Schule und Fürsorge zu denken, sowohl von privater Seite als auch von öffentlichrechtlichen Verwaltungsträgern ausgeübt werden können. Kennzeichnend ist nun, daß diese sog. schlichte Hoheitsverwaltung für ihren Aufwand Mittel verwendet, die aus öffentlichen Abgaben stammen. Sie wird auf diesem Umweg dadurch, daß die Mittel für diesen Zweck auf hoheitlichem Wege vorgeschrieben und hereingebracht werden, irgendwie doch als eine schlichte Hoheitsverwaltung qualifiziert. Die Art der Mittelbeschaffung für ausschließlich dem Gemeinwohl dienenden Zwecke unterscheidet sie schon von der rein erwerbswirtschaftlichen Tätigkeit. Ein von der öffentlichen Hand betriebenes wirtschaftliches Unternehmen muß oder soll wenigstens von seinen Einnahmen die Ausgaben bestreiten. Aber so ist es bei der öffentlichen Schulverwaltung sowie bei der öffentlichen Fürsorge nicht. Die hierfür erforderlichen Mittel werden durch staatliche Abgaben im weitesten Sinne aufgebracht. Über die Verwendung dieser Mittel ist aber nach streng rechtlichen Gesichtspunkten unter Beobachtung der gesetzlichen Bestimmungen, insbesondere auch des Gleichheitssatzes zu entscheiden. Die zu treffenden Entscheidungen und Beurkundungen sind ebenfalls hoheitlicher Natur, nicht aber das Unterrichten und das Hilfegewähren an sich. Diese vorwiegende n e u t r a l e Tätigkeit führt zum Begriff der schlichten Hoheitsverwaltung.

Münch: Ich möchte nur zwei Fragen stellen. Wären wir nicht — für einen wesentlichen Teil unserer Diskussion — viel besser daran, wenn wir den Begriff „service publique" nähmen? Dann würde sich nämlich ein großer Teil der praktischen Fragen, die hinter beiden Referaten stehen, dahin präzisieren: Kann die Exekutive ohne weiteres und mit den Mitteln, die sie irgendwie zufällig an der Hand hat, einen neuen „service publique" einrichten? Durfte damals das Reich einen Rundfunk errichten, durften die Länder oder die Korporationen, die sie nun geschaffen haben, ohne weiteres zum Fernsehen übergehen, darf die Bundesregierung ein Bulletin herausgeben, darf es Institutionen geben, wie den Heimatdienst und ähnliche Dinge?

Zweite Frage: Wie steht es mit den Gemeinden? Sie sind hier nicht erwähnt worden. Wir haben immer nur von den Staaten gesprochen. Aber bei den Gemeinden finden wir auch das, was wir nichthoheitliche Verwaltung nennen, natürlich mit etwas eingeschränkten Voraussetzungen. In vielen Gemeindeordnungen ist bestimmt, wann und unter welchen Umständen sie wirtschaftliche Unternehmungen betreiben können. Aber im übrigen haben wir immer gelernt, daß der Tätigkeitsbereich der Gemeinden eigentlich unbegrenzt ist; dazu wird er in Art. 28 des Grundgesetzes gewährleistet. Oder gibt es auch hier Grenzen für die Gemeinden?

Scheuner: Ich darf vielleicht zwei Bemerkungen machen:

1. Ich würde den Begriff „service public" deshalb mit Vorsicht verwenden, weil er im französischen Verwaltungsrecht streitig und schwierig geworden ist und im deutschen Verwaltungsrecht kein Heimatrecht besitzt. Daher kann man diesen Begriff nicht einführen, ohne uns noch mehr zu verwirren.

2. Ich glaube, Herr Münch hat einen Punkt sehr richtig bemerkt, der heute früh im Referat von Herrn Zeidler vorkam. Er hat darauf hingewiesen, daß die Frage der Abgrenzung der nichthoheitlichen Verwaltung und ihres Umfanges für die Gemeinden positiv-rechtlich zu beantworten ist. Der Grundsatz der Universalität des Wirkungskreises, verbunden mit einer Beschränkung der wirtschaftlichen Betätigung, ist in allen Gemeindeordnungen festgesetzt und damit ist deren Zuständigkeit teilweise auf einen gewissen Subsidiaritätsgrundsatz, wenn wir uns einmal so ausdrücken, limitiert worden.

Becker: Und auf den öffentlichen Zweck!

Scheuner: Herr Zeidler hat mit Recht darauf hingewiesen, daß diese Begrenzung der Gemeindetätigkeit wohl kaum für die Aktivität des Landes in gleichem Maße gilt, sondern daß hier — ich erinnere etwa an die Aufgaben, die auf Land und Bund auf dem Gebiet des Atomwesens zukommen, das zweifellos überörtlichen Charakter trägt, an die Verkehrsaufgaben, die sich mehr und mehr stellen — Aufgaben entstehen, die unzweifelhaft Land und Bund auch in den entsprechenden lockeren Rechtsformen behandeln müssen, so daß man wohl kaum den Grundsatz der Subsidiarität aus dem Gemeinderecht auf die höheren Stufen staatlichen Handelns hinaufheben kann. Da stimme ich Herrn Zeidler vollkommen zu. Im Grunde habe ich ihn wohl recht darin verstanden, daß er eine Zweiteilung empfohlen hat, wenn er auch die Möglichkeit von Übergangszonen nicht ausgeschlossen hat. Der Versuch, aus der hoheitlichen Verwaltung einen Bereich schlichter Verwaltung herauszuschälen, führt zu keinem sehr wesentlichen Ergebnis. Denn die sog. schlichte Hoheitsverwaltung bleibt nach vielen Richtungen Hoheitsverwaltung: z. B. wissen wir, daß ein Unfall im Turnunterricht ein Unfall ist, der über § 839 BGB abgewickelt wird. Intern wird auch sogar die fiskalische Tätigkeit des Staates z. B. beamtenrechtlich unter hoheitlichen Gesichtspunkten behandelt. Der Forstmeister, der Holz verkauft, ist intern gesehen, dazu verpflichtet, als Beamter für das Wohl des Staates einzutreten und die entsprechenden Haushaltsvorschriften zu beobachten. Ich glaube daher, daß wir in diesem Punkt im wesentlichen Herrn Zeidler werden beipflichten können, daß die Grenze öffentlichrechtlich-privatrechtlich noch die deutlichste und brauchbarste ist, die wir verwenden können.

Zeidler: Das war mein Anliegen, und ich bin von Herrn Pfeifer offenbar mißverstanden worden, wenn er die Gleichung so auffaßt: fiskalische Verwaltung ist erwerbswirtschaftliche Verwaltung. Allenfalls mit der Einschränkung: ist a u c h Erwerbswirtschaft. So habe ich den Begriff, um mich nicht in terminologische Fragen zu verlieren, einfach als Arbeitshypothese angenommen. Ich sage also nicht: fiskalische Verwaltung ist n u r erwerbswirtschaftliche Verwaltung.

Dürig: Herr Scheuner hat gerade die Staatshaftungsnormen ins Gespräch gebracht, wo wir ja auch diesen Dualismus in der Einteilung der Staatstätigkeiten vorfinden. Herr Zeidler, warum übernehmen Sie eigentlich nicht für Ihre Einteilung die dort gewohnte Abgrenzung, um das Rechtssystem einheitlich zu halten?

Zeidler: Das ist ein Argument, das sich in der Literatur immer wieder findet, daß man vom Art. 34 GG bzw. § 839 BGB her die Einteilung in Ausübung öffentlicher Gewalt und Ausübung nichtöffentlicher Gewalt auch für die Terminologie im übrigen verwenden zu können glaubt. Dieses Argument scheint mir nicht zwingend zu sein. Ich glaube, daß die Amtshaftungsregelung durchaus auf die Ausübung der öffentlichen Gewalt beschränkt bleiben kann, und daß meine Konzeption davon unberührt bleibt.

Bachof: Auch ich möchte meinen, daß man diese Frage ausklammern sollte. Bei § 839 BGB, Art. 34 GG laufen die auf den Staat übernommene Beamtenhaftung einerseits und die originäre Staatshaftung andererseits nebeneinander her. Wir haben immer noch keine klare Konzeption, was für eine Haf tung das jetzt eigentlich ist. Deshalb gibt die sog. Amtshaftung kein glückliches Beispiel für die von uns zu erörternden Beziehungen ab.

Kafka: Ich möchte, was ich zu sagen habe, in eine Frage an beide Referenten zusammenfassen: Was verstehen Sie unter öffentlichem Recht? Das ist nämlich das Grundproblem, das hier eine große Rolle spielt. Wir haben für die ganze Unterscheidung von hoheitlicher und nichthoheitlicher Verwaltung die Subjektionstheorie, während alles, was Herr Mallmann gesagt hat, doch in der Konsequenz eigentlich sehr auf die uralte Ulpiansche Interessentheorie herausläuft, im Ergebnis zumindest. Besteht nicht die ganze Problematik darin, daß sowohl die Theorie als auch das Verfassungsrecht von dieser Subjektionstheorie ausgehen, daß also der Staat definiert wird, als ob er nur mit Peitsche und Zwang arbeitet, während in Wirklichkeit der Staat heute mehr und mehr mit dem Zuckerbrot arbeitet, mit der Leistung bzw. mit der Subvention. Das bringt eben die Schwierigkeiten mit, daß gerade der Grundrechtskatalog auf diese Subjektionstheorie zugeschnitten ist und infolgedessen, wie mir scheint, nur mit großer Schwierigkeit auf diesen neuen Staat, der seine Ziele nicht mehr nur mit Zwang, sondern auch auf ganz andere Weise erfüllt, anzuwenden ist.

Zeidler: Selbstverständlich steht das ganze Thema unter der Crux unserer Unterscheidung zwischen öffentlichem Recht und Privatrecht. Aber ich bin mir nicht ganz sicher, ob wir in diesem Rahmen diese Unterscheidung so diskutieren sollen, wie sie eben Herr Kafka angeschnitten hat. Ich möchte für meine Person, um nur eine Antwort zu geben, bezüglich dieser Unterscheidung — ich glaube, Herrn Wolff zuzustimmen — letztlich zum Ergebnis kommen: Das ist eine Frage, die nur aus dem positiven Recht zu beantworten ist. Weder die eine noch die andere Theorie hat bisher wirklich zu allseits befriedigenden Ergebnissen geführt. Ich würde meinen, aber bitte nur als Anregung, daß diese Fragen hier nicht aufgerollt werden sollen.

Kafka: Nein. Das war nicht meine Absicht gewesen. Hier möchte ich aber auf diesen Gesichtspunkt hinweisen, daß es nicht so sehr um ein verwaltungsrechtliches Problem, sondern es auch darum geht: Was ist der Staat?

Dürig: Das ist gewiß nicht zu bestreiten. Nachdem wir aber gestern dem Bundesstaat mit föderativem Gefüge den Garaus gemacht haben und heute dem Fiskus, wollen wir das vielleicht nicht auch noch dem Staatsbegriff antun.

Mallmann: Mich hat die Bemerkung von Herrn Kafka sehr interessiert, da ich mir vorher nicht dessen bewußt war, ein Anhänger der Interessentheorie zu sein. Ich bin vielmehr grundsätzlich von der Subjektionstheorie ausgegangen, wie sie weitgehend unserem positiven Recht zugrunde liegt. Die von Herrn Kafka angeschnittenen Fragen verdienen an sich durchaus diskutiert zu werden, aber ich vermag darin keinen Ansatz zu sehen, der die Erörterung unseres heutigen Themas unmittelbar fördern könnte.

Menger: Ich glaube auch, wir müßten diese Frage „öffentliches und privates Recht" einmal wieder ruhen lassen.

Jaenicke: Im Gegensatz zu den Herren Vorrednern möchte ich es begrüßen, daß Herr Mallmann den Begriff der hoheitlichen Verwaltung auf denjenigen Bereich des Verwaltungshandelns beschränkt hat, in dem die Verwaltung dem einzelnen einseitig mit Befehl und Zwang, mittels Norm oder Verwaltungsakt gegenübertritt. Nur von der Art und Weise, nicht dagegen vom materiellen Gegenstand des Verwaltungshandelns aus scheint es mir möglich zu sein, eine klare Abgrenzung zwischen hoheitlichem und nichthoheitlichem Verwaltungshandeln zu finden; anderenfalls hat man Schwierigkeiten, zwischen der rechtsgeschäftlich — mittels privat- oder öffentlich-rechtlichem Vertrag — handelnden Hoheitsverwaltung und der sog. rein fiskalischen Verwaltung eine Grenzlinie zu ziehen. Mit terminologischen Festsetzungen löst man zwar keine Probleme; es würde aber der begrifflichen Klarheit dienen, wenn man die Hoheitsverwaltung streng auf den mit Norm und Verwaltungsakt umschriebenen Tätigkeitsbereich der Verwaltung beschränken, jede andere Tätigkeit als nichthoheitliche Verwaltung bezeichnen würde. Das Problem bleibt natürlich, inwieweit letztere öffentlich-rechtlichen Schranken unterliegt.

Merkl: Die beiden Berichte haben eine solche Fülle von Problemen aufgeworfen, daß die Diskussion nur einige Fragen herausgreifen kann. Wir können nicht die offenen Fragen bis zu einer Klärung der Probleme Staat, Verwaltung usw. vertagen, wie wir auch nicht als akademische Lehrer erklären können, daß wir unser Kolleg bis zur Klärung der Meinungen über Recht und Staat verschieben. Wir müssen also bestimmte Begriffe der Verwaltung, der obrigkeitlichen und nichtobrigkeitlichen Verwaltung, usw. voraussetzen. Bei Begriffsbestimmungen, die von bestimmten Staaten absehen, handelt es sich nicht um Wahrheitserkenntnisse, sondern um den Versuch, das Erfahrungsmaterial in ein rationelles System zu bringen. Das Vorhaben, die einer bestimmten, etwa der deutschen Rechtsordnung, immanenten Rechtsbegriffe der Verwaltung überhaupt, der Hoheits- und der nichthoheitlichen Verwaltung usw. klarzustellen, muß dagegen darauf abzielen, den Sinn der auf diesen Begriffen fußenden Rechtsvorschriften zu ermitteln.

Wenn die österreichische Verfassungsurkunde vom 1. Oktober 1920 in Art. 20, Abs. 1 besagt, daß „die gesamte staatliche Verwaltung nur auf Grund von Gesetzen ausgeübt werden darf", so ordnet sie im Sinn einer historischen und logischen Auslegung an, daß die obrigkeitliche, d. h. Befehl oder Zwang gebrauchende Verwaltung nur auf Grund inhaltserfüllter formeller Bundes- oder Landesgesetze, die den staatlichen Eingriff vorhersehbar und berechenbar machen, ausgeübt werden darf, daß dagegen die nichthoheitliche Verwaltung formelle Gesetze voraussetzt, die, wie das alljährliche Finanzgesetz, das Ob und den finanziellen Aufwand des staatlichen Handelns regeln müssen.

Bachof: Ich schlage vor, die Erörterung des Begrifflichen jetzt abzuschließen. Über Fragen der Terminologie kann man nur sehr selten das Urteil „richtig" oder „unrichtig" abgeben; im allgemeinen kann man eine Terminologie nur als „zweckmäßig" oder „nicht zweckmäßig" bezeichnen, und über Zweckmäßigkeitsfragen könnten wir stundenlang debattieren. Persönlich würde ich vorschlagen, daß wir uns im Interesse der Sprachregelung heute an die Ausdrücke halten, die Herr Zeidler vorgeschlagen hat.

Becker: Ich stimme den Grundthesen der beiden Referenten voll zu, möchte nur zur Ergänzung auf zwei Bemerkungen eingehen.

1. Ich habe den Eindruck, daß der im Zusammenhang mit der nichthoheitlichen Verwaltung sehr stark angesprochene Fiskusbegriff nicht die einzige Sorge ist. Ich bitte zu erwägen, ob nicht auch der Begriff der öffentlichen Gewalt revisionsbedürftig ist und sich aus ihm nicht Folgerungen für unser Problem ergeben. —

2. Der Staat hat keine Privatangelegenheiten. Der Staat hat überhaupt keine Zwecke außer den öffentlichen Zwecken zu erfüllen. Dafür ist er öffentliches Gemeinwesen. Wenn in

§ 67 DGO und seinen Nachfolgevorschriften ausdrücklich die wirtschaftliche Betätigung an den öffentlichen Zweck gebunden ist, so ist das nicht nur eine kommunalrechtliche Vorschrift, sondern eine Vorschrift, die gewohnheitsrechtlich für alle Gemeinwesen Geltung hat und nur für die Gemeinden besonders ausgesprochen worden ist, weil sie häufig in den 30er Jahren Mißbrauch damit getrieben hatten. Darum ist es 1935 zur Aufnahme in die DGO gekommen. Aber es ist ein Rechtssatz, der für alle öffentlichen Gemeinwesen gilt (Bund, Länder, Gemeindeverbände, Gemeinden), daß ihr Wirkungskreis nach dem öffentlichen Zweck ausgerichtet sein muß. Wenn es trotzdem Angelegenheiten gibt, die keinen öffentlichen Zweck haben, dann liegt das m. E. entweder daran, daß der Zweck sich gewandelt hat, wie wir ganz deutlich an der Domäne sehen, die ursprünglich die Aufgabe hatte, die Heeresverpflegung sicherzustellen, also einen eminent öffentlichen Zweck zu verfolgen, der verloren gegangen ist; oder es liegt an der Zweckentfremdung der staatlichen Betätigung.

Bettermann: Ich darf nun überleiten zum Folgenden: Schranken des Fiskus. Herr Zeidler hat das Volkswagenwerk angesprochen. Seine Auffassung über die Schranken des staatlichen Handelns in privatrechtlichen Formen sollen also auch für das Handeln juristischer Personen des Privatrechts gelten, hinter denen der Staat steht. Das Volkswagenwerk ist ein Werk, von dem jeder weiß, daß es zur Zeit noch hundertprozentig im Eigentum der öffentlichen Hand steht. Aber wie viele Unternehmen gibt es, mit denen wir es vielleicht schon zu tun gehabt haben, ohne zu wissen, daß die öffentliche Hand beteiligt ist, z. B. das DER-Reisebüro, eine Tochtergesellschaft der Bundesbahn oder eines Unternehmens, das seinerseits eine Tochter der Bundesbahn ist. Wie wollen wir es handhaben bei Gesellschaften, die nur zu 50 % — oder zu welchem Prozentsatz? — im Eigentum der öffentlichen Hand stehen? Vor allen Dingen, wie soll der Richter im Prozeß wissen, welches Recht er anwenden soll, wenn er nicht in der Lage ist, festzustellen, ob denn diese Person, mit der er es zu tun hat, letztlich der Staat, die „öffentliche Hand" ist? Es besteht ja kein Offenbarungszwang darüber, wie die Kapitalanteile dieser Gesellschaft verteilt sind. Den Gefahren, die hier liegen, können Sie nicht begegnen, indem Sie anfangen, das VW-Werk und andere juristische Personen, an denen der „Staat" oder die „öffentliche Hand" in irgendeiner Form beteiligt ist, einem Sonderrecht zu unterwerfen. Einen Ansatz für eventuelle Beschränkungen können

Sie nur derart finden, daß Sie die Gründung dieser Gesellschaften, den Gebrauch und Mißbrauch der privatrechtlichen Gesellschaftsform, behindern oder erschweren durch Genehmigungserfordernisse oder durch Einsatz des Parlaments. Aber wenn Sie dem Staate freigegeben haben, daß er eine Aktiengesellschaft, eine GmbH, eine Genossenschaft gründen kann, dann halte ich es für unmöglich, daß diese Gesellschaften, deren Staatsbezogenheit nicht offenbar, ja, vielfach überhaupt nicht aufklärbar ist, einem Sonderrecht unterstehen. Ich darf auf eine Parallele hinweisen, und Herr Wacke wird mir das bestätigen, daß dasselbe Problem beim Begriff des öffentlichen Dienstes aufgetaucht ist. Es ist immer wieder versucht worden, den Begriff des öffentlichen Dienstes materiell zu formulieren. Heute ist die herrschende Meinung für einen formellen Begriff des öffentlichen Dienstes: im öffentlichen Dienst stehen diejenigen Bediensteten, die einer juristischen Person des öffentlichen Rechts unterstehen. Das ist formal, aber das allein ist praktisch.

Dürig: Schönen Dank, Herr Bettermann. Herr Zeidler wird bestätigen, daß ich ihn sofort nach dem Referat gefragt habe, ob er seine Thesen auch auf juristische Personen des Privatrechts erstrecken will, an denen die öffentliche Hand irgendwelche Kapitalbeteiligungen hat. Darf ich die Frage wiederholen, Herr Zeidler, ob Sie auch in diesen Fällen die öffentliche Hand unmittelbar dem öffentlichen Recht unterstellen, sie etwa unmitttelbar an die Grundrechte binden?

Zeidler: Jawohl.

Dürig: Das ist natürlich eine sehr schneidige Konzeption. Aber wenn Sie mit Ihren schneidigen Thesen Ernst machen, erleben wir noch eine andere Metamorphose. Die Metamorphose, daß Sie nämlich die fiskalische Betätigung überhaupt nicht mehr erkennen, sondern daß die öffentliche Hand einfach und noch weiter in apokryphe Kapitalbeteiligungen ausweicht.

Scheuner: Darf ich dazu auch etwas sagen? Ich möchte als Anregung geben, dieses Thema vielleicht einmal zum Gegenstand einer besonderen Tagung zu machen.

Bachof: Ich möchte diesen Vorschlag nachdrücklich unterstützen. Denn es handelt sich hier um ein überaus schwieriges und ernstes Thema. Alle Versuche, den Fiskus an Grundrechte oder welche Kategorien auch immer zu binden, stoßen ins Leere, wenn sie jenem Problem ausweichen. Ich erinnere an ein Beispiel, das mir im Augenblick gerade gegenwärtig ist: Die Postreklame-GmbH nimmt u. a. eindeutig öffentliche Aufgaben wahr, indem sie z. B. Telefonbücher herausgibt; sie könnte sich — und sie versucht es z. T. — unter Berufung auf ihre privatrechtliche Form allen öffentlichrechtlichen Bindungen entziehen. Auch ich verkenne nicht die von Herrn Dürig befürchtete Gefahr, der Staat werde, wenn wir ihm als Fiskus zu stark zu binden versuchen, dann eben in privatwirtschaftliche Formen ausweichen. Andererseits finden wir dieses Ausweichen aber schon als eine vorhandene Tatsache vor, und wir können deshalb nicht einfach sagen: „Was der Staat auf diesem Gebiete tut, das interessiert uns nicht".

Zeidler: Ich bitte doch, dazu gleich Stellung nehmen zu dürfen, weil es sich hier um einen aus meinem Referat nicht herauszulösenden Stein handelt. Ich möchte, wenn das unklar geblieben ist, wiederholen, daß ich der Meinung bin, daß die Bindung über Art. 1 Abs. 3 auch die in der Form der juristischen Personen des Privatrechts vorgenommenen Handlungen umfaßt. Ich bin mir selbstverständlich darüber im klaren, daß sich hier Schwierigkeiten ergeben können, und glaubte, einen Teil dieser Schwierigkeiten bereits gelöst zu haben. Ich leite aus dem Prinzip der Einheit der Rechtsordnung ab, daß unser Grundgesetz diese erwerbswirtschaftliche Tätigkeit erlaubt und daß dasselbe Grundgesetz nicht Schranken enthalten kann, die diese Tätigkeit in toto verhindern. Ich komme von daher zu dem Vorschlag, die Betriebe, die nach erwerbswirtschaftlichen Prinzipien tätig werden, insoweit von dem Grundsatz der Bindung zu befreien, als die erwerbswirtschaftliche Tätigkeit ihrer Natur nach eine freiere Stellung verlangt. Ich möchte aber doch meinen, daß es Schranken in unserer Verfassungsordnung gibt, die ohne Rücksicht darauf, ob zu erwerbswirtschaftlichen Zwecken gehandelt wird oder nicht, Geltung beanspruchen, und darf hier nur wieder auf mein Beispiel der konfessionellen und parteipolitischen Neutralität bei dem Personalfall verweisen. Ich bin nicht der Meinung wie Herr Bettermann, wir haben vorhin kurz darüber gesprochen, daß damit eine Anerkennung der Grundsätze des Art. 33 GG verbunden sein müsse, daß man sagen müsse, Herr Nordhoff oder irgendein anderer Vorstand eines Betriebes stehe im öffentlichen Dienst im Sinne des Art. 33 GG. Mir kommt es lediglich darauf an zu betonen, daß die Handlungen der Erwerbsbetriebe zumindest an die Schranken des Grundgesetzes gebunden sind, die eine erwerbswirtschaftliche Tätigkeit unberührt lassen. Und da glaubte ich, gerade dieses personalpolitische Beispiel anführen zu können. Die Gefahren, von denen Herr Dürig sprach, sehe ich als nicht schwerwiegend an. Soweit die kapitalmäßige Majorität bei der öffentlichen Hand liegt, bestehen keine anderen Grundsätze als für die Betriebe, die allein im Staatseigentum stehen.

Dürig: Also bei 49 % Staatsbeteiligung wenden Sie Privatrecht an, ab 51 % öffentliches Recht?

Zeidler: Das ist eine grobe Vereinfachung. Selbstverständlich kann meine These nur für die Vertreter des Staates gelten. Ich kann von meiner Konzeption aus den Vertreter der Bank, der die Privataktionäre in der Gemeinschaft der Versammlung vertritt, nicht als an die Grundrechte gebunden ansehen.

Scheuner: Wenn Sie bei 59 % Staatsbeteiligung die übrigen 41 % an die Grundrechte binden, verletzen Sie u. U. deren privatrechtliches Eigentum.

Bettermann: 30 % können aber doch schon ausreichen, um die Gesellschaft zu beherrschen, so daß der Richter gar nicht weiß, mit welcher Person er es zu tun hat, infolgedessen nicht weiß, welches Recht er anzuwenden hat. Das Recht muß doch offenkundig sein, damit der Richter es anwenden kann.

Zeidler: Das scheint mir eine Frage des Aktienrechts zu sein. Es geht ja nur um die Frage, ob das konkret handelnde Vorstandsmitglied die Verpflichtung, so wie ich sie gesehen habe, verletzt hat oder ob wegen der verschiedenen kapitalmäßigen Verhältnisse diese Bindung nicht effektiv werden konnte.

Bettermann: Wie soll das praktikabel sein in dem Beispiel, daß einem Arbeiter gekündigt wird? Wie soll denn der Arbeitsrichter ergründen, ob der beklagte Arbeitgeber nun Fiskus in Ihrem Sinne ist oder nicht? Dazu müssen doch mindestens die Kapitalverhältnisse offengelegt werden. Dazu besteht keine Verpflichtung. Und die Kapitalverhältnisse allein geben noch keine Auskunft. Auch bei Minderheitsbeteiligung eines Großaktionärs kann dieses Unternehmen von diesem Großaktionär beherrscht werden. Wenn man nur auf die Machtfrage abstellt, kann es nur auf die Beherrschung ankommen, und nicht auf die Qualifikation der Mehrheit.

Zeidler: Insofern könnte ich auch von meiner These aus zustimmen, daß dabei die Beherrschung selbstverständlich das

Entscheidende ist. Ich habe als Beispiel die kapitalmäßige Beteiligung genommen, weil in den meisten Fällen von den kapitalmäßigen Beteiligungen her auch der Einfluß auf den Betrieb sich rechtfertigt.

Bettermann: Bei den Volkswagenwerken ist es nach der Privatisierung gerade nicht so.

Zeidler: Es wird ja auch eine kleine Minderheit werden, soweit ich das übersehe. Selbstverständlich sind diese sogenannten gemischtwirtschaftlichen Unternehmen der neuralgischste Punkt meiner Konzeption. Wenn ich eine Gegenfrage stellen darf: Würden Sie mir wenigstens insoweit zustimmen, daß bei den Betrieben, die allein im Besitz der öffentlichen Hand stehen, meine These sich durchführen läßt, oder hätten Sie auch da Bedenken?

Bettermann: Zur Bindung der erwerbswirtschaftlichen Unternehmen können Sie nicht an die Grundrechte gehen, sondern Sie müssen an das Ausweichen in diese Rechtform gehen, es bremsen oder kontrollieren, aber nicht juristische Personen des Privatrechts mit zweierlei Bedeutung, des reinen Privatrechts und solchen mit öffentlich-rechtlichen Bindungen, insbesondere des Verfassungsrechts, schaffen.

Thieme: Mir scheint es, daß die Themenkreise 1 und 2 sehr eng verbunden sind. Fast hätte ich gewünscht, daß wir entsprechend der Anregung von Herrn Bachof die Themenfolge umgedreht hätten; wir können zu exakten Abgrenzungen erst kommen, wenn wir wissen, wo eigentlich Schranken liegen. Daher bitte ich, es mir nicht zu verübeln, wenn das Thema 1 bei mir so erheblich anklingt. Es scheint mir zunächst eine Frage des richtigen methodischen Vorgehens zu sein: Können wir es so machen, wie es Herr Zeidler im wesentlichen getan hat, indem er typische Fälle aufgezeigt hat, oder können wir es so machen, wie Herr Bettermann, an einzelne Streitfälle, an die Grenzfälle anknüpfen. Ich selbst würde der Methode von Herrn Zeidler zustimmen. Wenn wir hier zu Schranken kommen wollen, so können wir das meiner Meinung nach nur so, daß wir bei der Fülle der Betätigungen der öffentlichen Hand die Schranken unterschiedlich setzen. Wir müssen zunächst einmal typologisch vorgehen und die einzelnen Typen des öffentlichen Handelns gegeneinander stellen und diese einzelnen Typen verschieden werten. Dabei komme ich zu den folgenden Grundtypen: Zunächst die Bedarfsverwaltung (ich darf dabei mit Hans

J. Wolff sprechen), die Beschaffung der Verwaltungsmittel, die zur Aufgabenerfüllung mittelbar eingesetzt werden. Aber das ist auch schon wieder eine Reihe von Teilgebieten. In der Marktwirtschaft haben wir, soweit es sich um bewegliche Sachen handelt, kaum Probleme, daß wir eine Begrenzung fordern müßten. Etwas anders liegt es schon bei der Beschaffung von Grundstücken. Hier scheint mir wiederum das Problem unterschiedlich zu liegen. Ein Beispiel mag das zeigen: Hinter der Beschaffung eines Grundstücks für eine Straße steht die Enteignung; hier taucht schon die Frage der Beschränkung auf. Anders dagegen scheint es mir zu liegen, wenn die Gemeinde Reserveland erwirbt, das sie später im Austausch einmal hergibt, wenn sie irgendwo ein anderes Projekt verwirklichen will. Der dritte Fall innerhalb der Bedarfsverwaltung ist das öffentliche Personalrecht. Hier sind wir bisher doch deshalb um die stärkere Einführung des öffentlichen Rechts nur herumgekommen, weil eben schon eine rechtliche Ordnung der Arbeit durch das private Arbeitsrechts zur Verfügung steht, das aber den Arbeitgeber starken quasi-öffentlich-rechtlichen Beschränkungen unterwirft. Allein dadurch haben wir es auch geschafft, diesen Bereich weiter privatrechtlich deuten zu dürfen; aber es ist doch ein Stück öffentlicher Ordnung, was sich bei uns im Arbeitsrecht manifestiert. Der zweite Bereich sind dann die privatrechtlichen Formen, mit denen die typisch öffentlichen Aufgaben bewältigt werden, entweder in der Vertragsform, indem man den Subventionsvorgang in eine privatrechtliche Form zu kleiden versucht, oder — wie das Beispiel der Deutschland-Fernsehen-GmbH zeigt — indem man über eine privatrechtliche Gesellschaftsform eine öffentliche Aufgabe anzufassen versucht. Auch hier scheinen mir die Schranken notwendig auf der Hand zu liegen. Der dritte Fall ist dann der schwierigste. Es sind einerseits diejenigen Aufgaben, wo frühere Tätigkeiten des Staates traditionell fortgeführt werden, etwa die Porzellanmanufaktur oder die Domäne, die wir nun angesichts eines gewandelten Staatsdenkens nicht mehr recht unterbringen können. Dazu gehören auch verschiedene wirtschaftliche Betätigungsweisen, die auf der Grenze liegen mögen; ich erinnere an das Bergwerk in Sontra, das aus arbeitsmarktpolitischen Gesichtspunkten weiter betrieben wurde. Wenn Sie diese Typologie vor sich haben, so scheint mir offenbar zu sein, daß der Grad der öffentlich-rechtlichen Begrenzung verschieden sein muß, je nachdem, was für ein Typus vorliegt. Zum Teil werden wir die notwendige Begrenzung aus einer Regelung, die innerdienstlich ist, vor allem aus dem Haushaltsrecht gewinnen können. Zum Teil dagegen dort, wo die Außenwirkungen stärker sind, werden wir doch etwa mit dem Ermessensbegriff oder mit anderen öffentlich-rechtlichen Figuren arbeiten müssen, evtl. auch die verfassungsrechtliche, vor allem die grundrechtliche Problematik ansprechen müssen.

Peters: Es geht hier m. E. letztlich um die Grundfrage der Verwaltung und des Staates: Hat der Staat durch die Rechtsordnung primär nur den einzelnen zu schützen oder aber zugleich dem Gemeinwohl zu dienen? Meiner Meinung nach gilt das letztere. Das entspricht ebenso abendländischer Tradition wie die Menschenwürde und hat zur Folge, daß sich der einzelne Schranken auferlegen lassen muß. Nun hat der Staat verschiedene Funktionsträger für Gesetzgebung, Verwaltung und Justiz. Wenn der Gesetzgeber der Überzeugung ist, es diene dem Allgemeinwohl, so ist er zum Erlaß von Gesetzen befugt, es sei denn, daß er gegen Verfassungsgrundsätze oder gegen die Grundsätze der Menschlichkeit verstößt. Die Verwaltung wurzelt in der Demokratie genau so im Volke und im Staate, wie das bezüglich der Gesetzgebung und der gesetzgebenden Organe der Fall ist, und darf daher nicht in einer so engen Weise dem Gesetzgeber untergeordnet werden, wie Herr Mallmann meint.

Ich muß mich auf die Frage beschränken, die von den beiden Vorrednern angeschnitten wurde und die zeigt, wie schwierig es ist, der Wirklichkeit gerecht zu werden. Die Rechtswissenschaft ist eine praktische Wissenschaft und kann nicht einfach Theorien im luftleeren Raum aufbauen; sie muß empirisch von den Dingen ausgehen, die uns in der menschlichen Gesellschaft begegnen. Wo begegnen uns die verschiedenen Rechtsformen, von denen Herr Bettermann und Herr Dürig gesprochen haben? Sie begegnen uns z. B. bei der Versorgung der Bevölkerung mit Wasser, Gas und Elektrizität sowie bei den öffentlichen Verkehrsbetrieben. Bei der Frage, ob Eigenbetrieb oder privatwirtschaftliche Rechtsform geht es nicht darum, irgendwelche Grundrechte zu beschränken, sondern bestimmte, aus der öffentlich-rechtlichen Form sowie aus dem Arbeitsrecht oder Beamtenrecht sich ergebende Schwierigkeiten zu überwinden. Sollen Steuerzahler oder Benutzer dafür bezahlen, bloß damit ein öffentlicher Betrieb in öffentlichrechtlicher Rechtsform bleibt? Durch privatrechtliche Durchführung kann man oft manche Mißstände beseitigen. Theoretisch könnte freilich in Privatrechtsform die Verwaltung dieses Unternehmens Grundrechte, selbst den Gleichheitsgrundsatz, außer Acht lassen. Praktisch würde ihr dies freilich nicht gelingen; denn man würde darin eine Umgehung erblicken. Insofern stimme ich mit den Herren Dürig und Bachof überein. In dem einen oder anderen Falle könnte es gegen die guten Sitten verstoßen, wenn eine öffentliche Verwaltung das Privatrecht benutzt, bloß um damit Kündigungen oder andere Rechtsgeschäfte vorzunehmen, die ihr sonst verboten wären. Gewiß ist die Verwaltung, wo sie privatrechtlich tätig wird, stärkeren Schranken unterworfen als kapitalmäßig private Unternehmen. Aber ich würde nicht zugeben, daß zu solchen Schranken generell die Grundrechte gehören. Die Menschenwürde muß selbstverständlich beachtet werden. Es kommt aber etwas anderes hinzu. Die meisten der Anwesenden scheinen der Meinung zu sein, daß eine öffentlichrechtliche Körperschaft sich gegen den Staat auf Grundrechte berufen darf. Auf der anderen Seite sollen aber auch für den Bürger die Grundrechte g e g e n diese Körperschaften gelten. Hierin scheint mir ein Widerspruch zu liegen. Man kann nicht schematisch sagen, der Staat dürfe sich nicht der Grundrechtsverpflichtung entziehen dadurch, daß er gewisse Aufgaben in Privatrechtsform erfüllt. Wenn er als Subjekt des Privatrechts tätig wird, dann ergibt sich automatisch, daß eine ganze Reihe von Grundsätzen, die vorher für die Hoheitsverwaltung galten, jetzt nicht mehr anwendbar ist. Das erstreckt sich auch auf Grundrechte und hat einen guten Grund. Wozu sind die Grundrechte denn da? Doch um den Bürger vor der gewaltigen Macht des Staates zu schützen, der mit seiner Polizei, seinen starken Finanzen, seiner Zwangsgewalt usw. dem Bürger so unendlich überlegen ist. Wenn der Staat aber privatrechtlich wie ein Privatunternehmer handelt, dann verliert ein großer Teil der Übermacht, die er als Hoheitsträger hat, seine Kraft. Jetzt braucht der Bürger kaum mehr Schutz als vor privaten Wirtschaftskonzernen.

Bachof: Das ist nicht dasselbe!

Peters: Gewiß nicht. Der Vergleich hinkt, wie jeder Vergleich. Aber wenn der Staat privatrechtlich tätig werden will, so kann er es ja auch nicht auf allen Gebieten. Deshalb ist der Begriff der schlichten Hoheitsverwaltung nicht so überflüssig, wie es in dem ersten Referat von Herrn Mallmann dargestellt wurde. Hier bleibt es bei öffentlichrechtlicher Tätigkeit mit all ihren Schranken. Aber auch bei Ausübung von Tätigkeiten in Privatrechtsfrom bestehen rechtliche Schranken fort, soweit die verantwortlich Handelnden Beamte sind, z. B. als Aufsichtsratsmitglieder. Diese dürfen dann als solche nicht einfach über die Grundrechte der Bürger hinweggehen. Denn sie haben als Beamte, Volksvertreter usw. nach wie vor auch in privaten Organisationsformen die Pflicht, das Gemeinwohl zur Geltung zu bringen.

Ipsen: Ich möchte eine Bemerkung machen zu der Kontroverse zwischen Herrn Bettermann und Herrn Zeidler. Es ist, glaube ich, nicht zur Kenntnis genommen worden, jedenfalls in unserem Gespräch heute ist es hier nicht sichtbar geworden, daß die öffentliche Hand, wenn sie in einer Zivilrechtsperson tätig wird, nicht schlechthin unter das gewöhnliche Gesellschaftsrecht fällt. Der Vertreter der Gemeinde ist z. B. im Gegensatz zum Privatrecht, im Unterschied von Feld-, Wald- und Wiesengesetz an Weisungen gebunden, die er wahrzunehmen hat. Das ist eine Sonderung vom üblichen „Common Law" des zivilen Gesellschaftsrechts kraft positiven öffentlichen Rechts, nämlich des Gemeinderechts. Wir stehen also heute vor der Tatsache, daß die Gemeinde, die sich zivilrechtlich betätigt, nicht dem üblichen Recht untersteht, sondern vom öffentlichen Interesse her verschiedenen Bindungen dieser Art unterworfen ist. Nun habe ich eine Bitte zu dieser Frage, die insbes. von Herrn Ballerstedt untersucht worden ist (zu unserer Schande müssen wir sagen, von der Zivilistik, nicht von uns), an unsere Schweizer Kollegen: Wenn mich nicht alles trügt, gibt es im Schweizer Obligationenrecht irgendwie ein Sonderrecht dann, wenn die öffentliche Hand beteiligt ist. Sehe ich das richtig?

Ehmke: Es ist sehr interessant, daß beide Referate das Thema eigentlich nur unter dem Gesichtspunkt der Grundrechtsbindung, d. h. in Beziehung auf die Gerichte, gesehen haben. Ebenso wie Herr Kafka sehe ich da einen Widerspruch. Ist die Bindung der fiskalischen Verwaltung nicht in erster Linie eine Aufgabe der Gesetzgebung und der Normsetzung der Verwaltung? Ich verspreche mir jedenfalls von einem solchen gesetzgeberischen oder verwaltungsmäßigen Anpacken des Problems mehr als von einer Berufung auf die Generalklausel der Menschenwürde, mit der man im Ergebnis nur den schon überlasteten Gerichten eine weitere Aufgabe zuschieben würde, von der ich überzeugt bin, daß die Gerichte sie nicht so gut erfüllen können, wie der Gesetzgeber.

Zeidler: Ich habe, allerdings nur in einem Nebensatz, gesagt, daß die bereits bestehende Kontrolle durch die politischen Instanzen bei Annahme meiner Konzeption ergänzt wird durch die Rechtmäßigkeitskontrolle. Ich bin mir selbstverständlich darüber im klaren — das hat Herr Dürig in seinen Beiträgen immer sehr deutlich dargestellt —, daß von den Kommunalvertretungen eine Fülle von Kontrollmöglichkeiten auf die Verwaltung ausgeht und daß der berühmte Oberbürgermeister, den Herr Löw immer zitiert, wahrscheinlich das nächste Mal abgewählt würde. Daß die politische Kontrolle von der Rechtsmäßigkeitskontrolle zu trennen ist, sollten wir aber nicht übersehen.

Ehmke: Die Frage ist, ob man Lösungen in diesem Bereich mehr verwaltungsrechtlich oder mehr verfassungsrechtlich entwickelt. Wenn wir uns auf die Grundrechte beschränken, so schieben wir die Aufgabe den Gerichten zu. Ich halte diese Entwicklung nicht für sehr glücklich und von einem demokratischen Gesetzesbegriff aus gesehen auch für inkonsequent.

Zeidler: Für eine Ausweitung der gerichtlichen Kontrolle möchte ich auch nicht eintreten. Das ist auch nicht unbedingt die Konsequenz. Ich will viel stärker einen Gedanken, den Herr Weber vor mehreren Jahren einmal ausgesprochen hat, unterstreichen, daß bei Richtigkeit meiner Konzeption eine Intensivierung der verwaltungsinternen Kontrolle, einerlei in welchen Bereichen, Rechtsaufsicht, Abhängigkeit von Gemeindevertretung usw., die Folge ist.

Bachof: Herr Mallmann hat heute morgen diejenigen, welche die fiskalische Verwaltung in bestimmtem Umfange verfassungsrechtlichen Bindungen unterwerfen wollen, in „Vorhut" und „Gros" und „Nachhut" eingeteilt. Und zwar etwa in dem Sinne, daß er als Nachhut diejenigen bezeichnet, die wie Herr Dürig nur mittelbar über die Generalklauseln des bürgerlichen Rechts eine Grundrechtsbindung anerkennen; als Gros dagegen diejenigen, die sie überall dort anerkennen, wo es sich um die Erfüllung „öffentlicher Aufgaben" handelt; als Vorhut schließlich diejenigen, die den fiskalisch handelnden Staat stets und total den Grundrechtsbindungen unterwerfen wollen. Ich vermag indessen meine eigene Position in keine dieser drei Gruppen einzuordnen.

Ich habe vor Jahren auf der Bonner Tagung anders abzugrenzen versucht, indem ich den Staat immer dann, aber auch nur dann den Grundrechtsbedingungen unterwerfen wollte, wenn er M a c h t ausübt. Ich glaube, daß auch die Terminologie des GG in diese Richtung weist, wenn es in den Art. 1 und 19 von staatlicher bzw. öffentlicher „Gewalt" spricht. Ich will hier keine Begriffsjurisprudenz treiben; aber der Ausdruck „Gewalt" — besser wäre wohl „Macht" — scheint mir, politisch-soziologisch betrachtet, nicht zufällig dort zu stehen. Ich wiederhole deshalb meine These: Der Staat ist überall dort an die Grundrechtsschranken gebunden, wo er seine spezifisch staatliche Macht ins Spiel bringt. Das tut er allerdings nicht nur, wenn er mit Befehl und Zwang, mit Gebot und Verbot tätig wird; diese Gleichsetzung mag früher einmal unter anderen Voraussetzungen einigermaßen gestimmt haben, sie tut es schon längst nicht mehr. Der Staat übt seine „Gewalt" heute durch ganz andere Mittel aus: nicht zuletzt durch seine ökonomische Macht, die ihrem Wesen nach etwas anderes ist als die ökonomische Macht privater Wirtschaftsunternehmen, da sie nicht auf erwerbswirtschaftlicher Tätigkeit beruht, sondern primär auf der Steuerpotenz.

Nicht immer freilich, wenn der Staat wirtschaftlich tätig wird, übt er „Macht" aus. Bei der heute vormittag als Beispiel gebrachten Bedarfsdeckung macht es z. B. einen Unterschied, ob der Staat in einem Laden ein paar Bleistifte kauft, oder ob er Großbauten plant und vergibt. Im zweiten Fall vergibt er existenzwichtige Aufträge, übt daher Macht aus, im ersten Fall trifft das nicht zu.

Ich glaube, daß man von dieser Unterscheidung aus auch leichter Zugang zu der schwierigen Frage findet, ob und wann juristische Personen des Privatrechts mit Staatsbeteiligung den verfassungsrechtlichen Bindungen unterfallen. Auch hier kommt es m. E. nicht so sehr auf die (privat- oder öffentlichrechtliche) Rechtsfigur des Handlungsträgers als vielmehr darauf an, ob und inwieweit die spezifisch staatliche Macht beim Handeln durchschlägt.

Gegenüber den drei von Herr Mallmann aufgezeigten Positionen würde ich meine eigene vierte also etwa so formulieren: Entscheidend für die Grundrechtsbindung ist nicht allein und nicht einmal in erster Linie, ob „öffentliche Aufgaben" erfüllt werden, sondern die Tatsache, welche Mittel und welche faktischen Machtpositionen der Staat einsetzt.

Krüger: Ich finde es sehr bedauerlich, daß Herr Zeidler unter dem Eindruck der prozessualen Florettstöße des Herrn Bettermann seine Stellung zum Teil geräumt hat. Er hat nämlich zugestanden, daß eine Bindung an das öffentliche Recht nur da anzuerkennen sei, wo ein privatrechtliches Unternehmen zu hundert Prozent vom Staat beherrscht wird.

Zeidler: Ich habe keineswegs auch nur einen Zoll meiner Position aufgegeben. Die Gegenfrage an Herrn Bettermann diente lediglich zur Verdeutlichung seines Standpunktes.

Krüger: Die erste Ursache für derartige Irrtümer liegt in Ausdrücken wie „der Staat als Unternehmer" oder „die erwerbswirtschaftliche Betätigung der öffentlichen Hand". Mit solcher Terminologie ist nämlich bereits vorgezeichnet, daß eine Grundrechtsbindung nicht in Betracht kommt. Das wichtigste Ergebnis solcher Fehlleitung durch den Begriff scheint mir das zu sein, was Herr Peters über den inneren Gehalt einer solchermaßen bezeichneten Staatstätigkeit sagte: Daß dem Staat als Unternehmer u. dgl. eine Motivation gestattet sei, die an sich dem Staate verwehrt ist, nämlich eine eigennützige Motivation im Gegensatz zur Gemeinwohl-Motivation. Liegt der erste Anfang aller derartiger Irrtümer in den beispielhaft erwähnten Begriffsbildungen, dann scheint es geboten, sie entschieden zu revidieren.

Nicht minder revisionsbedürftig scheint mir aber der gedankliche Ansatz zu sein, wie er bereits in der Formulierung des Themas zum Ausdruck gelangt. Der Staat kann nicht ipso jure als Privatrechtssubjekt vorgestellt und damit ohne weiteres einer privatrechtlich-eigennützigen Motivation erschlossen werden — mit der Folge, daß nur noch die Frage bleibt, ob er wie ein Privatmann lediglich kraft Drittwirkung den Grundrechten unterworfen ist, oder ob für ihn in dieser Hinsicht eine stärkere Einschränkung geboten ist. Bei alledem wird übergangen, daß der Staat als Repräsentation des Gemeinwohls gar nicht imstande ist, anders als gemeinwohlbestimmt aufzutreten und zu handeln, und zwar nicht von außen her und nachträglich, sondern innerlich und ursprünglich gemeinwohlbestimmt. Er existiert gar nicht weiter und anders als unter dieser Bestimmung. Daraus ergibt sich als erstes, daß es schon gegenstandslos ist, das Gemeinwohl von außen her an ihn als Schranke herantragen zu wollen. Ganz konkret würde hieraus ferner folgen, daß in einer sog. gemischtwirtschaftlichen Unternehmung der Staatsvertreter gar nicht anders stimmen kann als im Sinne des Gemeinwohls. Zweifellos sind Möglichkeiten für eine solche Stimmabgabe im Falle einer Fabrikation von Gartenzwergen, die hier beschworen worden ist, der Natur der Sache nach nicht gegeben. Aber man kann keineswegs alle Unternehmungen, an denen der Staat beteiligt ist, mit der Fabrikation von Gartenzwergen auf eine Stufe stellen. Es ist z. B. denkbar, vielleicht sogar unerläßlich, daß auf gewissen Märkten der Wettbewerb nicht durch Kampf gegen Verabredungen, sondern nur von innen her, also durch vorbildlich wettbewerbsgerechtes und daher steuerndes Verhalten eines Staatsunternehmens lebendig erhalten werden kann. Unter diesem Blickwinkel könnte sich ergeben, daß mancherlei Staatsvermögen, das man kurzerhand zu Finanzvermögen degradiert, in Wahrheit Verwaltungsvermögen von eminenter Bedeutung ist.

Bachof: Eine Frage dazu, Herr Krüger: Ist „erwerbswirtschaftlich" und „gemeinnützig" wirklich ein Gegensatz? Ein Beispiel: Eine Universität erbt ein Grundstück. Sie soll es nach dem Willen des Erblassers wirtschaftlich verwalten und möglichst viel Nutzen daraus ziehen, um die Erträgnisse wissenschaftlichen Zwecken zuzuführen. Erwerbswirtschaftliches und gemeinnütziges Handeln sind hier kein Gegensatz. Ist die Universität nun an die Grundrechte gebunden, wenn sie dieses Grundstück möglichst lukrativ vermietet, oder nicht?

Thieme: Es ist zwar nicht gemeinnützig, wenn die Universität aus diesem Grundstück möglichst viel Nutzen zieht. Aber das ist eine Tätigkeit, die noch mittelbar gemeinnützig ist.

Scheuner: Aber hier ist doch der erwerbswirtschaftliche Zweck nur Nutzungszweck. Man muß auf den Endzweck abstellen.

Dürig: Das Problem ist das der Macht. Ich habe umgekehrt argumentiert, denn ausgeliefert ist der Bürger, wenn er nicht ausweichen kann auf andere Leistungsträger.

Bachof: Damit kämen wir zum Ergebnis, daß die Frage der Fiskalwirkung der Grundrechte offenbar doch gewisse Parallelen zur Frage der Drittwirkung der Grundrechte aufweist.

Dürig: Jawohl. Deswegen brauchen wir vor allem bei der Bindung des Fiskus eine elastische Regelung. Wir können nicht behaupten, die Grundrechte gelten schlechthin, sondern wir müssen sie mittelbar über den Monopolmißbrauch des § 826 BGB und dgl. anwenden. Und darf ich noch darauf hinweisen, daß die neuen Paragraphen des Antikartellgesetzes aktive Handhaben bieten, Diskriminierung und Machtmißbrauch abzuwehren.

Zeidler: Ich glaube, daß bei einigen Herren die Meinung besteht, daß wir etwas weggekommen sind von einigen Zentralproblemen, aber trotzdem möchte ich gerade die Ansicht von Herrn Bachof und Herrn Dürig noch einmal aufgreifen. Ihre Ausführungen in Bonn, Herr Bachof, haben mich sehr beschäftigt, vor allem die Frage, wann ist denn nun eine staatliche Tätigkeit Machtausübung? Ich gestehe, daß ich weder bei Ihnen noch bei anderen hier eine brauchbare Lösung gefunden habe. Der Kurs von Herrn Dürig ist eben auf den unlauteren Wettbewerb und auf das Kartellgesetz beschränkt. In vielen Fällen wäre er brauchbar, aber wie wollen Sie beispielsweise folgenden Fall lösen, der nicht mit diesem Monopol- oder Machtbegriff verbunden ist: In einer Stadt gibt es 10 Hallenbäder. Eines davon wird von der Stadt betrieben, neun von Privaten. Hier können Sie sicher nicht sagen, daß eine Monopolstellung im Spiel ist, auch keine Machtstellung. Nach meiner Meinung ist es unerträglich, daß die Gemeinde in ihrem Hallenschwimmbad eine Benutzungsordnung erläßt, die den Gleichheitssatz nicht einhält, während ich bei den privaten Hallenbädern durchaus zugestehen würde, daß Differenzierungen vorgenommen werden, z. B. nur Personen mit einem bestimmten Alter zuzulassen usw.

Bachof: Aber Grenz- und Übergangsfragen gibt es überall, Herr Zeidler! Sie haben heute morgen gesagt, es sei rechtlich völlig unerheblich, wenn ein Privatunternehmer jemanden z. B. aus konfessionellen Gründen nicht einstelle; beim Staat sei das etwas anderes. Ich habe mich gefragt, ob das im erstgenannten Falle wirklich stets so unerheblich sei. Ich würde auch hier sagen: Es ist ein Unterschied, ob irgendein kleiner Buchhändler mit nur zwei Angestellten so handelt, oder aber ob Flick, Mercedes-Benz oder Krupp so verfahren. Sie mögen sagen, hier komme man mit der Sittenwidrigkeitsklausel aus. Meinetwegen! Aber auch dann gibt es, auf dem Boden des Privatrechts, Übergangsfälle, die der Größenordnung nach irgendwo zwischen dem Buchhändler und Krupp liegen und bei denen es sehr zweifelhaft sein kann, ob die Nichteinstellung schon als (mißbräuchliche) Ausübung „sozialer Macht" und deshalb als sittenwidrig anzusehen ist oder nicht. Ähnlich kann und muß man auch beim staatlichen Handeln im Wege der Wertung feststellen, ob dieses Handeln sich als Ausübung spezifisch staatlicher Macht darstellt oder nicht. Daß es hier wie dort eine gleitende Skala und keine scharfe Trennungslinie gibt, ist hier wie dort kein Einwand gegen die Unterscheidung als solche.

Peters: Schlichte Hoheitsverwaltung. Damit haben wir das Problem sofort gelöst.

Dürig: Der Fiskus ist heute bei den Herren Referenten nicht gut weggekommen. Ich frage mich, ob wir dem Fiskusbegriff wirklich derartig den Garaus machen sollen. Ich sagte schon, daß wir die Unterscheidung nach wie vor im Staatshaftungsrecht brauchen. Und ich äußerte die Sorge, daß wir den Staat — und heute erkennt man im Fiskus in der Regel noch den Staat — noch weiter in das Privatrecht abdrängen, etwa in die Formen der AG, GmbH usw., wo wir den Staat und seine Beteiligung nicht mehr erkennen. Noch ein letztes.

Herr Zeidler, ist denn der Fiskusbegriff wirklich so entleert? Natürlich haben wir ihn nicht mehr als Kampfbegriff nötig. Aber ist er materiell-rechtlich vom Menschen her gesehen, so entleert, daß wir ihn aufgeben sollen? Ist nicht die fiskalische Verwaltung die persönlichkeitsnähere, menschlichere Verwaltung, wo man sich arrangiert, sich nicht aufs hohe Roß des öffentlichen Rechts setzt usw.? Ist es nicht eine große Weisheit unseres Verwaltungsrechts, daß man z. B. vor einer Enteignung zunächst einmal einen freihändigen Ankauf versuchen muß? Der Grundsatz der Verhältnismäßigkeit zwingt doch meist dazu, daß der Staat vor seinem Hoheitsakt mit dem Bürger zunächst einmal wie ein Privatmann spricht. Ich meine, und Herr Uber wird uns in seiner Arbeit dazu noch vieles sagen, wir sollten den Fiskus am Leben lassen.

Scheuner: Die Betätigung des Staates auf wirtschaftlichem Felde ist in weitem Umfange eine legitime, notwendige und zweckmäßige. Nur in seltenen Fällen ist sie ein mißbräuchlicher Vorgang. Es ist gelegentlich heute so argumentiert worden, als ob schon die Wahl der Privatrechtsform durch den Staat ohne weiteres einen Mißbrauch bedeutet. Das könnte nur dort der Fall sein, wo der Staat glaubt, seine Betätigung freier von rechtlichen Schranken zu stellen, als sie bei öffentlich-rechtlicher Betätigung für ihn gelten. Man dürfte also den Gedanken des Mißbrauchs stärker als Ausnahme ansehen. Wenn der Staat legitimerweise privatrechtliche Formen gebraucht, kann nicht die Verhinderung der Wahl derartiger Formen eine Lösung darstellen. Die zweite Frage, die hier gestellt werden muß, ist die Unterwerfung der gesamten wirtschaftlichen Tätigkeit des Staates unter die Grundrechtskontrolle. Hier scheint mir Herr Ehmke wesentliches gesagt zu haben. Es wird sehr selten sein, daß in der wirtschaftlichen Staatsbetätigung offene Grundrechtsverstöße überhaupt zutage treten. Gleichheitsverletzungen können noch am ehesten hier in Frage kommen, konfessionelle Verletzungen sind durch das Arbeitsrecht und durch Vorschriften anderer Rechtsgebiete im allgemeinen ausgeschlossen. Die Rüge der Verletzung des Gleichheitssatzes auf wirtschaftlichem Felde führt aber im Grunde genommen bei strenger Handhabung zu einer pluralistischen Aufteilung der wirtschaftlichen Leistungen des Staates und könnte zu Formen der staatlichen Verwaltung führen, die vielleicht noch weniger wünschenswert wären, als die heutigen. Eine Verschärfung der Kontrolle im Sinne einer ständigen Aufmerksamkeit darauf, ob der Gleichheitssatz beobachtet ist, ob zum Beispiel die Leistung konfessionell, politisch, standesmäßig richtig verteilt wird, würde unter Umständen zu dem System der von den Interessenten schon soviel mißbrauchten Form der Aufschlüsselung der Anteile führen. Mir ist manchmal erschienen, als ob das Ideal des ersten Referenten die Lebensmittelkarte und der jedem Studenten nach Maß gleichmäßig gereichte Unterhaltsbeitrag wäre, und nicht die eigentlich schöpferische Förderung begabter Studenten oder die ja natürlich immer mit menschlichen Irrtümern und unter Umständen mit Verletzungen des Gleichheitssatzes verbundene lebendige und fördernde Tätigkeit der Verwaltung. Und in diesem Sinne möchte ich mit Herrn Peters zu denken geben, ob wir wirklich die Entscheidungen der Verwaltung am allerbesten dem Richter übertragen, der dem Fall stets fernsteht und ihn oft erst dann bekommt, wenn der aktuelle Nutzen nicht mehr in vollem Umfang erreicht werden kann. Ich frage mich, ob wir wirklich auf dem richtigen Wege sind, wenn wir die Verwaltung immer stärker an ängstliche Gleichheitsmaßstäbe binden. Das führt letzten Endes zu dem Zustand, den wir in gewissen Gebieten unserer Verwaltung, z. B. im Fürsorgerecht, im Lastenausgleichsgesetz bereits erreicht haben. Jeder bekommt den umständlich, im heutigen Rentenrecht erst nach Jahren mit Rechenmaschinen ausgerechneten Anteil, mit dem er zwar einigermaßen einen gleichmäßigen Anteil hat, ohne daß aber eine wirkliche Hilfe rechtzeitig und entsprechend differenziert geleistet werden kann. Das mag auf den Gebieten der allgemeinen sozialen Austeilung an den Bürger fast unvermeidlich geworden sein infolge des Gleichheitsdenkens unserer Zeit, von dem wir gestern sprachen. Aber ich weiß nicht, ob wir dieser starren Uniformierung nicht allzu sehr Vorschub leisten, wenn wir den Staat auf allen Gebieten zu eng an grundrechtliche Schranken binden wollen.

Merk: M. E. ergibt sich aus Art. 1 GG, daß die Grundrechte bindend sind für den Staat. Soweit wir sagen können, es liegt staatliche Verwaltung vor, insoweit sind die Grundrechte bindend. Ob der Staat da öffentlich-rechtlich vorgeht oder privatrechtlich, das ist nicht entscheidend. Denken wir an eine öffentliche Anstalt, die in privatrechtlicher Form sich betätigt. Als ein weiteres Beispiel mag erwähnt werden, daß der Staat eine Aktiengesellschaft gründet, wo alle Anteile dem Staat gehören; da muß man sagen, daß hier auch staatliche Verwaltung vorliegt; insoweit sind die Grundrechte auch maßgeblich. Dagegen beim gemischtwirtschaftlichen Betrieb, wo der Staat z. B. nur ein Viertel der Aktien hat, können wir nicht sagen, das ist eine staatliche Verwaltung, sondern hier trifft ja eine Verantwortlichkeit des Staates nur insoweit zu, als der Staat Einfluß hat, d. h. insbesondere, wie er von seinem Stimmrecht Gebrauch macht.

Pfeifer: Ich möchte auf etwas hinweisen, was vielleicht auch sonst wertvoll sein kann: In der Menschenrechtskonvention, der sowohl die Bundesrepublik Deutschland als auch Österreich beigetreten sind, heißt es in Art. 13: „Sind die in der vorliegenden Konvention festgelegten Rechte und Freiheiten verletzt worden, so hat der Verletzte das Recht, eine wirksame Beschwerde bei einer nationalen Instanz einzulegen, selbst wenn die Verletzung von Personen begangen worden ist, die in amtlicher Eigenschaft gehandelt haben." Das läßt doch den Umkehrschluß zu, daß auch Verletzungen, die von Nichtamtspersonen begangen wurden, diesem Beschwerderecht unterliegen. In diesem Sinne wurde es auch von einem Ihrer deutschen Strafrechtslehrer, von Hellmuth von Weber, ausgelegt. Ich glaube, daß das zu bedenken gibt, daß diese Menschenrechte und Grundfreiheiten, wie sie heute gefaßt sind, nicht ausschließlich gegenüber dem Staat als Hoheitsträger gelten, sondern daß sie auch dem Staat, der als Privatmann auftritt, wie auch allen anderen Personen Schranken auferlegen.

Menger: Wir kommen nun zu dem dritten Thema unserer Diskussion, nämlich zu der Bedeutung des Grundsatzes der Gesetzmäßigkeit der Verwaltung speziell für unseren heutigen Verhandlungsgegenstand.

Krüger: Herr Mallmann hat Punkt 8 seiner Ausführungen mit der Notwendigkeit begründet, die Gesetzmäßigkeit der Verwaltung zu intensivieren — wobei ich annehmen darf, daß „intensivieren" auch hier den Gegensatz zu „extensivieren" meint. Eine solche Forderung setzt offenbar sehr viel voraus — unausgesprochene, ja vielleicht sogar unbewußte Voraussetzungen. Um dies wenigstens an einer Stelle zu veranschaulichen: Wenn vom Rechtsstaat her auf Gesetzmäßigkeit geschlossen wird, dann ist dabei unzweifelhaft vorausgesetzt ein materieller Begriff des Gesetzes, ein Rechtsstaat soll der Staat des gerechten Rechtes, also der rechtsrichtigen Gesetze sein. Es zeigt sich: Vorausgesetzt ist bei der im Namen des Rechtsstaates erhobenen Forderung nach Gesetzmäßigkeit, die Form des Gesetzes könne, ja müsse einen Beitrag zur Richtigkeit des Rechtes dadurch leisten, daß sie sich allen rechtsunrichtigen Inhalten verweigere. Inwiefern dies aber der Fall ist, also vorausgesetzt werden darf, hat man allenfalls durch den Hinweis auf eine dem Gesetz inhärente Allgemeinheit zu erhärten versucht, ohne dies zu substantiieren — ganz abgesehen davon, daß man über diese filternde Allgemeinheit durch Institute wie das des „Formellen Gesetzes" und des „Maßnahmegesetzes" hinweggegangen ist. Es wird mithin mit der Forderung nach Gesetzmäßigkeit insgesamt vorausgesetzt, der Zwang zur Verwendung dieser Form sei ein Zwang zum richtigen Recht — eine Voraussetzung, die, wie mir scheint, immer noch ihres letzten Beweises harrt.

Wendet man sich nunmehr dem Stoff zu, dem durch Einsatz der Form „Gesetz“ zur Richtigkeit der Behandlung verholfen werden soll, so scheint auch hier mancherlei vorausgesetzt, dessen Voraussetzbarkeit einer Überprüfung bedürfte. Einmal wird offenbar als selbstverständlich angenommen, daß die Richtigkeit, auf die es in der Verwaltung ankomme, vornehmlich oder sogar ausschließlich Rechtsrichtigkeit sei. Mir scheint, daß die Verwaltung auch noch anderen Arten von Richtigkeit verpflichtet sei, z. B. der Fruchtbarkeit oder der Ergiebigkeit. Was das Verhältnis dieser verschiedenartigen Richtigkeiten zueinander angeht, so finde ich immer noch unübertroffen die Formulierung Stahls, daß das Recht für die Justiz Inhalt, für die Verwaltung Schranke sei. Aber auch jenseits des Materiellen der Richtigkeit, nämlich hinsichtlich dessen, was man den Rhythmus der Sachbereiche nennen könnte, scheinen mir mit der Forderung nach Gesetzmäßigkeit Voraussetzungen gemacht, deren Voraussetzbarkeit mir zum mindesten ungeklärt scheint. Das Gesetz kann sich seiner Struktur nach nur mit Bereichen befassen, auf denen typische Sachverhalte in voraussehbarem Ablauf und in regelmäßiger Konstellation auftreten. Unter diesem Blickwinkel ergeben die einzelnen Zweige der Verwaltung ein sehr verschiedenes Bild: Das weite Feld der sog. Inspektorenverwaltung ist offenbar nicht nur geeignet, sondern geradezu bedürftig, als Gesetzesvollziehung verstanden und eingerichtet zu werden. Dies trifft jedoch schon nicht mehr zu für die Polizei — wie die Generalklausel zeigt. Noch weniger gilt dies für die Wirtschaftsförderung, insbesondere für die Konjunkturpolitik, da gerade die letzte vor allem darauf gemünzt ist, unerwartet und plötzlich aufgetretenen Störungen irgendeines Gleichgewichts in den Anfängen sofort und wirksam begegnen zu können. Einen ganz anderen Rhythmus als den der Regelmäßigkeit weisen Kriegsführung und Außenpolitik auf: Sinnt doch hier der andere Teil auf nichts anderes, als den Gegner durch das völlig Unerwartete in unüberwindliche Existenznot zu bringen. M. a. W.: Da das Gesetz immer nur mit Sachverhalten rechnen kann, die seinem Tatbestand unterfallen, ist es dort fehl am Platze, wo man jederzeit mit allem rechnen muß.

Letzten Endes ergibt sich: Die unbedingt und ohne Rücksicht auf Wesen des Gesetzes und Eigenart des Gegenstandes erhobene Forderung nach Gesetzmäßigkeit der Staatstätigkeit — Herrn Mallmann rechne ich nicht zu dieser Richtung — ist nicht eigentlich dem Rechtsstaat, sondern dem geschichtslosen Staat zuzuordnen — also demjenigen Typus, der sich entschlossen hat, auf Geschichtlichkeit zu verzichten, um dem Unerwarteten und seinen Risiken zu entgehen. Das ist eine höchstpersönliche Entscheidung, die eben deswegen nicht als allgemeingültiges Ideal proklamiert oder gar propagiert werden kann. Abgesehen vom Wollen ist es zudem die Frage, ob der Verzicht auf Geschichtlichkeit, der allein die Vollständigkeit und Einerleiheit der Herrschaft des Gesetzes ermöglicht, nicht seinerseits wieder unausgesprochen, ja vielleicht sogar unbewußt „Lagen" voraussetzt, die womöglich nur in diesem einen Falle gegeben sind. Ein Staat hingegen, der auf den unsicheren Gewässern der Außenpolitik existiert oder sich vielleicht sogar noch einige außenpolitische Aufgaben gesetzt hat, wird daher in Verfassung und Verwaltung Bewältigung des Unerwarteten gebührende Vorsorge zu treffen haben. Er braucht deswegen nicht minder Rechtsstaat zu sein als der geschichtslose Staat.

Ipsen: Ich habe eine Frage an die Herren Referenten. Heute morgen ist reichlich viel von Subventionsverwaltung gesprochen worden. Vielleicht zuviel. Meine Frage geht dahin: Genügt es den Vorstellungen von Gesetzmäßigkeit, die vor allen Dingen Herr Mallmann zugrunde gelegt hat (ich verweise auf seine Ziff. 9 der Leitsätze) für die Subventionstätigkeit der öffentlichen Hand, daß die zuständige Instanz den Amtsauftrag besitzt und über einen Haushaltstitel verfügt? Genügt *das* den Vorstellungen von demokratischer Legitimation, die hier ins Spiel gebracht worden ist? Das wäre sicherlich keine Gesetzgebung materiellen Gehalts, wie Herr Krüger sie anspricht, aber diese Gesetzgebung über das Budget vollzieht sich ja doch nach demokratischen Spielregeln und ist solche demokratischer Instanzen, und nach der sehr blassen Formulierung des Leitsatzes 9 würde das ja vielleicht genügen. Wenn ich diesen Satz noch einmal verlesen darf: die intensivierte Gesetzesbindung braucht im Bereich der Leistungsverwaltung (ich glaube gut verstanden zu haben, dazu auch die Subventionsdinge zählen zu müssen) infolge der Sachstruktur der Ordnungsobjekte nur eine Bindung an allgemeine Grundsätze und Grenzziehungen zu sein. Genügt da also Amtszuständigkeit und Etatausführung? Ist das hinreichend demokratisch? Ich weiß nicht recht, ob man mit einem schlichten ja oder nein dazu antworten kann. Der Satz 9 gibt mir im Augenblick Steine statt Brot. Ich glaube aber, wir sollten in diesem Bereich eine bessere Klärung versuchen.

Mallmann: Entscheidet der Gesetzgeber, daß eine Subventionsaufgabe von der Verwaltung erfüllt werden soll, und stellt er zur Ausführung des damit erteilten Amtsauftrags Budgetmittel zur Verfügung, ist den demokratischen Anforderungen Genüge getan. Vom rechtsstaatlichen Aspekt stellt sich dann zwar noch die Frage, inwieweit nun durch diese subventionierende Tätigkeit in den Rechtsstatus des Einzelnen eingegriffen wird und ob sich von daher strengere Bindungen ergeben. Jedenfalls aber fordert die demokratische Legitimation keine enge und strenge Gesetzesbindung und Einzelregelung, die in vielen dieser Fälle ohnehin unmöglich wäre.

Ipsen: Aber bei den Eiern hat das funktioniert!

Mallmann: Bei der Subventionierung der Eierwirtschaft war es möglich, und soweit es möglich ist, sollte der Gesetzgeber, und zwar auch unter dem Aspekt des demokratischen Prinzips, die Subventionierung regeln. Nur darf man selbstverständlich nicht generell sture und strenge Anforderungen stellen. Wenn ich anscheinend den Eindruck einer gewissen Sturheit erweckt habe, ja sogar, wie ich hier einschalten möchte, den Verdacht, ein Anhänger der Lebensmittelkarte zu sein — ich hatte bisher nichts davon gewußt —, so erklärt sich das vielleicht aus gewissen zugespitzten Formulierungen in meinem Referat.

Bachof: Herr Mallmann geht offenbar davon aus, daß eine „originäre Exekutivgewalt" undemokratisch sei, weil ihr der Auftrag des parlamentarischen Gesetzgebers fehle. Nun könnte der Auftrag des Gesetzgebers doch sicher auch unmittelbar durch die Verfassung erteilt worden sein, und es fragt sich deshalb, ob unsere Verfassung nicht einen solchen Auftrag enthält. Ich habe von unseren österreichischen Kollegen in früheren Diskussionen über die Organisationsgewalt den Eindruck gewonnen, daß ihr ganzes Unbehagen gegenüber der deutschen Staatspraxis ausgeräumt wäre, wenn sich im Grundgesetz irgendein formaler Satz etwa des Inhalts fände, wie: „Die Exekutive hat den Auftrag, zu verwalten", oder: „Sie hat den Auftrag, die Sozialordnung zu gestalten". Ich meine nun, eines solchen Satzes bedarf es nicht, denn wir haben ihn praktisch bereits in der Sozialstaatsklausel des Art. 20 I GG. Ich habe seinerzeit in Bonn die Frage aufgeworfen, ob in dieser Klausel, mindestens im Zusammenhang mit einschlägigen haushaltsrechtlichen Ermächtigungen, nicht eine hinreichende Ermächtigung der Exekutive zum sozialgestaltenden Tätigwerden enthalten sei. Herr Mallmann wird vielleicht einwenden, eine solche Ermächtigung sei zu unbestimmt, es bedürfe deshalb jeweils einer spezialgesetzlichen Regelung. Sie, Herr Mallmann, haben aber eingeräumt, daß eine solche spezielle Regelung nicht immer möglich und deshalb auch nicht immer zu fordern sei. Räumt man das ein, dann reduziert man die Forderung nach gesetzlicher Regelung aber von einer Voraussetzung staatlichen Handelns zu etwas bloß Wünschbarem. Darin, daß eine gesetzliche Regelung wünschbar ist, stimme ich Ihnen zu, nur ist sie eben in der Tat oft unmöglich. Herr Krüger hat dazu mit Recht auf die auswärtige Gewalt hingewiesen und ausgeführt, es gebe dort Lagen, die man nicht voraussehen und deshalb auch nicht vorausschauend normieren könne. Ich meine, das ist nicht nur bei der auswärtigen Gewalt so, sondern auch auf anderen Gebieten, z. B. bei den Subventionen. Gewiß sollten auch deren Voraussetzungen nach Möglichkeit normiert sein, und der Gesetzgeber entzieht sich dieser Einsicht durchaus nicht. Aber es gibt auch hier unerwartete Lagen, die ohne Normierung bewältigt werden müssen. Man denke nur an den bekannten Fall der Margarinesubventionierung aus Anlaß der Koreakrise. Damals konnte die Regierung nicht zuwarten, bis ein langwieriges Gesetzgebungsverfahren durchlaufen war.

Die Frage stellt sich also dahin, ob wir uns mit der Forderung nach gesetzlicher Normierung als etwas Wünschbarem begnügen sollen, oder ob — was Herrn Mallmanns These III 7 nahelegt — ein gesetzlicher Auftrag Gültigkeitsvoraussetzung staatlichen Handelns ist. Ich möchte letzteres verneinen. Was wäre auch damit gewonnen, wenn man statt der jetzigen Sozialstaatsklausel einen ausdrücklichen Verfassungssatz hätte, etwa des Wortlauts: „Der Staat hat den Auftrag, im Rahmen des Notwendigen sozialgestaltend tätig zu werden?" Oder was wäre mit einer spezialgesetzlichen Regelung gewonnen, die aus gegebenem Anlaß die Verwaltung in einem einzigen Paragraphen — und mehr wäre oft gar nicht möglich — ermächtigt, das zur Bewältigung einer besonderen Lage Erforderliche zu tun? Mir scheint die Sozialstaatsklausel ausreichend zu sein, die notwendigen Vorkehrungen gegen einen Mißbrauch erblicke ich im Gleichheitssatz und in anderen grundrechtlichen Bindungen der Verwaltung.

Mallmann: Ich bin nicht ganz richtig verstanden worden. Ich habe durchaus nicht bloße „Wünschbarkeiten" gemeint, und ich habe andererseits keineswegs die Auffassung vertreten, daß überall eine Durchnormierung stattfinden müsse, vielmehr deutlich gesagt, daß in weiten Bereichen von einer Durchnormierbarkeit überhaupt keine Rede sein kann. Es geht mir im Grunde um etwas anderes. Herr Bachof meint, was das schon sei, wenn der Gesetzgeber in einem speziellen Subventionierungsfall einen Paragraphen beschließe und darin die Verwaltung zu den erforderlichen Maßnahmen ermächtige. Für mich ist das etwas sehr Wesentliches, und zwar gerade unter dem demokratischen Aspekt. Der Gesetzgeber trifft damit die Entscheidung über Notwendigkeit und Ausmaß der Subventionierung, eine Entscheidung, die in Fällen von sozialgestaltender Tragweite wie in dem der Stützung der Margarineindustrie, nur ihm und nicht der Exekutive zusteht. Und wieso ein langwieriges Gesetzgebungsverfahren? Wir erleben unzählige Male, daß Gesetze sehr schnell zustandekommen.

Scheuner: Das wäre wieder ein typisches Maßnahmegesetz.

Mallmann: Ja. Ich bin auch durchaus kein Feind von Maßnahmegesetzen, die die Sozialstaatsklausel konkretisieren. Aber diese Klausel reicht für sich allein als Ermächtigung für die Exekutive in solchen Fällen nicht aus, auch nicht im Zusammenhang mit einer globalen haushaltsrechtlichen Ermächtigung.

Dürig: Die ja auch auflösend bedingt ist durch eine repressive Kontrolle des Rechnungshofs und die parlamentarische Entlastung.

Becker: Im Katastrophenfall, Herr Mallmann.

Mallmann: Den Katastrophenfall habe ich angeführt. Er hat mit Sozialgestaltung, Wirtschaftslenkung u. dgl. nichts zu tun. Es gibt auch noch viele andere Fälle, in denen es unnötig ist, den Gesetzgeber zu bemühen, weil es sich nicht darum handelt, daß in Fragen von sozialgestaltender Tragweite politische Entscheidungen getroffen werden. Darum geht es doch. Die Meinungsverschiedenheit besteht im Grunde darüber, ob die Exekutive solche Fragen von sich aus politisch entscheiden darf, oder ob diese Entscheidung dem Gesetzgeber zusteht.

Bachof: Um nochmals ganz konkret zu fragen: Sie würden die Sozialstaatsklausel in Verbindung mit einer vorhandenen haushaltsrechtlichen globalen Ermächtigung nicht für ausreichend halten? Für ausreichend hielten Sie dagegen eine spezielle haushaltsrechtliche Ermächtigung, wie etwa: „Zum Zwecke der Margarinesubventionierung werden Mittel zur Verfügung gestellt."

Mallmann: Unter dem d e m o k r a t i s c h e n Aspekt würde mir das genügen, weil dann eine Entscheidung des Gesetzgebers vorliegt, die eindeutig genug ist.

Bachof: Aber die vorhandene Globalermächtigung genügt nicht? Ich stelle ab auf den Sozialstaatsgrundsatz in Verbindung mit einer haushaltsrechtlichen Globalermächtigung. Die Exekutive kann ja nie solche Subventionen geben, ohne daß sie einen Haushaltstitel zur Verfügung hat.

Mallmann: Gewiß. Aber die weiten Globalermächtigungen, wie sie sich in den Haushaltsplänen finden, enthalten nicht die erforderliche konkrete Entscheidung des parlamentarischen Gesetzgebers.

Bachof: Der Gesetzgeber könnte aber sagen: „Ich begnüge mich mit einem solchen Globaltitel; die Spezifizierung der Ausgabe stelle ich der Exekutive anheim."

Mallmann: Es fragt sich, ob er das darf, und das verneine ich eben. Es ist — um dies zur Vermeidung von Mißverständnissen noch einmal zu betonen — keineswegs die Rede von einer sachwidrigen Einengung der Exekutive. Im Grunde geht es darum, daß die politischen Entscheidungen nicht von der Exekutive getroffen werden dürfen, wo es um Sozialgestaltung und Wirtschaftslenkung geht, wo der soziale Status des Einzelnen, der Bürger, der Gesellschaft berührt wird, sondern daß hier die Entscheidung der Legislative vorbehalten ist.

Bachof: Und daß die Legislative diese Entscheidung nicht im voraus aus der Hand geben darf?

Mallmann: Auch das!

Ipsen: Darf ich noch eine Bemerkung dazu machen? Unsere rechtswissenschaftliche Beschäftigung mit dem Subventionsthema hat ja eingesetzt mit „Eva im Abendkleide". Das war der Titel jenes Films, der zu unser aller Leidwesen wohl nie gedreht worden ist, weil die Filmverbürgung durch den subventionierenden Bund aus verfassungsrechtlich anfechtbaren Gründen verweigert worden war. Mit solchen Subventionen im Filmwesen hat für uns die heutige Thematik begonnen. Da hat sich herausgestellt, daß Filmsubventionierungen stattgefunden haben — und ich war der Meinung, daß das ausreicht — aufgrund eines *nicht gesetzesförmigen Beschlusses des Parlaments*, des Bundestages. Nun kommen wir auf die Frage des Gesetzesvorbehalts. Hierfür würde es also nach den Vorstellungen von Herrn Mallmann, wonach es nur auf das Gewicht der *politischen* Entscheidung ankommt, genügend sein, wenn das *Parlament* die *Mittel* zur Verfügung stellt.

Scheuner: Das wäre die Auffassung, wie sie das Bundesverwaltungsgericht angedeutet hat, und Sie sie doch wohl auch für vertretbar halten.

Mallmann: Vertretbar durchaus. Aber ich habe in meinem Referat deutlich gesagt, daß der schlichte Parlamentsbeschluß mir nicht genügt. Der schlichte Parlamentsbeschluß kann bei irgendeiner Gelegenheit rasch und irgendwie zustande kommen, während das Gesetzgebungsverfahren die Voraussetzungen für eine wohlabgewogene Entscheidung schafft.

Herrfahrdt: Genügt hier eine „demokratische Legitimierung"? Wenn eine Parlamentsmehrheit einseitig die Interessen einzelner Gruppen fördert, so ist das der typische Fall einer Scheinlegitimierung. Den Staat müssen wir heute sehen als Zusammenfassung verschiedenartiger Glieder des Volkes durch Persönlichkeiten ihres gemeinsamen Vertrauens.

Münch: Ich bin der Ansicht von Herrn Peters, daß wir die Situation, in der der Staat sich heute befindet, nicht aus dem Auge verlieren dürfen, wenn ich auch von philosophischen Argumentationen nicht viel halte. Aber es ist doch so: Der Staat ist die kollektive Gewalt. Die kollektive Gewalt ist am Anfang, im ganz primitiven Zustande, als eine physische kollektive Gewalt zu verstehen. Sie ist aber in jahrtausendelanger Arbeit umgeformt, selbständig gemacht, schließlich in einem Apparat monopolisiert worden; sie ist heute nicht nur ein physischer, sondern ein psychologischer Faktor. Und diesen Apparat und seine psychologische Macht wieder in den Griff zu bekommen, das ist eben der Kern der demokratischen Bestimmung, daß alle Staatsgewalt vom Volke ausgeht. Aber wir dürfen doch nicht vergessen, daß wir noch in dieser Entwicklung stehen, daß der Apparat mit seinen psychologischen Machtmitteln noch existiert, daß er tatsächlich eine ungeschriebene Legitimation hat, auf der die Verwaltungstätigkeit überhaupt beruht. Wir können allenfalls Art. 20 Abs. 2 GG in der gegenwärtigen Situation so auslegen: die Staatsgewalt muß zwar eine Legitimation vom Volke haben, aber die vollziehende Gewalt und die Rechtsprechung haben ihre Legitimation indirekt, der Gesetzgeber direkt. Immerhin hat also auch die vollziehende Gewalt ihre Legitimation vom Volke. Daraus kann die hergebrachte Auffassung, die von den Konservativen und von den gemäßigten Sozialisten in Anspruch genommen wird, folgern, daß die gesamte Tätigkeit des Staates legitim ist, sofern sie die Verfassung nicht verletzt. Man kann aber gegen diese Folgerung opponieren, und zwar in zwei Varianten. Die eine würde in einer extrem rechtsstaatlichen Konstruktion behaupten, daß der Staat nichts tun darf, als was ihm die Verfassung erlaubt. Die andere demokratische Tendenz, die in dem Referat von Herrn Mallmann vertreten ist, verlangt die Tätigkeit des Gesetzgebers als des eigentlich vom Volk bestellten Organs, setzt aber sonst der Staatstätigkeit keine Schranken.

Becker: Ich möchte nochmals an die sog. Aufgabenermächtigung durch Mittelbewilligung anknüpfen. Ich halte diese Deutung für falsch. Wir müssen Aufgaben und Ausgaben unterscheiden. Wir dürfen beide nicht identifizieren. Das Haushaltsgesetz kann keine Aufgaben entstehen lassen, sondern nur zu Einnahmen und Ausgaben ermächtigen. Sonst kann es gar nichts. Aufgaben entstehen nie durch Mittelbewilligung, sondern entstehen nach der Universalität des Wirkungskreises unter Beachtung und Ausrichtung auf das Gemeinwohl nach Maßgabe der Rechtsordnung; d. h., die Aufgaben sind bereits da und ihre Verwirklichung wird ermöglicht, indem Mittel bereitgestellt werden. Es ist aber nicht so, als ob ein Haushaltsgesetz eine Aufgabe zur Entstehung bringen könnte. Das ist ein sekundärer Vorgang, nicht der primäre. Und wir müssen hier die Aufgabe auf der einen Seite und die Wege ihrer Erfüllung auf der anderen Seite streng unterscheiden, wenn wir nicht Verbandskompetenz und Organkompetenz und alles, was damit zusammenhängt, durcheinander bringen wollen.

Merk: Ja, aber die Ausgaben werden doch für ganz bestimmte Aufgabenzwecke bewilligt, und z. T. nur im Haushaltsplan, wie u. a. teilweise bei den sog. Finanzbeihilfen.

Becker: Das ist eine Zweckbindung, jawohl, Herr Merk, eine Z w e c k bindung der Mittel. Die Durchführung der Aufgabe wird ermöglicht, aber sie entsteht nicht auf diese Weise.

Peters: Ich wäre dankbar, wenn die verschiedenen Redner das, was sie meinen, ebenfalls insofern klarstellten, ob sie behaupten, das Gesagte gelte de lege ferenda oder de lege lata. Einiges ist m. E. offensichtlich nur de lege ferenda gemeint; manchmal fiel dafür der Ausdruck „wünschbar". Ich kann mir nicht denken, daß das, was Herr Mallmann heute vorgebracht hat, von seinem Standpunkt alles de lege lata bereits gilt. Wäre das der Fall, dann wäre die Grünfläche vor der Universität unrechtmäßig. Sie gingen heute abend in ein unrechtmäßig eröffnetes Theater, denn hier wie dort gibt es keinerlei gesetzliche Ermächtigung. Es gibt wohl eine Ermächtigung für den Schulbau als solchen, aber es gibt sie schon nicht dafür, wie aufwendig die Schule gebaut wird. Diese, die Bürger meist besonders interessierende Frage müßte konsequenterweise dann auch gesetzlich geregelt sein. Die Legitimation hierfür ist ein Beschluß des Rats der Stadt, kein Gesetz oder Ortsstatut. Gibt es denn wirklich eine Legitimation der Verwaltung nur durch das demokratisch gewählte Parlament, bei kommunalen Beschlüssen durch den Rat? Wie liegt die Sache bei Sonderbehörden, die für ihre Entschließungen gewöhnlich kein Parlament zur Verfügung haben, z. B. die Postverwaltung? Ich glaube, man muß doch de lege lata zunächst von der Tatsache ausgehen, daß wir heute alle Verwaltungsmaßnahmen ohne besondere gesetzliche Ermächtigung als rechtmäßig ansehen, wenn sie die vorhandenen Gesetze beachten und im Falle von Eingriffen in die Freiheit des Bürgers den Satz vom Vorbehalt des Gesetzes beachten. Wir müssen daher anerkennen, daß die demokratische Legitimation im gesamten Verwaltungsaufbau verankert ist und nicht nur in den Gesetzen, die die Volksvertretung im einzelnen beschließt. Man muß m. E. zugestehen, daß die Verwaltungsbehörden verwalten oder daß die Gemeinde in ihrem Gebiet alle Aufgaben aus dem Bereich der öffentlichen Verwaltung erfüllen darf. In den vorhandenen Vorschriften liegt in der Regel keine Ermächtigung, sondern eine Zuständigkeitszuteilung. Ich meine, wir dürfen die Verwaltung nicht nur von oben sehen. Der Staat baut sich von unten nach oben auf. Ich habe den Eindruck, daß hier manche Herren Kelsen sehr viel näher stehen, als sie es wahrhaben wollen. Der Staat ist nicht primär eine Rechtsinstitution, sondern eine soziologische Erscheinung. Es gilt für die Rechtsordnung, ein Instrument zu formen, damit Mißbräuche verhindert werden und die Macht an die Kandare gelegt wird. Die Verwaltung hat zu gestalten, was im Interesse des Gemeinwohls notwendig ist. Das würde ich allerdings auch als einen unserem Recht zugrunde liegenden Rechtssatz anerkennen. Sinn der Verwaltung ist es, im Einzelfall dem Gemeinwohl zu dienen und im konkreten Falle die Aufgaben zu erfüllen, die sich für das Gemeinwohl ergeben. Dazu kommen dann die verschiedenen Schranken, die ich selbstverständlich auch anerkenne, wie Bindung der Verwaltung an die Gesetze und Vorbehalt des Gesetzes. So darf der Gesetzgeber die Regelung gewisser Materien an sich ziehen und erreicht damit die Bindung der Verwaltung für diese Bereiche.

Mallmann: Ich habe nicht de lege ferenda gesprochen, sondern de lege lata. Ich habe deutlich gesagt, daß die gestaltende Verwaltung mir bekannt ist, und dafür den Schulbau als Beispiel genannt, woraus sich zur Genüge ergeben haben dürfte, daß ich auch Fälle wie den des Theaterbaus oder der Anlage einer Grünfläche nicht aus dem Bereich der gestaltenden Verwaltung ausschließe.

Ich will selbstverständlich nicht bestreiten, daß die Post den Zustelldienst verwaltungsintern regeln kann, und habe keinen einzigen Satz in meinem Referat gesagt, aus dem auf eine solche Meinung geschlossen werden könnte. Ich glaube, unmißverständlich dargelegt zu haben, daß in vielen Fällen die Zuständigkeitsregelung, die allerdings m. E. in den Grundlagen eine gesetzliche sein muß, genügt, und habe hervorgehoben, daß in dieser Zuständigkeitsregelung immanent der Verwaltungsauftrag liegt.

Herrn Bachof habe ich nicht eingeräumt, es genüge ein Paragraph: „Die Verwaltung darf verwalten." Ich habe vielmehr gesagt, der Gesetzgeber müsse in den Fällen, in denen er die Materie nicht im einzelnen durchnormieren kann, die politische Entscheidung treffen, daß die Verwaltung in dem betreffenden Fall, z. B. dem Margarinefall, nach den oder den Richtlinien Subventionen gewähren darf. Das ist etwas ganz anderes als: „Die Verwaltung darf verwalten."

Was schließlich die Staatsauffassung betrifft, so bestehen hier tiefgehende Meinungsverschiedenheiten. Es ist wohl besser, sie heute nicht näher zu erörtern. Ich glaube, man wird mir einräumen, daß ich eine grundsätzlich andere Auffassung habe als Herr Peters, ohne mir eine Verkennung unserer Rechtsordnung vorzuwerfen.

Merk: Es ist natürlich klar, daß im volksherrschaftlichen Freistaat eine Ermächtigung durch Verfassung oder Gesetz als Rechtsgrundlage für die Tätigkeit der Verwaltung vorhanden sein muß. Aber diese Ermächtigung kann nach deutschem Recht auch ganz allgemein erteilt sein. Man muß hierbei ggf. auch den Gesamtinhalt der Verfassung und der Gesetze heranziehen. Wenn dort z. B. von einem auswärtigen Ministerium, einem Justiz- oder Finanzminister, die Rede ist, dann liegt in dieser Anführung in Anknüpfung an bisherige Verhältnisse u. U. schon eine allgemeine Ermächtigung für den betreffenden Aufgabenbereich. — Jedenfalls kann ich der Ziff. 6 der Leitsätze des Herrn Mallmann, es sei bestehendes Recht, daß die Beschränkung des Gesetzmäßigkeitsgrundsatzes auf Freiheit und Eigentum, d. h. auf belastende Verwaltungsverfügungen, mit der „rechtsstaatlichen und demokratischen Entscheidung" des Grundgesetzes unvereinbar ist, in dieser Form nicht zustimmen. Was heißt da rechtsstaatlich? Man hat darunter bisher verstanden vor allem die Einrichtung von

Grundrechten und Gewaltentrennung nebst entsprechendem gerichtlichem Rechtsschutz als die beiden Hauptgrundsätze rechtsstaatlicher Verfassung. Was nun hier damit gemeint sein soll, das ist mir nicht klar; und jedenfalls entspricht die Behauptung, daß der Grundsatz der Gesetzmäßigkeit auch für die Leistungsverwaltung gelte, m. E. dem geltenden Recht nicht, wie immer man rechtspolitisch darüber denken mag. Im übrigen haben wir durch die Haushaltsregelung genügende Grundlagen und Einschränkungen für die Verwaltung dadurch, daß alle einzelnen Ausgaben in den Haushaltsplan aufgenommen werden müssen, also kein Pfennig ohne eine entsprechende Bewilligung ausgegeben werden darf. Auch werden ja immer wieder Gesetze gemacht, die neue Aufgaben der Leistungsverwaltung eingehend regeln, wie z. B. die Kriegsopferversorgung, den Lastenausgleich, die Sozialversicherung und so fort.

Pfeifer: Von Herrn Professor Mallmann sind Sätze aufgestellt worden, die ich äußerst begrüße; so den Satz, daß sich die genauere Normierung der Verwaltungshandlungen sowohl aus dem rechtsstaatlichen als auch aus dem demokratischen Prinzip ergibt. Er sagte ferner, das rechtsstaatliche Prinzip erfordert die intensivierte Gesetzesbindung auch im Bereich der leistenden und sozial gestaltenden Verwaltung. Jetzt möchte ich zwei Beispiele dazu sagen: Herr Kollege Peters hat früher den Lastenausgleich erwähnt; wir in Österreich haben leider noch keinen solchen. Es finden sich nur im Haushalts- oder Bundesfinanzgesetz da und dort bescheidene Kreditposten, d. h. Ausgabenermächtigungen, die solchen Zwecken dienen können. Es ist aber nicht festgelegt, unter welchen Voraussetzungen die vorgesehenen Ausgaben gemacht werden dürfen und gemacht werden müssen. Ob die hilfsbedürftigen Vertriebenen wirklich zum Zuge kommen, ist in keiner Weise gewährleistet, solange nicht ein materielles Gesetz da ist, das Ansprüche gewährt und näher regelt. Ein anderes Beispiel: Sie haben hier das Gesetz auf Grund des Art. 131 des Grundgesetzes, das die Rechtsverhältnisse der verdrängten und vertriebenen Beamten regelt. Wir in Österreich haben ein solches Gesetz leider nicht, wohl aber haben wir eine große Zahl Vertriebener, die deutsche Beamte waren und dann, weil sie Altösterreicher sind, zu uns nach Österreich gekommen sind. Was ist geschehen? Es ist zum Glück ein Regierungsabkommen zwischen der deutschen und der österreichischen Regierung geschlossen worden, das sog. Bonner Pensionsabkommen von 1953, das vorsieht, daß unter gewissen Voraussetzungen Deutschland einen Beitrag leistet. Die Grundsätze dieses Abkommens sind nicht publiziert, und der einzelne in Österreich, der eine solche Versorgung in Anspruch nehmen will, dem bleibt derzeit nur der Weg, beim österreichischen Bundespräsidenten um die Gewährung eines außerordentlichen Versorgungsgenusses im Gnadenwege anzusuchen, obwohl es Tausende gibt, die in gleicher Lage sind. Das schreit nach gesetzlicher Regelung, nach einer intensivierten Gesetzesbindung auf diesem sozialen Gebiet. So könnte ich noch viele andere Beispiele nennen. Andererseits möchte ich noch folgendes sagen: Wenn wir heute von der „Nichthoheitsverwaltung", insbesondere von der fiskalischen Verwaltung gesprochen haben, so haben wir doch festgestellt, daß auch hier in gewissem Umfang Gesetzesbindung vorliegt, und zwar in der Gestalt des bürgerlichen Gesetzbuches, des Handelsgesetzbuches, des Arbeitsrechts und des Strafrechts, aber auch der Grundrechte und der Menschenrechtskonvention. Also, man muß zunächst die Dinge sehen, wie sie derzeit wirklich sind. Aber auch den Grundgedanken und Forderungen, die Herr Kollege Mallmann niedergelegt hat, kann ich aus meinen juristischen und praktischen Erfahrungen als Parlamentarier im allgemeinen zustimmen, weil es sonst dazu kommt, daß die Bürokratie nach freiem Gutdünken bis zum Ermessensmißbrauch, bis zur Protektion und Willkür frei schalten und walten kann. Dies aber soll vermieden werden.

Zeidler (Schlußwort): Meine sehr verehrten Herren Kollegen! Ich glaube, zu den einzelnen Diskussionsbeiträgen nicht mehr Stellung nehmen zu müssen, weil ich das im Laufe der Diskussion bereits getan habe. Der besondere Dank an die Kritiker ist aber sicher angebracht. Ich bitte, es mir auch als Debutanten nicht zu verübeln, wenn ich einen besonderen Dank an die Herren, die mir Schützenhilfe geleistet haben, ausspreche. Zum Schluß möchte ich noch folgenden Gedanken formulieren.

Ich weiß nicht, Herr Peters, ob ich Sie nicht auch zu den Adressaten rechnen darf, die mir zustimmen; denn ich wäre mißverstanden, wenn die Anliegen, die Sie bewegen, durch meine Konzeption nicht mehr realisiert werden könnten. Ich bin der Überzeugung, daß man bei dem Konzept, das ich versucht habe zu entwerfen, noch weitere Differenzierungen wird vornehmen müssen. Das liegt in der Natur des zeitlichen Rahmens enthalten. Ich glaube aber, daß an der Grundthese, die ich vertreten habe, trotz der heftigen Bedenken festzuhalten ist. Selbstverständlich muß man bei diesen Überlegungen immer ein Auge auf die Wirklichkeit und auf die Praxis werfen. Ich glaubte, das damit getan zu haben, daß ich den

Grundsatz der Grundrechtsbindung nur für die Bereiche voll zur Geltung bringe, die außerhalb des Rahmens der erwerbswirtschaftlichen Tätigkeit liegen. Es hat mir sehr leid getan, daß hier eben nicht alle Punkte erörtert werden konnten. Die Grundthese von mir wird erst dann richtig verstanden, wenn man sieht, daß ich aus der Ablehnung der sog. älteren und der jüngeren Fiskustheorie argumentiert habe. Im Hinblick auf den Art. 1 GG muß man von einer Einheit des Staates ausgehen, und von daher folgt dann meiner Ansicht nach zwangsläufig die dargelegte Konzeption. Wir sind uns wohl alle darüber einig — Herr Peters vielleicht ausgenommen —, wenn ich Sie an Ihren Äußerungen im Lehrbuch noch festhalten darf —, daß zwischen dem Aktionsfeld der Verwaltung und dem Bereich, der herkömmlich unter das öffentliche Recht gezählt wird, eine Lücke klafft und daß die moderne Verwaltungsrechtslehre, ich darf beispielsweise wieder Forsthoff oder Hans J. Wolff zitieren, diese Lücke durch Ausweitung der öffentlich-rechtlichen Bindungen zum Teil ausfüllen will. Ich glaubte, dieser Lehre insoweit nicht folgen zu können, weil ich keinen tauglichen Hinweis für die Abgrenzung finde. Von der Aufgabe her und vom öffentlichen Zweck her jedenfalls glaubte ich, die begrenzte Ausdehnung der Bindungen als nicht gerechtfertigt ansehen zu müssen. Auf der anderen Seite unterscheide ich mich doch in sehr vielen Punkten von Herrn Mallmann. Die Gesetzmäßigkeit der Verwaltung, wie sie Herr Mallmann vorgetragen hat, akzeptiere ich nicht. Ich stehe vielmehr auf dem Standpunkt, daß bei Anknüpfen an die privatrechtliche Form des Handelns das Prinzip der Gesetzmäßigkeit der Verwaltung und alle anderen verwaltungsrechtlichen Bindungen nicht zum Zuge kommen. Ich meine, daß die Lücke, die von der neueren Lehre gesehen wird, allein über die Bindung der Grundrechte ausgefüllt werden kann. Ob von dieser Konzeption aus mehr als die meist zitierten Art. 3, 4 und 5 GG aktuelle Bedeutung haben, wollte ich nur mit einigen zweifelnden Fragen andeuten. Ich habe mir darüber selbst noch keine endgültige Meinung bilden können. Ich meine nur, daß vom Art. 1 GG aus eher insoweit eine Vermutung für einen weiteren Geltungsbereich der Grundrechte spricht als gegen einen engen.

Für das große Interesse, das Sie den Darlegungen entgegengebracht haben, danke ich sehr.

Mallmann (Schlußwort): Mein Schlußwort muß der vorgerückten Zeit wegen kurz sein, kann es aber auch sein, weil ich auf einige Punkte schon während der Diskussion eingegangen bin.

Was zunächst die Fiskusfrage betrifft, so sind hauptsächlich Probleme der wirtschaftlichen Verwaltung diskutiert worden, die ich aus meinem Referat fast völlig ausgeklammert hatte. Ich hüte mich natürlich, nun die anderen Fragen, über die hier kaum ein Wort gefallen ist, — und damit auch jenes böse heiße (Fernseh-)Eisen — nochmals zu berühren, und beschränke mich darauf, zu der Fiskus-Diskussion nur noch kurz folgendes zu bemerken:

Herr Bachof hat bei der Frage der Grundrechtsbindung des Fiskus darauf abgestellt, ob der Staat seine spezifische Macht ausübt, und sich mit dieser Auffassung, etwas vorsichtig, zwischen „Gros“ und „Vorhut“ eingruppiert. Ich hatte ihn bisher zur Vorhut gerechnet, und zwar vor allem im Hinblick auf eine Äußerung in einer Fußnote zu seinem Bonner Referat, in der er in einem Fall, der mit Machtausübung unmittelbar nichts zu tun hatte, den Gleichheitssatz heranzog (VVDStRL Heft 12 S. 55 Anm. 37), will aber darauf nicht beharren. Der Gesichtspunkt der Machtausübung ist sicher sehr wesentlich; ich meine jedoch, daß der Staat nicht n u r , weil und soweit er Macht ausübt, an die Grundrechte gebunden ist, und daß der Gleichheitssatz auch schon dann zum Zuge kommt, wenn der Staat (oder, wie in jenem Fall, die flüchtlingsfeindliche Gemeinde) etwas tut, was er als der Nichtprivatmann par excellence nicht tun darf. Von einer mehr soziologischen Staatsauffassung her mag man das bezweifeln, aber ich glaube, doch daran festhalten zu müssen.

Wenn von Herrn Scheuner gesagt worden ist, er habe den Eindruck gewonnen, es werde hier dem Staat überhaupt das Recht abgestritten, sich in privatrechtlicher Form zu betätigen, und er selber vertrete mit aller Entschiedenheit die Auffassung, daß der Staat in weitem Umfang legitimerweise in privatrechtlichen Formen tätig werde, so freue ich mich, hierin eine absolute Übereinstimmung feststellen zu können. Ich habe in meinem Referat ausdrücklich gesagt, daß die privatrechtliche Staatstätigkeit, auch wenn man eine „Privatautonomie“ des Staates ablehnt, in sehr weitem Umfang als legitim anzusehen ist.

Was die Frage der Gesetzmäßigkeit der Verwaltung angeht, so möchte ich hierzu noch einmal sagen, daß es mir fern lag, eine völlige Durchnormierung der Verwaltung zu fordern. Davon ist doch nie die Rede gewesen! Und davon ist der Sache nach auch in der Literatur nie die Rede, mag die Terminologie auch manchmal anders sein. Wenn in diesem Zusammenhang auch von der auswärtigen Politik gesprochen worden ist, so erinnere ich daran, daß ich, wenn auch nicht unmittelbar von der Außen-, so doch von der Wirtschafts- und Sozialpolitik ausdrücklich gesagt habe, daß ich nicht etwa einen Gesetzesvorbehalt für diese ganzen Bereiche behaupten wolle.

Den Ausführungen von Herrn Münch über die ungeschriebene Prärogative der Verwaltung und die demokratische Legitimation kann ich nicht zustimmen. Art. 20 des Grundgesetzes enthält ein Demokratie*gebot*, und aus diesem Demokratiegebot ergeben sich rechtliche Konsequenzen. Da scheiden sich freilich die Geister, und ich bedaure es nun, daß ich in meinem Referat diese Fragen aus Zeitmangel nicht näher behandeln konnte. — Herr Münch hat außerdem gesagt, ich hätte behauptet, daß der Staat alles tun könne, aber der Gesetzgeber es sein müsse, der es tut. Er hat mich völlig mißverstanden. Ich habe nie diese Meinung vertreten.

Zum Schluß bleibt mir nur übrig, allen Diskussionsrednern, auch und gerade denen, die scharf kritisiert haben, und besonders auch Herrn Zeidler, aufrichtigen Dank zu sagen.

Verzeichnis der Redner

Verzeichnis der Mitglieder der Vereinigung der Deutschen Staatsrechtslehrer

Stand vom 1. Juli 1961

Vorstand

1. Scheuner, Dr. Ulrich, Professor, Bad Godesberg, Beethovenstraße 77.
2. Imboden, Dr. Max, Professor, Basel, Hirzbodenweg 47.
3. Menger, Dr. Christian-Friedrich, Professor, Speyer a. Rh., Prinz-Luitpold-Straße 1.

Mitglieder

1. Abendroth, Dr. Wolfgang, Professor, Marburg a. d. Lahn, Wilhelm-Roser-Straße 53.
2. Antoniolli, Dr. Walter, Professor, Wien VII, Mariahilferstraße 22—24/III/II/6.
3. Apelt, Dr. Willibalt, Professor, Geh. Regierungsrat, Gräfelfing bei München, Freihamerstraße 32.
4. Armbruster, Dr. Hubert, Professor, Mainz, An der Allee 69.
5. Baade, Dr. Hans W., Privatdozent (Kiel), Duke University, School of Law, Durham (USA).
6. Bachof, Dr. Otto, Professor, Tübingen, Gartenstr. 73.
7. Becker, Dr. jur., Dr. phil. Erich, Professor, Speyer, Philipp-Melanchthon-Straße 10.
8. Bettermann, Dr. Karl August, Professor, Berlin-Lichterfelde-West, Baseler Straße 114.
9. Böhmert, Dr. Viktor, Professor, Kiel, Graf-Spee-Str. 9.
10. Bühler, Dr. Ottmar, Professor, München 27, Kufsteiner Platz 2/III.
11. Bülck, Dr. Hartwig, Professor, Heidelberg, Werrgasse 9.
12. Carstens, Dr. Karl, Professor, Bad Godesberg, Im Meisengarten 25.
13. Drath, Dr. Martin, Professor, Karlsruhe, Beethovenstraße 9.

14. D ü r i g , Dr. Günter, Professor, Tübingen, Ob dem Viehweidle 12.

15. E h m k e , Dr. Horst, Professor, Freiburg i. Br.-Littenweiler, Aumattenweg 6.

16. E r l e r , Dr. Georg, Professor, Göttingen, Schlegelweg 11.

17. E r m a c o r a , Dr. Felix, Professor, Innsbruck, Universität.

18. E v e r s , Dr. Hans-Ulrich, Privatdozent, Marburg a. d. Lahn, Ziegelstraße 8.

19. F o r s t h o f f , Dr. Ernst, Professor, Heidelberg-Schlierbach, Wolfsbrunnenweg 13.

20. F r i e s e n h a h n , Dr. Dr. h. c., Ernst, Professor, Karlsruhe, Haydnplatz 4.

21. F r ö h l e r , Dr. Ludwig, Professor (Nürnberg), Berg bei Starnberg, Seestraße 18.

22. F u s s , Dr. Ernst-Werner, Privatdozent, Hamburg 20, Im Winkel 3.

23. G e r b e r , Dr. jur., D. h. c. Hans, Professor, Freiburg i. Br., In der Röte 5.

24. G l u m , Dr. Friedrich, Professor, München, Südliche Auffahrtsallee 24.

25. G ö n n e n w e i n , Dr. jur., Dr. phil. Otto, Professor, Heidelberg, Werderplatz 1.

26. G ö r g , Dr. Hubert, Professor, Ellersberg, Post Forsbach, Bez. Köln (Marburg a. d. Lahn, Universitätsstraße 10).

27. G r e w e , Dr. Wilhelm, Professor, Washington 9, D. C., USA, 1742/44 R Street NW (Botschaft der Bundesrepublik Deutschland).

28. G r u n d m a n n , Dr. Siegfried, Professor, Gröbenzell bei München, Puchheimerstraße 30.

29. H a m e l , Dr. Walter, Professor, Marburg a. d. Lahn, Rotenberg 1 a.

30. H e c k e l , D. Dr. Johannes, Professor, München, St. Paulusplatz 9.

31. H e c k e l , Dr. Martin, Professor, Tübingen, Hechingerstraße 33.

32. H e l d , Dr. Hermann, Professor, Malente, Lindenallee 35.

33. H e r r f a h r d t , Dr. Heinrich, Professor, Marburg a. d. Lahn, Am Weinberg 8.

34. Hesse, Dr. Konrad, Professor, Freiburg i. Br., Hauptstraße 40.

35. Hettlage, Dr. Karl Maria, Professor, Bad Godesberg, Friedrich-Ebert-Straße 83.

36. Frhr. v. d. Heydte, Dr. August, Professor, Zellingen a. M., Thomas-Glock-Straße 26.

37. Heyer, Dr. Friedrich, Professor, Bonn, Humboldtstraße 35.

38. v. Hippel, Dr. Ernst, Professor, Godesberg-Mehlem, Mainzer Straße 119.

39. Hoegner, Dr. Wilhelm, Honorarprofessor, Ministerpräsident a. D., München, Am Blumengarten 17.

40. Hoffmann, Dr. Gerhard, Privatdozent, Erlangen, Schellingstraße 21.

41. Huber, Dr. Ernst Rudolf, Professor, Freiburg-Zähringen, In der Röte 2.

42. Huber, Dr. Hans, Professor, Muri bei Bern, Mannenriedstraße 5.

43. Imboden, Dr. Max, Professor, Basel, Hirzbodenweg 47.

44. Ipsen, Dr. Hans Peter, Professor, Hamburg 13, Hallerstraße 79.

45. Jacobi, D. Dr. Erwin, Professor, Leipzig S 3, Meusdorfer Straße 5.

46. Jahrreiss, Dr. Hermann, Professor, Köln-Klettenberg, Nassestraße 30.

47. Jaenicke, Dr. Günther, Professor, Heidelberg, Karlsruher Straße 57.

48. Jerusalem, Dr. Franz, Professor, München 27, Flemingstraße 58.

49. Jesch, Dr. Dietrich, Professor, Marburg a. d. Lahn, Landgrafenhaus.

50. Kafka, Dr. Gustav E., Universitätsdozent, Graz, z. Zt. Bad Godesberg, Hochkreuzallee 246.

51. Kaiser, Dr. Joseph, Professor, Freiburg i. Br., Belfortstraße 11.

52. Kaufmann, Dr. jur., Dr. phil. h. c. Erich, Professor, Heidelberg, Schweizerweg 1.

53. K i p p , Dr. Heinrich, Professor, Innsbruck, Neue Universität, Innrain 52.

54. K l e i n , Dr. Friedrich, Professor, Münster i. W., Prinz-Eugen-Straße 12.

55. K ö t t g e n , Dr. Arnold, Professor, Göttingen, Merkelstraße 43.

56. K o r d t , Dr. Erich, Professor (Köln), Düsseldorf, Brehmstraße 53.

57. K r a u s , Dr. Herbert, Professor, Göttingen, Baurat-Gerber-Straße 12.

58. K r ü g e r , Dr. Herbert, Professor, Hamburg-Gr. Flottbek, Elbchaussee 184.

59. K ü c h e n h o f f , Dr. Günther, Professor, Würzburg, Seinsheimerstraße 13.

60. L a u n , Dr. jur., Dr. rer. pol. h. c. Rudolf, Professor, Ahrensburg bei Hamburg, Vossberg 2.

61. L e i b h o l z , Dr. Gerhard, Professor, Karlsruhe, Rheingoldstraße 19.

62. L e i s n e r , Dr. Walter, Professor, Erlangen, Kochstr. 2.

63. L e r c h e , Dr. Peter, Professor, Berlin-Dahlem, Am Hirschsprung 15.

64. L i e r m a n n , D. Dr. Hans, Professor, Erlangen, Am Meilwald 18.

65. M a l l m a n n , Dr. Walter, Professor, Frankfurt a. M., Georg-Voigt-Straße 8.

66. M a r t i , Dr. Hans, Professor, Bern, Schwanengasse 9.

67. M a u n z , Dr. Theodor, Professor, München-Gräfelfing, Hartnagelstraße 3.

68. M a y e r , Dr. Franz, Professor, Speyer a. Rh., Frhr.-v.-Stein-Str.

69. M e d e r , Dr. Walter, Professor, Berlin-Dahlem, Gosslerstraße 29.

70. M e i n z o l t , D. Dr. Hans, Honorarprofessor, Staatssekretär a. D., Wessling am See, Oberbayern, Obere Seefeldstraße 16.

71. M e l i c h a r , Dr. Erwin, Professor, Graz, Juristische Fakultät, Universität.

72. M e n g e r , Dr. Christian-Friedrich, Professor, Speyer a. Rhein, Prinz-Luitpold-Straße 1.

73. Menzel, Dr. Eberhard, Professor, Kiel, Bülowstr. 16.
74. Merk, Dr. Wilhelm, Professor, Tübingen, Wildermuthstraße 6.
75. Merkl Dr. Adolf Julius, Professor, Wien XIX, Pfarrplatz 1.
76. Meyer, Dr. Ernst Wilhelm, Professor, Berlin-Wannsee, Bismarckstraße 32.
77. Mirbt, Dr. Hermann, Professor, Berlin-Schlachtensee, Spanische Allee 51.
78. Mosler, Dr. Hermann, Professor, Heidelberg, Berliner Straße 48.
79. Münch, Dr. Fritz, Professor, Bonn, Ahrweg 28.
80. Naumann, Dr. Richard, Professor, Lüneburg, Ülzener Straße 40.
81. Nawiasky, Dr. Hans, Professor, München und St. Gallen, St. Gallen, Georgshof 14.
82. Obermayer, Dr. Klaus, Professor, Erlangen, Am Röthelheim 58.
83. Partsch, Dr. Karl Joseph, Professor, Mainz, Siemensstraße 9.
84. Peters, Dr., Dr. h. c. Hans, Professor, Köln-Sülz, Zülpicher Straße 83.
85. Pfeifer, Dr. Helfried, Professor, Wien XIII, Lainzer Straße 57.
86. Ridder, Dr. Helmut, Professor, Heidebergen über Siegburg, Siebengebirgsstraße 4.
87. Rühland, Dr. Curt, Professor, Braunschweig, Dürerstraße 26.
88. Rumpf, Dr. Helmut, Konsul beim Generalkonsulat der Bundesrepublik Deutschland, Mailand, Via Guerazzi 3.
89. Schack, Dr. Friedrich, Professor, Hamburg 13, Nonnenstieg 9/II.
90. Schaumann, Dr. Wilfried, Professor, Würzburg, Domerschulstraße 16 (Alte Universität), ab 1. 11. 61: Würzburg, Prümstr. 9
91. Scheuner, Dr. Ulrich, Professor, Bad Godesberg, Beethovenstraße 77.
92. Schindler, Dr. Dietrich, Privatdozent, Zollikon-Zürich, Alte Landstraße 44.

93. Schlochauer, Dr. Hans Jürgen, Professor, Frankfurt a. M., Mertonstraße 17.

94. Schmid, Dr. Karl, Professor, Frankfurt a. M., Johann-Klotz-Straße 15.

95. Schneider, Dr. Hans, Professor, Heidelberg, Ludolf-Krehl-Straße 44.

96. Schneider, Dr. Peter, Professor, Mainz, Goldenluftgasse 2 3/10.

97. Schüle, Dr. Adolf, Professor, Tübingen, Bei der Ochsenweide 17.

98. Schwinge, Dr. Erich, Professor, Marburg a. d. Lahn, von-Harnack-Straße 27.

99. Scupin, Dr. Hans Ulrich, Professor, Münster i. W., Robert-Koch-Straße 46.

100. Seidl-Hohenveldern, Dr. Ignaz, Professor, Saarbrücken 3, Hellwigstraße 17.

101. Smend, D. Dr. Rudolf, Professor, Göttingen, Am Goldgraben 13.

102. Spanner, Dr. Hans, Professor, München 9, Candidstraße 24/VII.

103. Stödter, Dr. Rolf, Professor, Hamburg-Altona, Palmaille 49 (Fa. John T. Essberger).

104. Thieme, Dr. Werner, Professor, Heusweiler/Saar, Talstraße 21.

105. Uber, Dr. Giesbert, Privatdozent, Hamburg 13, Hansastraße 38.

106. Ule, Dr. Carl Hermann, Professor, Heidelberg, Oberer Gaisbergweg 9.

107. Voigt, Dr. Alfred, Professor, Erlangen, Burgbergstraße 53.

108. Wacke, Dr. Gerhard, Professor, Hamburg-Nienstedten, Ordinger Weg 14.

109. Warncke, Dr. Friedrich, Privatdozent, Köln-Nippes, Mauenheimer Straße 45.

110. Weber, Dr. Werner, Professor, Göttingen, Wackenroder Weg 1.

111. Wehrhahn, Dr. Herbert, Professor, Saarbrücken 15, Universität.

112. W e n g l e r, Dr. jur., Dr. rer. pol. Wilhelm, Professor, Berlin-Zehlendorf, Werder Straße 15.

113. W e n z e l, Dr. Max, Professor, Erlangen, Löhestraße 21.

114. W e r t e n b r u c h, Dr. Wilhelm, Privatdozent, Köln, Volksgartenstraße 2.

115. W i n k l e r, Dr. Günther, Professor, Wien I, Hafnersteig 5/I/7.

116. W o l f f, Dr. Hans J., Professor, Münster i. W., Görresstraße 26.

117. Z e i d l e r, Dr. Karl, Professor, St. Peter i. Schw., Spittelhofweg 18.

Satzung

(Nach den Beschlüssen vom 21. Oktober 1949, 19. Oktober 1951, 14. Oktober 1954, 10. Oktober 1956 und 13. Oktober 1960)

§ 1

Die Vereinigung der Deutschen Staatsrechtslehrer stellt sich die Aufgabe:

1. wissenschaftliche und Gesetzgebungsfragen aus dem Gebiete des öffentlichen Rechts durch Aussprache in Versammlungen der Mitglieder zu klären;
2. auf die ausreichende Berücksichtigung des öffentlichen Rechts im Hochschulunterricht und bei staatlichen und akademischen Prüfungen hinzuwirken;
3. in wichtigen Fällen zu Fragen des öffentlichen Rechts durch Eingaben an Regierungen oder Volksvertretungen oder durch öffentliche Kundgebungen Stellung zu nehmen.

§ 2

(1) Mitglied der Vereinigung kann werden, wer an der rechtswissenschaftlichen Fakultät einer deutschen oder deutschsprachigen ausländischen Universität für das Fach des Staatsrechts und ein weiteres öffentlich-rechtliches Fach als habilitierter Privatdozent oder als planmäßiger Professor tätig ist oder gewesen ist und sich der wissenschaftlichen Forschung auf dem Gesamtgebiete des Staats- und Verwaltungsrechts gewidmet hat.

(2) Das Aufnahmeverfahren wird durch schriftlichen Vorschlag von drei Mitgliedern der Vereinigung eingeleitet. Ist der Vorstand einstimmig der Auffassung, daß die Voraussetzungen für den Erwerb der Mitgliedschaft erfüllt sind, so verständigt er in einem Rundschreiben die Mitglieder von seiner Absicht, dem Vorgeschlagenen die Mitgliedschaft anzutragen. Erheben mindestens fünf Mitglieder binnen Monatsfrist gegen die Absicht des Vorstandes Einspruch oder beantragen sie mündliche Erörterung, so beschließt die Mitgliederversammlung über die Aufnahme. Die Mitgliederversammlung beschließt ferner, wenn sich im Vorstand Zweifel erheben, ob die Voraussetzungen der Mitgliedschaft erfüllt sind. Von jeder Neuaufnahme außerhalb einer Mitgliederversammlung sind die Mitglieder zu unterrichten.

§ 3

Eine Mitgliederversammlung soll regelmäßig einmal in jedem Jahre an einem vom Vorstand zu bestimmenden Orte stattfinden. In dringenden Fällen können außerordentliche Versammlungen einberufen werden. Die Tagesordnung wird durch den Vorstand bestimmt.

Auf jeder ordentlichen Mitgliederversammlung muß mindestens ein wissenschaftlicher Vortrag mit anschließender Aussprache gehalten werden.

§ 4

Der Vorstand der Vereinigung besteht aus einem Vorsitzenden und zwei Stellvertretern. Die Vorstandsmitglieder teilen die Geschäfte untereinander nach eigenem Ermessen. Der Vorstand wird am Schluß jeder ordentlichen Mitgliederversammlung neu gewählt.

Zur Vorbereitung der Mitgliederversammlung kann sich der Vorstand durch Zuwahl anderer Mitglieder verstärken. Auch ist Selbstergänzung zulässig, wenn ein Mitglied des Vorstandes in der Zeit zwischen zwei Mitgliederversammlungen ausscheidet.

§ 5

Zur Vorbereitung ihrer Beratungen kann die Mitgliederversammlung, in eiligen Fällen auch der Vorstand, besondere Ausschüsse bestellen.

§ 6

Über Eingaben in den Fällen des § 1 Ziffer 2 und 3 und über öffentliche Kundgebungen kann nach Vorbereitung durch den Vorstand oder einen Ausschuß im Wege schriftlicher Abstimmung der Mitglieder beschlossen werden. Ein solcher Beschluß bedarf der Zustimmung von zwei Dritteln der Mitgliederzahl; die Namen der Zustimmenden müssen unter das Schriftstück gesetzt werden.

§ 7

Der Mitgliedsbeitrag wird von der Mitgliederversammlung festgesetzt. Der Vorstand kann den Beitrag aus Billigkeitsgründen erlassen.

Bei Fragen zur Produktsicherheit wenden Sie sich bitte an:
If you have any questions regarding product safety,
please contact:

Walter de Gruyter GmbH
Genthiner Straße 13
10785 Berlin
productsafety@degruyterbrill.com